中国社会学会学术年会获奖论文集

（2015·长沙）

经济新常态下的社会改革与社会治理

Social Reform and Governance
Under New Normal in China

主　编/李　斌　潘泽泉

社会科学文献出版社
SOCIAL SCIENCES ACADEMIC PRESS (CHINA)

目 录

1

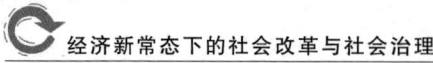

讲话与致辞

在中国社会学会 2015 年学术年会上的讲话

中国社会科学院副院长　李培林

尊敬的湖南省各位领导，各位同仁，各位来宾：

大家上午好！湖南自古就有"惟楚有材，于斯为盛"之誉，近代以来湖南更是风云际会、人杰地灵之地。今天，我们会聚在这里，参加中国社会学会 2015 年学术年会，我谨代表中国社会科学院对这次盛会的召开表示热烈的祝贺，对关心和支持这次会议的湖南省委、省政府和长沙市委、市政府，对承办这次会议并做了大量辛苦而细致工作的中南大学表示衷心感谢！

2015 年非同寻常，既是全面深化改革的关键一年，也是全面依法治国的开局之年，还是"十二五规划"的收官之年和"十三五规划"的谋划之年。作为一种学界回应，本次学术年会以"经济新常态下的社会改革与社会治理"为主题，意义重大。党的十八届三中全会提出，全面深化改革的总目标，就是完善和发展中国特色社会主义制度、推进国家治理体系和治理能力现代化。创新社会治理体制是国家治理体系现代化的重要组成部分。我国经济发展进入新常态，是我国经济发展阶段性特征的必然反映。认识新常态、适应新常态、引领新常态，是当前和今后一个时期我国经济发展的大逻辑。

经济新常态的核心要义就是经济增长变速、产业结构升级、发展动力转换。我国经济正从高速增长转向中高速增长，经济发展方式正从规模速度型粗放增长转向质量效率型集约增长，经济发展动力正从传统增长点转向新的增长点。不能简单地把经济新常态理解为增长速度的变缓，经济新常态下面临着诸多新挑战，但也同样孕育着一些必须把握的新机遇。

经济新常态还有着深刻的社会意涵，在经济新常态下，社会转型和社会进步的巨轮仍在破浪前行。在经济新常态下，中国经济社会的进一步发展，不仅需要全面深化经济体制改革和行政体制改革，也迫切地需要强化社会体制改革、创新社会治理体制。我国经过37年改革开放，经济社会发展取得了举世瞩目的成就，综合国力显著增强，人民生活水平有了很大提高。但与此同时，在快速的工业化、城镇化过程中，不同社会发展阶段容易产生的一些社会问题也集中显现，如城乡、区域和社会成员之间的发展差距较大，利益格局调整中的矛盾较多，就业、教育、医疗、社会保障等方面的社会体制还不完善，不符合社会进步、不和谐、不文明的现象时有发生。应当高度重视的是，这些矛盾和问题，在经济高速增长时期，容易暂时被吸纳和遮蔽，但在经济增速放缓、结构调整、动力转化和财政压力增大的新形势下更容易凸显。

我们必须要通过深化经济和社会体制改革，进一步完善社会主义市场经济体制机制，促进社会主义民主，建设社会主义法治国家，加快社会治理体制创新和现代化转型进程，激发社会活力，处理好社会矛盾，促进社会和谐稳定。

创新社会治理体制、推进社会治理体系现代化的核心议题，不仅涉及要处理好政府与社会的关系，还涉及要处理好市场与社会的关系，以及处理好不同社会阶层和群体之间的关系。必须全面地系统地弄清楚，哪些社会事务需要政府、市场和社会共同承担，哪些可以或者需由它们各自分担，从而建立起高效、快捷、低成本的经济社会运行体制机制。

在全面深化经济社会体制改革，加快推进社会治理体系现代化的过程中，社会转型发展中出现的一些新态势值得我们高度关注。这些新态势包括城镇化发展的新态势、就业和劳动力供求关系的新态势、收入分配变化的新态势、职业结构变动的新态势、居民生活消费的新态势、老龄化的新态势，等等。在这些方面，我们今天所面对的情况，与改革开放第一个30年时期的情况相比，已经发生了极其深刻的变化，有些变化是带有转折性的变化。我们社会学工作者有责任弄清楚这些变化所带来的新的机遇和挑战，为中国改革开放和经济社会在第二个30年中的持续稳定发展做出贡献。

各位同仁，经济新常态为中国经济和社会发展带来新机遇、新动力、新变化，经济新常态也伴随着新矛盾、新问题、新风险。社会改革与社会治理不仅关乎中国经济社会发展跨越"中等收入陷阱"的现实挑战，也关乎未来的长期发展和社会稳定。经济新常态阶段的到来，对中国社会学的研究和探索提出了新的任务，也为中国社会学的发展提供了新的机遇和广阔空间。如果说过去 30 年是中国社会学发展的"黄金 30 年"，经济新常态下社会各界对社会建设和社会治理的空前重视及中国社会学工作者的不懈努力，将开启中国社会学发展的新的更高水平的"黄金时代"！

最后，预祝本次年会取得圆满成功！谢谢大家！

中国社会学会 2015 年学术年会开幕词

中国社会学会会长　李　强

各位领导、各位专家、各位来宾，老师们、同学们：

大家上午好！

中国社会学会 2015 年学术年会在风景秀丽、文化根基雄厚的岳麓山旁举行，来自全国各地社会学界的近 1600 人参加此次盛会，我谨代表中国社会学界参会的全体同仁，向承办此次会议的中南大学以及协办单位——长沙市民政学院、湖南女子学院，对于他们认真组织、精心办会的努力，对于湖南省委宣传部领导的支持，对于中南大学领导给予的支持，表示最为诚挚的谢意！

一　中国社会学的大发展是中国改革开放事业的需要

本次年会已经是中国社会学会的第 25 次学术年会了。此次年会所办论坛有 59 个之多，是历届以来最多的，覆盖了社会学学科与中国经济社会发展的众多领域。参会人数近 1600 人，也是历届以来最多的。昨天召开理事会，新批准了学会所属的专业委员会，目前学会所辖的二级学会已经有 33 个之多。这些都从不同侧面反映了社会学的发展壮大，正如党中央领导曾经指出的：我们迎来了社会学发展的春天。

社会学的发展也得益于全国统一的社会学学会，得益于同仁们的参与和交流。中国社会科学的主干学科，像社会学这样，有着全国统一学会的并不多见。

中国社会学学科的发展与我国改革开放的进程一直是同步的。中国经济社会的发展对于社会学学科有着极大的需求。中国社会学学科的发展也是在改革开放的大背景下才得以实现的。

36 年以前，在改革开放总设计师邓小平同志的倡导下，我国恢复了社会学学科。在经历了最初的学习成长阶段以后，社会学迎来了今天的大发展的局面。

社会学能够有今天的大发展，离不开社会学全体同仁的共同努力，特别是老一代社会学家的贡献。在此，特别要提到的是，在去年社会学年会以后，中国社会学会名誉会长、中国人民大学一级教授郑杭生先生于 2014 年 11 月 9 日不幸病逝。郑教授的离世，是中国社会学界的重大损失。在此我谨代表中国社会学会，再次对于郑杭生教授多年来在社会学复建、发展过程中的重要贡献，表示最为诚挚的敬意。

社会学是一门经世致用之学，社会学学科的发展与我国改革开放的事业是紧密相连的。如果我们把改革开放以来，经济社会的发展分成两个大的阶段，即分成新常态以前的高增长时期和新常态以来的新时期的话，我们可以看到，在第一个阶段，经济高增长时期，经济学起的作用比较突出。因为，我国改革的第一个阶段，核心是经济体制改革、是建立社会主义市场体制，市场化改革步伐走得比较快，取得了很大的成就。但是，当我们进一步推进市场化改革，进一步深化改革（也就是第二阶段）的时候，却发现，单一地推进经济发展已经不可能了。因为，这时"发展"出现了严重的不平衡，包括区域发展的不平衡、城乡的不平衡、贫富群体的不平衡、物质发展与精神发展的不平衡等等，所有这些不平衡可以概括为：经济发展与社会发展的不平衡，即经济虽然得到了发展，但是社会建设远远没有跟上。

在改革开放的新时期、在经济新常态的时期，我们要进一步深化改革，特别是要进一步完善市场机制。中央提出："我国发展进入新阶段，改革进入攻坚期和深水区"。中国市场改革目前遇到了艰难的困境。从社会学的角度看，这个艰难并不仅仅在于市场本身，而在于我们有没有与市场相配套的社会体制、社会机制，所以市场发展和社会发展同样重要。如果没有社会的发展，市场也不可能真正发展起来，这个也是我们下一步发展面临的最重大的问题之一。必须建立与市场机制相匹配的社会机制，否则市场发育就十分艰难。完善的社会机制是完善的市场机制的基础。

所以，社会学认为，现在面临的最为突出的问题是发展失衡，特别是经济与社会之间的失衡问题。正是在这个局面下，中央提出了经济新常态的思路，提出"全面建设小康社会"的发展目标，习近平总书记提出了

"四个全面"的战略布局,这些都是针对着我国经济发展与其他发展之间的不平衡问题的,而经济与社会的不平衡是核心问题。在调整社会发展,实现协调、平衡方面,社会学确实可以做很多事情。

在处理经济社会发展的不平衡问题上,社会学可以大有作为。在所有社会科学中,社会学是冠名以"社会"的学科,其突出特征就是综合性比较强,比较注重全面考察社会,试图将多方面的社会因素综合起来,思考社会问题的解决办法。所以,在经济新常态下,在提出对策、调整战略,使经济社会发展从失衡走向平衡、走向和谐的努力中,社会学是可以大有可为的。

二 社会学怎样应对社会改革与社会治理的新任务

本次年会的主题是"经济新常态下的社会改革与社会治理",其含义是,在经济新常态的背景下,社会学界、社会学者的主要任务是推进社会改革与社会治理。

新世纪以来,一系列新的理论概念进入中国人民的社会生活之中。社会建设、社会管理、社会治理创新、构建和谐社会、社会事业改革、社会体制改革等等,既成为党和政府文件中的重要议题,也成为中国人民社会生活的重要内容。所有这些以"社会"为主题的领域,也正是中国社会学界应该从学科建设与应对政策的双重角度去思考的新任务。

那么,社会学可以从哪些方面应对社会改革、社会治理的新任务呢?笔者以为,社会学提出了三大理论视角。

第一,社会公平正义视角。如果说经济学更强调经济效益的话,社会学则更强调社会效益。社会学研究的核心目标,是试图将社会多元因素均考虑在内去处理社会问题,这就是一种社会效益的或社会公平正义的思考,即强调"最大多数人的最大利益"。社会不同群体的利益不一致怎么办呢?这需要统筹社会力量、平衡社会利益、协调社会关系,找到一个综合平衡点,传统上称作"帕累托最优"。社会建设的特点就是思考在利益比较多元的局面下,如何实现最大多数人的最大利益。社会学研究证明,目前我国收入分配结构中,偏低收入群体比例较大,中等收入群体较小,所以,当前应该在政策取向上更多地考虑中低收入群体的利益。

第二,激发社会活力的视角。社会改革、社会治理的核心目标之一是要激发社会活力。实现激发社会活力的途径就是要让广大人民群众更多地参与进来。我国深化改革难度增大，一个重要的原因是缺少社会动力。

超过 13 亿人口的中国社会孕育着极大的社会活力和社会潜力，社会学就要研究怎样能够使得广大人民群众的活力发挥出来。这也正是社会改革与社会治理创新的中心任务。社会的活力如果真正发挥出来，中国社会将有着无限的发展生机。

第三，和谐社会与社会秩序视角。事物总是辩证的，强调社会活力、社会参与，就要考虑社会秩序。中国社会治乱兴衰的历史也一再提醒我们，保持良好的社会秩序是超巨型人口社会得以顺利发展的前提。中国社会学界，需要探索适合中国国情的既有活力又有秩序的对策。这方面，没有现成的模式，只有靠实验与创新。

三　中国社会学的"本土化"与创新

如果比较中国实证"社会科学"的各个学科，可以发现，社会学的本土化特征最为突出。中国社会学的本土化特征显然与社会学的研究方法密切相关。在中国被称作"文科"的所有学科中，社会学是最重视社会调查研究的。社会调查研究的定性、定量研究方法，是社会学的重要基础知识，学习社会学的学生必须要完成实地调研。社会学的论文，绝大部分都是在实地调研（田野调查）基础上完成的，如果仅仅凭借文献分析，很难拿到社会学学位。而正是在大量一手数据、案例分析的基础上，形成了社会学的本土化特征。

中国社会学强调本土化的另一个重要原因，与改革开放的现实密不可分。在改革后的 30 多年里，中国社会发生了巨大变迁，这促使社会学者不得不应对丛生的社会问题。中国的城乡体制、社区体制、就业体制、住房体制、医疗体制、养老体制等均发生了全方位变革。超过 13 亿人口的超巨型社会的现代化转型，在人类历史上也是罕见的。面对诸多现实问题，中国社会学开拓了众多新的研究领域。总之，中国社会学在探索理论解释与社会对策中生成了自己的本土化特征。

在经济新常态的局面下，中国社会学应坚持自己的本土化特征。中国的社会体制改革、社会治理没有现成的模式可以遵循，只有靠中国人自己探索。这一点也体现了社会科学的特点，与自然科学不同。自然科学，比如物理学，只要实验条件一样，在中国的一个实验室里面与在外国的一个实验室里面，实验的结果是一样的。而社会学的试验是以社会、社区为背景的，同样条件和内容的实验，在中国场景中的试验与在外国场景中的试验，其结果往往有很大差异。所以，社会体制改革、社会治理，需要中国社会学以及中国社会各界不断探索创新。

在我国，社会学是个宏大的学科。社会学一级学科下涵括理论社会学、应用社会学、人口学、人类学、民俗学、社会政策、社会管理、社会工作等等众多学科。实际上，36年来，中国社会学走了一条不完全等同于欧美社会学的创新道路。欧美社会学从早年的综合性很强走向了非常具体的分科道路，很多具体分支分化得过于细小，同时，犯罪社会学、族群研究、种族研究、社会工作等等都纷纷离开社会学，另立门户。这样欧美社会学学科的范围就越来越窄小。本来社会学学科的优势就是综合性强，在综合考虑社会多元因素的基础上，思考社会问题的解决办法。而中国社会学迄今为止还是强调综合性特征，这些分支学科都还在社会学的大旗之下。学科综合性强是中国社会学的优势。

中国社会学必须探索一条新路。社会学历来是与社会本身发展密不可分的。今天，中国社会正在经历着人类历史上最大规模的城镇化、产业化和国家治理现代化的转型。在短短的36年里，社会变迁速度极其惊人，所以，中国社会学应该创新自己的研究。在这样一场巨大的社会实验中提炼出有依据的社会理论与方法。传统中国社会具有政府主导型社会、整体利益社会、关系社会、身份等级社会、家庭伦理本位社会等特征，我国的改革开放在一定程度上，要在突破原有社会约束同时又传承中国社会文化之间找到一个均衡点，这些都需要社会学研究者贡献智慧。

中国社会学还要在人才培养方面实现更多的职业接轨，创建诸如社会调查、社会评估、社会规划、社会管理等新专业，为我国的社会建设输送人才。中国社会学在创新中孕育着极大的发展机遇。

总之，面对中国改革开放的重大历史机遇期，中国社会学界同仁将不辜负时代赋予的重任，牢记自己的历史使命，脚踏实地、择善而从、开拓进取，为推进社会学学科的发展，为完成改革开放大业，为完成民族复兴的伟业而努力奋斗！

一等奖论文

社会服务组织的边界生产[*]

——基于 Z 市家庭综合服务中心的研究

黄晓星　杨　杰[**]

摘　要：中国政府借鉴西方经验推行政府购买公共服务政策，极大地推动了社会服务组织发展，但中西方在此方面有着较大差异。西方政府购买公共服务的前提是政府和社会服务组织的相对独立及后者的壮大，而中国政府购买公共服务是基于政府和社会服务组织的模糊关系及后者的羸弱。因此，西方政府公共服务的有效性在于政府和社会服务组织从边界清晰到跨部门合作伙伴关系的边界消弭，而中国政府购买公共服务的有效性则在于从边界模糊中生产出新的边界。本文聚焦于 Z 市家庭综合服务中心的组织运作，分析社会服务传递过程中社会服务组织边界生产的策略，以此回应伙伴关系理论和现阶段中国社会服务组织发展的理论观点。

关键词：社会服务组织　边界生产　伙伴关系　家庭综合服务中心

* 本文获国家社会科学基金项目"双重制度嵌入视角下的社区治理、社会工作制度与社区工作模式研究"（项目号：15CSH076）、教育部人文社会科学研究"基层公共服务协同供给和社会管理网络研究"项目（项目号：13YJC63005）、2015年国家社科基金重大招标项目"我国城市社区建设的方向与重点研究：基于治理的视角"（项目号：15ZDA046）资助。审稿人给予很多中肯的宝贵建议，特此感谢。本文初稿曾在2015年组织社会学工作坊、2015年中国社会学年会上展示。感谢徐永祥教授、朱健刚教授以及王星、张翔、王水雄、谭海波、唐远雄、刘晓春、涂炯、王军和徐盈艳等诸位师友的修改意见。文责自负。该文章已发表在《社会学研究》2015年第6期。

** 作者单位：中山大学社会学与人类学学院。

一　研究背景

社会服务组织的发展与国家支持有密切联系。民政部、财政部发布的《关于加快推进社区社会工作服务的意见》（民发〔2013〕178 号）要求各地加大财政投入，由政府购买、社会组织承接推行社会工作。2009 年以来，民办社会工作机构的数量大幅度增长。[①] 但社会工作的快速发展也带来了一系列的问题，如社会工作的专业定位不足、社会工作机构与其他组织（政府、居委会等）的关系不清等。

下面这段记录摘自 2014 年 5 月 23 日对 Z 市 BC 街道家庭综合服务中心（以下简称：家综）[②] 王主任[③]的访谈记录：

> 家综与政府目前不清楚各自的边界，政府出钱购买，使一些服务居民的东西更凸显其专业性，这是政府改革的一个发展方向。具体怎么推进，需要双方去不断地探讨和适应。……（家综）就是"编制外的一种事业单位"，感觉上未必是一个纯粹的市场经济行为。家综需要

[①] 截至 2014 年底，全国共有社会服务机构 166.8 万个（中华人民共和国民政部《2014 年社会服务发展统计公报》，http://www.mca.gov.cn/article/sj/tjgb/201506/201506008324399.shtml，2015 - 06 - 10）；政府购买社会工作服务项目资金近 20 亿元，民办社会工作服务机构达到 3500 余家（中华人民共和国民政部：《2014 年民政工作概述》，参见 http://mzzt.mca.gov.cn/article/qgmzgzsphy2015/gzbg/201412/20141200748867.shtml，2014 - 12 - 24）。

[②] 家庭综合服务中心在试点阶段称为社区综合服务中心，是 Z 市全面推进街道、社区服务管理改革创新的重要举措，参见《关于印发〈推进我市社会管理服务改革开展街道社区综合服务中心建设试点工作方案〉的通知》（Z 民〔2010〕213 号）、《关于印发 Z 市街道社区综合服务中心试点建设期间三个工作规范的通知》（Z 民〔2010〕320 号）、中共 Z 市委文件《中共 Z 市委、Z 市人民政府关于推进街道、社区服务管理改革创新的意见》（Z 字〔2011〕14 号）、中共 Z 市委办公厅文件《中共 Z 市委办公厅、Z 市人民政府办公厅印发〈关于加快街道家庭综合服务中心建设的实施办法〉的通知》（Z 办〔2011〕22 号）。Z 办〔2011〕22 号文件指出："家庭综合服务中心是指在街道设置的一个服务平台，接受区（县级市）民政部门的业务指导。家庭综合服务中心通过政府购买社会服务的方式，由民办社会工作服务机构承接运营，根据区域服务需求实际情况，以家庭、青少年、长者等重点群体的服务为核心，科学设置服务项目，面向全体社区居民提供专业、综合、优质的社会服务。"现阶段，Z 市共有家综综合服务中心 171 间，大部分街道是 1 个家综，个别有两家承接。服务经费一般为 200 万元/年，LG 等部分地区达到 250 万元/年。原则上每 10 万元购买服务经费须配备一名工作人员，1/2 以上为社会工作专业人员，2/3 以上为社会服务领域相关专业人员。

[③] 按照学术惯例，本文涉及的人名、地名均采用化名处理。

配合街道做一些工作，不单纯是独立的个体。在目前，（家综）还不能完全脱离政府指导去运作，是属于需要靠政府来培育而存在的。当这些组织能够成熟起来的时候，可能方向是政府会很放心、会完全让你自己去操作。当你们刚刚进来时，它可能会去协商，会把一些不单纯是社工服务的要求也会给你。彼此之间需要不断去磨合，更清晰自己的一个角色分工。我跟居委会这样的一个角色的分工是慢慢地越来越清晰的。（2014 - 5 - 23BC 街家综王主任访谈记录）

这段话反映了社会服务组织在社区中的定位困境：一方面，家综被当成了"编制外的一种事业单位"，而努力与政府划清边界；另一方面，社会服务组织处于社会工作的专业技术环境中，必须秉持社会工作伦理，但西方的社会工作伦理与本土的文化也有一定的张力。这两个议题是中国社会服务组织发展中出现的典型问题。作为西方舶来品的社会工作在本土情境中出现了水土不服及变异的情况，其根本缘由在于二重的"去边界化"情境，与西方专业社会工作发育的土壤截然不同。

正如王主任所指出的，社会工作机构进入社区经历了"上轨道"及"磨合"的过程，他反复提及边界对于机构发展的重要性，体现了对于"去边界化"情境的把握。为了更好地把握社会服务组织的发展及社会服务的开展，笔者 2013 ~ 2014 年深入 Z 市不同的家综进行参与观察和深度访谈，经历家综从招投标到评估的全过程。本文采用社会建构论视角，研究者与参与者处于互动过程中，共同生产出田野的文本。参与者通过自身的经历阐释、重构服务的故事。本文的研究问题是：在二重"去边界化"情境之中，社会服务组织如何生存？社会服务组织（包括社会工作者）如何进行边界生产的运作？

二 文献回顾与分析框架

组织边界研究是制度经济学、制度社会学、组织社会学等学科的经典话题。边界是指一个组织终止的地方和该组织所处环境开始的地方（Pfeffer & Salancik, 1978: 30）。社会服务组织的边界嵌入于不同的社会治理情境中，社区工作者始终处于不同社会主体居间的（interjacent）位置（Henderson et al., 2011），边界也成为自然而然的重要议题。边界有助于组织的理性化，不同的边界情境下也产生了不同的组织行为策略。

（一）伙伴关系及边界的消弭：西方社会情境下的社会服务组织边界议题

边界存在于组织与环境之间，是组织生存的基础。边界描述了不同组织之间的关联，这种关联与其根深蒂固的生长土壤密不可分。作为一个制度化的组织，组织处在社会环境和历史的影响之中（周雪光，2003）。社会服务组织在不同国家中面临着不同的情境，从而产生了不同的发展态势，其中重要的情境变量有生态、公共政策结构、跨部门之间的关系等（DiMaggio & Anheier，1990），其中以政府和社会服务组织之间的关系为重中之重（Gidron & Kramer & Salamon，1992；Najam，2000；Young，2000）。总体来说，社会服务组织的边界可从三个方面进行论述。

其一，作为社会主体的独立性要求。社会服务组织是非营利组织的一部分，西方非营利组织的发展代表着独立的市民社会的存在，市民社会与国家的界分对于西方维护自由的概念来说至关重要（泰勒，2005）。非营利组织往往被建构成为依附于或反对国家的立场（DiMaggio & Anheier，1990）。西方非营利组织的发展建基在西方强大的市民社会土壤之上，使得"国家的正式界限之外，保留一片组织化的私人行动空间"（萨拉蒙，2008：11-12）。在公共服务领域，西方世界的政治话语强调"公共部门与私人部门之间、私人机构与国家机构之间根深蒂固的冲突。"（萨拉蒙，2008：11）这种冲突的中心也会随着社会组织的发展，由政府与私人营利部门的关系推及政府与社会组织之间的关系。

其二，作为伙伴关系的资源获取与相互依赖。杨认为不同国家政府和社会服务组织的关系也不同，他对以往的理论进行概括，总结出三种理论视角：①作为政府的补充独立运作；②作为补足与政府形成伙伴关系；③卷入与政府之间的相互责任的一种对立关系中（Young，2000）。不同的关系类型导致不同的组织策略及行动结果。南杰使用目标、手段两个维度对政府和非营利组织之间的互动进行交互分析，形成四种模式：相似手段和相似目标、相似手段和不同目标、相似目标和不同手段、不同手段和不同目标，相对应地导致四种结果：合作、冲突、互补和笼络吸纳（Najam，2000）。不同的模式基于政府和非营利组织之间的相互权力关系，如在服务资金筹集和实际提供服务中到底是哪一方控制了支配权，或者是相互之间的合作（Gidron et al.，1992）。区分伙伴关系的重要维度是社会服务组织和基金的关系类型。有学者概括出资源交换的协商、联合的伙伴、选举、权威获取资源和代表边缘群体抗议五种关系，并认为伙伴关系是较好的方式，但取决于资源的分配、目标的实现方式等（Hardina et al.，2007：362）。在英美等西方资本主义国家，面对的情境从原本国家与市民社会的相互独立转变到现阶段的跨部门合作伙伴关系，不同部门之间的边界也从原来的独立、清晰到现在的消弭。

前两种分析路径往往可归入"二元论"和"整体论"中。在这种情境下新"公共治理"理论开始出现，它既强调事前的利益表达、事中的协力治理，又包括事后的风险控制的全程机制（周晓丽、党秀云，2013）。但这种全程机制的开展往往需要政府部门与社会组织通力合作，从而需要消弭原先分隔且对立的国家—社会边界，实现跨部门合作。通过模糊边界，政府企图降低日常交易成本，促进市场内组织的相互依赖（凯特尔，2009：157）。政府作为买方提供经费，NGO 提供服务，另外也强调 NGO 作为"政策企业家"，影响政策的制定和实施（Najam，2000），但组织也要保证自身不被合作伙伴所俘虏（凯特尔，2009：157）。现阶段，公共、非营利和营利企业之间的界线已经不清楚，"公共性"被视为一个连续的变量，而非类别变量（DiMaggio & Anheier，1990）。

在伙伴关系的分析中，萨拉蒙是代表人物之一。很多学者认为政府的支持应该是被避免的，但萨拉蒙认为政府的支持恰恰反映了政府与非营利部门之间建立的伙伴关系，借此政府和很多其他部门之间形成了联盟网络（萨拉蒙，2008：53－54）。非营利部门与政府之间往往存在着较多的共同目标，进而可能达成合作状态，并且这种合作往往可能达成一种相互依赖的关系。但在里根政府自由主义的改革背景下，这种伙伴关系却被破坏，而非营利部门越发商业化，萨拉蒙（2008：177）对这种破坏表示担忧并期待伙伴关系的重新运作。第三方治理和伙伴关系的分析基于对以往政府和非营利组织关系独立性的评述以及对现阶段非营利部门、志愿部门独立性逐步丧失、政府在公共服务领域中占据主导和支配的讨论（Nisbet，1953），重构了这些分析和讨论的悲观色彩，转而认为这成为公共服务提供的有利方式和机制。伙伴关系填充了原来国家与社会相对独立的空间，而将边界问题重新带入公共议题，明确政府部门和社会组织的权责。这种伙伴关系发挥作用的基础是在政府和非营利组织权责明晰的情况下谈合作，在责任厘清的前提下谈责任共享，力图达成资源整合，提高公共服务的效率。

其三，作为专业化区分的专业边界。边界定义了系统也决定了不同系统之间的关系，边界为专业角色或工作位置所决定，自主权越少，组织越难以管理自身的边界（Schneider，1987）。技术环境是专业服务组织存在的基础，如律师、医生、社会工作者等在公共服务中都恪守各自的专业边界。从专业功能的角度看，社会工作的社会功能是跨系统转换（Abbott，1995）。不论从专业化还是社会工作从事的社会服务来说，边界都是核心的概念。

社会工作的专业边界借鉴了很多医学边界的观点，以往的边界责任往往强调社会工作本身，强调边界是什么，并不强调边界如何被生产出来。而现阶段要转变该视角，转向边界的联系而非分离，强调相互性（O'Leary et al.，2013），也有强调社会工作专业精神与本土文化的冲突，而考虑专业边界模糊化的处理（Lavallée，2010）。

西方社会服务组织的边界议题从以前的边界清晰转向跨部门合作，社会治理立足于国家—社会边界清晰的前提之下，强调公私部门之间通过跨部门合作的方式结成"伙伴关系"，集中解决公共资源匮乏与社会问题复杂的社会形势，在该情境下伙伴关系能较好地发挥作用。

（二）中国情境下社会组织的发展与边界议题：分析框架与理论回应

西方社会服务组织处于从边界清晰到边界模糊的过程中，而中国情境下的社会服务组织则寻求从边界模糊走向边界清晰。伙伴关系理论不适用于中国情境的社会组织发展，已有的中国社会组织研究也很难回应该议题。

首先，组织独立性和能力建设问题。中国国家与社会之间一直处于一种模糊关系中，在中国的历史发展中，"国家"与"社会"的关系一直维持着一种微妙的均衡状态，中国"国家"与"社会"的边界分立并非是绝对的，二者有着实质性的关联（杨念群，1998）。中国从未出现过全国性的市民社会（邓正来，2005），长期政社合一使得国家—社会关系模糊不清、边界混沌。1998年出台的《社会团体登记管理条例》关于业务主管单位和登记单位的限定、社会组织的分类控制实质上是政府和社会组织边界混合的体现，双重监管导致了社会组织长期的发展孱弱、政府和社会组织的责任不清、发展混乱等（王名、刘求实，2007），并出现独立性和自主性的两个重要维度，从而出现社会组织的依附性自主（王诗宗、宋程成，2013）。伙伴关系理论的前提假设——独立性和非营利部门自身的壮大——在中国情境中并不存在。

其次，资源获取与单向依赖。近年来，中国社会组织在政府购买服务的制度框架下出现"爆炸性"增长趋势，总体上呈现在曲折中不断增长、突飞猛进的过程（王名等，2014）。政府的资助是社会组织发展的重要原因。但"国家控制社会"的国家—社会关系尚未改变，且是以一种"非政府"的方式在新的经济环境中对社会进行全面控制，即"分类控制"体系（康晓光、韩恒，2005）。萨拉蒙（2008）认为政府资助并没有削弱非营利部门的独立性，其中一个原因是美国的私人捐赠基础，但中国现阶段社会资源不足，公有产权薄弱（王名、刘求实，2007），这导致了社会服务组织的单向依赖。在制度上，社会服务组织也基本未取得向社会募捐的资格。

再次，社会服务组织清晰的专业边界与中国文化的模糊性。社会服务组织面临极大的"专业化的压力"，应与其他组织区分开来，以获得捐赠者的认可（康保锐，2009）。但社会服务专业边界明晰的重要前提是独立的公民个体和契约。而中国文化强调人情、面子、"仁"、"义"、"礼"等（沈毅，2007；阎云翔，2006；翟学伟，2004），有着自身的规则。社会工作专业伦理要求社会工作者及社工机构维持与案主、同事、其他机构等的边界，但在中国情境下的专业社会工作常常需要打破这种界限以提供专业服务，这是对中国文化本身的适应。

中国社会服务组织面临二重的"去边界化"情境：国家—社会关系（制度环境，社会治理制度）及社会服务所面对的文化（技术环境，专业边界）。"去边界化"包括社会治理情境中的去边界化和专业所面临的文化情境的去边界化，两种边界时刻受到不同力量的制约，时刻保持着张力。中国社会服务组织在嵌入中国社区治理制度及模糊的社区组织边界之中后，从招投标到服务供给和评估过程中都受到政府组织的制度性约束，但社会服务组织在开展服务过程中又要求与政府部门之间保持合作伙伴关系及清晰的职能划分。在公共服务合约外包过程中，政府与社会组织之间的信息极不对称，从而使社会组织在界定自身和建构同政府关系时存在对规则的运作空间，这是第一重的去边界化及边界的生产。当开展社会服务时，社会服务组织势必与以"人伦、人情、人缘"为核心的中国文化相碰撞，社工机构（组织成员）常常需要与他们保持亲密的关系以提供社会服务，专业的文化敏感性要求往往退居到边缘位置，去边界化趋势明显。然而，社会工作专业伦理要求社会工作者及社工机构维持与案主、同事、其他机构等的边界，这产生出第二重去边界化和边界生产的议题。社会服务组织面临二重去边界化及边界生产的状态，去边界化和边界生产是同时发生和进行的。

由于社会情境不同，以萨拉蒙为代表的第三方治理和伙伴关系理论不适用于中国政府购买公共服务和社会组织的发展。通过社会服务购买、政府资金注入，原本模糊的政社关系产生了间隙空间，促使边界产生、变化。

边界的议题尚未为学界所充分重视，专业边界中跨边界转换的功能也尚未被强调。中国社会工作学界的主流观点是"嵌入式发展"（葛道顺，2012；王思斌，2011）——包括"政治嵌入"或"体制嵌入"（熊跃根，2006）等，强调社会工作机构融入本土情境，但这种发展很容易强调自上而下的管控，而忽略社会服务组织本身的独立性、能力建设及其服务的价值要求。对于社会服务组织进入去边界化的社区治理情境中获得本土化的发展，还有一种声音强调街道及社区的吸纳，表现为社会组织被吸纳入国家行政框架体系内，出现"外部服务行政化、内部治理官僚化和专业建制化"的尴尬处境（朱健刚、陈安娜，2013）。这反映了社会组织对非营利组织本质要求的偏离，体现出对专业边界难以坚守的失望。当只强调社会工作发展，而不谈及社会工作的价值本质时，很容易陷入社会服务组织作为工具的一面，忽视其所赖以生存的价值理性（DiMaggio & Anheier，1990）；如果过度强调街区吸纳和控制的一面，又将社会服务组织置于对立面，忽视了其能动性及发展的可能性。更进一步，两种边界可分别对应本土化和专业化的问题，原有的文献分析要么使专业化服从本土化（嵌入式发展），要么认为应坚持专业立场而非本土立场（悲观论）；两种立场、观点截然分明，从一个侧面也反映了边界变迁立场的对立。两种立场均忽略了社会服务组织最重要的、平衡边界的居间角色。因此，我们需要纳入更为动态的视角看待社会服务组织的发展情况。

在文献回顾的基础上，本文提出以下的理论回应和分析框架：

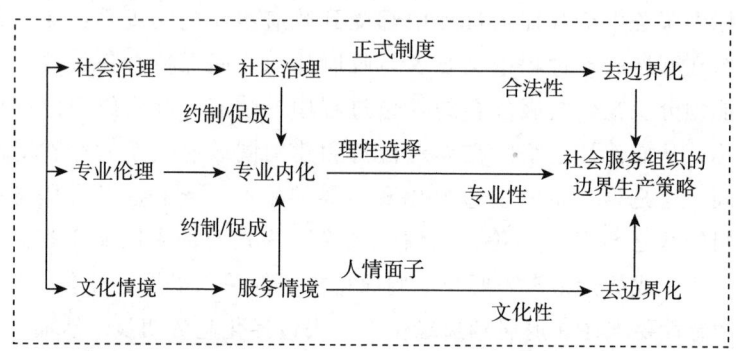

三 社区治理情境中的去边界化与组织边界生产

单位制解体后，在社区中，国家重塑基层社会管理体制，实现国家在基层的权威重构，国家依然可以将其力量渗透到街区乃至市民的日常生活（何艳玲，2006）。在社区治理体系中，政府的规制作用鲜明地烙印在社区治理体系之中，边界不清成为普遍的现实。社会服务组织在资源和规则的运作过程中逐步生产出自身的边界。社区治理制度是社会服务组织面对的第一个生存环境。

（一）治理情境中的机构定位：自我定位与互溶博弈

社区治理是复合主体多层面参与社区公共事务的过程（夏建中，2012；张兆曙，2010），这构成了社会服务组织所处的第一情境。政府在推行社区建设的过程中，将社区作为治理单元建构（杨敏，2007）。政府在社区层面上建构社区治理平台，而社会服务组织也有整合资源、建构平台的要求，二者存在互溶博弈的问题。

Z 市政府购买服务从 2008 年开始推行，最初以购买单项服务为主，如"青年地带"等，2009 年开始学习香港模式，以"社区综合服务中心"（家综前身）作为载体来为居民提供全方位的服务，其经费为 200 万元/年，部分街道多于 200 万元/年，经费由市、区两级财政根据不同比例出资。"社区综合服务中心"最初目的是对公务系统和事业单位系统进行改革。2011年"社区综合服务中心"改称"家庭综合服务中心"，每个家综配备 20 名工作人员，其中 15 人为社工或相关专业人员，5 名为其他人员。[①] 家综为街道常设的社会服务载体，是 Z 市"一队三中心"[②] 中的一部分。笔者在对不同的街道办事处主任或党委书记访谈时了解到，影响他们对家综判断的主要依据是家综能否分担街道办事处工作及有效服务居民，并且时刻将其与居委会做比较：

> 中国设立一个居委会是非常科学的，符合当时中国实际。要提供家庭综合服务，反而是对居委会这个性质地位有了改变……社工是一个社会发展的潮流，但是要不要专门成立一个机构从事这个，包括购买服务也是对的，因为社会的分工越来越精细。但就目前国家治理体系来说，应该把人才放到社区居委会，产生的作用比单独成立家综的作用更大，发挥资源整合优势。（2013 – 12 – 13 BC 街道办事处杨主任访谈）

---

① 参见 Z 市《关于加快街道家庭综合服务中心建设的实施办法》（Z 办〔2011〕22 号）。
② "一队三中心"是指综合执法队、街道政务服务中心、综治信访维稳中心和家庭综合服务中心。

　　家综的服务与居委会有着不同程度的重叠，因此，街道办事处作为服务购买方希望能够将家综纳为己用，吸纳进自身的街区权力结构之中。但承接家综的社会服务组织是外来者，在有些街道中能达成较好的合作关系，而在有些街道则处于紧张的竞争关系之中。在访谈过程中，BC 街 GD 社区居委会副主任在语言和动作上对家综有着各种不满和批评，认为家综并没有很好地配合街道和居委会的工作，只是执行自身所设计的一系列方案而不考虑社区实际；服务效果一般，但工资却比居委会人员高（2013 - 12 - 18 BC 街道 GD 社区居委副主任 HG 访谈）。家综往往局限于指标的完成，将服务范围限制在小范围的人群，很多时候要求居委会配合提供资料，但反过来却不配合居委会开展工作（2015 - 16 - 02 NST 街道 ZN 居委会宋主任访谈）。

　　街道、居委会的"抱怨"反映了家综直接面对的情境，街区权力结构的吸力较强，掌握着家综的生死大权，如 BC 街试点家综在 2012 年被撤换，除了专业的原因之外，一个重要原因则是与街道的关系不好。政府购买社会服务的经费投入极大地影响了社区治理和社区发展的模式，带来专业化的困境（Geoghegan & Powell，2006）。

　　面对上述困境，家综有着不同的定位策略。

　　1. 直接嵌入策略。社会服务组织直接配合街道办事处等部门的工作，维持密切关系，忽略边界的存在。这种策略在 Z 市大部分社会服务组织进入街区时普遍采用。Z 市家综试点时采取了两种模式：模式Ⅰ是政府购买服务方式，即社区由区政府或委托区民政局以项目管理和购买服务的方式向社会招标；模式Ⅱ由街道办事处作为主管部门成立民办非企业承接（黄晓星、徐盈艳，2011）。模式Ⅱ基本上以街道的要求为主，与居委会的合作不存在问题。

　　模式Ⅰ中有一部分家综的承接机构依托企事业单位（如供销社）而成立，这些组织与街道等的关系也较为密切。BF 社会工作服务社（以下简称 BF 社）为供销社成立的社会工作机构，在 Z 市承接了较多家综，其总干事李先生认为家综本身就起源于街道职能的转移，是街道权力结构的一部分，不认同社会服务组织作为民间机构的概念。家综从属于街道，必须协助街道、政府去处理相关问题，所谓的"伙伴"或"伙计"关系的二分是基于家综的能力而定，"如果你做得好，你有能力的话，你就是伙伴；如果你定位自己是伙计的话，他要求你做什么，你就要做什么，那就是伙计"（2014 - 12 - 10 BF 社李先生访谈）。伙计听从雇主安排，与雇主没有距离；而伙伴关系却需要花费时间去建立和维持。因此，社会服务组织必须提升自身的能力，争取在社区治理体系中拥有一定的位置，政府购买社会工作服务是社会组织争取合法性的最好契机。

2. 权变性策略。家综是 Z 市街道治理体系中稳定的一部分，但承接的社会服务组织却是不稳定的，社工由社会服务组织所派遣。这种不确定性导致社会服务组织采取的策略也是不确定的。权变性策略是情境性的，社会服务组织视购买方对家综的要求以及不同阶段的社会服务深入程度而调整，这也属于相对的定位。

很多社会服务组织将家综第一个周期（3 年）划分为不同阶段，不同阶段有不同的定位策略，视乎关系的建立而定。LRDF 街家综以 3 年一个合约为周期，3 年的定位不同（2014 - 06 - 04 LRDF 家综黄主任访谈）。第一年以宣传为主，提高服务覆盖面，主要与街道、居委会等建立较好的关系；第二年开始有扎实的专业服务和个案提升；第三年有初步成效，围绕着街道老龄化程度较高开办长者饭堂、推出"社区大使"活动、家庭义工计划等。这种定位很多时候取决于与街道领导之间的互动，视后者的态度而定。

3. 专业维持策略。社会服务组织强调基于技巧、知识边界的专业位置，寻求自我规范和管理（Geoghegan & Powell, 2006），这是社会工作存在的基础，也是其专业权威的来源。SY 街道家综为有高校背景的 CQ 机构承接，家综黄主任在谈及定位时，强调机构对于社工服务专业性的坚持，这种坚持被街道认为"比较傻、比较踏实"（2014 - 04 - 22 SY 街道家综黄主任访谈）。黄主任强调与居委会之间的伙伴关系，强调区分和合作，各尽所能。但过度坚持专业策略、维持比较清晰的边界使得机构面临被撤换的问题。在 Z 市某区中曾经出现过这样的案例，家综在全区的评估中分数排名第一或第二，但最终却被撤换（2014 - 04 - 23 NY 街家综林主任访谈）。

上述策略在行动中并非是唯一的或者相互排斥的，不同的家综采取了混合的策略对自身进行定位，与街道、居委会存在着程度不同的远近关系。在进入社区治理体系之后，社会服务组织希望通过自身的努力去建构或影响与街道、居委会之间的关系，如 HT 街道家综李主任认为要把街道领导当作案主来看待，以至改变街道。总体来说，家综与街道、居委会已经建立了常态化的沟通制度，通过持续互动影响彼此。

（二）不确定的组织间边界：相互渗透与边界变化

随着国家政治体制改革的深入以及社会组织的成长，由国家垄断的自上而下的边界渗透出现弹性趋势，社会组织在驾驭自我边界、与政府组织等不同主体互动的过程中形成自己的话语体系。社会服务组织进入街区治理体系之后，组织间边界是不确定的，在不同阶段出现不同的状态。

1. 招投标中的边界模糊化：人脉、面子的作用

HX 街道家综由 BF 社承接，于 2012 年 9 月正式提供服务。BF 社 2009 年正式建立，其所承接的第一个 ZJ 街家综在 2011 年由于有国家领导人的参观并受到肯定而名声大震。HX 街也是出于此考虑，决定 BF 社为中标机构。BF 社是由供销社转型后成立的社工机构，而 HX 街街道主任以前曾任职于此供销社，于是街道主任便率先要求 BF 社承接，BF 社也借此积累关系和资源。BF 社进入 HX 街道之前做了大量的社区分析和评估调研工作，这些调研已经提前得到了街道、居委的配合。"人脉"的关系运作在组织走上轨道的过程中起到举足轻重的作用，在某些家综的招投标中出现了可能的陪标现象。

提前配合意向机构做需求评估是街道选择社会服务组织的重要策略，因为需求评估及方案设计在招投标方案中占较大比重，决定了该机构是否能入驻。HX 街道的配合对 BF 社中标起了重要作用。

2. 服务传递过程中资源的选择性动员

资源整合是社会服务组织提供服务的重要方面，但资源依赖又可能导致社会服务组织与其他组织之间混为一体。因此，有些家综对资源采取了选择性动员的策略，使资源为其所用，而非被资源牵着走。

"PA 社会服务社"（简称 PA 社）与 BF 社背景类似，依靠强大的人脉资源投标取得成功承接 BC 街家综服务。BC 街家综所在地 GD 社区是政府的明星社区，[①]许多企业与居委会建立了长期的合作关系，愿意投入大量的人力、物力资源支援社区服务。PA 社入驻 GD 社区之后，坐享其成，"囫囵吞枣"地吸纳了这些资源。

> 第一年，其实我们是有点傻啦。就是说，我不知道其他家综是不是有这样一个优势，但是在这个社区里面，他因为名气比较大，很多企业的资源愿意找过来合作，然后我们当时就是囫囵吞枣，你要什么，"好"。（2014 - 05 - 23 BC 街家综王主任访谈）

王主任认为这种形式很"傻"，因为只要有资源就可以合作，只要有需要就可以提供服务。家综逐渐采纳了居委会的操作模式，一方面为了建立

---

① GD 社区是 BC 街道重点打造的社区治理示范点，成为 Z 市接受参观访问较多的明星社区。

良好的关系，另一方面则为了获得更多的资源以提供服务，从而获得居民认可。但这种做法基本上使家综袭承了街道和居委会的运作方式，偏离了组织原初的定位和专业使命，家综成员时常感到痛苦，因为其专业价值和自我价值让位于众多的服务活动。

> 这样操作起来我们会发现很痛苦，就是说那些资源都一窝蜂进了，我们如果都是"被资源牵着走"，我们很痛苦，就是我们没有了自己的节奏，推进的方向就会出现偏差，因为我们是围绕资源在转，不是围绕我们自己中心的一个发展目标去前进。（2014 - 05 - 23 BC 街家综王主任）

第二年，BC 街道家综采取新的思维，通过打造单独项目的形式合理利用外来资源，"牵着资源走"。家综在发展"爱心小饭桌"项目过程中，通过联系外部企业，鼓励企业员工关怀社区长者，并以此形成稳定的义工团队，围绕"社区照顾"的理念和模式，将各方资源聚集在"爱心小饭桌"上，既彰显了自己理念和服务的与众不同，又强化了专业合法性。

由此，BC 街家综在资源整合的过程中希望从原来边界模糊转向边界清晰，逐步选择专业的位置。社会服务组织可能会通过规则的运用以刻意消弭与政府组织之间的界限来获取生存资源，即制度支持和资金援助。专业社会工作落地到街区权力结构中尽管存在诸多不适，表面上出现专业式微的现象。但社区中不同组织的边界关系也会随着时间和空间的变化产生差异，并随着社会服务组织的发展、成熟而适时调整。

3. 街区服务的选择性配合

Z 市家综服务以"3 + 2"① 的形式进行，笔者通过搜集"Z 市社区服务网"上最新公布的所有中标项目的"最低服务工时"，分别在各个区选择 2 个项目进行整理，得出如下表格。

Z 市家综项目中标机构及其最低服务工时②

	招投标项目（街道）	所在区域	最低服务工时/年（单位：小时）
1	L1	L 区	30131

---

① "3"指青少年、老年和家庭服务，"2"是街道、社区特色项目。
② http://www. 96909. gd. cn/sqfww/sg_zb_zhongbiao. asp? f_number = &f_name = &page = 2.

续表

	招投标项目（街道）	所在区域	最低服务工时/年（单位：小时）
2	L2	L 区	25100
3	Y1	Y 区	30184
4	Y2	Y 区	28098
5	Z1	Z 区	25416
6	Z2	Z 区	24429
7	G1	G 区	26568
8	G2	G 区	23602
9	B1	B 区	20183.75
10	B2	B 区	23454
11	T1	T 区	33997
12	T2	T 区	29500
13	H1	H 区	38200
14	H2	H 区	30800
15	P1	P 区	21904
16	P2	P 区	28156
17	S1	S 区	25112
18	S2	S 区	27008
19	C1	C 区	29556
20	C2	C 区	29064
21	N1	N 区	22540
22	N2	N 区	14184

在 22 个家综项目中，"最低服务工时"最低为每年 14184 小时，最高为每年 38200 小时，平均每年 26689.5 小时。而 Z 市政府的相关文件明确规定，家综所配备的一线社工服务人员为 15 人，因此，平均每人每天（按 365 天计算，包括周末和法定节假日）工作量达到 4.87 小时，而这仅仅是计算服务工时，并没有将培训、督导和外出交流的时间纳入计算。朱静君① 认为家综的服务工时最好在 20000 ~ 21000 个小时之间，对于出现超过 30000 工时的标书难以理解。在合约范围内的专业任务都难以完成，更不用

① 参见：http://dhzw.gzzx.gov.cn/cf123/yxta/201401/t20140124_33071.html

说服从于街道的行政性任务了①。因此，家综选择配合与合约相关的服务，有些时候以合约为"挡箭牌"将某些事务排除在外。

当组织内嵌于街区权力结构之中，边界就开始遭遇外部环境所带来的实质或潜在的冲击，因为组织在本质上是一个开放的系统，依赖于与其他系统之间进行能量和资源的交换、对话。政府购买服务在政府和人们中间开辟了一个缓冲空间，这个缓冲空间正是社会服务组织生存的地带。作为技术拥有者，社会服务组织则在这个缓冲空间范围内经营。边界的划定取决于两方位置，一方面是社会服务组织与街道办事处、居委会、企事业单位或其他社区组织之间的社会边界；另一方面则是社会服务组织所承载或建构的社会工作专业符号边界。这两个边界决定了缓冲空间的大小。由于划定边界的双方各自的行动逻辑存在不同，政府部门与社会组织之间不可能谨守各自边界，边界不再是一般意义上的"你我分离"，而是"你中有我，我中有你"、相互渗透的，并且随着时间和空间的不同，边界也会发生变化。

四　文化情境中的去边界化与专业边界的生产

社会服务组织需在治理制度中确立自身的边界，也需与服务对象确立边界。边界区分意味着专业化进程的推进，这是社会服务组织生存的另一个基础。社会服务组织的管理者需要与内部和外部的不同群体进行持续的互动（Hardina et al.，2007：10），还要厘清服务边界与服务对象边界以及注重专业角色的呈现等。

（一）文化敏感与边界弹性化：与服务对象的关系

在《美国社会工作伦理守则》② 中有 9 次出现 boundaries 一词，如专业能力边界、利益冲突中的双重关系或多重关系、性关系的避免等。社会工作者有维持与服务对象边界的责任，应注重维持与当地文化敏感性相匹配的清晰、合适的边界（多戈夫等，2005）。但当专业社会工作与中国人情社

---

① 在省政府购买服务的情境下，社工机构除了要完成标书上的指标，如个案、小组、社区活动工时，还要处理好与其他组织，特别是政府组织之间的关系。因此，社工机构在开展专业服务活动的同时，还要配合到街道等政府组织的工作之中，这将对机构的生存产生至关重要的影响，如评估内容中的"中心协调机制"（主要指处理与政府组织等之间的关系）板块占了评估的较大比重。

② 参见：http://www.socialworkers.org/pubs/code/code.asp。

会碰撞之时，社工却常常需要在与案主建立良好私人关系的前提下才能促进服务活动的开展，而这种私人关系的建立却是在打破与服务对象专业关系边界的基础之上的。

QN 街家综于 2012 年 2 月正式在社区开展服务，由于承接机构"出身卑微"，不具有体制内血脉，在进行社区需求评估时困难重重。但因为充分利用了社区青少年群体资源，将家综打造成社区青少年游戏和活动的中心，通过这些青少年使更多的社区居民参与到家综服务活动中，并对家综产生强烈的信任感，对他们的工作予以极大地支持。然而，社工梁姑娘发现，青少年群体起初主要就一些游戏和活动的设置问题进行沟通，后来逐渐涉入到私人情感问题。许多青少年转变为情侣身份，甚至还有人在微信群里给梁姑娘发送暧昧信息。社工对此也并非没有察觉，在告诉督导后，督导给出的指导非常模糊，只是建议梁姑娘能进行适当把控，协调好专业关系与私人关系。但困境在于，由于青少年群体的生理和心理特征，如果社工需要保证服务过程的顺利开展，不得不"死皮赖脸"与其"打成一片"，从朋友关系的角度、而不是以专业关系作为出发点来对青少年产生感召力。可一旦社工陷入朋友关系之后，却又很难抽离出来，而中国社会工作伦理守则对此又缺乏明确的指引。如果从西方专业社会工作的角度来看待中国社会工作的情境，社工常常会陷入伦理困境之中。

（二）价值涉入与服务边界：专业角色的建立

在社会工作价值与伦理中，社会服务组织服务于边缘群体，联合他们表达诉求。社会工作的重要价值观是服务和社会公正等[1]，代表弱势群体发声，这要求社会工作者能够斡旋于不同社会主体之间，争取社会资源为案主服务。当案主问题来源于社会，而未能获得资源分配时，社会服务组织将代表边缘群体表达诉求（Hardina et al. ，2007：361）。

HX 街家综曾经为一个急性白血病小患者筹集了 3 万多元的资金，并由居民制作丝网花等礼品通过义卖持续帮助，还协助其申请重大疾病补贴等。BC 街家综王主任强调社会服务组织对社会问题的回应，他印象最深的例子是对社区中一户家庭的支援，强调社会工作者对服务对象的陪伴角色。该家庭是外来的四口之家，夫妇二人、七十多岁的婆婆和正在读幼儿园的女儿。作为顶梁柱的丈夫突然去世，妻子惶然失措。社工首先介入哀伤辅导，

---

① 参见：http://www.socialworkers.org/pubs/code/code.asp

并与妻子共同协商生活策略，陪伴其渡过难关。在这个过程中，社会服务组织起到资源协调和直接服务的作用，协助妻子处理丈夫火化程序、处理哀伤情绪及后续的生活支持（介绍工作、链接资源）。社工的价值意义则在于为这些边缘群体发声，为其链接资源，这成为大部分社会服务组织的使命，成为社会工作存在的意义。

社会服务组织需要与不同的组织展开合作，同时以专业的角色出现，并时刻留意自身伦理的维持。在中国的文化中，对不同人、群体等之间的隐私等也不太重视（杨林绮文，2007）；在以往的社会福利政策（如最低生活保障制度、住房保障制度）中，要求家计审查、对收入变动情况进行监督、邻里监督等，隐私是不被重点考虑和强调的内容。在对 BC 街党委书记访谈时，她提及上一个承接 BC 街家综的机构（已经被撤换）不愿意将案主的情况向街道办事处汇报，并表达对机构的失望。社会服务组织的服务对象中很大一部分是低保户等救助对象，社工需谨守隐私保密的责任伦理，对于伦理的坚持恰恰是其专业角色的呈现。HL 街家综主任认为，合作必须基于双方互惠共赢的基础，然而社会工作者则坚持必须遵从伦理的内容，如果违背社会工作伦理，合作即当终止。

可见，社会服务组织在提供服务的过程中特别强调价值伦理议题，专业伦理成为一个重要的边界符号，将社会工作者与其他专业人员区分开来。分析专业群体的一个关键方法是分析其对专业问题的自我控制，为了维持专业的社会身份，专业人员力图建立共同价值观和规范、伦理等（劳顿，2008：129）。在模糊的文化情境中，社会服务组织尝试建立两个层面的边界：其一，在文化敏感性下建立与服务对象的社会边界，为边缘群体发声；其二，在专业伦理的框架下建立与其他专业人员的符号边界，凸显社会工作的本质，并强调专业的自我控制。

五　服务监管、评估与边界调适

英国等地倡导通过合同外包实现地方公共服务私有化，但存在服务质量低下的问题，因此需建立一个监督体系，政府往往希望通过使用绩效指标监控私营部门的活动与绩效（科臣，2009：162-179）。在家综中，服务监管包括日常监管和评估（过程评估、中期评估、末期评估等）等。在服务监管和评估过程中，作为购买方的不同政府部门采取了多种方式对社会服务组织进行管理控制；第三方评估组织拥有评估技术，希望能够提高专业的话语。社会服务组织在购买方与第三方评估组织的不断拉扯之中产生了边界纠葛。

（一）街区监管与社会服务组织内卷化

在实际运作中，家综从试点到全面推开，在政策上都有所调整。《关于印发 Z 市街道社区综合服务中心试点建设期间三个工作规范的通知》（Z 民〔2010〕320 号）中，甲方（资助方）为区（县级市）政府或其工作部门，乙方（项目实施及管理方）为街道办事处，丙方为街道社区综合服务中心承办机构。而在 2011 年中共 Z 市委办公厅文件《中共 Z 市委办公厅、Z 市人民政府办公厅印发〈关于加快街道家庭综合服务中心建设的实施办法〉的通知》（Z 办〔2011〕22 号）规定，由区（县级市）民政局、所在街道和中标机构三方签订合约，区（县级市）民政局为合约组织实施的监督方，街道办事处为政府购买社会服务的购买方，中标的民办社会服务机构为服务提供方。可见，街道办事处从项目实施及管理方的角色转变为购买方，对家综的管理权限大大增加。《Z 市政府购买社会服务考核评估实施办法》《Z 市街道社区综合服务中心实施政府购买服务流程规范》等明确规定，街道办事处的职责在于组织开展辖内服务的需求评估、测算服务成本、规划服务总量、设置服务项目；对家综的服务计划、服务效果、资金使用等进行日常监督管理，这将直接影响到家综的生存与发展。

在这样的规定下，Z 市各个家综都与街道建立了常态的沟通机制，体现在例会或专人对接上。HL 街道家综、TD 街道家综等都需要定期通过文字形式给街道作汇报，包括工作数据、服务内容等。街道有联席会议制度，家综主任和项目负责人参与其中，家综开展服务的年度计划、季度计划等都需要与各方汇报协商。通过联席会议，家综主任能够使街道负责人更加了解社工的服务状况。但街道办事处也会通过例会等日常制度表达自身的需求，要求家综配合街道办事处的工作，如近几年开展的幸福社区创建活动、登革热宣传等，社工都全面参与其中。

计划协商的结果是社会服务组织配合街道的整体计划，而非完全按照原先的合约及专业的要求而定。街道也通过对家综日常活动的把握判断社会服务组织的整体能力。合约 3 年一个周期，周期内一年一签，每年均进行末期评估，合格后续签，不合格不予续签（重新确定运营机构），而街道办事处具有购买方"生杀予夺"的最大权限，社会服务组织能否留下取决于街道办事处的决定（2014 - 04 - 22 CQ 家综黄主任访谈）。在该层面上讲，政府对社会组织实际运作的控制并没有得以改变，政府对于资源和话语的控制使得社会组织内卷化现象严重，社会力量并未得到实际变革和增长。

有评估机构①将社会服务组织与街道办事处的关系置于重要的位置，评估内容中包括"中心协调机制"版块，强调与政府部门（包括居委会）关系的协调。社会服务组织不可能与政府泾渭分明，如果处理得当，政府也会出于自身利益考虑来极力维护机构的生存；但若处理不当，机构则随时面临被撤换的风险。

该评估机构设置了购买方访谈的环节，一般访谈对象是街道副主任、民政科科长或其他专门对接家综的公务员，该访谈的设计以家综和购买方的沟通情况、街道认为的家综服务与项目指标的吻合度、满意度、与社区需求的契合程度、对社区的改变、建议六个部分组成。该项评估内容主要用于了解街道办事处对家综服务的满意程度，而这满意程度往往会影响家综整体评估的分数。

2014 年，笔者参加了 NXG 家综的中期评估。街道民政科陈科长在访谈中表达了对家综的看法，他认为 NXG 家综主任不断更替，与街道的沟通总是从零开始，且他们不能够与街道办事处和居委会配合、合作。他个人对家综的定位是"政府工作的一个补充"，由家综承接政府暂时未覆盖到的服务。但总体来说，家综并没有完成相对应的角色任务，难以回应社区的需求。虽然他一直强调家综存在的问题是新生事物大都会出现的问题，但对评估提出的建议却是提前评估，因为评估会影响下一周期的招投标工作，已经逐步考虑家综的交接问题。从语气判断而言，街道对于家综的服务不甚满意。2015 年，3 年的合约满期之后，NXG 家综原先的承接机构已经撤出该街道，改由另外一个机构承接。

对购买方态度的重视能够避免出现评估分数高、但不符合购买方要求的情况。② 在服务提供过程中，街道办事处期望将家综纳入街区权力结构中；当出现偏离时，则通过各种策略对社会服务组织进行"纠偏"，以"生杀大权"对社会服务进行威慑。监管使社会服务组织力图维持的边界又重新收缩，有些社会服务组织甚至成为类行政化组织，而丧失了社会工作要

---

① Z 市有不同的第三方评估机构，在第一个周期中不同区出现了不同的评估标准。此处提及的评估只是笔者参与的 Z 市某两个区的评估，具体评估指标与其他区可能有些差异，如有些区的评估仅包括专业性的评估。在第二个周期的评估中标准将会统一。

② 2012 年试点结束，曾经出现过评估分数很高，但未能继续承接家庭综合服务中心的情况，引起舆论的关注。

求的专业性。

（二）专业规制与社会组织调适

街区规制和专业规制可能产生冲突，张力较明显，专业规制希望提升社会服务组织的专业能力，提供更为专业的服务。一方面，非营利性组织必须体现对社会的义务活动和利他主义动机，这要求与其他组织结盟；另一方面，非营利性组织也要承担较大的"专业化的压力"，在社会范围内、国家机关和潜在的捐赠者处获得认可，必须产生具有意义的创新绩效和发展绩效，专业化又要求非营利性组织与其他组织的区分（康保锐，2009）。委托方设定一定的专业任务量目标对社会服务组织进行规制。但作为委托方的政府难以完成专业规制，而是靠第三方评估中的专家力量进行。

专业评估包括三个部分：与社工的访谈、查阅文书和项目逻辑梳理。评估专家首先听取家综主任或社工汇报上一次评估以来的服务进展状况，包括指标的完成、各个不同领域的内容、根据上一次评估意见的调整等。然后专家根据汇报内容提意见与家综员工进行交流，4~5个评估专家轮番提问，对服务开展的专业性进行探索。在该环节，专家往往会围绕着服务需求、策划、目标及成效等多方面进行提问与讨论，要求社会服务组织能够回应服务对象及社区的需求。

讨论结束后，评估专家分成三组进行进一步访谈，每一组都需要有社工在现场进行配合。首先，访谈部分的评估专家会抽取他个人想了解的领域的员工进行座谈，选取的领域可能是随机的，但往往由家综推荐，如青少年组、家庭组等组别。访谈内容涉及中心的使命愿景、行政制度和专业制度、督导和培训满意度、内部沟通机制、外部沟通机制、自身领域的目标及工作内容、与社区的契合程度，等等。评估专家往往会从服务入手，去讨论服务的开展情况，以评估社工对服务的理解以及服务的成效。使命和愿景涉及社会工作价值观的议题，也是社工机构存在的根本，一年两次的评估要求社工重复记忆和理解，某种程度上强化了社工对中心价值观的认同，而评估专家每一次的访谈都在提醒社工要注意价值观的培育。评估往往成为一种督导式的教育，评估专家占据权威的位置与社工沟通，不时地提醒社工需要注意各种价值观和专业性的内容。

查阅文书是量化指标和服务成效的评估，评估专家对个案、小组和社区活动的文书进行查阅，随机抽取部分文书仔细阅读并对照指标的完成情况。查阅文书需要社工全程陪同，并回答评估专家的问题。当涉及个案中使用的不同理论时，有些评估专家甚至会要求社工解释该理论的使用过程及局限性，以此判断社工的理论掌握程度及文书的可信程度。

最后一部分是项目整体逻辑部分，主要考察家综作为整体的项目设计的逻辑，包括家综的服务规划、活动计划等相关内容，这些计划是否服从于整体的目标，有无整体的思路。

每次评估都需要中心工作人员全程配合，因此当天一般不开放服务。不同部分的评估都需要中心准备大量的文书材料，导致有些社工叫苦连天，认为社工成为"写工"。专业评估部分通过访谈、文书和整体的逻辑掌控家综的发展方向，使其不至于脱离专业的轨道。当遇到家综主任、员工与评估专家对峙的场面时，辩论有时会异常激烈，这往往是由于专家能够认可的专业性未能在家综中体现出来，而家综却认为专家意见难以契合本机构或社区的情况。辩论之后，专家的意见总会以评估报告的形式体现出来，以分数促使家综进行改善，这某种程度上在要求家综避免过度内卷化，而往专业的边界倾斜。这二者交织在一起，使家综在组织边界和专业边界中不断徘徊、重新定位及调适。

六　结论与讨论

中国社会服务组织的发展在社区治理和社会工作专业的影响下出现了不同的边界生产状态。两种边界受到不同力量的制约，如服务供给过程中文化的压力、监管过程中购买方和评估方的双重压力。在二重情境下，社会服务组织的发展呈现出与西方社会截然不同的状态。伙伴关系理论的分析前提不适用于中国，国内强调的嵌入式发展及街区权力吸纳观点也只能部分反映该发展状态。

本文以社工机构为研究对象，发现社会服务组织面临二重去边界化情境：其一，社区治理中政府组织与社会服务组织之间的去边界化；其二，本土文化情境中服务开展的去边界化。在该情境中，社会服务组织力图生产出自身的社会边界和符号边界，体现为从招投标时的边界模糊到服务供给过程的边界明晰，以及服务开展过程中与不同主体之间的关系维持、专业角色的确立和坚守等。

国家对社会关系的重塑过程是一个政府主动推动的过程（贾西津，2005：248），尽管政府购买社会服务带动了公共领域边界的开放，但社会服务组织对政府组织仍然过于依附。社区治理是社会服务组织面对的第一情境，原来的边界是模糊的，不存在跨边界合作的伙伴关系，也难以生产出来这种伙伴关系。社会服务组织在社会服务传递的不同阶段中，有意识地去运作自身的边界，以获得多方的认同。社会服务组织希望建立与街区权力结构的边界，但后者更加希望能够吸纳前者，为其所用。社会服务组织从招投标开始便卷入到街区权力体系之中，需要借助街道、居委会等固有权力主体的势力来站稳脚跟，边界不清成为普遍的现实。但随着服务的开展，社会服务组织通过对资源和规则的运作逐渐找准自身定位，与不同主体（特别是居委会）形成势均力敌的局面，从单向的依赖关系逐渐朝着双向的合作关系转变，居委会需要借助社会服务组织完成许多服务甚至评估，社会服务组织则需不断保持和巩固自身在街区中的地位和功能，获得更多服务开展的空间，逐步明晰与不同组织之间的边界。

社工与服务对象也是作为边界问题研究的一个面向。中国长期以来形成的政社合一的社会结构深刻受到"家"文化之影响，强调差序格局来区分亲疏远近，却不强调划分出清晰界限。在不同文化土壤上生长的社会工作必然面临存在极大差异的社会情境，而一味套用西方专业社会工作伦理守则和实务操作体系不免会使得本土性社会工作故步自封、难以前行，甚至可能忽视社会服务组织的能动作用、行动逻辑和生存策略。

在二重去边界化的情境下，社会服务组织需要不断地试探、摸索，试图生产出不同的边界，呈现出与西方截然不同的状态。截至目前，Z市已经完成了购买服务的第一个3年周期，至少能够观察到三种发展动向：其一，直接退出或不进入。当发现边界不清、无法提供专业服务时，有些组织选择退出或不进入家综服务。如果过度强调专业化，也可能面临合作无法维系的状态。其二，适当妥协（半专业化）。以合作的心态，搁置伙伴/伙计二分的讨论，而着力于能力的提升，以力求在街区权力结构中获得最优位置。其三，去专业化及与专业保持距离，完全听从街道的安排，丧失边界位置，或者强调机构的融入是本土特色，强调伦理中的文化敏感性，而忽略专业技巧部分。

因此，第三方治理—伙伴关系理论难以概括中国社会服务组织的发展状态，而强调社会服务组织的嵌入也难以完全概括该状态。第三方治理理论的前提是西方存在着相对独立的国家和社会之间的关系、非营利性组织发展壮大，政府购买公共服务带来了跨边界的合作，意图在于提高公共服务的效率。当用该理论来解释中国情境下的社会服务组织发展时，则有点套用之嫌。中国学界强调的社会工作嵌入式发展带着较强的结构功能色彩，而忽略了发展过程及社会组织策略的动态性；站在社会立场上认为社会服务组织被吸纳的观点也只反映了边界生产的一种状态。如何重新定位社会服务组织的边界角色显得尤其重要，家综发展的第一种和第三种状态恰恰反映了这两种立场的对立。

进入社区之后，社会服务组织作为社区的一部分，核心功能是居间协调，运作于不同组织的边界之间，平衡各种边界成为社区社会工作的本质（Henderson et al.，2011）。以往的社区工作过程是"工作者中心"（worker-centred）的，工作员与居民互动的成效依赖于工作员的人格、技巧等各方面特征；改进社区行动的方法是转向"我们中心"（we-centred），突出社区工作的集体方面，将其置于群体、组织、专业的边界之上，社区工作往往希望跨越边界，而达到推动社会改变的作用（Henderson et al.，2011）。因为涉及与外在于社会工作的政治之间的关系、其他志愿主体的行为及对社会工作的重新界定问题，社会组织（社区组织）与环境之间的边界难题则显得尤其重要（Reisch & Wenocur，1986）。从功利主义路径分析，社会工作是一个间隙的职业；从生态路径分析，社会工作是专业系统中一个复杂的防守区域；从网络—建构路径分析，社会工作来源于一系列社会"边界群体"中（Abbott，1995）。因此，社会服务组织不应该脱离于社区之外，而强调其作为不同组织合作（在官僚制和社区的初级群体之间）的平衡者（Litwak & Meyer，1966）。专业边界的生产本质上即对于不同组织边界的把握和运作，第二重边界的生产在第一重的边界生产上发生和完成。当研究社会服务组织时，则需强调它们处于张力之中的位置，揭示它们在边界改变中的作用，以及如何运作边界，使其为自身服务。这些边界的张力往往包括行政权力的、文化的，而往往是社会服务组织天然的角色所决定的。只有把社会服务组织置于居间的位置时，才能够对我国现阶段的社会工作发展、社区组织及社区治理等有更为系统、开放的社会学视角，对其本质进行探讨。

参考文献

邓正来，2005，《市民社会与国家——学理上的分野与两种架构》，邓正来、亚历山大主编《国家与市民社会》，中央编译出版社。

拉尔夫·多戈夫、弗兰克·M.洛温伯格、唐纳·哈林顿，2005，《社会工作伦理》，隋玉杰译，中国人民大学出版社。

葛道顺，2012，《社会工作制度建构：内涵、设置与嵌入》，《学习与实践》第 10 期。

何艳玲，2006，《社区建设运动中的城市基层政权及其权威重建》，《广东社会科学》第 1 期。

黄晓星、徐盈艳，2011，《政府购买服务下的社区工作模式：现状、问题与对策分析》，《大珠三角论坛》第 3 期。

贾西津，2005，《第三次改革：中国非营利部门战略研究》，清华大学出版社。

凯特尔、唐纳德，2009，《权力共享——公共治理与私人市场》，孙迎春译，北京大学出版社。

康保锐，2009，《市场与国家之间的发展政策：公民社会组织的可能性与界限》，隋学礼译，中国人民大学出版社。

康晓光、韩恒，2005，《分类控制：当前中国大陆国家与社会关系研究》，《社会学研究》第 6 期。

科臣、哈里，2009，《提供地方/城市服务》，安瓦·沙主编《公共服务提供》，孟华译，清华大学出版社。

劳顿、艾伦，2008，《公共服务伦理管理》，冯周卓、汤林弟译，清华大学出版社。

萨拉蒙、莱斯特·M，2008，《公共服务中的伙伴——现代福利国家中政府与非营利组织的关系》，田凯译，商务印书馆。

沈毅，2007，《"仁"、"义"、"礼"的日常实践："关系"、"人情"与"面子"——从"差序格局"看儒家"大传统"在日常"小传统"中的现实定位》，《开放时代》第 4 期。

泰勒、查尔斯，2005，《市民社会的模式》，邓正来、亚历山大主编：《国家与市民社会——一种社会理论的研究路径》，中央编译出版社。

王名、刘求实，2007，《中国非政府组织发展的制度分析》，《中国非营利评论》第 1 期。

王名等，2014，《社会组织与社会治理》，社会科学文献出版社。

王诗宗、宋程成，2013，《独立抑或自主：中国社会组织特征问题重思》，《中国社会科学》第 5 期。

王思斌，2011，《中国社会工作的嵌入性发展》，《社会科学战线》第 2 期。

夏建中，2012，《中国城市社区治理结构研究》，中国人民大学出版社。

熊跃根，2006，《论中国社会工作本土化发展过程中的实践逻辑与体制嵌入》，王思斌，《社会工作专业化及本土化实践》，社会科学文献出版社。

阎云翔，2006，《差序格局与中国文化的等级观》，《社会学研究》第 4 期。

杨林绮文，2007，《为何社工那么重视保密原则?》，甘炳光、陈伟道、文锦燕《坚守信念——给社工学生的 30 封信》，香港城市大学出版社。

杨敏，2007，《作为国家治理单元的社区——对城市社区建设运动过程中居民社区参与和社区认知的个案研究》，《社会学研究》第 4 期。

杨念群，1998，《近代中国史学研究中的"市民社会"》，张静主编《国家与社会》，浙江人民出版社。

翟学伟，2004，《人情、面子与权力的再生产——情理社会中的社会交换方式》，《社会学研究》第 5 期。

张兆曙，2010，《城市议题与社会复合主体的联合治理——对杭州 3 种城市治理实践的组织分析》，《管理世界》第 2 期。

周晓丽、党秀云，2013，《西方国家的社会治理：机制、理念及其启示》，《南京社会科学》第 10 期。

周雪光，2003，《组织社会学十讲》，社会科学文献出版社。

朱健刚、陈安娜，2013，《嵌入中的专业社会工作与街区权力关系——对一个政府购买服务项目的个案分析》，《社会学研究》第 1 期。

Abbott，Andrew. 1995，"Boundaries of Social Work or Social Work of Boundaries? The Social Service Review Lecture." *Social Service Review* 4.

DiMaggio，Paul J. & Helmut K. Anheier. 1990，"The Sociology of Nonprofit Organizations and Sectors." *Annual Review of Sociology* 16.

Geoghegan，Martin & Fred Powell. 2006，"Community Development，Partnership Governance and Dilemmas of Professionalization：Profiling and Assessing the Case of Ireland." *The British Journal of Social Work* 5.

Gidron，Benjamin，Ralph M. Kramer & Lester M. Salamon. 1992，"Government and the third sector in comparative perspective：Allies or adversaries"，In Benjamin Gidron，Ralph M. Kramer & Lester M. Salamon，（eds.），*Government and the third sector：emerging relationships in welfare states*，San Francisco：Jossey-Bass Publishers.

Hardina，Donna，Jane Middleton，Salvador Montana & Roger A. Simpson. 2007，*An Empowering Approach to Managing Social Service Organizations*. New York：Springer Publishing Company

Henderson，Paul，David Jones & David Thomas. 2011，"The Boundaries of Change in Community Work." In Gary Craig，Marjorie Mayo，Keith Popple，Mae Shaw & Marilyn Taylor （eds.），*The Community Development Reader：History，Themes and Issues*. Bristol：The Policy Press.

Lavallée，Lynn F. 2010，"Blurring the Boundaries：Social Work's Role in Indigenous Spirituality." *Canadian Social Work Review/Revue Canadienne de Service Social* 1.

Litwak，Eugene & Henry J. Meyer. 1966，"A Balance Theory of Coordination Between Bureaucratic Organizations and Community Primary Groups." *Administrative Science Quarterly* 1.

Najam，Adil. 2000，"The Four C's of Government Third Sector-Government Relations." *Nonprofit Management and Leadership* 4.

Nisbet，Robert A. 1953，*The Quest for Community：A Study in the Ethics of Order and Freedom*. New York：Oxford University Press.

O'Leary，Patrick，Ming-Sum Tsui & Gillian Ruch. 2013，"The Boundaries of the Social Work Relationship Revisited：Towards a Connected，Inclusive and Dynamic Conceptualisation." *The British Journal of Social Work* 1.

Pfeffer，Jeffrey & Gerald R. Salancik. 1978，*The External Control of Organizations：A Resource Dependence Perspective*. New York：Harper and Row.

Reisch, Michael & Stanley Wenocur. 1986, "The Future of Community Organization in Social Work: Social Activism and the Politics of Profession Building." *Social Service Review* 1.

Schneider, Susan C. 1987, "Managing Boundaries in Organizations." *Political Psychology* 3.

Young, Dennis R. 2000, "Alternative Models of Government-nonprofit Sector Relations: Theoretical and International Perspectives." *Nonprofit and Voluntary Sector Quarterly* 1.

"选择性放任":基层民主制度下的国有企业劳动治理逻辑

——基于 Z 市南厂的案例研究[*]

贾文娟[**]

摘　要: 本文发现,在国有重工业企业,现代企业制度改革后建立起的规章制度大多被束之高阁,在实际生产中,管理者对劳动过程呈现出放任态度,而对产出、质量与成本施加了严格控制,"选择性放任"成为主导性的劳动治理逻辑。管理激励论认为"放任"是治理不足所致,而日常反抗论则认为"放任"是治理过度所致。而本文反对将"放任"作为异常状态进行分析的路径,认为"选择性放任"是国企基层民主制度与劳动治理相匹配的结果。基层民主赋予工人以质疑规则、拒斥上级的权利,进而与现代企业制度推行时期的科层逻辑相碰撞。最后,经历了矛盾冲突、利益协调和适应性调整后,国企劳动治理逻辑进行了再匹配,管理者放弃了对劳动过程的严格监控,采取"选择性放任"的劳动治理逻辑。

关键词: 选择性放任　劳动治理　国有企业

一　问题的提出

1993 年中共十四届三中全会明确提出了建立市场在资源配置中的基础

---

　*　中国博士后科学基金第 56 批面上资助项目,项目号:D. 10 - 0137 - 14 - B02。

　**　贾文娟,上海大学社会学院博士后。

性作用，以及建立"产权清晰、权责明确、政企分开、管理科学的现代企业制度"①。并且从 1999 年中共十五届四中全会通过《中共中央关于国有企业改革和发展若干重大问题的决定》开始，接连发布《国有大中型企业建立现代企业制度和加强管理基本规范（试行）》《关于深化国有企业内部人事、劳动、分配制度改革的意见》等一系列政策文件，推动国有企业改革。建立现代企业制度的重点包括对劳动治理逻辑进行改造，即"全面加强企业管理，推行科学管理，强化基础工作，改善经营，提高效益"。在上述政策指导下，全国范围内的国企在 1998～2002 年间进行了大刀阔斧的改革：一方面，通过"关停并转"的方式进行脱困，期间共产生下岗职工超过 2137 万人；② 另一方面，着手推动全国范围内的国企建立符合产权关系的现代公司治理结构。

经历了国企改革，很多学者都预言国有企业与外资企业、私营企业在劳动治理上呈现出趋同的趋势。例如，玛丽·E. 加拉格尔（2010：79）明确指出，"当日益发展的非国有部门带来的竞争和影响扩大，并开始严重威胁到国有部门的发展和存在时，国有企业劳动实践逐渐产生了根本性改变。也正是国有企业相对于新的非国有部门的业绩，使得国有企业更为广泛地采用资本主义劳动实践"。赵炜通过对两家改制企业的对比发现，国企管理者在推行新型企业管理方式的力度上毫不逊色于私营企业。她发现，市场转型后，国企争相推行全面质量管理、全面生产维护、5S 等管理制度，在对工人施加严格控制上，不同企业并不存在显著差异，是市场关系的变化推动了管理制度的变迁（赵炜，2010）。李锦峰在对大量国企改革文献进行评述的基础上认为，国企改革的途径就是"改变经营方式，按资本逻辑形成以利润为导向的经营模式，……使劳动关系逐渐同非公有制企业趋同"（李锦峰，2013：3）。笔者并不否认国有企业劳资关系与管理制度同计划经济时期相比，产生了极为重要的变化，但是怀疑经历过计划经济时期并延续至今的国企，其劳动治理逻辑与私营企业或外资企业趋同的观点。这个疑问源于笔者对不同国有企业劳动过程的长期观察。

2009 年开始，笔者进入南厂进行调研，并在该厂档案室协助档案管理员整理档案，2010 年 11 月到 2011 年 7 月间笔者在南厂压力容器分公司作为

---

① 《中共中央关于建立社会主义市场经济体制若干问题的决定》，1993 年 11 月 14 日。

② 数据来源：国家统计局、人力资源和社会保障部主编《中国劳动统计年鉴》，中国统计出版社，2005。

一名铣床学徒，在师傅的指导下学习生产并进行田野调查。除此以外，笔者还于 2013 年 7 月与 11 月对南厂进行了回访，并于 2014 年对位于 Z 市的一家同类型私营企业"长风机械厂"以及位于河北省的一家国有重型工业企业进行短期调研，以期与南厂的劳动治理状况进行比较。经由上述调研，笔者发现，尽管从逻辑上看，为了获得更公平的市场竞争平台，经历了现代企业制度改造的国企倾向于与其他所有制企业趋同，即以科层制的逻辑进行劳动治理，然而，在实践中情况却远非如此。国有重型工业企业的基层劳动治理呈现与其他所有制企业不同的"放任"特征：一方面，管理者并没有直接插手生产过程的指挥、管理者对工人进行评估也颇具弹性、劳动纪律也被束之高阁；另一方面，管理者着重对产品产出、质量与成本施以总体性的管理。本文使用"选择性放任"概念来概括这种劳动治理逻辑，并尝试回答两个连带问题：第一，国有企业经历现代企业管理制度建设后，其劳动治理方式为何没有与其他所有制企业趋同？第二，"选择性放任"的劳动治理逻辑是如何形成的？

二 国企劳动治理中的"选择性放任"

（一）案例介绍

位于珠三角的 Z 市号称"不设防的城市"，它以向各种所有制企业完全打开当地市场而著称。中国加入世贸组织后，Z 市濒临港澳的地理优势、国际市场的开放以及良好的漕运条件为该地提供了良好的发展机遇，该地区的私营和外资重型机械企业迅速增加。2005 年 Z 市 NS 开发区的设立为这些企业的发展提供了更有利的条件，时至 2015 年，NS 开发区已经集聚了超过 200 家工业企业。这些工业企业在 Z 市展开了激烈的市场角逐。

本研究的主体案例厂正是位于 Z 市的南厂。该企业始建于 1953 年，是一家以盾构机、汽轮机和离心机生产为主的国有全资重型装备企业。在计划经济时代，南厂是中华人民共和国第一机械部第一工业局下属的 6 所重型机器厂之一，曾经是南中国最大的通用机械制造企业。20 世纪 90 年代，该厂曾组建 43 家具有法人资格的子公司，采取了大而全的经营策略。当然，与当时采取相似策略的国有企业类似，南厂于 2000 年陷入了困境，当时的银行欠债高达 7.8 亿元。为了盘活企业，南厂采取了三步走的策略：第一步，在 2002～2003 年间对超过三千名职工进行了下岗分流处理，并将剩余职工的福利交由社会管理，以此来卸除企业背负的历史包袱；① 第二步，开拓国际市场，与德国 H 公司展开业务合作，为其代工制造盾构机机体、刀盘等大型结构件。至 2005 年，双方已成功合作制造了 16 台盾构机；第三步，推行现代企业制度，建立起完善的管理制度体系，以提升企业效益为目标，对全厂职工进行严格管理。

珠三角地区的代工厂家竞争极其激烈，私营企业往往通过降低价格、缩短出货期等手段增加竞争优势，南厂在市场大形势的倒逼下，也不得不缩短生产周期。南厂副总经理曾告诉我，南厂以往生产一台盾构机需要四到五个月的时间，而现在，很多盾构机都必须在三个月之内生产完毕。激烈的竞争要求整体生产过程必须提速。生产从经营部接收订单开始。这些订单中，有些产品是南厂自行设计的，更多的则是来图加工。接收订单之后，南厂便会迅速组织生产。生产的第一个环节是工艺设计和材料采购，完成后，生产部安排生产计划、制定生产流程。具体来讲，整个生产过程制定下来后，就制定工作令号，发配令号核算。然后计划部门据此排计划，包括什么时候完成图纸，什么时候完成采购定额。过后，工艺科制定生产工艺并对技术进行指导，而采购部门开始采购。采购结束后，就进入车间生产流程——通常先是下料，然后是铆焊、机加工，最后进入装配和检验环节，若检验合格，就可以出厂交货。

（二）劳动过程中的"放任"现象

爱德华兹（Richard Edwards，1989：18）认为工厂中的劳动治理体系应被看作三种要素相互协调的方式。这三种要素分别是："指挥，或者说雇主指导工作任务的方法或机制；评估，或者说雇主对生产进行监督和评估的一套程序；纪律，或者说雇主用以奖惩工人的规则与方法。"而韦伯所定义的经典科层制的特征是：第一，通过规则、法律等有序地安排每名成员的权利与责任；第二，等级严明，下级接受上级指挥；第三，组织内部有严格的规定、纪律，并毫无例外地被应用；第四，理性化与去人格化，排除内部的私人感情（韦伯，2004：278－281、297）。现代企业制度的"管理科学"即是要求国有企业生产中的指挥、评估和纪律遵照经典科层制的原

---

① 异地改造指的是在 Z 市"退二进三"政策下，南厂从原处于市中心的老厂区搬迁到市郊。南厂老厂房被用于商业地产开发，部分土地出让金由 Z 市政府返还给南厂用于新厂房的建造与对下岗工人的赔偿。

则来进行。

科层治理逻辑对于私营企业来说是毋庸置疑和司空见惯的。90 年代的时候，南厂原总工程师，印尼华侨 TZ 因与当时的总经理对于企业经营管理的思路相左，故而离开南厂下海经商，创办了私营的长风机械厂。20 年后，长风机械厂已经拥有三个厂区、超过五百名员工，尽管其体量有限，但凭借优越的生产速度和质量，成为南厂的竞争对手之一。长风机械厂的劳动治理就是依照科层制原则进行的：一方面，非人格化的规章制度是成员的行动标准，工人自身也很自觉，很少会去破坏劳动纪律；另一方面，不同岗位的管理者根据职能分工对工人进行严格的监督与评估。上述情况与笔者在南厂观察到的情形存在较大差别。

从第一个方面来看，南厂管理者对工人劳动的指挥较为宽松，工人对于是否接受某项任务、以什么速度、方式和时间来完成任务，都具有较高的自主权。生产部并没有派专员对生产过程进行指挥，计划科的周师傅来车间的目的基本上是聊天。有一次，我问周师傅南厂的生产到底是怎么计划和组织的。他告诉我："哪里有什么计划？现在出货期那么短，怎么做计划？"至于生产的组织方式，他摇摇头说："生产到底是怎么组织的，我也不知道。"而在基层生产车间，大量的工序安排与制定工作是由车间调度员刘师傅完成的。结果，这名 57 岁、心脏已经支了七个支架的调度员从早到晚都埋头于厚厚的工票、图纸和报表中，并根据产品设计的更改、物资供应的变化或生产速度的变化，协助工段长与班组长调整具体生产步骤。

至于工段长和班组长，他们对操作工的指挥往往不会被后者接受，这一点从派工上就能看出来。在南厂，班组长派工被拒绝是很常见的。拒绝派工的原因是五花八门的，有工人是因为与班组长个人存在过节，有工人是因为工时定额不够理想，甚至有工人是因为不愿意重新调配车床。工人尤其不愿意接受高难度加急件，每当这时，班组长咸蛋仔就要笑嘻嘻地对工人说："哥，能不能帮我做这批工件？"如果工人表现出没兴趣，他就会在工时定额上做出一些让步，给工人更多油水赚，才能换得他们的配合。

至于工时定额员，他们除了引发与工人的争吵外，对于指挥劳动几乎没有什么积极作用。

从第二个方面来看，南厂管理者并没有对劳动过程进行严格监督与评估。在长风机械厂，基层管理者会对工件生产加以跟进与记录，并对工人劳动进行严格与仔细的评估。而在南厂，班组长把工件派给工人后，接下来的事情就交给工人自己了。如果班组长刻意观察、监督工人劳动，或插手工人的生产，就免不了遭到白眼。我旁边铣床的周师傅就很讨厌管理者站在他身后或明或暗地监督他生产，他一旦发现这种情况，会先狠狠地瞪一会儿管理者，然后对他大吼一句："你看什么看！"。

质检工作能很好地体现出管理者对劳动过程的监督状况。南厂的质检工作显得较为随意。我所在的机加工班组的质检员是肖师傅，他已经56岁了，曾经是机床操作工，因为在一次工伤事故中失去了左眼故而被调岗做了质检员。南厂生产过程中的质量检查通常是抽检，肖师傅对那些非常重要、且数量不大的工件才会进行逐个检查。问起他为什么不多抽一些，肖师傅回答说："就看你信不信他们了，信不过，就一件一件检。一件一件检查这么多工件，你怎么做得完？"当然，总是会有工人操作不慎、车坏工件的时候。如果这名工人车坏的工件很小，将其丢掉再找个借口搪塞过去就可以了——这么大的工厂丢一个小工件是没有人当回事的。

从第三个方面来看，南厂的劳动纪律比较松散。与很多国有企业类似，尽管南厂制定了《员工行为守则》《车间岗位职责》等规章，但管理者并未根据它们进行劳动治理。在南厂，串岗聊天并不稀奇。因为铆焊工人工作地点较分散且经常变化，它们串岗、聊天的机会更多，加之铆焊生产场地总是堆砌着大量钢材、半成品，这些工人总能找到机会蹲在地上谈笑。对于女工而言，上厕所是串岗聊天的好机会，她们会在去厕所的路上呼朋引伴、嘻哈打闹一番。机加工工人因为要操作机床，只好在工作的时候干其他事情：开立式铣床的白师傅调试好机床后，就会戴着他的老花镜认真地读《Z市日报》；镗工阿乐在车工件时会读小说，我在厂的那段时间，他正在读《水浒传》；钻床的侯师傅喜欢穿着耐克的运动服，并在耳朵里塞着耳机，一副潮人的装扮；而我的师傅，铣工袁姐则喜欢一边开铣床，一边吃零食和看娱乐小报。这些工人即便遇到管理者也不觉得有什么问题。我进厂的头几天，袁姐就告诉过我车间生产的准则：

> 咸蛋仔（工段长）和光头仔（班组长）是不要紧的，你该干什么就干什么。但是上面的领导视察车间的时候要注意——他们也不会说你，但是还是会很尴尬的嘛！

南厂在劳动的指挥、评估与纪律方面都没有严格遵从科层制的要求。相反，管理者对工人技术和口碑的信任在一定程度上替代了严格的规章制度，工人被赋予一定程度的自主性。韦伯的经典科层治理逻辑因其高度理性化的特征而成为国企改革与建设现代企业制度所希冀的目标，但在实践中，国企采取的往往是选择性放任逻辑——这与前者明显相异。

（三）"选择性放任"的劳动治理逻辑

管理者赋予工人劳动以一定自主性，但这并不意味着公司对劳动结果放任不管。市场是检验南厂生产状况好坏的重要标准，如果管理层无法保证产品在一定时间、以限定的成本、按规定的质量水平产出，那么企业就会失去订单，陷入困境。据此，南厂管理层对产品产出、成品质量、生产成本施以严格控制。

第一，产出速度的控制。2009 年以后，随着国家对经济的刺激，市场环境对南厂非常有利，2010 年南厂压力容器车间获得的订单已经有五千万，足以做到 2011 年的上半年，并且已经开始跑 2011 年下半年的订单。对于南厂管理者来说，产出控制意味着无论如何都要按时把产品交出来。为了达到这个目的，赶工就成了常态。南厂生产部长周先生告诉我：

> 工人本身不是很快，所以像我们经常——例如五月份、六月份应付这个生产就专门动员员工，当然也得是他们自己自愿，动员他们（赶工），为了产出，希望他们能够快一点。（访谈：周先生，2011 - 06 - 30）

我在南厂车间田野调查的 8 个月间共经历了两次大规模赶工：第一次是 2011 年 3 月铆焊工段的赶工，第二次是 2011 年 5 月整体车间的赶工生产。而据工人所说，这样的赶工生产每年至少有两次，多的时候，四五次都有。

第二，产品质量的控制。质量控制本应是在生产过程中进行，但是这在南厂显然难以达到，即便南厂专门成立品质部，也难以杜绝产品的质量问题。这令原质量部长施先生很担忧，他告诉我：

> 质量不是检验出来的，而是在生产过程中形成的，不是靠最终检验的。一旦你发现指标超了，损失就已经造成了，没用的。……昨天我就去现场进行了检查，我经常去，但我不可能时时刻刻跟在工人后面啊！（访谈：施先生，2011 - 03 - 20）

对国有企业而言，工人对于身边随时站着质监人员极为反感，而劳动过程的抽检又不足以及时发现问题。在这种情况下，总体性的质量控制放到了装配环节——在这一环节，再细小的状况也会浮出水面。这时，有问题的工件会被发给工人进行返修或重做，在质量达标之前，产品绝对不能出货。有些工件会退回给它的生产者，工人这时要为其失误买单——他不得不加班加点返修所有存在问题的工件；有些复杂的工件则要以"加急件"的形式交给技术能手修复或重做，直到质量完全达标为止。也正因如此，机加工小组每隔一段时间就会收到这种"加急件"。

第三，成本控制。增加利润、控制成本可以说是南厂管理者在企业经营中最为关注的问题。2011 年间大大的红色横幅"全员参与，掀起合建2000 新高潮，增收节支 2000 万"一直悬挂在车间门口的墙上。南厂的成本控制有三种方式：第一种是控制工人基本工资的增速。这种控制方式是最为简单的，在实际操作层面上，就是不给工人涨工资。从 2001 年到 2011 年十年间，南厂的工人仅仅涨过三次工资，第一次是 2004 年，第二次是 2006年，第三次是 2010 年。直到今天，南厂还有一些工人的月工资是在 2000 元以下的。第二种是采取新的生产模式，控制其他方面的劳动支出。借助珠三角地区发达的劳动力市场，南厂从 2001 年开始引进成本低廉的外协包工队入厂生产，这样，企业就能够在不增加正式员工、无须缴纳额外社会保险的情况下提高产量。第三种方法是对材料采购进行限制，通过比价制度不仅寻找最实惠的商品，而且防止采购员与供货商的背后交易。

古尔德纳（Gouldner，1954：98；T. Hallett & M. J. Ventresca，2006：219）在对美国通用石膏厂的生产组织进行研究时，曾经用"放任模式"这一概念指代一种特定的劳动治理方式。在这种劳动治理方式下，生产管理比较松散，工人与管理者彼此信任、管理者放松对生产的监督，并赋予工人较高劳动自主性（Indulgent Pattern）。美国通用石膏厂中的"放任模式"与管理者个人风格直接相关。总经理"老狗"是一个与工人关系融洽、管理风格松散的人，这导致了劳动治理的"放任模式"。这一概念又被华尔德（1996）用以描述"文革"后期中国工厂的劳动治理。他认为，"文革"时期管理制度被彻底推翻、工厂领导被打倒、原材料和工具出现短缺、加之生产被政治斗争打断，管理者对督促工人劳动显得毫无兴趣，对劳动纪律听之任之，进而出现了"放任式领导"（Indulgent Pattern of Authority）。

南厂劳动治理中的"放任"逻辑与古尔德纳或华尔德所分析的情况并不完全相同——前者是因个人偏好导致，后者是因政治运动导致。南厂劳动治理中的放任体现在如下几点：第一，管理方对工人劳动的指挥较为宽松，工人对于是否接受某项任务，以什么速度、方式、时间来完成任务，都具有较高的自主权；第二，南厂管理方并没有对劳动过程进行严格监督与评估；第三，南厂的劳动纪律比较松散。也就是说，管理方对劳动过程的管理较为放任。然而，管理方对产品产出、成品质量、生产成本施加了严格控制，而这种控制往往是在生产的前期或后期进行的。例如，若是产品产出速度过慢，即将超过规定期限，管理者就会组织诸如"大干红五月"这种赶工，若是产品在最后装配阶段发现质量问题，就会发回返工。为了防止概念混淆，我将南厂赋予工人一定生产自主性，对劳动过程监控较弱，但却对产品产出、质量和成本等结果进行控制的劳动治理逻辑称为"选择性放任"。那么，选择性放任是如何产生的呢？下文将主要探讨这一问题。

三　理论争辩："放任"的产生机制

对于中国国有企业中存在的"放任"问题，主要存在两种理论予以解释：[①] 第一种理论是从产权与激励角度入手，认为"放任"是激励不足的表现；第二种理论是从政治社会学的角度出发，认为"放任"本身就是工人对管理专制的日常反抗。

（一）管理激励论

经济学家多勒通过对中国国企资源配置效率的研究认为，激励效率与管理效率的缺乏是中国体系效率低下的原因之一（David Dollar，1990：92）。持这种观点的学者认为，国有产权不仅使管理者缺乏治理动力，也使工人缺乏工作动力。

该理论的预设为，财产所有权是个体自愿承担管理责任的动力。产权所有者有动力和压力去监督他人权利的行使和义务的遵守。而在国有企业，因为资源控制权、处置权与资源收益权相分离，结果，在企业盈利时，管理者缺乏收益，在企业亏损时，管理者又在"软预算约束"下免于惩罚。这样，管理者会丧失最大化企业资本价值的激励（肖耿，1997）；朱天也同意这观点，他认为，管理人员在他们所服务的公司中并不拥有所有权的时候，将倾向于以自身利益而不是所有者的利益为行事准则，这很容易引发

[①] 实际上，理论界对工作场所中的劳动效率低下问题的分析为时已久，这本身就是工业社会学和管理学最经典的议题。但如果说所有地区、所有类型的企业都存在难以解决的效率低下问题，为什么有些企业会比其他企业表现得严重？这里需要指出的是，本文处理的问题并非普遍性的劳动效率问题，而是国有企业劳动治理逻辑的形成问题。

经理人员的自利行为，例如工作倦怠、滥用公款甚至贪腐行为（朱天，1998：47）。

而从工人劳动激励来看，希尔瑞等（Helen De Cieri et al.，1998：65 - 87）也认为，虽然国企的固定工资体系与"铁饭碗"使得工人不必担心工作与收入问题，但却从本质上鼓励了糟糕的工作表现，成为国企效率低下的主要原因之一。吕政和黄速建认为，国家对企业大包大揽的管理方式使企业与职工的关系过于闲散。这种闲散的表现就是"企业吃国家大锅饭，职工吃企业大锅饭……妨碍了他们关心企业生产经营和参与企业管理的积极性"（吕政、黄速建，2008：199）。张卓元、郑海航认为，传统国企体制中，职工的收入与其工作效率没有关系，"国有企业职工的创造力受到很大压抑，人力资源效益比较低下"（张卓元、郑海航，2008）。

近期，李怀印等人（李怀印、黄英伟、狄金龙，2015）对于计划经济时期物质激励与劳动效率之间的关系进行了针锋相向的批判。他们认为，在绝大多数国企，物质激励的缺失并未导致严重的消极怠工情况，这是因为政治激励、规章制度、同伴监督、集体意识和单位认同都是影响工人日常生产的重要因素。

（二）日常反抗论

斯科特通过对东南亚小农的研究认为，当公开的集体反抗存在障碍时，从属阶级就会采取各种"日常反抗"来表达不满。日常反抗的形式包括嘲笑、讽刺、抱怨、偷懒等，斯科特将"这种顽固、持久和难以削弱的反抗形式"称为"弱者的武器"（斯科特，2007：367）。与此类似，工业社会学者罗宾逊和贝奈特则将组织成员故意违背重要的组织规范等劳动纪律松散行为看作由不公正感所引发的越轨行为（Robinson & Bennett，1997）。

周雪光将社会主义制度结构下，人们的不服从、冷漠、劳动效率低下称为"集体懈怠"。他认为"集体懈怠"是一种公开蔑视权威的集体行动，当人们试图逃避国家的控制但又不敢与之公开对抗时，便以此来表达不满（Xueguang Zhou，1993：66）。李静君通过对 20 世纪 90 年代广州国有企业的调查认为，在市场转型期间，工人通过集体偷懒、自发性停工、缺勤、懒散和第二职业来反抗愈加专制的管理体制（Ching Kwan Lee，1998：9 - 14）。罗丽莎通过对杭州国有振福丝织厂的调查发现，纺纱女工总是聚集在一起聊天以此反抗效率的权威性和炫耀她们的存在（罗丽莎，2006：260）。游正林也在研究中发现，国企工人会通过局外人难以察觉的消极怠工与阳奉阴违来进行抗争，表达自己对地位受损的不满。在这种视角下，国有企业劳动生产中的放任现象是市场转型阶段，国企工人对愈加严苛的管理专制予以反抗的隐晦方式，是工人表达不满的途径。

尽管管理激励论与日常反抗论观点相左，但构成了一枚硬币的正反面——它们都认为"放任"是一种异常状态，不同之处在于前者认为该异常是治理不足所致，后者认为是治理过度所致。

那么南厂究竟是治理不足还是治理过度？国企负责人和工人真的缺乏激励吗？从国企负责人的激励方面看，Z市于2005年与2012年出台了《Z市国有大中型企业经营者薪酬管理暂行办法》及《市国资委监管企业负责人经营业绩考核与薪酬管理暂行办法》，目的在于将国企经营者薪酬与其经营效益挂钩。那些决策失误或对待生产不负责的国企管理者必然难逃惩罚。从国企工人的激励看，2000年后，工人的"铁饭碗"被打破，加之员工绩效考核制度、计件工资制度的推行，国企已然建立起同私企类似的劳动激励制度。

那么，国企是否存在治理过度的情况？实际上，南厂所建立的员工守则、绩效考核制度和计件工资制度在重型工业生产领域内是很常见的，这些制度在外资或私营企业运行时就并未遭遇质疑和反抗。更重要的是，国企工人一旦进入私企工作，即便他们面对更专断的管理规则和更糟糕的工作环境，也没有通过"日常反抗"的方式表达不满。所以，我们很难认定管理专制是工人反抗的充分条件。

鉴于无论是"治理不足"还是"治理过度"视角在解释放任现象上都存在一定程度的不足，笔者认为，国企中的"放任"并不一定是反常状态。实际上，自计划经济时期以来，国企生产中持续存在着一定程度的"放任"，这与国有企业的文化传统与制度安排具有很大关联。笔者更倾向于认为"选择性放任"是国有企业在面对变迁的政治经济环境时，采取的与其特有的组织制度相匹配的劳动治理逻辑。

四　基层民主制度与劳动治理逻辑：制度匹配的视角

无论是管理激励论还是日常反抗论都忽视了国企特有的制度和文化对劳动治理逻辑的影响。前者假设科层治理如同一颗适用于任何土壤的种子，一旦得到推行，就会按照既定的轨道对组织的运作逻辑进行改造；而后者假设国企工人并不具有制度性的利益表达渠道，他们无法改变管理专制，只能通过"日常反抗"偷偷地表达不满。但实际上，基层民主制度在国企的长期存续，鼓励了工人的利益表达与政治参与，在制度匹配机制作用下，对国企改革后的科层治理逻辑起到拒斥效果。

（一）科层治理逻辑

韦伯认为，科层治理逻辑具有精确、迅速、明确、持续性、统一性、严格服从等特征，故而比其他治理方式更有效率，更能满足现代经济交往对准确、效率与可预期的要求（韦伯，2004：296 - 297）。爱德华兹则认为科层治理通过分工、工作守则、纪律规范、工资等级、职责定义等手段对劳动进行控制的方式，其基础是一系列企业和规章（Richard Edwards, 1979：131）。市场转型时期的国企管理者也试图建立起"现代企业管理制度"，以科层逻辑进行劳动治理。在此期间，南厂采取了下述措施。

第一，通过颁布《总经理办公会议规则》《董事会办公会议规则》《党政联席会议规则》《南厂中层班子议事规则》《中层领导班子成员谈话制度》等议事制度，建立起等级严明的管理结构，将权力收归董事长和总经理等管理层人员手中。第二，通过颁布《主体生产车间员工绩效考核管理办法》《集团公司职能部门员工绩效考核管理办法》和《集团公司经营部门员工绩效考核管理办法》《员工行为守则（2001）》《员工行为守则（2005）》《实行佩戴胸卡上岗管理和打卡考勤管理制度》《车间岗位职责》《6SK生产管理制度》《计件工资制度改革》《南厂压力容器分公司机械加工及装配岗位激励机制实施方案》《班组综合绩效考核管理办法》等一系列规章，对劳动进行治理。

"特大的资本主义企业本身，一般是一些严密的官僚体制组织望尘莫及的楷模"（韦伯，2004：297）。这是因为：一方面，生产资料所有权赋予资本家以管理权力；另一方面，劳动力出售后，工人一定时间内的劳动力的使用权就属于老板，管理工人成为后者的权利。以长风机械厂为例，老板制定的规章制度能够得到履行，工人倾向于照章办事。正是基于科层治理在提高劳动效率和劳动成果预期上的优越性，国企改革之后，很多国有企业竞相以这种管理方式为样本，对自身原有劳动治理方式进行改造，以打造适应市场竞争的新型现代企业。

（二）基层民主制度

我们知道，国有企业不仅仅是承担生产经营职能的经济组织，同时，国有企业还必须践行国家政策所规定的政治和社会职责。这诸多的社会和政治职责之中，一项极为重要的就是通过基层民主制度来体现、践行和巩固执政党的合法性。基层民主是一种非国家形态的民主制度，是社会主义国家实践人民当家做主权利的制度选择，是国家用以取得统治合法性的制度安排（蔡禾、李晚莲，2014），亦是"政治意识形态的必要"（张允美，2003）。国有企业的基层民主制度主要由两方面构成。①

第一，职工代表大会制度。《全民所有制工业企业法》规定，"职工代表大会是企业实行民主管理的基本形式，是职工行使民主管理权力的机构"。《全民所有制工业企业职工代表大会制度》详细地规定了职代会的职权、组织制度以及职工代表的选举方式。尽管时至今日，企业重要决定已经由董事会制定，而职代会实现民主参与、民主监督、民主审议等职能的实际效果也大大下降（蔡禾、李晚莲，2014），但工人的参与意愿并不低。

笔者曾经参加了南厂2010年的职代会，这次职代会总共分为五个环节。第一个环节是集团公司董事长和总经理对前一年的工作进行总结，向各位代表交代上一年公司经营的各种表现。这一环节是在上午进行的，这时候各位代表有较为充足的精力听取报告，这时候，并没有代表走神或打瞌睡。午餐过后，则进入到最为紧张激烈的第二环节，即职工代表分组审议环节。职工代表被分为将近十个小组对职代会报告进行审议，笔者参加了办公室小组的讨论，小组成员一开始就直接提出报告中的问题，说报告报喜不报忧，代表们针对南厂工资过低、劳动力流动过于频繁、职工福利只退不进、生产中的失误等诸多问题轮番发表意见，直到最后将审议会演变成了抱怨诉苦会。第三个环节是公司领导听取各小组审议结果。在这一环节，代表将上述问题如数提出，要求管理者就这些问题一一做出解释。在这一环节，办公室小组成员表现得相对克制，而在容压车间铆焊、下料、机加工讨论小组中，职工代表纷纷就公司用人制度、工资制度、雇佣制度提出批评，甚至有工人代表拍着桌子质问总经理，为什么企业生产总值、利润收入这么好，工人工资却多年未变？据工人说，在前一年，这一问题甚至引发了管理者和工人的对骂。在第四环节，总经理就代表提出的重要问题进行集中作答，并对职代会报告进行举手表决。在第五环节，党委书记进行领导

---

① 本文这里的"制度"采取了社会学新制度主义的观点，即认为制度是人类行为的产物，但不一定是有意识设计的产物，制度的形成受到环境的影响，融合了历史、文化的因素，它的出现有时并不能被人的意志所左右。它既包括了由法律规章构成的正式制度，也包括由习惯、观念、舆论等构成的非正式制度。

讲话，并主持闭幕式。这一环节显然仪式性大于实际作用，职代会报告一定是能够通过的，而总经理对职工工资问题的回应无非是"企业目前处于解困时期，资金有限，希望同志们予以理解"等，党委书记则发表长篇大论鼓励职工明年继续努力工作，向大家做出未来工资必将上升的保证。在最后这个环节，尽管有少数几名职工代表坚持不懈地要求举手发言、质问管理者外，大多人表现出了极为犬儒的姿态——有人张着嘴睡觉、有人交头接耳、有人看报纸杂志——对书记在台上喋喋不休的发言表现出不耐烦。职代会结束后，代表会将他们的见闻带到车间，并在车间引起工人们的一阵讨论。

第二，合理化建议制度。合理化建议制度是一种规范化的企业内部沟通制度，旨在鼓励广大员工能够直接参与企业管理，下情上达，让员工能与企业的管理者保持经常性的沟通。南厂 2011 年 3 月下发了《推进合理化建议 2000 活动实施方案》，并提出"全员参与，掀起合建 2000 高潮，增收节支 2000 万；你一言我一语，勤建议出点子，增收节支全靠你我他"的口号。至同年 4 月底，厂方在厂报上声称，已经收到合理化建议 100 条。

我在厂期间，下料工人阿才曾经就下料工段吨位计件工资的测算和系数问题向主管提交多达一千字的合理化建议，但是他的建议并没有得到管理者的回复。我问他，既然知道管理者很可能不会给他回复，为什么还要提这些建议，他回答说："他（管理者）就算是不回你，你还是要提。不然，他们还以为你没有意见！"过了一段时间，他第二次写了合理化建议。

（三）国企车间文化与基层民主制度的互构

国有企业的基层民主制度的存续不仅依赖国家正式制度的规定，更依赖国有企业车间文化的传承。

国有企业车间文化对干群平等、领导关心群众、群众参与管理的强调，源于"短缺经济"时代的生产方式：一方面，在短缺经济下，工业生产企业总是面临难以按时、按量获得生产资料的情况，生产者不得不通过"强制性替代"解决短缺经济带来的问题（科尔内，1986）。在这种情况下，生产总是需要面临时不时的改变，这要求工人具有很强的随机应变以及即席创作的能力（Michael Burawoy，1990）。南厂属于国家核心工业生产部门，是既能够进行"多品种、小批量"生产，又能够对成套设备进行生产的工厂，工人必须在生产过程中被赋予高度的自治性以应对不断变化的生产条件与产品要求。另一方面，以"毛泽东式"的群众路线来进行生产的策略要求工人产生自发的热情以及志愿性的劳动（裴宜理，2001；Lee，2002）。这种动员方式讲求工人本着"主人翁"精神主动参与到劳动中，以"鞍钢宪法"，即"两参一改三结合"的方式指导生产，要求打破工人、干部和技术人员之间的界限。并在"相信群众""依靠群众""关心群众""动员群众"等话语下，批判管理者对工人的"管、卡、压"。这使得很多经历过计划经济时期的工人和管理者具备以下观念。

其一，向领导提意见。南厂工人认为向领导提意见有利于管理水平的提高，他们不仅经常向基层管理者反映问题，还会到办公室去找高层管理者提意见，或者拦截到车间跟踪生产的高层管理者，甚至向来南厂视察的市领导反映意见。

其二，对管理进行评议。南厂工人在休息时对管理制度进行评价的习惯是计划经济时期班组政治学习的延续。笔者所在铣床组的梁师傅常与汽轮机分公司的几名工人在午饭后，就公司管理事宜和报纸刊登的新闻事件陈述观点、交换看法。工人不仅会彼此交流对规章制度的看法，他们还会借机与车间工人出身的中层管理者讨论管理制度是否存在不合理之处。

结果是，拥有基层民主观念的职工，不仅在职代会上勇于表达自己的意见和建议，愿意利用合理化建议这一平台向管理者提出自己的诉求，而且经常通过拒绝执行上级安排、在车间拦截管理者、到办公室反映问题等方式进行利益表达。国企职工强烈的诉求表达意愿反过来又推动了职工对职代会、合理化建议等看似仪式化的车间民主制度的积极参与。

（四）制度不匹配：当科层治理逻辑遭遇车间民主制度

Aoki在对日本银行业道德风险治理问题进行分析时指出，"公司治理"不能以碎片化或自主化的方式进行和维持，恰恰相反，治理的有效性需要一系列相互匹配的制度安排予以保证，制度之间的相互协调与促进的倾向就是"制度匹配"（Aoki，1994：657）。随后，"制度匹配"被西伦用于对不同国家技能形成模式的比较分析中。她发现，"制度匹配是一种重要的历史性产物"：一方面，制度必须根据周遭环境进行适应性调整，在转型时期，实验者反而不会去冒险进行新实验，而是继承那些能够适应变迁的旧制度元素；另一方面，制度不相匹配会引致各种主体之间的冲突，不同群体之间的博弈推动制度进行了适应性调整，进而使制度重新回到各主体可能接受的均衡状态（凯瑟琳·西伦，2010：253－262）。

通过基层民主制度，大众将政治权利与参与热情投射到企业管理中

（蔡禾、李晚莲，2012）。然而，基层民主与科层治理逻辑是不相匹配的。

第一，科层逻辑强调对等级权威的服从，而基层民主倾向于对管理权力进行限制；

第二，科层逻辑强调对上级命令的服从，而基层民主要求考虑下级的利益与愿望；

第三，科层逻辑强调照章办事，而基层民主则要求根据情况对规章进行调整。

总之，基层民主制度赋予工人以质疑规则、拒斥上级的权利，而这会削弱科层治理的根基。从历史上看，60 年代民权运动下的美国，企业中的工会领袖与社会主义者对车间民主的要求就曾对当时企业的科层治理造成很大破坏（Richard Edwards，1979：153 - 154）；与此类似，中国计划经济时期的参与式管理在企业内部也起到了"去科层化"（debureaucratization）与限制管理权力的效果（Andrew Walder，1981：224 - 251）。

奥尔恩和思考罗奈克认为，多样制度安排具有不同的"时空基础"，体现了不同的政治逻辑的碰撞，这使得它们会产生矛盾与冲突（Orren and Skowronek，2002：747）。不可否认的是，科层治理逻辑通过对规章守则的制定，剥夺了工人在劳动中的相对自主性，强化了劳资双方的利害竞争关系。而基层民主制度则为工人的利益表达提供了合法性，为劳动治理逻辑的转变提供了可能性。而南厂管理者所推行的科层治理逻辑正是在这种制度匹配机制下被改变了。

五 制度再匹配与"选择性放任"逻辑的形成

制度匹配并非只是对一种静态秩序的描述，它是一个强迫性的动态均衡过程。作为一种调试性机制，制度匹配格局是在制度变迁的过程中，经由不同主体博弈、磋商、协调而达到的（弗雷格斯坦，2008）。制度匹配机制的强迫性在于，只要没有达到均衡状态，不同主体之间的利害竞争关系会不断被激发，并不断向双方放出负面信号，并削弱组织整体绩效。2005年后，南厂开始强制推行《员工行为守则》，而 2011 年则实施《计件工资制度》，管理者试图据此以科层逻辑对劳动进行治理。然而，上述制度都在实施过程中被转变成了"选择性放任"逻辑，再匹配经历了三个阶段：矛盾冲突阶段、利益协调阶段和适应性调整阶段。

（一）矛盾冲突阶段

在第一阶段，当管理者颁布新规章后，工人会以正式或非正式的基层民主制度向管理者反馈意见与建议。例如，当《员工行为守则》规定必须站姿操作机床、不允许在上班时间吃早餐、听音乐、串岗、吸烟等规章后，很多工人表示，其作业地点分散在车间的不同位置，没有办法不串岗；有工人表示吸烟不会妨碍工作，反而能提神；有工人表示站姿操作机床是不合理的，因为机床操作最重要的是调试工作，一旦调试好机床，它就可以自动运行，为什么一定要站着看它？当《计件工资制度》颁布后，工人纷纷对该制度发表自己的见解，据笔者了解，大多数工人认为该制度合理与否取决于工时定额的合理程度，如果工时过于紧张，必然引发针对工时定额的讨价还价。工人的意见首先向班组长、工段长等基层管理者提出，因为他们是规章制度的执行监督者。

上述意见往往不被采纳，而被视为规章推行的阻力。高层管理者会采取强硬措施惩罚阻碍规章制度的行为。例如，当中高层管理者发现工人不但没有按照《守则》行事，反而有诸多意见后，便直接以扣罚工资甚至解雇的方式对待违规者。又如，当管理者发现工人与班组长对工时讨价还价后，便将修订工时的权力垄断到上层管理者手中。惩罚性措施一经推行，工人会在一定时间内保持沉默，直到制度在执行时出现失误，导致工人蒙冤。

诸项规章制度原本就存在漏洞，所以迟早会有工人遭遇误判，并因此蒙冤。蒙冤的工人会舍弃其经济利益，冒着被惩罚的风险，以更激烈的方式进行利益表达。在《守则》推行期间，铆工肥仔干完重活后大汗淋漓地坐在地上休息，却被管理者误判为偷懒，在管理者对其进行指责时，他与管理者发生争吵，进而抄起一根铁棍追打管理者。在计件工资推行期间，下料班组因为管理层在不事先通知工人的情况下大幅削减其吨位单价而进行了为期四天的停工抗议，工人尽管每天按时出现在车间，却并未进行劳动。此类误判同样出现在铆焊班组，该班组迅速效仿下料工人进行停工抗议。上述激烈的利益表达一旦削弱了管理权威，工人就持续向管理者发出直接而强烈的信号，直到后者同意考虑其意见。

管理激励论假设科层治理能够提高劳动生产率，然而在制度不匹配时，却起到了相反的效果。尽管各种管理制度在私企与外企已经大行其道，但当这些制度在不经过工人讨论的情况下被复制到国企时，却反而削弱了治理绩效。

（二）利益协调阶段

管理者一旦发现科层治理逻辑有损于劳动治理绩效，甚至威胁其权威，便会考虑工人的意见，进而进入利益协调阶段。

在该阶段，工人的利益表达会立刻变温和。曾经担任过职工代表、车间工会委员或劳动模范的技术工人，更倾向于同管理者进行沟通，而班组长这时也会成为上传下达的渠道，通过汇报工作的机会向上反映工人意见。例如，《员工守则》遭到大多数工人反对后，钳工张师傅在车间碰到南厂董事长就向他反映这些问题，张师傅告诉笔者：

> 我就说，你是党员，我也是党员，我针对管理工作提提建议。我说，很多规章守则是不合理的，这些人在南厂工作几十年了，都很尽心。你这样一搞，伤害了大家的积极性，我们是损失了几十上百块，但企业损失多少你都不知道。

而在下料班组停工事件中，找副总经理提意见的是农民工阿才，阿才事后说：

> 我从来不会怕领导，因为我们没有做错……我去办公室找他们谈，我说，这样子很不合理，现在大家生活负担都很重，单价变动这么大，工人肯定没心情干活，我们干不好，下面生产肯定有障碍。我说，既然是吨位计件，我们就要有知情权。

管理者顾及自己的"权威"形象，也会与工人沟通、听取其意见。在推行员工守则期间，当工人不断向当时的董事长反映意见时，他告诉工人："现在是在和德国人合作，不同以往了。德国人一发现你不对，就给你一封警告信，如果整改不好，第二封就是撤销订单了。如果企业拿不到订单，你们的收益也就少了。"而当工人就计件工资制度提意见时，管理者告诉他们：

> 实行新规章，总有个过程来完善。如果确确实实不公平，或者我们哪个地方不协调的，纠正过来就可以了嘛！关键是你们要把东西做

出来，必须做出东西来，这样才有得分，如果你们不干活了，我们怎么知道工资合不合理呢？

在利益协调过程中，管理者不仅意识到新的科层治理逻辑需要被调整，一定程度的"放任"对劳动治理反而有利，而且意识到他们能够通过对工人意见的回应建立起领导权威。

（三）适应性调整阶段

工人与管理者双方经由矛盾冲突与利益协调阶段后，进入了适应性调整的阶段。在该阶段，管理者的调整在于其逐渐放弃了严格的科层治理逻辑，《员工行为守则》在 2007 年以后就被束之高阁，也不再依照《绩效考核管理办法》对工人加以严格评估。曾经负责抓劳动纪律的前品质部长后来告诉笔者：

> 实际上，抓劳动纪律令工人感到很不自在。表面上，他变得很勤快，但是他心里压力很大——老是不知道你什么时候就过来查岗了。说实在的，一线员工都是很务实的，只要公司不断发展，员工收入不断提高，他自然就会觉得好。抓劳动纪律时，他整天看你像魔鬼一样，天天想着怎么防你，哪里来的幸福感？

到了 2013 年，计件工资制度也变得富有弹性，这种弹性不是工时定额的弹性——大多数工件的工时定额经过几年的运行已经基本确定，而是工人对工件进行挑选的弹性。工段长、班组长等基层管理者不会强制派工，在工人的要求下，他们将容易做、定额松的工件交给本厂工人，而将工人不愿意生产的工件发给外包厂家。

工人的调整在于，他们给予管理权威一定的尊重，对管理者的合理安排表示出配合。2011 年 5 月份，南厂组织了"奋战红五月、赶工抢进度"的生产，车床操作工金姐尽管对工时定额诸多不满，但没有拒绝加班的要求，她说："也得帮帮他们啦！"下料班组的停工事件得到解决后，阿才又积极投入加班中。2011 年 4 月份，下料单元被南厂推选到 A 市评为了"A 市工人先锋队"。当笔者再见到他时，他说的第一句话就是："去哪里都没有绝对公平的！做什么事都没有公平的！我们都是过来人了嘛！只要做得开心就好了嘛！"

西伦认为，制度之间的相互匹配可能是旧制度对新环境、新利益诉求以及新权力组合主动进行的适应性调整的结果（西伦，2010：259）。经由矛盾冲突、利益协调和适应性调整阶段后，"选择性放任"的劳动治理逻辑建立起来，该治理逻辑因赋予工人较大的劳动自主性，而与基层民主制度相互匹配，成为南厂进行劳动治理所遵循的逻辑。

六　结论与讨论

古尔德纳曾将宽松的劳动纪律、家长制的控制方式、劳资双方合作下的生产概括为"放任模式"。然而，这种生产模式在美国迅速终结了，随之而起的，是以惩罚性的规章制度为治理手段的"惩罚中心的科层制"（Gouldner，1954）。在对中国的研究中，华尔德使用了"放任式的领导"来概括"文革"后期中国工业企业中管理权威被推翻后，工人对劳动纪律置若罔闻，管理者不闻不问的状况（华尔德，1986）。在中国国有企业改革阶段，尽管管理者试图强行推行一系列惩罚性的规章制度以建立起科层治理逻辑，但这些规则大多被束之高阁，笔者发现，"选择性放任"成为国企劳动治理的主导逻辑。这种劳动治理逻辑下，管理者对劳动过程呈现出放任的态度，而对产品产出、质量与成本等结果施加严格控制，返工与赶工发生频繁。本文并不同意"传染的资本主义"的论断，即在市场竞争推动下，国企劳动治理逻辑与私企和外企的趋同状态。"选择性放任"是在国有企业自身独有的制度设计下所形成的。

劳动场所中的"放任"和劳动自主性一直以来被当作异常状况进行分析：一方面，持管理激励论的学者认为，是治理不足——规章制度的不完善——导致对管理者与工人的机会主义行为难以监督和控制；另一方面，持日常反抗论的学者则认为，是治理过度——强制性的规章制度——导致工人以日常反抗的方式来表达其不满。然而，前者难以解释为何与私企类似的规章制度在国企难以起到相应作用；而后者无法说明同样推行强制性的规章制度，私企工人何以不存在反抗行为。"选择性放任"所呈现出来的并非异常状态，而是国有企业劳动过程一直以来的特征。

本文认为"选择性放任"是企业劳动治理需求与国企特有政治制度——基层民主制度相匹配的结果。尽管在建立现代企业制度的要求下，国有企业管理者试图推行一系列严格的规章守则以建立以高效、明确、严格服从为特征的科层治理逻辑，然而，科层逻辑与长期存续的基层民主制度并不匹配：第一，科层逻辑强调对等级权威的服从，而基层民主倾向于对管理权力进行限制；第二，科层逻辑强调对上级命令的服从，而基层民主要求考虑下级的利益与愿望；第三，科层逻辑强调照章办事，而基层民主要求根据情况对规章进行调整。总之，制度逻辑的碰撞为劳资双方的利益政治提供了合理性与空间，工人以规章守则的不合理性对科层逻辑予以激烈反对，管理者也逐渐认识到对于科层逻辑的推行反而降低了生产效率，进而寻求与工人的对话，最终放弃对劳动过程的严格监控，导致科层治理逻辑的松动，"选择性放任"逻辑的出现。

从这个意义上看，中国国有工业企业的劳动治理逻辑呈现出其固有的特征，即便在市场竞争的压力下，引起内部组织制度的差异，亦很难与私营企业、外资企业出现趋同的现象。

参考文献

蔡禾、李晚莲，2014，《国有企业职工代表大会制度实践研究》，《开放时代》第5期。

弗雷格斯坦，2008，《市场的结构：21世纪资本主义社会的经济社会学》，上海人民出版社。

华尔德，1996，《共产党社会的新传统主义——中国工业中的工作环境和权力结构》，龚小厦译，香港：牛津大学出版社。

李锦峰，2013，《国企改制过程中的国家与工人阶级：结构变迁及其文献述评》，《社会》第3期。

李怀印，黄英伟，狄金龙，2015，《回首"主人翁"时代》，《开放时代》第3期。

凯瑟琳·西伦，2010，《制度是如何演化的》，王星译，上海人民出版社。

科尔内，1986，《短缺经济学》（上、下），张晓光等译，经济科学出版社。

罗丽莎，2006，《另类的现代性——改革开放时代中国性别化的渴望》，黄新译，江苏人民出版社。

吕政、黄速建，2008，《中国国有企业改革30年研究》，经济管理出版社。

马克斯·韦伯，2006，《经济与社会》，商务印书馆。

玛丽·E.加拉格尔，2010，《传染的资本主义：全球化与中国劳工政治》，郁建兴、肖扬东译，浙江人民出版社。

裴宜理，2001，《重访中国革命——以情感的模式》，《中国学术》第4期。

王星，2009，《师徒关系合同化与劳动政治》，《社会》第4期。

肖耿，1997，《产权与中国的经济改革》，中国社会科学出版社。

詹姆斯·C.斯科特，2007，《弱者的武器》，郑广怀、张敏、何江穗译，译林出版社。

张允美，2003，《中国职工代表大会制与职工参与模式的政治学分析》，《北京行政学院学报》第 1 期。

张卓元、郑海航，2008，《中国国有企业改革 30 年回顾与展望》，人民出版社。

赵炜，2010，《工厂制度重建中的工人——中国白色家电产业的个案研究》，社会科学文献出版社。

朱天，1998，《公司治理、国企改革与制度建设》，《经济研究》第 1 期。

Aoki, Masahiko. 1994, "The Contingent Governance of Teams: Analysis of Institutional Complementarity", *International Economic Review*, Vol. 35, No. 3.

Burawoy, Michael. 1990, *The Politics of Production: Factory Regimes under Capitalism and Socialism*, London: Verso. [1985].

Cieri, H. D, Zhu, C. J, Dowling, P. J. 1998, "The Reform of Employee Compensation in China's Industrial Enterprises", *working paper.*

Dollar, David. 1990, "Economic Reform and Allocative Efficiency in China's State-Owned Industry", *Economic Development and Cultural Change*, Vol. 39, No. 1.

Edwards, Richard. 1979, *Contedsted Terrain: The Transformation of the Workplace in the Twentieth Century*, New York: Basic Books, Inc.

Gouldner, A. W. 1954, *Patterns of industrial bureaucracy*, Glencoe, IL: Free Press.

Hallett, Tim & Ventresca, M. J. 2006, "Inhabited institutions: Social interactions and organizational forms in Gouldner's Patterns of Industrial Bureaucracy", *Theor Soc*: 35.

Lee, Ching Kwan. 1998, "The Labor Politics of Market Socialism: Collective Inaction and Class Experiences among State Workers in Guangzhou", *Modern China*, 24 (No. 1).

Orren & Skowronek. 2002, "The Study of American Political Development", Political Science: The State of the Discipline, edited by I. Katznelson and H. Milner. New York: Norton.

Robinson, S. L. , & Bennett, R. J. 1997, "Workplace deviance: Its definition, its nature and its causes", In R. J. Lewicki, B. H. Sheppard, & R. J. Bies (Eds.), *Research on negotiation in organization*, Vol. 6: 3 – 27. Greenwich, CT: JAI.

Walder, Andrew. 1981. "Participative Management and Worker Control in China", *Sociology of Work and Occupations*, Vol. 8, No. 2.

Zhou, Xueguang. 1993, "Unorganized Interest and Collective Action in Communist China", *American Sociological Review*, Feb.

"项目制"下村庄"政治经纪"的结构性变化

——基于对川甘交界 L 村的观察[*]

刘　伟[**]　张逸君

摘　要：农业税费改革，以及中央连续 12 年"一号文件"聚焦"三农"，国家与农村社会之间的互动关系发生了由"索取"向"扶持"的转变，"项目"成为村庄结构与官僚结构之间"结构洞"位置上重要的互动结点，也令国家与农村社会之间的互动关系由"出"转"进"，传统村庄内部治理格局正在发生变化，其中村庄中的政治经纪角色及其全新结构特征正在逐步形成，并服务于"项目制"下的村庄内部治理。本文对受项目制影响而村貌、村民均显著变化的川甘交界村庄——L 村中的政治经纪关系进行经验性观察，并以村庄政治经纪中的代理人与协调人概念为解释框架进行案例剖析，尝试还原一个基层村庄内部治理的结构性变化。

关键词：项目制　村庄治理　代理人　协调人

一　问题提出：村干部——未受项目制"变革"影响的村庄政治经纪人

（一）农村社会的结构性变化与村干部角色

近 30 年来，中国农村所经历的深刻社会变革，使得村庄治理结构及其

---

* 本文的重要观点受益于 2014 年秋季北京大学社会学系张静教授《政治社会学专题研究》课程内容，以及课堂提问环节的讨论，在此作者对张静教授的教导表示诚挚的谢意。

** 刘伟，四川省社会科学院社会学研究所助理研究员。

对外联系与内部关系的结构和互动更为复杂。众所周知，中央连续12年的"一号文件"聚焦"三农"，这令各地农村的社会（关系）、经济（市场）、文化（伦理与道德）发生了巨大的转变，其中尤以村庄的外在风貌"翻天覆地"和村庄人员的加速流出而令村庄关系结构更加复杂、变形最为突出。

这一过程中，2006年农业税费改革是一个重要的时间节点。已有研究表明，在税费改革之前，"农村中的基本问题，是农业收成的分割问题。就此而言农村中最基本的权力结构，甚至农村中国家与社会的关系，都是建立在农业收成分割的基础之上"（孙立平，2005）农业税费改革，收成分割格局彻底转变，国家实现了从政治的角度直接对农村的基础权力结构的外力干预，国家与农村社会之间的互动关系与互动结构发生了根本的变化。从政策导向上，基层乡镇政府开始由"汲取型"向"服务型"转变（周飞舟，2006）。从资本与资源的供给上，由对乡村的"索取"开始转向"扶持"（张逸君，2012）。但在具体路径上，从"汲取型"朝向"服务型"转变过程中非意料到的"悬浮型"政府（周飞舟，2006）的广泛出现。这是否造成了国家乡村治理过程中的"内卷化"（杜赞奇，2010），不得而知，还需要进一步的经验观察。

有研究表明，这一过程中国家依赖村干部治理村级社会的情形并未发生变化（张逸君，2012）。中国近代以来，以县为"上""下"边界且权力互不干涉，"上"以皇权、儒家伦理及"家国同构"的官僚体制为主要治理方式，"下"以"绅权"及贵族和乡绅为主要治理依赖力量的双重治理结构，在学术界内得到学者们较大范围的共识（费孝通，吴晗，1948；杜赞奇，2010；黄宗智，2013；等），这其中，将各种社会利益、权力、权威、信念同文化因素相交融而构成的权力的文化网络（杜赞奇，2010）是极具提示意义的解释框架。也正是如此，农业税费改革前，才普遍存在征收农业税抑或征收定购粮食时，村干部正式权力的非正式运用（孙立平，2005）。时至今日，国家官僚机构同村庄中的普通村民之间的结构性边界依然清晰，"上""下"两个结构中依然缺乏有效且亲密的"结构交融"，而令社会结构依然在"上""下"之间呈现出明显的不连续性，如村级组织成员同乡镇政府组织成员之间既缺乏互动、也不愿产生互动。几乎很少见到两类组织间如罗纳德·伯特结构洞理论所述的"重复关系"和"结构等位"（罗纳德·伯特，2008）。而村干部恰好处在链接两个几乎不产生互动的组织结构的"结构洞"位置上，对上成为国家村级社会治理的依赖对象，对下成为村庄成员表达利益诉求的"代言人"或"求助对象"。

（二）项目制：两个结构中的新"连线"与政治经纪变化背景

伴随国家与农村社会之间的互动关系由"出"转"进"，国家同村庄之间的"链接"关系也发生了根本性的变化。以往通过粮食征税以及农业税费征收作为结构间"连线"的关系不复存在，围绕这层关系建立起来的权力结构随之消失，这令村庄原本的权力基础发生动摇。然而幸运的是，国家治理村级社会的链条并未断裂，随着各类针对农村、农业、农民的"三农"扶持性"项目"在国家的政策导向下应运而生，一种新的国家与村级社会的链接方式——"项目制"适时发挥作用。"项目制"被看作是国家由对农村"汲取"转为"扶持"所普遍采用的方式（折晓叶、陈婴婴，2011），而国家"项目"在体制内发挥的强大的社会动员效用（陈家建，2013）亦引起了学者的关注。换言之，国家"项目"除了在国家与村庄这两个"上""下"之结构的社会动员中发挥作用外，也在权力结构内部发生着变革性的影响，这对"项目制"改变村庄内部动员模式的转变具有提示意义。

国家推动的项目，社会运动式地依据政策自上而下推行，因同资源直接挂钩，生产出大量的权力与利益。而国家与村社之间围绕"项目"，以争取项目、获得资源、取得权利、打包责任为目标的权力结构格局逐渐被建构起来，成为国家与村庄之间的又一重要"链接"。很显然，村干部以其体制内认可的身份优势，继续成为这一链接中的连接点，也继续占据两个权力结构的结构洞位置。在具体执行层面，行政发包制①除了运用在体制内的社会动员（周黎安，2014）外，也被工作中"万千头绪"的基层乡镇政府以"简约主义"（黄宗智，2008）为治理策略，将项目作为激励手段，通过责、权、利一同打包的方式，运用到了对村庄的治理当中。

总而言之，尽管农村社会的关系结构、权力的来源及其结构发生重大转变，但作为始终处在国家与村庄两个相对独立的权力结构的结构洞位置的村干部，其被国家依赖治理村级社会的情形并未发生根本转变，政治经纪身份似乎犹在。但"未变"之中，笔者依然有诸多疑惑：村干部的政治经纪角色果真没有发生变化吗？围绕国家对农村"汲取"而形成的权力结构，真的同围绕国家对农村"支持"而形成的权力结构是同质的吗？如果没发生变化，为什么政治经纪角色并未改变？如果发生了变化，村庄的政

---

① 详见周黎安《行政发包制》，发表于《社会》2014年第6期。

治经纪结构又转变为何，其背后的运作逻辑怎样？这一系列问题，都引导我们关注和探寻村庄内部的治理结构。为了简化讨论，本文绕过国家对村庄的治理方式，将项目制所带来的影响视为研究的基本背景，将视域聚焦到村庄内部的政治经纪关系，试图以观察一个特定案例村庄中因项目制引发的政治经纪关系变化，来具体讨论村庄内部的治理结构变迁。

二 解释框架：政治经纪中的代理人（broker）与 协调人（coordinator）

在已有的政治经纪（brokerage）研究中，不论村干部在村庄治理中发挥功效如何，代理人（Broker）是被提及最为广泛的政治经纪角色概念（杜赞奇，2010；黄宗智，2013；徐勇，1997）。代理人往往指那些占据了结构洞的位置，也即结构与结构之间的空隙位置，发挥连接两个结构的功能性角色，这一角色因掌控信息而在竞争的社会结构之间更易获得丰厚的网络回报（罗纳德·伯特，2008），占领权力与资源，同两个结构进行权力与利益的互换，抑或结成同盟。具体到国家与乡村社会两个社会结构时，根据代理人的政治立场更偏向国家或是更偏向乡村社会，又可以将政治经纪分为"保护型经纪"和"营利型经纪"（杜赞奇，2010）。

从表面上看，村干部始终作为政治经纪代理人的角色并未发生改变，但真的如此简单吗？仔细分析不难发现，在国家对农村进行"汲取"的时期，村干部的权力来源于上级政府的授权和村民的"拥护"。对上，其运用各种"摆平"技术来实现农业征税和征粮，成为村干部同上级政府互换权利甚至实现"庇护"关系的主要筹码（张逸君，2012）；对下，其需要在群众中有很强的地方政治整合能力，才能有效地实现"摆平"，在"明面"上，"上""下"的支持与拥护同等重要，而村干部的"摆平"能力主要是靠其自身魅力而获取的整合能力。而当国家开始对农村由"出"转"进"，进行"扶持"后，村庄的权力关系从基础到形式都被重构，村干部在村庄的权力来源表面上主要来自上级政府的授权，更深层次的原因在于其掌握的发展性资源以及资源的分配权力，资源及其分配自然具有整合力。显然，代理人概念，对两个结构之间的互动关系具有解释力，但却并不能对村庄内部的治理结构进行有效的分析。

Henning Hillmann 对政治经纪角色的研究具有理论上的提示意义。其在研究地方的信贷关系网络时，发现在政治经纪角色中，除了代理人外，还存在另外一种在社会内部治理中至关重要的政治经纪角色——协调人（co-ordinator），其处在结构内部的社会网络连接点处，虽然并没有对外结构的连接功能（Henning Hillmann，2008），但却掌握"权力的文化网络"（杜赞奇，2010）中重要的资源——信任。这在地方的政治整合中，对代理人造成挑战。研究表明，相比之下，由于所有的信贷关系都存在于社区内部，且代理人因没有进入到社区内部的关系中，协调人比代理人拥有更多的信用关系。而协调人的个人关系网络，为其带来了忠诚的支持者（Henning Hillmann，2008）。一旦协调人占据某个政治网络中的公职位置时，他将会将整个社区都带到国家的政治当中。另一方面，代理人只是占据了结构之间的结构洞位置，在信任的聚集力上并非具有真正的影响力。

如表1所示，不论从政治活力、政治影响力、应对社会挑战性方面，代理人均不如协调人。协调人能够保全地方，巩固个人的忠诚，更加容易地将地方整合进入国家。而代理人虽然没有做到将地方组织化，成为地方政治联盟，增强地方的活力的能力，但却占据两个结构之间的结构洞位置，是两个结构间重要的信息源，当两个组织结构之间形成治理与被治理关系时，代理人则极易成为权力中心，同两个结构的组织进行谈判与谋得利益的筹码。

表 1　协调人与代理人在村庄治理中的政治关系比较一览

	协调人（Coordinator）	代理人（Broker）
结构位置	内部（甚至中心）	结构边缘
权力来源	信任、威信	赋权、资源占据
个人偏好	在组织内部（地方）	在连接结构之间（国家）
经济方面特点	有"信用"、被"信任"	往往缺乏被"信任"
社会方面	扎实地嵌入社会里面	较少内嵌
政治方面	具有很强的权威	不一定具有很强的权威
形成地方主义	具有很强的内部整合能力	缺乏内部整合能力

在我国乡村社会治理中，代理人和协调人同等重要。国家与村庄之间是治理与被治理的关系，村庄代理人直面村庄结构以外，对外争取资源；村庄协调人重在协调内部关系，注重村庄的内部治理。

而运用代理人和协调人概念作为解释框架，将有助于我们进一步厘清村庄内部治理结构，本文将对川甘交界，深受项目制影响的 L 村进行案例分析，通过对该村政治经纪结构的讨论，尝试还原该村的治理结构。

三 案例背景交代：L村的自然禀赋与主要生计

L村位于川甘交界，隶属甘肃省W县（距县城167km）B镇（距B镇120km），但却与四川省Q县相邻（距县城15km），村中唯一公路通向Q县，赴B镇要么步行翻岷山去邻村搭车，但这条路耗时长，路险陡，且道路常常中断；要么先自行解决交通工具赴Q县，再乘车（但无直达公共交通），需要先赴W县，再换乘去B镇，至少需要3~4个小时，对与W县和B镇政府而言，L村真正为山高路远的偏远山村。

L村位于甘肃省最南端，全境均属甘肃省S国家级自然保护区，村国有林中常有大熊猫出没①，自然禀赋极优。该村适宜种茶，为甘肃省最早引种茶的村庄，计划经济时代就成为专业种茶村社，近年W县打造"陇上茶乡"品牌，尤以该村茶品质高。由此，茶的生产、收购、经营，处处产生利益，也生产出诸多"村精英"，村干部与社长几乎都是村精英的代表。

正是因为偏远和交通不便，2003年前L村较少被W县和B镇政府关注，处于被忽视、无资源的政治边缘地带；即使2003年后，因各种"机缘巧合"L村逐渐被国内外关注，成为环保领域明星村和W县和B镇政府重点扶持村，各类资源涌入，然而各级官员（尤其B镇官员）却依然很少去该村"指导工作"。

L村吸引不少四川省Q县的茶贩子前来收茶，成为村精英的竞争对手。而通往Q县的公路是全村唯一的生计通道，必须依赖该条通道与外界资源相连接，为了避免来自Q县的交通阻挠，也无法设关卡强行拦截Q县外来者，村精英只能通过村庄的内部整合实现对利益的控制。同时权力的文化网络，尤其是其中的核心要素"信任"（杜赞奇，2008）似乎在市场行为中依然发挥作用，该村的治理需要借力村庄政治的内部整合。

四 项目制下L村的政治经纪角色分化与结构形成

（一）国家与L村之间的关系——偶得的项目与实得的实惠

L村因自然禀赋和特殊地理位置，受B镇政府和S国家级自然保护区共

---

① 2014年，该村居民区因"闯入"一只野生大熊猫，而曾经被中央电视台《新闻联播》报道。

同管理，尽管两部门管理领域不同，但对 L 村的要求却有"发展"与"保护"的矛盾。S 国家级自然保护区对 L 村的要求重在"保护"，而 B 镇政府对 L 村的要求重在"发展"。相当一段时间内"保护"与"发展"似乎是不太能调和的矛盾。因此，B 镇政府同 S 国家级自然保护区之间管理上的冲突时有发生。因偏远和管理阻碍大，B 镇政府曾几近放弃对 L 村的关照，因 S 保护区同 W 县同级，W 县更是对 L 村以及 S 保护区的工作不管不问。

适逢大量盗伐者前来盗木，直接影响和破坏茶种植的生态环境。为保护茶种植的生态要求，保护全村村民的生计，2003 年 L 村被迫自发组建巡护队，有效阻挡外来盗伐。这一举动受到 S 保护区的赞赏，随即介绍 W 教授关注该村，助其申报并于 2007 年获福特环保奖。W 教授进一步引入 C 机构（国际 NGO）开展项目。2008 年 5·12 地震中，L 村受到重创，随后因为 C 机构的影响力，引来更多 NGO 开展节能主题的生计重建项目，L 村在 NGO 圈内名气逐渐加大，加之 2006 年取消农业税后，各类发展项目下到地方，因 L 村的前期基础，W 县 B 镇也开始将 L 村作为明星村打造，重点扶持。各类发展项目中，村民实实在在获得诸多实惠。

同时，在压力型体制以及国家对"三农"方面的政绩考核，B 镇政府越发需要依靠村干部落实国家政策和数量庞杂繁重的上级工作。"简约主义"的治理策略，权力下放，不介入下一层级的治理，是成本较低的做法。因此在形式上，L 村始终少有镇级领导直接"视察"。

（二）L 村的政治经纪关系——"项目制"下经纪角色分化

L 村共有 9 社（村民小组）210 户，村干部 3 人，为村支书、村主任、村文书，各社社长 1 名。村干部选拔遵循"村民自治法"，享受国家补贴，但很少；社长由村干部选择和认定（无补贴），若非特殊原因要更替，社长的身份长期有效。

1. 村干部的角色转变——从村庄内部治理的"正式角色"中退场

早期，L 村的利益诉求在"内部团结、对外防御"，虽然在某种程度上，村干部是村社与国家之间的代理人，但村干部必须符合"协调人"的特质，其权力来自村民。对国家而言，谁是村干部不重要，只要能"摆平"收税问题，便可承认其身份，国家与村庄之间的代理人对 L 村的意义并非十分紧要。村干部、社长、普通社员之间形成利益同一、关系远近不一的庇护网络。这一庇护网络可理解成同村庄中权力的文化网络重合。村民的信任与全村利益捆绑，成为 L 村村庄治理的权利来源。那时的 L 村，内部村庄的网络结构对外连接不强。在乡镇与 L 村中，并没有形成具有强关系的利益链接。

近年，国家对农村的发展由"出"转"进"，大量烦琐的事务落地乡镇。镇政府同村干部之间的"庇护关系"逐渐形成。镇政府通过给予利益、权力等奖赏措施，以政治竞标、选拔、考核等可能的惩罚手段，激励村干部完成任务，这其中"项目发包（资源＋权力）"成为镇政府所能提供的最大奖赏。具体操作时，以简约化为原则，镇政府仅同村干部联络，最大限度地将项目执行权、资金支配权、人事使用权等一并交付，很少对项目过程提要求与监管，对结果要求表面化，如仅需会议记录，"多少人受益"等表面信息，至于实际成效与选择哪些人受益，则不干预，亦无暇评估。同时，镇政府将其他繁杂的事务性工作与项目捆绑一并转嫁给村干部。

村民在项目中获得实惠之后，对项目形成依赖和期待，对村干部最主要能力的评价指标，由"内部整合"转变为"拉项目"的能力。特别其是否"上面"或"外面""有关系"，不再被"诟病"，反而演化成他们对"好村干部"能力的期待，通过"拉关系"跑项目在村民那儿获得了道德上的正当性①。同时，以村干部为代表的村精英，通过"项目"资源的分配权以及村民对"项目"资源的依赖，实现对村庄的整合与对利益竞争者的抵御，诸如茶产业市场中的外来竞争者。

然而，不要忘记，乡镇在项目制的推行过程中，同权力与利益一同打包给村干部的还有各类烦琐的事务以及"对上"尽责的"承诺"。这令乡村社会中，原本就千头万绪的村务事务更加烦琐而复杂，这里面不仅包含大量难啃的骨头，还在不断转变着村干部的"站位"与维护利益的立场。在权衡"上""下"利弊、协调国家与社会各类冲突矛盾之间，"两难""猪八戒照镜子，里外不是人"常常是村干部（代理人）的现实困局，若直接介入村务，村干部作为协调人的地方政治整合能力必然被削弱，而影响到其在村中的权威。由此，村干部在村庄内部治理中，逐渐选择从正式制度内村庄协调人角色退场，选择不具有干部身份的"协调人"角色。也即在正式身份上，倾向于成为国家权力结构与村庄权力结构之间的代理人，而不直接分配村中的各项利益。

---

① L村村主任曾在一次偶然的外交机会，得到 W 县所属 L 市的市长批准 900 万资金，W 县配套 400 万，解决了村庄内部各社之间的道路硬化和桥梁修建问题，该问题每年暑期均会因发洪水而造成村外出公路中断。这一事件得到 B 镇政府的高度赞扬并作为其当年政绩获得 W 县表彰。

2. 村干部的治理逻辑——退居幕后，促成结构分化与培养结构内的代理人

同 2003 年前相比，L 村内部利益结构复杂化，上级下压事务繁杂而艰巨，村干部必须吸纳更多成员进入治理集体、分担压力。村干部选择拉拢、劝说等方式使具有协调人品质的村庄成员成为社长（往往成为村干部的"亲信"），变成村干部与村民之间的"次级"代理人①，助其治理社组，社长上对村干部直接负责，下要"摆平"组社内的各类事务。社员有意见，但选择接受。

原因有二：一是村干部与社长之间利益共谋，在项目或产业上形成庇护关系，不是村干部的亲信，很难成为社长，即便当上也很难共享利益；二是社长工作难度大、易得罪人，很多社员自知"做不来"，而答应做社长的人也一定对自身能否"摆平"社员做过自我评估。

在各方心照不宣的认同下，村干部认定亲信为社长成为非正式"规则"被固定下来，而这种带有制度性意义的"规则"促成了权力结构的形成。在社长因故需要交替，谁将出任新一任社长，谁被村干部游说过，也成为普通社员对谁是村干部的亲信的观察证明。村干部则效仿镇政府的做法，在"项目"中将好处理的部分保留给自己，用来运作和保障自身的利益或用来平衡必要的村庄利益，同时分出难处理的部分，将责、权、利二次打包，交由社长"摆平"。而社长也会尽量在利益分配时，一方面照顾自身获利，另一方面还要在平衡本社全员的利益以强化权威和进一步巩固与村干部的庇护关系之间寻求平衡。

总之，村干部通过游说和培养的方式，选择具有协调人品质的"亲信"成为社长，将其吸纳进村庄治理体系中成为"次级"代理人，而村主任则退居村社基层治理结构之上，只做"裁判"，这一方面回避村干部掌控权力与平衡利益之间的冲突，另一方面有利于其以裁判员的角色维持或重塑其在文化网络中的"信任"资本。

3. 村干部的治理策略——权力的"隐显"运用：两种政治经纪角色的混合变形

在本文案例中，村干部不仅占据了两个互不干涉的上下级权力结构的结构洞位置，还成了"资源中心"，不断与国家和村庄两个结构间互换所

---

① 由于村庄内部并未分化为明显的制度性的权力结构，称为"代理人"并不合适，但因其带有明显的代理人品质，笔者暂时定义其为"次级"代理人。

需、谋得利益，赋予"结构洞"位置力量强大的权力中心意义，其影响力在 L 村治理体系中，是无法替代也无法被其他力量超越的。

"显在"看来，村干部是两个结构的"代理人"，以其为中心，通过与社长（"次级"代理人）利益共谋构建庇护关系，形成具有等级结构意义的经纪角色网络。村干部同时又是隐性的"协调人"，以其为中心构建起来的两级治理结构，帮助其无须直面矛盾，还能在社长与普通村民发生矛盾不可调和时，充当柔顺剂，形成权力稳固又刚柔相济的治理格局。总之，村干部通过培养和扶持社长成为内部治理结构的代理人，一方面令带有等级结构的村庄治理结构逐渐清晰，另一方面，实现了"代理人"与"协调人"双重政治经纪角色在"显在"与"隐性"两个维度中的混合变形。这令其在村庄治理中，更加得心应手，也确保自身利益的最大化实现。

（三）结构的变化与形成：村社两级治理体系及以结构洞为中心的政治经纪网络

对于 L 村而言，2003 年为重要的分水岭。2003 年之前，村庄因无法得到国家的有效支持，而不得不团结一致对外，形成了以村庄协调人为核心村庄内部的权利文化网络。2003 年后，随着偶得的项目与国家项目制的推动，国家与村庄之间结构洞位置的"权力"逐渐壮大和聚集，村干部"代理人"的身份和角色逐渐成为在村庄治理结构中的"显性"角色。这时，村干部采取吸纳社长进入治理集团，构建村社两级治理体系的方式（张逸君，2012），最大化地回避矛盾，维护其"协调人"的权威。

与此同时，以国家与村庄之间结构洞位置为中心，村干部依赖"次级"代理人（社长）治理社级社区并同其利益共谋，结成庇护关系；又通过协调"次级"代理人与村民之间矛盾的"裁判员"身份，不断强化其村庄"协调人"的权威，以维护其在文化网络中基于信任的社会资本。由此，村庄中的政治经纪网络结构被建构起来。

五　总结与讨论

农业税费改革令国家与村级社会之间的互动关系发生根本变化。随着国家同村庄之间的结构链接由收税索取转向项目扶持，国家实现了对村庄治理方式的重新建立。而这一过程中，村庄内部治理结构亦因项目制发生了大的变化。在本文案例中，尽管国家依赖村干部治理村级社会的情形未曾变化，但 L 村的内部治理的核心角色已悄然由协调人变成了代理人，而村干部则审时度势地实现了自我角色的转化。与此同时，村干部深知在 L 村这一个权力的文化网络中，实现村庄的内部治理，信任是极为重要的社会资本，村干部不愿轻易放弃这一权力网络中心的位置，便选择培养"次级"代理人的策略回避矛盾维持信任资本，实现了对代理人和协调人双重政治经纪角色的混合变形，通过建构起村庄内部的政治经纪角色结构的网络，实现对村庄的有效治理。

参考文献

陈家建，2013，《项目制与基层政府动员：对社会管理项目化运作的社会学考察》，《中国社会科学》第 2 期。

杜赞奇，2010，《文化、权力与国家——1900－1942 年的华北农村》，王福明译，江苏人民出版社。

费孝通、吴晗等，2013，《皇权与绅权》，三联书店。

黄宗智，2008，《集权的简约治理——中国以准官员和纠纷解决为主的半正式基层行政》，《开放时代》第 2 期。

黄宗智，2013，《明清以来的乡村社会经济变迁（卷一）》，法律出版社。

罗纳德·伯特，2008，《结构洞：竞争的社会结构》，任敏等译，上海人民出版社。

孙立平，2005，《"软硬兼施"：正式权力的非正式运作的过程分析》，北京大学出版社。

徐勇，1997，《村干部的双重角色：代理人与当家人》，《二十一世纪》（香港）总第四十二期。

张静，2007，《基层政权：乡村制度诸问题》，上海人民出版社。

张静，2012，《社会冲突的结构性来源》，社会科学文献出版社。

张逸君，2012，《村庄治理中的村社两级治理——一个西部山村的个案研究》，北京师范大学社会发展与公共政策学院硕士论文。

折晓叶、陈婴婴，2011，《项目制的分级运作机制和治理逻辑——对"项目进村"案例的社会学分析》，《中国社会科学》第 4 期。

周飞舟，2006，《从汲取型政权到"悬浮型"政权——税费改革对国家与农民关系之影响》，《社会学研究》第 3 期。

周黎安，2014，《行政发包制》，《社会》第 6 期。

Henning Hillmann. 2008, Localism and the Limits of Political Brokerage：Evidence from Revolutionary Vermont, AJS, 114（Sept.）

发展与控制之间：中国政府部门管理社会组织的策略变革

田　凯[*]

摘　要：国际上关于政府与社会组织关系的研究，可分为冲突范式和合作范式。这两大范式在解释中国政府与社会组织关系方面都存在一定的局限性。本文试图对这两大范式予以综合，来解释中国政府部门管理社会组织的策略变革。文章认为，在中国政府部门偏好结构中存在对社会组织的发展需求和控制需求，这两种需求是相互矛盾的，其中控制需求是政府更为根本性的需求。政府发展社会组织的需求强度取决于政府对社会组织的依赖程度，社会组织向政府施加压力、游说、议价能力，中国面临的国际竞争程度，当权者面临的潜在竞争程度，以及政府官员对变革需求的判断、决策能力及创新意愿。政府的发展需求与控制需求之间的冲突和博弈，决定了政府与社会组织的关系走向。当前中国政府与社会组织关系从总体上呈现出国家法团主义与社会法团主义并存的混合模式特征。

关键词：政府—社会组织关系　双重管理体制　制度变迁

一　引言

中国政府与社会组织的关系一直是国内外学术界关注的重要议题（王名、孙伟林，2011；周红云，2010；Saich，2000；Whiting，1991；Spires，

---

* 田凯，北京大学政府管理学院副教授、博士生导师。

2011；康晓光，蒋金富，2013；顾昕、王旭，2005）。学者们在这一论题上积累了较为丰富的研究成果，并试图发展出一些概念和理论来解释二者之间的关系。从国际上的研究文献来看，关于政府与社会组织的关系，可以归结为两大范式：一是"冲突范式"，把政府与社会组织的关系视为零和博弈关系，认为国家力量会破坏社会组织的成长。① 冲突范式可以在洛克、密尔等自由主义政治哲学家中找到思想根源（Gidron，Kramer and Salamon，1992）；二是"合作范式"，倾向于把政府与社会组织视为功能上的合作互补关系，例如"第三方治理理论"（the third party government）（Salamon，1995）、协作治理理论（collaborative governance）（Thompson and Perry，2006；Ansell and Gash，2008）。在过去几十年中，国内外学者较多从冲突范式来理解中国的政府与社会组织关系，强调政府对社会组织的抑制和控制，其核心是把政府与社会组织看作对抗性的零和博弈模式。这一理论范式对于20世纪的中国具有一定解释力，但难以解释2000年以后，尤其是2013年以来，中国政府部门管理社会组织的策略变化。2000年至今，中国的地方政府在不同层面推动着社会组织管理体制变革。中央政府已经在多个重要文件中提出要改革社会组织管理体制，改变政府与社会关系。随着2013年《国务院机构改革和职能转变方案》和《关于政府向社会力量购买服务的指导意见》出台，政府逐渐转变对社会组织一刀切的抑制性策略，转而通过分类发展策略，② 对与政府战略目标一致的社会组织进行鼓励发展。分类发展策略是2000年以来社会组织管理体制变革最根本的特征，其他政策变化是以这一策略为基础的。在各类社会组织中，行业协会商会类、科技类、公益慈善类、城乡社区服务类组织获得了更为宽松的制度环境，得到了政府诸多方面的政策扶持。从表面上看来，2000年至今社会组织发展似乎更能佐证"合作范式"下政府与社会组织的关系，但如果深入分析就会发现，这一结论过于片面和表面化了。在政府积极放松对社会组织的管制，采用各种策略促进某些类型社会组织成长的背后，我们仍然会观察到政府对社会组织进行控制的种种努力。如何解释中国政府在社会组织管理中发展与控制并存的复杂行为？本文试图从政府偏好结构中发展需求与

---

① 托尼·赛奇（Saich，2001）指出，有关当代中国和市民社会的早期文献，关注的焦点是国家与社会之间的冲突。

② 康晓光和韩恒（2005）曾使用"分类控制"的概念来分析中国国家与社会关系。请注意，我在这里使用的是"分类发展"的概念。相对于"分类控制"来说，"分类发展"的概念更加强调政府对社会组织发展促进性的一面。

控制需求之间的相对变化，来解释政府管理策略变革的动力机制。文章认为，在政府的偏好结构中，存在对社会组织的发展与控制两种相互冲突的需求，其中控制是更为根本性、更具优先权的需求。如果我们把政府的偏好结构看作一个连续谱，控制需求位于连续谱的最左侧、发展需求位于连续谱的最右侧的话，可以说在 20 世纪的中国，政府对社会组织的控制需求一直处于支配地位，而从 2000 年至今，政府的控制需求虽然仍然强烈，但政府已经无法继续承担控制策略的后果，而逐步向连续谱的右侧移动，政府对社会组织的发展需求正呈现上升趋势。本文扼要评述了近年来政府对社会组织管理策略的主要变化，并解释了政府策略变革发生的动力机制以及政府的发展与抑制行为并存的深层次原因。

二　政府管理社会组织策略的主要变革

鉴于社会组织管理体制改革存在的可能风险，中央政府的改革策略是从地方试点开始，在地方政府实践经验基础上进行中央层面的制度调整。广东、上海、浙江、江苏、北京、云南等地在社会组织管理体制改革方面进行了多种探索，被作为改革的试验区或观察点。本文主要选取具有代表性的省市的政策变革作为分析对象，从登记制度改革、分类发展、社会组织去行政化改革、政府职能向社会组织转移、政府向社会组织购买服务、竞争机制引入这六个方面来分析政府管理策略的变化。①

（一）从双重管理体制到直接登记制度

登记制度是国家对社会组织进行管理的核心制度，反映了国家对社会组织进行控制的范围、力度和方向。社会组织登记制度改革的起点是 1989年《社会团体登记管理条例》确立的"双重分层管理体制"。双重分层管理体制是一种典型的控制型体制，其首要目的在于监督和控制社会组织的发

---

① 除这六大改革策略之外，政府还建立社会组织孵化器，为社会组织提供能力建设、场地设备、小额补贴、注册协助等多方面支持；通过建立财政专项资金、社会组织发展基金、落实和完善公益性捐赠减免税政策、推动公益创投、股权捐赠、慈善信托等方式，缓解社会组织发展资金短缺的问题。目前国务院法制局等有关部门正在酝酿修订社会组织管理最重要的三部法规——《社会团体登记管理条例》《民办非企业单位登记管理暂行条例》和《基金会管理条例》。全国人大出台了 1949 年以来第一部《慈善法》。这些重要的制度变革将对慈善公益类社会组织的发展产生重要影响。

展。该制度的潜在假设是社会组织是对政府的一种威胁性力量，所以需要从政策层面加以严格控制，能不发展就不发展。它在很大程度上显示了政府在当时的政治与社会背景下对于社会控制的强烈需求。20多年来，学术界多次提出要求改变双重分层管理体制，历年两会上多位委员也多次提出发展社会组织的议案，但相对于社会需求来说，这一管理体制的变革速度颇为滞后，地方层面的改革力度和范围也存在一定程度的差异。

对双重管理体制的突破始于行业协会这种特定类型的组织，后逐步扩展到科技类、公益慈善类、城乡社区服务类社会组织。从2002年开始，浙江温州、辽宁鞍山、上海三地开始尝试行业协会的登记制度改革。温州和鞍山的做法是通过让在政府体制内运作的工商业联合会、工业经济联合会代替政府机关行使业务主管单位职责，变通解决其他行业协会登记困难的问题。上海则是成立专门的行业协会发展署，负责行业协会的发展规划、政策制定和协调管理，同时，发展署还可以成为新成立行业协会的业务主管单位，为新行业协会的设立提供了更为宽松的条件。广东省从2006年开始、上海从2010年开始对行业协会实行直接登记制度，取消业务主管部门的前置审批，改变了行业协会的双重管理体制。2012年，广东把双重管理体制的改革范围从行业协会扩展到了其他类型的社会组织，除法律法规规定需要前置审批外，社会组织的业务主管单位均改为业务指导单位，成立社会组织直接到民政部门申请登记。2008年，北京市创造了"枢纽型社会组织工作体系"来改革双重管理体制，把工会、青联、妇联等政府举办的人民团体确立为枢纽型社会组织，由这些组织代替政府职能部门行使业务主管单位的功能。这种改革虽然从形式上看对双重管理体制有所突破，但由于中国的人民团体在运作方式上与其他政府部门没有实质性差异，所以并没有改变政府力量管理和控制社会组织的状况。由于北京作为政治中心的特殊地位，其双重管理体制方面的改革要滞后于上海、浙江、广东等地。

地方政府的改革经验得到了中央层面的认同，并被中央政策部分采纳。2013年3月《国务院机构改革和职能转变方案》要求，对行业协会商会类、科技类、公益慈善类、城乡社区服务类社会组织在年内放开管制，实行直接向民政部门登记注册。① 在该文件的指导下，2013年北京、四川、浙江、山西、山东、内蒙古等省份放开了四类社会组织登记管理，2014年湖南、

---

① 参见中国政府网：http://www.gov.cn/2013lh/content_2354443.htm.2014年12月24日访问。2013年11月十八届三中全会决议重申了这一改革方案。

湖北、上海、海南、安徽、陕西、江苏、河南等省份相继通过了社会组织登记管理办法，对四类社会组织实行直接登记。目前全国大部分省份四类社会组织可直接登记，不再需要业务主管单位。[①]

（二）从全面控制到分类发展策略

不同组织的目标和功能是存在差异的。布劳（Peter Plau）和斯科特（Richard Scott）曾经指出，"正式组织是复杂的社会事物，有着多种多样的属性"（布劳和斯科特，2006：46）。帕森斯根据组织的目标和功能差异，把社会中的组织细分为经济生产组织、政治目标组织、整合组织和模式维持组织四种类型（帕森斯，1988）。在非营利部门内部，存在多样化的、追求多种目标的组织，非营利组织的功能是多样化的。萨拉蒙（Salamon，2012）通过国际比较研究发现，非营利组织在社会中发挥着五项重要功能：非营利组织是医疗、文化、娱乐等服务的提供者，所以具有服务功能；非营利组织帮助人们发现没有引起重视的问题，倡导公众引起关注，因而具有倡导功能；非营利组织是公民表达对政治、政策、艺术、宗教、种族等问题的立场和态度的工具；非营利组织有助于社会资本的积累、增加社会信任及互惠行为，因而具有社区建设功能；非营利组织有助于体现、培育和维持一个民族重视的价值观念，因而具有价值保卫功能。

由于社会组织的目标、功能以及政治风险程度存在较为明显的差异，中国政府部门采用了分类发展的策略，重点发展与经济、公共服务紧密相关的社会组织，而对其他类型的组织仍保持抑制和控制策略。2013年3月《国务院机构改革和职能转变方案》明确指出，"重点培育、优先发展行业协会商会类、科技类、公益慈善类、城乡社区服务类社会组织。成立这些社会组织，直接向民政部门依法申请登记，不再需要业务主管单位审查同意。"同时，对存在较大政治风险的社会组织，《方案》重申维持双重管理体制，"考虑到政治法律类、宗教类等社会组织以及境外非政府组织在华代表机构的情况比较复杂，成立这些社会组织，在申请登记前，仍需要经业务主管单位审查同意"。[②] 在地方政府层面，各地分类发展的社会组织类型有所不同。相对来说，广州和深圳允许直接登记的组织类型更为多样化。

---

① 参见中国公益网：http://gongyi.china.com.cn/2014 – 12/16/content_7445741.htm。2015 年 1 月 23 日访问。

② 参见中国政府网：http://www.gov.cn/2013lh/content_2354443.htm. 2014 年 12 月 24 日访问。

例如深圳规定，除了国务院明确规定的四类组织之外，文化娱乐类、体育类、生态类社会组织也可以到民政部门直接登记。相对于地方政府的政策来说，中央层面的政策更为严格，优先发展的社会组织类型更少，而且与政府的经济发展和公共服务职能更为紧密相关。

分类发展的策略较为清晰地反映了政府改革的逻辑。不同社会组织的功能是不一样的。我们可以从提供公共服务的能力、增加政治风险的可能性两个维度来分析分类发展的策略。① 经济发展一直是中国政府部门的首要战略目标，同时，多方面的研究文献已经显示出中国政府公共服务供给能力的不足，因此，政府对这些类型的组织有着较强的功能性依赖（Saidel，1989），希望通过推动这些组织的发展来减轻政府负担，缓解政府面临的压力。与此同时，这些类型的组织往往没有政治目标，不太可能挑战政府的权威，发展这些组织的政治风险很小。在理性的成本收益分析基础上，政府选择了分类发展的策略。通过这一策略，政府降低了发展政府以外社会力量的风险，在发展需求和社会控制需求之间达成了某种程度的平衡。可以预测，在未来几年，发展这四类社会组织的策略会在全国范围内进一步扩展。当然，政府利益的最大化和社会利益最大化之间不一定是重合的，有时甚至是相互冲突的。对政府来说收益最大化的策略，对社会来说并不一定是最大化的，有时甚至是以社会利益为代价的。分类发展的策略在平衡政府相互矛盾的需求的同时，却抑制了社会需求和社会创新，对社会收益来说并不是最大化的。

（三）从国家干预到去行政化改革

萨拉蒙（1998：34 - 35）提出从正规性、私立性、非利润分配性、自我治理性、志愿性、公共利益性六个方面来鉴别和界定非营利组织。由于中国政府部门对社会组织的过度干预，一些学者认为中国社会组织过度行政化，不符合萨拉蒙所界定的西方社会组织的主要特征，而把政府举办的社会组织称为"二政府或准政府组织"，或指出其具有"官民二重性"（孙炳耀，1994；于晓红、李姿姿，2001），或者把这种现象归纳为"行政吸纳社会"（康晓光、卢宪英、韩恒，2010）。西方研究中国政治的学者也发现，西方语境的"市民社会"概念对中国并不适用，在中国很少存在完全独立

---

① 康晓光和韩恒（2005）注意到，社会组织具有"双重属性"，一方面是一种挑战力量，另一方面是一种辅助力量，不同的社会组织应对政府权威的能力不同，为社会提供的公共物品也不同，所以政府会根据各类社会组织的挑战能力和提供公共物品的种类对它们实施不同的管理方式。

于国家之外的社会组织，因此，他们对根源于西方的市民社会概念进行了调整，提出中国是"准市民社会"（semi-civil society）（He，1997）或"国家领导的市民社会"（state-led civil society）（Frolic，1997）。

中国社会组织去行政化改革始于 2002 年的上海。深圳市于 2004 年、浙江省于 2006 年分别开始改革。去行政化改革主要在行业协会商会中展开。这些改革的共同特点在于：从组织机构、人员、职能、财产四个方面和政府机构分离。从组织机构上看，政府机构不能和行业协会合署办公。合署办公、"一个机构、两块牌子"是中国政府运作中的一个常见现象，它展示出了两个形式上存在的组织之间高度重合的关系。很多认为中国社会组织过度政府化的观点都是以此为基础的。我曾经把这一现象归纳为"组织外形化"（田凯，2004a；2004b）。规定行业协会不能和政府部门合署办公，不仅意味着二者在办公场所上的分开，更意味着行业协会从政府原有的行政系列中分离，意味着行业协会的法人身份、权力关系、人员身份、财务关系的一系列调整。这是行业协会去行政化改革中至关重要的一环。政府官员在社会组织中任职是中国社会的一个常见现象。委派官员或退休官员担任社会组织领导人，是中国政府部门控制社会组织的一个重要手段，国内外很多学者因此而认为中国社会组织不具备民间属性。2002 年至今各地改革中，都在大力强调落实政府工作人员不能在行业协会中兼职的政策。在初期阶段是强调国家机关工作人员不能在协会担任领导职务，后来进一步严格化，规定现职国家机关工作人员不能在行业协会兼职。在中央部委以及地方层面，离退休干部在社会团体兼职的情况正在得到一定程度的规范和控制。① 当然，这当中最为核心的还是行业协会决策权力的回归。我曾把本属于协会的决策权力被政府控制的现象称为"组织内部决策权力的外化控制"（田凯，2004b：223）。这一状况正在得到逐步改变。上海、深圳、广东乃至国务院的改革方案中，都在强调让行业协会获得独立自主的决策权力，其中主要包括自主选举会长的权力、组织自身重大事务的决策权力

---

① 2014 年 6 月，中组部印发了《关于规范退（离）休领导干部在社会团体兼职问题的通知》，要求各地区各部门对退（离）休领导干部在社会团体兼职情况进行摸底和清理规范。该通知并没有明确禁止退（离）休领导干部在社团兼职，而是明确了兼职需要具备的一些条件，例如必须备案、任期不能超过两届、年龄不能超过 70 岁等。但各部门、各地方的具体执行情况不一。有的部门进行了更为严格的规定，例如文化部 2015 年明确规定，离退休干部不能再在社团兼职。http://news.china.com.cn/2015－05/09/content_35527258.htm。

等。① 值得注意的是，目前正在推行的社会组织去行政化改革仍然是以分类发展策略为基础的，而且仅限于行业协会和商会，并不是对所有类型的社会组织都去行政化。

（四） 从政府替代到政府职能向社会组织转移

已经有很多学者注意到中国政府部门在经济发展、社会管理、公共服务等诸多领域中不可替代的全能型角色（Oi, 1992；Walder, 1995）。政府承担的过多职责已经让其不堪重负（周雪光，2013），转变政府职能已经成为中央政府历次改革的重要议题。全能型政府的建设是以对社会组织功能的替代为基础的。研究 1949 年以后中国的国家建设过程就会发现，在 1949 ~ 1959 的十年间，摧毁国民党时期留下的各类社会团体，并用政府的力量加以吸纳和重组，是中国国家建设的重要组成部分。通过对原有各类社会团体的吸收和改组，政府获得了对各类公共事务的绝对支配权，社会团体的公共职能被大大削减了。② 公共事务管理权过度集中于政府手中的直接后果是政府不堪重负，依靠现有的人力物力财力无法高效率履行职责，同时造成了严重腐败，加剧了政府的合法性危机。在这种背景下，推动社会组织承担政府职能成为政府改革的重要策略。

从地方实践来看，浙江温州的改革相对较早，上海次之。从 1999 年至今，各地政府向行业协会转移的职能主要包括三类：一是行业协调与管理的职能，例如等级评定、公信证明、行业评比、行业领域学术和科技成果评审、专业技术职称和职业资格评定、继续教育、人才培训；二是社会服务与社会管理职能，例如法律服务、人民调解、社区矫正、安置帮教、社区事务、公益服务等；三是技术服务性职能，主要是依托行业协会具有的专业技术优势，向市场和社会提供服务，例如业务咨询、行业调研和统计分析、决策论证、资产项目评估等。

---

① 深圳 2004 年出台了《深圳市行业协会民间化工作实施方案》，提出"还原行业协会独立社团法人地位，重塑政府与社会新型关系"。2008 年上海市政府转发了市发展改革委等三部门《关于本市进一步支持行业协会商会加快改革和发展实施意见》，强调"不得干涉行业协会依法独立自主地开展活动"。2007 年，国务院办公厅发布了《加快推进行业协会商会改革和发展的若干意见》（国办发〔2007〕36 号文），强调"要求行业协会严格依照法律法规和章程独立自主开展活动"。2012 年 11 月，中国共产党十八大报告明确提出，要加快形成政社分开、权责明确、依法自治的现代社会组织体制。2013 年 11 月，十八届三中全会提出要激发社会组织活力，正确处理政府和社会关系，加快实施政社分开，推进社会组织明确权责、依法自治、发挥作用。

② 关于在慈善领域国家力量对慈善组织的替代过程，可参见田凯，2004b。

（五）从政府直接提供服务到政府向社会组织购买服务

在1949年后中国政府设计的公共服务体系中，政府既是资金提供者，也是服务提供者。政府建立了各种行政机构进行决策、资金提供，同时设立了各种事业单位来具体提供公共服务。① 在原有公共服务体系下，政府对于社会组织很少有功能上的需求。萨拉蒙的第三方治理理论发现，在美国的公共服务体系中，政府有效地区分了两种角色：资金提供和指导者的角色以及服务提供者的角色（Salamon，1995）。他指出，美国联邦政府更多是作为资金提供和指导者的角色出现的，但在提供具体服务的时候，联邦政府高度依赖大量的社会组织等第三方机构。奥斯本（David Osborne）和盖布勒（Ted Gaebler）等倡导政府改革的学者也提出，政府的角色是"掌舵而不是划桨"（奥斯本和盖布勒，2006）。在中国原有体制下，政府既掌舵又划桨，政府的多重角色导致了角色超载及公共服务的低效率，也严重挤压了社会组织的发展空间。

中国正在把政府的职能转移和向社会组织购买服务结合起来，从政策层面推动政府向社会组织购买服务。对这一机制的最早探索可追溯至1994年，当时深圳市罗湖区借鉴香港经验，引入了政府向社会组织购买社会服务的机制。近年来这一探索有了进一步发展，规模有所扩大。深圳市把市场机制引入社会服务，鼓励社会组织参与社会服务。2009年广东省尝试在行业协会类、学术联谊类、咨询经济类、签证评估类、公证仲裁类和公益服务类等六类社会组织范围内推行政府购买服务。2012年广东省出台了《政府向社会组织购买服务暂行办法》，把政府职能转变和向社会组织购买服务关联起来，推动政府向社会组织购买服务。②

上海政府向社会组织购买服务的尝试开始于1996年罗山市民会馆模式。罗山会馆是浦东新区社会发展局、社会发展基金会、上海基督教青年会和罗山街道办事处共同创办的社区活动中心。浦东区社会发展局拥有对该中心的所有权，但通过外包方式委托上海基督教青年会来负责会馆的设施规划、项目开拓和财务收支。2012年上海市财政局印发了《上海市市级政府购买公共服务项目预算管理暂行办法》和《上海市市级政府购买公共服务项目目录》，基本建立了比较完整的政府购买服务制度体系。深圳、广东、

---

① 例如设立卫生局来管理医疗方面的行政事务，同时设立公立医院来具体提供医疗服务。

② 广东按照建立目录——设立咨询服务机构——职能转移——购买服务的方式，分别出台政府部门转移职能目录、购买服务目录和社会组织目录，推进政府职能转移和购买服务。

上海等地的经验逐步引起中央政府层面的政策变化。2013 年 9 月国务院办公厅发布了《关于政府向社会力量购买服务的指导意见》，明确要求各级政府在公共服务领域"更多利用社会力量，加大政府购买服务力度"，"初步形成政府主导、社会参与、公办民办并举的公共服务供给模式"。①

（六）从垄断到竞争

经济学诸多文献已经证明，竞争对于市场的有效运行来说是至关重要的，"竞争是一种重要的力量，它迫使厂商寻找更有效的生产商品的方法并且更有效地满足消费者愿望"（斯蒂格利茨，2000：138）。事实上，在世界各国的政府部门中，政府机构对公共服务的垄断性供给是一个经常出现的现象，由此导致的低效率已经成为各国政府改革的重要动因。新公共管理运动的一个重要主张就是通过在公共部门中引入竞争机制，提高公共服务的效率（奥斯本和盖布勒，2006）。

1998 年的《社会团体登记管理条例》第十三条确立了社会团体的非竞争性原则，该条例规定，在同一行政区域内已有业务范围相同或者相似的社会团体，登记管理机关不予批准成立新的机构。这一制度规定使得由政府组建的社会组织长期处于垄断地位，例如各级红十字会、慈善协会等。官办社会组织的垄断地位使得它们很难对服务对象的需求做出及时回应，也很难提供高质量的服务（田凯，2004b）。中国红十字会等官办社会组织在民众中的声望日益低下，公信力遭受严重危机（高永泽，2011）。打破官办社会组织的垄断地位已经成为社会各界呼吁的重要改革举措。

浙江省温州市 2012 年出台了《关于加快推进社会组织培育发展的意见》，提出要探索"一业多会"机制，允许同一行政区域内成立两个以上业务范围相同或者相似的公益慈善类、社会福利类、社会服务类、文化体育类和行业类社会团体。2013 年 12 月深圳市人大常委会通过了《深圳经济特区行业协会条例》，允许在同一区域、同一行业内设立一个以上的社会组织。② 2013 年 3 月《国务院机构改革和职能转变方案》提出，"要引入竞争

---

① 参见中国政府网：http://www.gov.cn/zwgk/2013 – 09/30/content_2498186.htm，2014 年 12 月 26 日访问。

② 《条例》第十条规定，"只要名称不相同，可以按照国民经济行业分类及其小类标准设立行业协会，或者按照经营区域、产业链各个环节、产品类型、经营方式、经营环节及服务类型设立行业协会"。参见深圳新闻网：http://www.sznews.com/news/content/2014 – 03/27/content_9272406.htm。2014 年 12 月 26 日访问。

机制，探索一业多会"。① 与此同时，地方政府还在开展开放公募权的试验性探索。在当前体制下，具有公募资格的慈善组织绝大多数是政府举办的，有些组织由于丑闻频出，已经遭受严重的公信力危机。首先开始开放公募权探索的是广东省广州市，该市从 2012 年 5 月 1 日起开始正式实施《广州市募捐条例》，该条例规定，广州地区的公益性社会团体、民办非企业单位和非营利事业单位，特别是在扶老、助残、救孤、济困或赈灾领域的机构，经申请取得募捐许可后，可以在许可的地域范围和时限内开展募捐活动。这是我国首部放开慈善公益组织公募权的地方法规，打破了长期以来由少数具有政府背景的社会组织独享公募权的垄断状态。

三　发展需求与控制需求之间的相对变化：政府管理策略变革的动力机制

在解释中国政府与社会组织关系方面，法团主义一直是最为重要的理论工具（Schmitter，1974；顾昕、王旭，2005；张钟汝、范明林、王拓涵，2009；张长东、顾昕，2015）。该理论提出了分析国家与社会团体关系的类型学，对从宏观层面尤其是从国际比较的视角把握政府与社会组织关系，具有重要价值。但对本研究来说，该理论框架还存在一定的局限性：首先，该理论更多是描述性而非解释性和分析性的，更多是在国际比较的基础上，采用类型学的方法，指出不同国家之间国家与社会关系的差异性，而对导致这种差异性的深层次原因解释不足；其次，该理论模式更多是从静态的维度看待国家与社会关系，而难以解释一个变动社会中国家与社会关系的转型，尤其是对同一个国家中国家与社会关系的转型过程及动力机制缺乏深入解释；最后，该理论更多是从国家干预社会的角度（即本文所说的冲突范式）来看待国家与社会关系，而对国家在促进社会组织发展方面的机制解释不足。

事实上，从中国各地社会组织管理体制改革的过程来看，从 1989 年《社会团体登记管理条例》到 1998 年新的《社会团体登记管理条例》，中国政府部门对社会组织采取的主要策略是抑制和控制，而从 2000 年以来，尽管政府政策仍然带有控制成分，但我们更多看到政府促进社会组织发展的一面。对于行业协会、商会、科技类、经济发展类社会组织，政府的角色

---

① 参见中国政府网：http://www.gov.cn/2013lh/content_2354443.htm，2014 年 12 月 24 日访问。

有点类似奥尔森（2014）"市场增强型政府"（market augmenting government）概念所描述的，政府发挥社会增强的作用，采取措施积极提升社会组织的能力、扩大其作用范围。国家除了放松管制之外，还在主动鼓励和刺激社会组织发展，例如建立公益组织孵化器、社会组织发展基金，推动公益创投、股权捐赠等。这些现象显然不是法团主义理论能够解释的。同时，第三方治理理论、协作治理理论虽然能够解释政府与社会组织的合作动力及机制，但无法解释政府对社会组织的抑制和控制。因此，我们需要构建一种能够融合冲突范式和合作范式的综合理论，来解释政府管理社会组织的复杂行为。这种行为很难单纯简化地用"发展"或"控制"来概括，而是高度理性、高度差别化的，对于不同类型的组织，政府政策的变化速率和方向是不一样的。如何解释政府管理社会组织时发展与控制并存的现象？

我曾经在研究中国慈善组织与政府关系时，提出解释二者动态关系的冲突命题（田凯，2004a，2004b）。该命题的主要观点是，在政府的资源需求和社会控制需求之间存在着持久的张力。政府对于慈善组织的控制强度总是在这两种相互矛盾的需求之间动态摆动。一般情况下，在政府的偏好结构中，对慈善组织的社会控制需求高于资源需求。因此，政府会在尽可能加大对慈善组织控制力度的前提下，让慈善组织获取资源。但是，当控制力度过大，严重影响到慈善组织获取资源能力的时候，资源需求在政府偏好结构中的地位会上升，政府会主动地、适当地放松对慈善组织的控制。中国最近十余年来慈善组织的发展验证了该命题的解释力。我认为可以对该命题进行适当修改，用来解释政府的分类发展策略以及政府管理社会组织的策略变化。

政府行为是其偏好的外在表现。在政府的偏好结构中，存在对社会组织的发展和控制这两种相互矛盾的需求。① 控制需求起源于国家作为具有暴力潜能的组织的本质性特征。正如韦伯（1997：730）所说，国家的重要特

---

① 转轨经济学家罗兰（Gerard Roland）也注意到，政府的目标具有多元性、模糊性和变化性。除了利润目标外，政府还必须防范垄断定价、监控产品质量、降低负外部性、刺激产业政策、维护国家独立、在经济衰退期扩大投资和就业等。政府目标还容易受到不同利益集团诉求的影响，也可能随着执政者的更迭而发生变化（罗兰，2013）。笔者的观察结论和罗兰是一致的，只是我在这里更强调政府对社会组织发展需求和控制需求之间的矛盾性。当然，不同类型的政府中这两种需求的关系结构是不一样的。例如在民主政体中，政府对社会组织的控制需求是相对较弱的，可能发展需求会高于控制需求。

征在于，它是一个"作为垄断合法暴力和强制机构的统治团体"，是合法的使用暴力的组织，是运用暴力"权利"的唯一的源泉。诺斯（1994a：21）也认为，"国家可视为在暴力方面具有比较优势的组织"，理解国家的关键在于为对资源进行控制而尽可能地使用暴力。由于社会组织是一种外在于政府的、可能挑战政府的组织化社会力量，威权型国家会尽可能对其进行控制。这一点比较容易理解。但政府不会无限制地对社会组织进行控制，正如萨拉蒙所说，社会组织除了利益表达功能之外，还具有公共服务、社区建设、价值保卫等其他功能（Salamon，2012）。这些功能与政府的发展目标是一致的，政府存在对社会组织的功能性依赖（Saidel，1989）。政府在保持控制需求的前提下，也有发展社会组织的动力。

发展需求和控制需求是中国政府部门偏好结构中相互冲突的两极，其中控制需求是政府更为根本性、更具优先权的需求。20 世纪的中国，政府对社会组织的控制需求一直很强烈，随着政府的传统治理模式日益遭遇危机，政府发展社会组织的需求正逐步上升，但目前控制需求仍然高于发展需求。政府对社会组织的发展需求和控制需求之间的矛盾和冲突关系，非常类似诺斯在他的新国家理论中描述的国家角色的矛盾性（诺斯，1994a）。诺斯指出，国家的存在有两个目的：一是界定形成产权结构的竞争与合作的基本规则，这能使统治者的租金最大化。二是在第一个目的框架中降低交易费用以使社会产出最大，从而使国家税收增加。在诺斯看来，国家的这两个目的并不完全一致，第二个目的包含一套能使社会产出最大化而完全有效率的产权，而第一个目的是企图确立一套基本规则以保证统治者自己收入的最大化。这两个目的之间存在持久的冲突，正是由于二者的冲突导致了国家的衰退。

在什么条件下政府会减少对社会组织的控制需求，增强发展需求？这是值得我们进一步深入研究的问题。笔者认为，政府发展社会组织的需求强度取决于如下因素：[①] ①政府对社会组织的依赖程度。这和社会组织控制的资源数量、提供公共服务的能力是有关系的。社会组织控制的资源越多、提供公共服务的能力越强，越容易造成政府对社会组织的依赖。政府对社会组织的依赖程度越高，越容易促进二者的合作伙伴关系；②社会组织向政府施加压力、游说、议价等能力。社会组织向政府施加的压力越大、社会倡导和游说政府的能力越强、与政府讨价还价的能力越强，越容易促使

---

① 限于篇幅，本处不展开详细论述这些假设的理论基础，笔者将另外撰文详细阐述这一问题。

政府改变与社会组织的关系，二者更容易走向合作；③当权者面临的潜在竞争程度。当权者面临的潜在竞争者越多、竞争程度越高，越容易促成政府与社会组织的合作关系；① ④国际竞争的强度。过于剧烈的国际竞争可能会加大中央政府的集权倾向，从而减少对社会组织的分权；中度竞争可能更有利于形成政府与社会组织的伙伴关系。低度国际竞争会减弱政府面临的压力，减弱创新动机，从而减少政府与社会组织合作的可能性；⑤政府官员对变革需求的判断、决策能力及创新意愿。①～④所讲的社会条件，最终需要进入官员的认知系统，促使官员采取行动。政府官员对变革的需求判断越准确、决策能力越强、创新意愿越强烈，越能够快速促进政府与社会组织的关系改变。当然，官员能否把认知转换为创新行动，仍然取决于政府系统提供的激励。如果政府系统提供的激励是抑制创新的话，即使官员对变革需求做出了准确判断，也无法产生改变二者关系的行为。

社会组织管理体制变革是政府面对环境压力的策略性回应，在很大程度上是一种被动回应，变革的核心是政府权力范围的收缩以及对社会组织的增权，改革的动力来自政府在已有制度框架内提供公共服务能力的局限性以及由于治理能力低下导致的合法性危机（周雪光，2013；田凯，2004b）。有学者指出，中国国家治理的一个重要挑战是其治理规模以及由此产生的治理负荷（周雪光，2013）。新中国成立后，国家承担了就业、养老、医疗等责任，导致国家在公共服务方面的负荷巨大。国家庞大的官僚体系在提供公共服务方面效率低下，直接影响了民众对于政府的信任以及政府的合法性。在这种背景下，作为风险厌恶的理性行动者，政府把建立与社会组织的伙伴关系作为公共服务体系改革的一个替代性选择。十余年来，中国学术界已经把发达国家的第三方治理理论、协作治理理论、政府再造理论（奥斯本和盖布勒，2006）、多中心理论（Ostrom and Ostrom，1971）② 等政府改革理论以及发达国家政府改革的实践经验引入中国，并为政府决策者所熟悉。新知识的供给为政府的制度变革提供了思想来源。组织分析的新制度主义者已经说明了学习和模仿在新制度采纳中的作用（DiMaggio and Powell，1983）。中国政府对社会组织管理体制的改革，很大

---

① 诺斯（1994a）指出，统治者受到竞争约束与交易费用约束的影响。这一观点启发我建立第③④假设。这两个假设是在考虑统治者面临的国际及国内竞争约束对其发展社会组织的需求的影响。

② 奥斯特罗姆夫妇（Ostrom and Ostrom，1971）认为，满足个人偏好的最佳结构，不是集权的官僚制机构，而是更加分散的多元组织安排。

程度上是在逐步学习和采纳国际经验证明行之有效的公共服务供给模式。

政府改革的动力在于能够从社会组织管理体制变革中获取收益。经济学家菲尼（1992：138）认为："对制度变迁的需求，基本上起源于这样一种认识：按照现有安排，无法获得潜在的利益。行动者认识到，改变现有安排，他们能够获得在原有制度下得不到的利益。"政府从社会组织管理体制变革中获取的收益包括：政府通过对自己急需的特定类型社会组织放松登记，可以降低社会组织的进入壁垒，增加社会组织的数量；可以通过政府职能转移减轻政府职责，缓解政府压力；可以通过向社会组织购买服务降低组织成本；可以通过为社会组织提供资金支持，增强社会组织的服务供给能力；可以通过去行政化，增加行业协会和商会的自主权和灵活性；可以通过引入竞争机制增加社会组织提供优质服务的动力。这些收益都是在原有制度框架内无法获得的。

社会组织管理体制改革的逻辑与中国经济改革过程是高度相似的。已经有学者总结出了中国经济改革的渐进特征（林毅夫、蔡昉、李周，1993）。中国社会组织管理体制改革再次重演了政府改革的逻辑。社会改革是从经济改革的试验场——深圳、上海开始的。深圳、上海的改革试验很大程度上是在中央的授意下进行的，中央授予了广东、上海等地进行改革的"进入许可证"，并免除改革失败的责任，从而给予了政治企业家进行制度创新的激励。关注国家作用的文献已经注意到官僚的改革意愿及凝聚力对制度变革和国家发展的影响（Stepan，1978；Evans，Rueschemeyer and Skocpol，1985）。

尽管政府和媒体对社会组织管理体制改革给予了高度评价，但相对于社会需求来说，政府的改革举措仍然滞后，改革中仍然存在诸多需要解决的问题。在中国国家与社会关系中，国家一直处于绝对的支配性地位，社会组织无论从人员规模、资金还是能力上，都处于被支配地位。事实上，民间社会一直蕴藏着巨大的创新活力，政府的管理体制抑制了民间社会的创造性。在菲尼（1992：138）看来，制度变迁供给的显著特点在于，它取决于政治秩序提供新的制度安排的能力和意愿。影响政治秩序提供新的制度安排的能力和意愿的重要因素包括：制度设计的成本、现有的知识积累、实施新安排的预期成本、宪法秩序、现存制度安排、规范性行为准则、公众的一般看法、居于支配地位的上层强有力的决策集团的预期净利益。在政府看来，相对于经济改革来说，社会改革的不确定性更高，风险更大，更容易带动政治层面的改革，从而对发展社会组织的态度并不积极。这种制度供给的滞后很大程度上源于政府内部对于发展社会组织的观念分歧以及政府过强的社会控制需求。中国在 1993 年开始市场经济体制改革，但在 20 余年后的今天，社会组织管理体制的改革进程仍然缓慢。

这场改革仍然是政府主导的，政府掌握并控制着改革的方向、范围和深度，真正来自民间由下而上的改革很少，这不符合社会组织发展的本质规律。萨拉蒙很早就注意到，"非营利志愿组织在全世界范围急剧增长的最基本动力来自下面，来自于那些普通人，他们决定依靠自己的双手解决问题，并组织起来改善他们的状况或寻求基本权利"（Salamon，1995：250）。面对民间社会中个人之间通过合作解决社会问题的努力，政府部门仍然主要是抑制和控制的立场。去行政化改革、推动政府与社会组织分离，目前主要是在行业协会和商会这两类与经济发展密切相关的社会组织内进行，大量其他类型的社会组织中，政府并没有以强制性命令推动社会组织与政府分离。政府的双重管理体制改革也是建立在分类管理基础上的，四类组织以外的大量社会组织仍然面临无法注册的问题。政府并没有真正放松对社会组织的控制。其中最典型的例子是北京枢纽型社会组织建设，有关政府部门把这一模式称为有特色的创新，但实际上是用党群团等政府体制内的社会组织来管理民间组织，政府仍然稳固地把握着对社会组织的控制权，社会的活力仍然没有得以释放。

国家体系内部对于社会组织作用的认知是不一致的，这是导致政府制度供给滞后的一个重要因素。[①] 在商务、民政、社会保障、医疗卫生等与经济发展和公共服务密切相关的政府部门积极倡导发挥社会组织作用的同时，党的有关部门对社会组织的发展持不同意见。[②] 党的多个文件明确提出要大力推动社会组织中的党组织建设，这和有关政府部门倡导的去行政化改革是不一致的。即使处于改革最前沿的广东省，在积极推动放松管理体制的同时，却在酝酿出台《广州市取缔非法社会组织工作细则》。该细则的主旨

---

① 戴维斯和诺斯（1994：319）在分析导致制度变迁的时滞因素时指出，"初级行动团体成员间的意见一致的程度愈高，而且成员间对潜在利益的分配愈公允，启动时滞愈短。如果团体范围分歧很大，谈判就会花费时间"。

② 例如时任中央综治委副主任、中央政法委秘书长的周本顺（2011：37）在《求是》写道："加强和创新社会管理，不是过多地把政府的事情交给社会去办，而是要确保党委和政府的社会管理与公共服务到位；不是过多强调按照人口比例发展社会组织，而是要加快群众组织、基层群众性自治组织、社会组织、企事业单位改革，完善职能；不是过多强调社会组织的'第三部门'属性，而是要加强对社会组织的规范、引导，将其纳入党委和政府主导的社会管理体系，确保其健康有序发展，真正成为社会管理和服务的重要补充。"

在于加强政府对社会组织筹备和活动的控制。该征求意见稿规定："具有下列情形之一的属于非法社会组织：擅自开展社会组织筹备活动的；未经登记，擅自以社会组织名义进行活动的；被撤销登记后继续以社会组织名义进行活动的。"该稿由于赋予了政府过于任意界定非法社会组织的权力而遭到诸多民众反对（王婧，2014）。

改革是一个利益调整过程，很少有改革是帕累托改进的。去行政化、政社分开、政府职能转移等改革措施，伤害了原有制度下部分利益集团的利益，这当中既包括掌握行政职权的政府主管部门，也包括在政府体系内运作的社会组织，从而导致这些制度变迁中的初级行动者在改革过程中，存在相当普遍的变通行为。有些政府部门采用多种方式避免转移有较大收益的职责，对上级部门的改革压力拖延推诿。有些从体制内受益的社会组织消极对待去行政化改革，不愿意脱离政府部门。例如，红十字会系统曾经于2010年在全国范围内推动红十字会系统与政府卫生系统的分离，但收效甚微。笔者在田野调查中也发现，在政府举办的社会组织中，较为普遍地存在着不愿放弃政府财政拨款、政府提供的住房、组织成员不愿意放弃公务员身份和福利待遇，不愿意脱离政府体制等情况。如果中央政府的变革意愿不够强烈，又缺乏强有力的政策执行机制的话，被改革对象的利益驱动很可能让改革目标难以达成。另一个例子是政府向社会组织购买服务的改革。国务院在2013年出台了专门文件在全国范围内推动政府向社会力量购买服务，但到了地方层面，很多地方政府认为社会组织的发育程度低，不足以承接政府职能或没有足够的能力提供公共服务，而把政策修改为向事业单位、党群团组织等政府体制内的组织购买服务，真正来自民间的社会组织很难进入政府购买服务的目录，也很难获得政府资金的支持。从表面上看，似乎政府与社会组织的伙伴关系、公共服务的多元化供给模式正在形成，但在实质上，这一模式仍然是在政府原有的官僚体系下运作，由于缺乏竞争、缺乏更具创新活力的社会组织进入，政府改革效果可能会和预定目标有一定差距，这有赖于进一步的经验观察。

四　结论

有学者注意到，中国国家与行业协会、专业社团的关系正在从国家法团主义走向社会法团主义（顾昕、王旭，2005；张长东、顾昕，2015）。行业协会是一种特殊类型的社会组织，是社会组织管理体制改革中最先启动、改革最为迅速的类型。中国的社会组织管理是以分类发展为基础的，政府与社会组织的关系呈现出异常复杂的情形，难以从政府与行业协会的关系推论出总体上政府与社会组织的关系走向。以上几项重大改革的实施程度如何，① 去行政化改革能否扩展到行业协会商会以外的组织，登记制度、政府向社会组织转移职能、政府向社会组织购买服务等重大改革能否扩展到行业协会商会类、科技类、公益慈善类、城乡社区服务类以外的社会组织，是影响未来政府与社会组织关系的关键。当前中国政府与社会组织关系从总体上呈现出一种混合模式。政府与行业协会商会类社会组织正在走向斯密特（Schmitter，1974）所述的社会法团主义模式，但政府与行业协会商会类、科技类、公益慈善类、城乡社区服务类以外的社会组织，仍然保持着国家法团主义模式的主要特征。中国政府与社会组织的关系走向，仍然取决于政府的偏好结构中发展需求与控制需求的动态博弈。

参考文献

布劳，彼得、理查德·斯科特，2006，《正规组织：一种比较方法》，东方出版社。

戴维·奥斯本、特德·盖布勒，2006，《改革政府：企业家精神如何改革着公共部门》，周敦仁等译，上海译文出版社。

菲尼、戴维，1992，《制度安排的需求与供给》，载 V. 奥斯特罗姆等主编《制度分析与发展的反思》，王诚译，商务印书馆。

诺斯、道格拉斯，1994a，《经济史中的结构与变迁》，陈郁等译，上海三联书店。

——，1994b，《制度、制度变迁与经济绩效》，刘守英译，上海三联书店。

高永泽，2011，《中国红十字会遇信任危机公众亟需透明化制度——专访红十字国际委员会主席雅各布·克伦贝格尔》，中国新闻网：http://www.chinanews.com/jk/2011/09 - 06/3309926.shtml. 2014 年 12 月 26 日访问。

顾昕、王旭，2005，《从国家主义到法团主义——中国市场转型过程中国家与专业团体关系的演变》，《社会学研究》第 2 期。

广东省社会工作委员会，2013，《广东省建设现代社会组织体制：问题、实践与改革方案》，载国家创新与发展战略研究会《全国建成小康社会新阶段社会建设、改革与治理系列调研成果汇编》。

康晓光、韩恒，2005，《分类控制：当前中国国家与社会关系研究》，《社会学研究》第

---

① 诺斯（1994b：75）认为，制度实施的机制和能力的不足是历史上的停滞和当代第三世界国家发展不足的主要原因。

6 期。

康晓光、蒋金富，2013，《政府——社会组织博弈研究》，世界科技出版公司。

康晓光、韩恒、卢宪英，2010，《行政吸纳社会——当前中国大陆国家与社会关系研究》，世界科技出版公司。

马克斯·韦伯，1997，《经济与社会》，林荣远译，商务印书馆。

萨拉蒙、莱斯特，1998，《非营利领域及其存在的原因》，载李亚平、于海主编《第三域的兴起》，复旦大学出版社。

——，2008，《公共服务中的伙伴：现代福利国家中政府与非营利组织关系》，田凯译，商务印书馆。

L. E. 戴维斯、D. C. 诺斯，1994，《制度创新的理论：描述、类推与说明》，载科斯等《财产权利与制度变迁》，上海人民出版社。

黎秋玲，2012，《社会组织业务主管单位全都改为业务指导单位？误解！》，《新快报》2012 年 7 月 13 日。http://www.ycwb.com/epaper/xkb/html/2012 - 07/13/content_1438235.htm. 2014 年 12 月 26 日访问。

林毅夫、蔡昉、李周，1993，《论中国经济改革的渐进式道路》，《经济研究》第 9 期。

奥尔森、曼瑟，2014，《权力与繁荣》，苏长和、嵇飞译，上海人民出版社。

米格代尔、乔尔，2012，《强社会与弱国家》，张长东等译，江苏人民出版社。

——，2013，《社会中的国家》，李杨等译，江苏人民出版社。

罗兰、热拉尔，2013，《私有制和公有制经济理论》，载罗兰主编《私有化：成功与失败》，张宏胜等译，中国人民大学出版社。

孙炳耀，1994，《中国社会团体官民二重性问题》，《中国社会科学季刊》第 6 期。

帕森斯，1988，《现代社会的结构与过程》，梁向阳译，光明日报出版社。

田凯，2004a，《组织外形化：非协调约束下的组织运作——一个研究中国慈善组织与政府关系的理论框架》，《社会学研究》第 4 期。

——，2004b，《非协调约束与组织运作——中国慈善组织与政府关系的个案研究》，商务印书馆。

王婧，2014，《广州市调整取缔非法社会组织细则》，财新网：http://china.caixin.com/2014 - 10 - 31/100745566.html. 2014 年 12 月 26 日访问。

王名、孙伟林，2011，《社会组织管理体制：内在逻辑与发展趋势》，《中国行政管理》第 7 期。

吴忠泽、陈金罗，1996，《社团管理工作》，中国社会出版社。

于晓红、李姿姿，2001，《当代中国社团官民二重性的制度分析》，《开放时代》第 9 期。

岳德亮，2015，《浙江清理领导干部在社团兼职 2469 人》，21CN 新闻网：http://news.21cn.com/domestic/difang/a/2015/0128/17/28967544.shtml。2015 年 1 月 25 日访问。

斯蒂格利茨、约瑟夫，2000，《经济学》，梁小民等译，中国人民大学出版社。

张长东、顾昕，2015，《从国家法团主义到社会法团主义》，《东岳论丛》第 2 期。

张静，1998，《法团主义》，中国社会科学出版社。

张钟汝、范明林、王拓涵，2009，《国家法团主义视域下政府与非政府组织的互动关系研究》，《社会》第 4 期。

周本顺，2011，《走中国特色社会管理创新之路》，《求是》第 10 期。

周红云，2010，《中国社会组织管理体制改革：基于治理与善治的视角》，《马克思主义与现实》第 5 期。

周雪光，2013，《国家治理规模及其负荷成本的思考》，《吉林大学学报》第 1 期。

Ansell. C & Gash A. 2008. "Collaborative Governance in Theory and Practice." *Journal of Public Administration Research and Theory*, 18 (4).

Chan, A. 1993, "Revolution or Corporation? Workers and Trade Unions in Post-Mao China." *The Australian Journal of Chinese Affairs* 29.

DiMaggio, P. J. & Powell, W. W. 1983, "The Iron Cage Revisited: Institutional Isomorphism and Collective Rationality in Organizational Fields." *American Sociology Review* 48 (2).

Evans, P. B., Rueschemeyer, D. &Skocpol, T. 1985, *Bring the State Back in.* Cambridge: Cambridge University Press.

Frolic, B. M. 1997, "State-Led Civil Society. In Timothy Brook & B. Michael Frolic eds." *Civil Society in China.* New York: M. E. Sharp.

Gidron, Benjamin., Kramer, Ralph., Salamon, L. M. 1992, *Government and the Third Sector.* San Francisco, Jossey-Bass Publishers.

He, B. G. 1997, *The Democratic Implications of Civil Society in China.* New York: ST. Martin's Press.

Meyer, J. W&Rowan, B. 1977, "Institutionalized Organizations: Formal Structure as Mythand Ceremony." *American Journal of Sociology* 83 (2).

Oi, J. 1992, "Fiscal Reform and the Economic Foundation of Local State Corporatism in China." *World Politics* 45 (1).

——. 1995, "The Role of the State in China's Transitional Economy." *The China Quarterly* 144.

Ostrom, V. & Ostrom, E. 1971, "Public Choice: A Different Approach to the Study of Public Administration." *Public Administration Review* 31 (2).

Saich, T. 2000, "Negotiating the State: The Development of Social Organizations in Chi-na." *The China Quarterly* 161.

——. 2001. *Governance and Politics of China.* New York: Palgrave.

Saidel, J. R. 1989, "Dimensions of Interdependence: The State and Voluntary-Sector Relationship." *Nonprofit and Voluntary Sector Quarterly* 18 (4).

Salamon, L. M. 1995, *Partners in Public Service: Government-Nonprofit Relations in the Modern Welfare State*, Baltimore: The Johns Hopkins University Press.

——. 2012, The Resilient Sector: The Future of Nonprofit America. In Salamon ed. *The State of Nonprofit America.* Washington, D. C.: Brookings Institution Press.

Spires, A. J. 2011. "Contingent Symbiosis and Civil Society in an Authoritarian State: Understanding the Survival of China's Grassroots NGOs." *American Journal of Sociology*, 117 (1): 1 - 45.

Schmitter, P. 1974, "Still the Century of Corporatism?" *The Review of Politics* 36 (1).

Stephen, A. 1978, *The State and Society: Peru in Comparative Perspective.* Princeton: Princeton University Press.

Thomson. A. & Perry, J. 2006, "Collaboration Processes: Inside the Black Box. " *Public Administration Review* 66 (1).

Unger, J. & Chan, A. 1995, "China, Corporatism, and the East Asian Model". *The Australian Journal of Chinese Affairs* 33.

Unger, J. 1996, "Bridges: Private Business, the Chinese Government and the Rise of New Associations". *The China Quarterly* 147.

Walder, A. 1995, "Local Governments as Industrial Firms. " *American Journal of Sociology* 101 (2).

Whiting, S. H. 1991, "The Politics of NGO Development in China. " *Voluntas: International Journal of Voluntary and Nonprofit Organizations* 2 (2).

被裹挟的国家：基层治理的行动逻辑与乡村自主

——以黄江县"秸秆禁烧"事件为例[*]

田　雄　郑家昊[**]

摘　要：为深化国家基层治理过程中的官僚组织运作方式，以及国家与乡村社会之间的关系研究，本文融合"国家人类学"视角和"制度与生活"视角，以黄江县"秸秆禁烧"事件为案例，分析了基层官僚组织的内部动员及政策实施过程，力争弥补以往研究中忽视民众反作用力对官僚组织治理方式影响的不足。研究发现，国家希望通过官僚组织体系的"运动式治理"要求民众执行上级命令，实施秸秆禁烧政策，进而要求农民行为与国家目标保持一致，但国家治理逻辑与基层干部及农民的行动逻辑并非完全一致，导致了国家基层治理低效和"被裹挟的国家"状态的形成。形塑"被裹挟的国家"的原因既来自于乡村社会的自主性，也与国家治理体系自身改革迟滞密切相关。由此，在社会复杂性增强的情势下，基层官僚组织体系应充分发挥主动性去不断调适其与社会间的关系，以提升基层治理成效。

---

[*]　基金项目：国家社科基金青年项目"治理能力现代化视阈下政府职能履行方式研究"（项目号：14CZZ003）的阶段性成果。本文已刊发于《公共管理学报》2016年第2期。致谢：本文在撰写中得到了匿名评审人以及华东理工大学曹锦清、熊万胜、马流辉，复旦大学唐亚林，华中农业大学狄金华和南京财经大学李永乐等老师的指正。在此一并致谢，文责自负。

[**]　田雄（1984—），男，华东理工大学社会与公共管理学院博士研究生，助理研究员。研究方向：农村社会学与政治社会学；郑家昊（1983—），男，陕西师范大学政治经济学院副教授，博士，南京大学服务型政府研究所研究人员，研究方向：政治学与行政学。

关键词： 国家人类学　官僚科层制　民众　行动逻辑　被裹挟的国家

引　言

中国 30 多年来以经济建设为中心的发展模式使 GDP 增长率和财政包干成了衡量地方干部政绩的主要指标，这种晋升锦标赛模式的形成很大程度上刺激了地方干部的积极性（周黎安，2007），但也使一些地方付出了极大的生态成本。2013 年，"雾霾"一词成为年度关键词。1 月，有 4 次雾霾笼罩 30 个省（区、市），北京仅 5 天没有雾霾。4 月 2 日，国家领导人要求全社会都要按照中共十八大提出的建设美丽中国的要求，把中国建设成为生态环境良好的国家。可见，大气污染成了最直观、最显著的民生问题，如何应对生态危机成为执政党推进国家治理的重大目标之一。与此同时，随着乡村生产生活方式的转变，曾经被用作燃料和饲料的秸秆如今却被农民当作无用之物。为便于新一轮耕作，农民往往选择最为便捷的原地焚烧方式。为此，地方政府把秸秆禁烧作为治理大气污染的重要举措。尽管环保部已表明秸秆焚烧并非是雾霾的"罪魁祸首"（周秀艳，2014），但早在 2008 年，环保部就把各直辖市所辖区域全部列入禁烧范围，并在 5 月初至 9 月底，对京、津、冀等 8 个省市实行全面禁烧。从 2009 年起，每年夏秋两季，环保部利用卫星每天对全国秸秆焚烧情况进行遥感监测，并及时通过网站向全社会公布结果①，各省（市）以此对所辖县市进行奖惩。因此，秸秆禁烧便逐渐成了基层政府的中心工作，也成了每年"毫不松懈、全力以赴、多措并举"确保必须打赢的"硬仗"（江苏省环保厅，2012）。

一　文献述评与分析框架

在农民秸秆焚烧现象被媒体和社会广泛关注的背后②，为何禁烧就成了

---

① 参见国家环保部网站：http://www.zhb.gov.cn/ztbd/rdzl/wxyg/ygyy/201210/t20121010_237314.htm。

② 部分媒体报道如，潘志贤：《禁烧秸秆不力，一国家级贫困县被罚两千万》，《中国青年报》2015 年 10 月 15 日 06 版；李浩燃：《秸秆禁烧，少一些"城市思维"》，《人民日报》2015 年 10 月 20 日 05 版。较早的报道如，王安丽：《打赢三夏秸秆禁烧这场硬仗——我市三夏秸秆禁烧工作综述》，《驻马店日报》2009 年 6 月 10 日 04 版，等等。

基层政府的中心工作和必须打赢的"硬仗"？不可否认，近年来以政府为中心的中国官僚组织体系的治理结构和运作方式逐渐成了组织社会学和政治社会学的研究热点。① 其中，"运动式治理"是解释中国官僚体系非常态化运作的一个重要概念。马明洁较早以"经营型动员"概念来分析乡镇政权如何逼民致富的过程（马明洁，2000：47－79）。之后，较为典型的是狄金华、冯仕政和周雪光的研究。狄金华以乡镇"植树造林"为例探讨了官僚体制内同一层级不同部门间横向的动员过程（狄金华，2009：83－106）。冯仕政以政体为中心，在新中国的维权体制之中就国家运动的形式和变异提供了整体性解释（冯仕政，2011：73－96）。周雪光则从整个官僚体制的内生性困境入手分析了"运动式治理"的成因（周雪光，2008：105－125）。与狄金华不同的是，冯仕政与周雪光主要关注的是整体的官僚体制内纵向（上下级之间）的动员。欧阳静在与相关理论对话的基础上，富有洞见地区分了"国家运动型治理"与"基层运动型治理"的不同，进而指出后者是"一种常规性的行政机制，而非临时性的、任意发动的、非常规的政治机制"（欧阳静，2014：180－190）。陈家建等学者对"运动式治理"的成因进行了解释，他们认为官僚科层制横向结构是高度分化的，不同部门的目标、激励与约束差异越大，分化越大，从而影响了国家政策的执行，因而才会采用"运动式治理"方式，这虽能加大政策执行力度，但其效果也只是短期的（陈家建等，2013：1－20）。

在官僚体系常态化运作研究中更多关注其内部治理结构和治理方式且将民众因素纳入分析的主要有三种代表性观点，分别是周黎安的"行政发包制"（周黎安，2014：1－38），曹正汉的"官民分治"（曹正汉，2011：1－40）以及周雪光的"集权与分权"模型（周雪光，2014：39－51）。尽管三个理论模型侧重点不同，但无一不注意到了效率因素（如信息、行政管理成本、监督成本等）以及民众对政府形成的"质量压力"和"统治风险"。也正是对"基于民众可能的抵制、反对或对抗等行为带来的统治风险"的考量，才导致中央政府与地方政府之间的权力分配有着不同的特征，权力运行有

---

① 需要认识到，中国的官僚科层制并非是韦伯所说的严格意义上的科层制。笔者在文中所讲的官僚组织体系包括从中央到乡镇的各级党委、人大、政府、政协、纪委等整个党政机关、群团组织和国有企业体系，这些机构都是以各级党委为中心展开公共权力运作的。学者们往往也以政府指代国家，其实，这里的政府概念应该是广义的，既指代国家，也指代一级国家政权和同级各类国家机构，具体要放在不同的语境下理解。同时，本文中的基层政府是指县级及以下的国家机构。

着不同的方式和成效。其中，曹正汉特别指出，"行政发包制"和"官民分治"中的民众并不相同（曹正汉，2014：52 – 69）。前者是指政府服务的对象，类似于政府在政治上依赖的、因而需要安抚的利益集团。后者是指政府统治的对象，是政府需要管理和控制的人，也是政府从中征集资源的人（如征税、收费、征地）。他们拥有不同的政治地位，对国家治理结构产生的影响也不同。那么，究竟是什么样的"民众"形成的"民情"影响到了中央与地方的权力分配结构和运行方式？除了曹正汉所说的两种"民众"之外，是否还存在第三种？上述关于民众与国家常态的治理结构关系的三种模型相对来说，主要都是以政府间内部关系为中心的理论分析，而在非常态的"运动式治理"探讨中又未能将民众的反作用力，或者说制约国家的作用力作为分析重点。因而，无法从国家与民众的日常互动中回答上述问题。实际上，国家与民众之间的关系正是国家与社会关系的具体反映，在乡村社会尤为如此。

米格代尔（Joel S. Migdal）以"社会中的国家"这一研究路径提出国家与社会关系的新思路（米格代尔，2013：120 – 121）。这使研究者注意到国家和社会彼此之间分组整合及其合纵连横的，以及国家同其试图控制、影响的社会群体之间的互动过程。与其他社会组织一样，国家既以整体的形式又通过其组成部分与其他因素互动，并在这种互动中被建构或重构，发明或重新发明。国家不是一个固定不变的主体，随着它联合或反对其领域内的其他因素，其组织、目标、手段、伙伴以及运作规则都发生着变化。此前，他以埃及、塞拉利昂等第三世界国家为例，提出了"国家嵌于社会""强社会、弱国家"，国家在基层的控制权被地方强人分化的论断（米格代尔，2012：204 – 209）。当然，现代国家也通过法律、官僚、暴力和其他工具重塑了人们的行为，并将这种影响延伸至他们对自身的认知中。基于此，米格代尔提出了"国家人类学"视角。他认为，随着国家领导者们企图塑造和规范社会，要理解国家发生了什么，人们必须要着眼于国家的各种不同层面。社会科学家必须发展一种新的国家人类学，他们需要一种能细致考虑国家不同组成部分的方法（就像人类学总是着眼于社会的细小部分一样）。基于此，他通过"关注（focus）国家公务人员在国家四个不同层级上所遇到的不同压力来分解国家的方法。"他所说的四个层级包括：第一线分支机构、分散各地的下层机关、部门的中心机构和最高层领导机构。其中，第一线分支机构指的正是位于国家官僚体系等级最底部的那些每天都必须与其他社会力量打交道的公务人员（米格代尔，2013：104 – 120）。

近来，肖瑛提出，研究中国社会变迁传统的"国家与社会"视角应转换为"制度与生活"视角（肖瑛，2014：88－104）。他认为，该视角沿袭吉登斯的结构化理论，把系统论想象都还原为实践的主旨，超越"国家与社会"二元论的、结构主义的分析模式，把日常实践同社会结构变迁勾连起来，为探究社会结构变迁的微观动力机制提供一种解释框架；另外，单纯从"国家与社会"的规范性视角进入，很难洞察一个社会中"民情"重塑的路线和动因，若以制度与生活的互动实践为切入点，则可以较为便捷地分析正式制度实践中"民情"的变动轨迹和作用机制。她认为，"制度与生活"视角的合理性在于"只有进入具体的制度实践中，以事件为中心洞察行动者在互动过程中是如何通过习惯法的再生产来诠释、拆解、分化以及连接、整合各种正式制度，或者推动正式制度变革，为自身创造各种合法性空间，才能分析国家形成、社会维系、民情生产与变迁的具体逻辑。这是制度与生活视角的价值所在。"

比较而言，米格代尔的"国家人类学"视角与肖瑛的"制度与生活"视角是关联互通的，二者并不矛盾。肖瑛所说的"制度"是指以国家名义制定并支撑国家各个层级和部门代理人行使职能的正式制度。"生活"指社会人的日常活动，既包括各种权益性生产的利益、权力、权力诉求及生活策略和技术，又指涉相对例行化的民情和习惯法。可见，米格代尔所说的"那些第一线分支机构中的国家官僚体系等级最底部的公务人员"正是肖瑛所讲的"具体的制度实践中的行动者"。这些制度实践的公务人员与其他社会力量共同构成了动态的日常生活事实。为此，笔者认为，在愈发强调执政党的执政环境和"国家主导的社会治理"的话语背景下，快速转型时期的国家与社会关系需要在动态的事实中进一步把握，将"国家人类学"视角与"制度与生活"视角相结合，"进入具体的制度实践，以事件为中心"，除了普通民众之外，把国家及其基层代理人作为行动者纳入社会当中分析，凸显社会个体及社会的能动作用，考察他们对国家及其官僚体系运作的影响很有必要。对中国社会来说，县级以下的官僚体系中的基层干部作为国家权力的代理人，他们不仅是官僚体系的触角和末梢，也是生于乡村、长于乡村的组成部分。"亲民之治理，实惟州县"①，"朝廷设官分职皆为治民，而与民最亲莫如州县"②。县级以下正是国家官僚体系等级最底部的公务人员的集聚区，也是国家与社会，公务人员与普通民众参与互动的耦合重叠

---

① ［清］汪辉祖：《学治臆说·序》。
② ［清］徐栋编《牧令书》卷一。

领域。在国家自上而下的政策实施和政治动员中，县能够以本级及以下的集体系统的行动来进行参与（狄金华，2009：80-91）。以县域为研究单元，在乡村空间探讨国家与社会关系，分析国家权力运作方式及其基层治理成效，把国家、制度和个体行动逻辑结合起来，应是符合动态的、变化的中国基层实际的。

需要指出的是，以往社会学的经验研究关于国家和社会关系的一个基本判断就是国家被社会裹挟，虽然相关研究没有明确指出，但无论是非正式运作（孙立平、郭于华，2000：21-46），还是政策执行变通（吴毅，2007：615）等研究，都在阐述这一基本主张，这已成为社会学研究的共识性问题。当然，国家并非在所有层面都会被社会改变或裹挟，即便如此，也需要具备一定的条件，二者之间有着复杂的互动关系。在相关研究基础上，本文以长三角北翼的黄江县为研究单元，以全国各地近年来较为常见的秸秆禁烧现象为案例，通过官僚体系运作、基层干部和农民之间的互动关系来探讨国家与社会的关系。本文的问题是乡村作为国家与社会的模糊地带，是否因为其自主性而形成了"被裹挟的国家"？这种国家"被裹挟"状态具体形成的机理及其结果又是什么？本文以访谈、参与观察等田野调查方式获取资料，在"国家人类学"视角与"制度与生活"视角相结合的基础上，建立一个理论分析框架（如图1）。在该框架的统揽下，下文将分别从国家、农民和基层干部等三方面来呈现他们的复杂互动关系，然后再探讨国家各个层级在政策执行过程中在环境和压力作用后所形成的结果和状态。而这些压力其实正是来自于社会自主性力量——米格代尔所说的政策作用对象（农民）的抵制还有国家组织体系内部成员的消解。文章最终希望进一步理解作为推进国家治理现代化的官僚组织体系所面临的复杂的社会环境，从而回答上述问题。

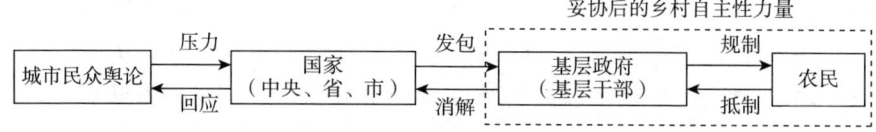

图1 国家秸秆禁烧政策执行的理论分析框架

二 动员与管控：秸秆禁烧的国家逻辑

瞿同祖曾指出，中国自古以来在治理结构上都有一个特征，即中央政府通过把行政事务逐级往下发包，治民的事务最终落到了县级政府身上，县官是真正的治民之官，县以上都是"治官之官"。同样，国家环保部掌握着对地方环境保护履职情况监督的权力，省级政府作为"守土有责"的地方政权，制定相应的奖惩措施，市级政府仅作为"二传手"再将秸秆禁烧重任转包给县级政府。县级政府不敢懈怠，将此当作一项体现"执政能力的重大政治任务来抓"。为回应城市民众主导的对健康生态环境需求形成的舆论压力，如图1所示，国家上下各个层级的组成部分一起发挥作用，形成了连贯的行动体系。作为国家与乡村社会的结合点，黄江县通过集体动员、层层分解任务、精细设计考核指标和抓过程监督等举措重新进行打包。

搭建禁烧组织。2010年，成立全县秸秆禁烧领导小组，组长由县长亲自担任，副组长由县委常委、县纪委书记，县委常委、常务副县长和另一名副县长担任。成员包括县委办、县政府办、环保、农委、纪委、教育、公安等18个部门的一把手。2013年，成立全县秸秆禁烧和综合利用领导组，成员增加了组织、纪委、宣传等部门的领导。领导组下设禁烧领导小组和综合利用小组。禁烧领导小组组长由县纪委书记担任，一名副县长担任副组长。综合利用领导小组组长由县委常委、政法委书记担任，一名副县长任副组长。2015年，禁烧领导组第一副组长由分管农村农业工作的县委常委、组织部长担任。在一些县领导看来，由"管干部帽子"的组织部长督战禁烧工作无疑是一个重要手段。此外，还有多达3名县委常委以及人大、政府、政协的3位县领导担任副组长，整个领导组级别空前提高。

召开大会动员。每年5月和10月初，距夏收秋收一个月时间，提前召开全县秸秆禁烧与综合利用工作电视电话会议。出席主会场的对象包括"县四套班子相关领导；各镇、区主要行政负责人；两院、组织、纪检、宣传部分负责人，县级机关各部门主要负责人，县纪委驻各片工作室主要负责人，县委督查室、环保局、农委、农机局中层以上干部"。分会场包括"各镇、区机关全体工作人员，各村（社区）所有定编村干，各驻镇、区单位主要负责人。"从县级层面开始，打破党政、司法等部门之间的界限，组织动员县、镇和村三级所有干部，要求人人都要参与到秸秆禁烧工作当中。2013年，县级动员会议甚至还要求法院院长、检察院检察长必须出席。

明确责任分工。2010年起，黄江县要求"各部门要根据各自的职责分工，强化责任落实，加强工作协调和配合，在全社会形成齐抓共管、奋力攻坚的良好局面，坚决打赢秸秆禁烧与综合利用的攻坚战。"① 在 18 个成员单位中，纪委负责对不作为或工作不力的镇村和机关干部进行督查和责任追究。环保局牵头负责组织实施禁烧检查和执法，对群众举报事项进行查处，加强对各镇禁烧专业队伍的培训和指导。农委牵头负责组织协调全县秸秆速腐、覆草等还田工作的推进与考核验收，积极推广综合利用技术，提高秸秆综合利用水平。公安局负责消防安全，对露天焚烧的违法行为配合相关部门依法进行查处，同时加强对秸秆运输行为的管理服务，对轻微违章行为以提醒教育为主。教育局负责对在校学生普及宣传环保、安全知识。县级机关所有的 74 个单位分别挂钩全县 258 个村协助禁烧，只有 6 人的县委党史办也必须挂钩 4 个村。

细化奖惩规则。2010 年以来，每年制定《秸秆禁烧综合利用工作的实施意见》，主要包括《考核办法》《考核评分细则》和《工作目标任务分解表》等。2013 年出台了《对禁烧工作不力行为进行问责的暂行办法》，规定问责的具体形式：批评教育、责令书面检查、诫勉谈话、通报批评、调整职务（含免职、辞职、降职、转任等）以及追究党纪政纪责任。同时，还规定出现不同数量火点及被国家、省、市和县不同级别督查组发现也予以不同程度的处罚。2010 年，秸秆禁烧工作仅是纳入农村农业工作年度目标考核范围，奖惩内容比较模糊，但从 2013 年起建立了缴纳禁烧保证金制度。每镇缴纳 10 万元（党委书记、镇长和分管农村农业的领导每人不少于 1 万元）。被国家、省通报 1 个火点，不予退还，并再处罚 2 万元。市、县通报也有相应规定。县级机关包镇包村考核，被上级发现火点，年度整体目标考核扣分。2014 年禁烧工作又纳入了年度全县生态文明建设、农业农村工作、重点工作督查和节能降耗工作考核范围。对着火点数、面积、通报批评的级别、项目综合利用数量等指标也进行了清晰化设计，还将禁烧工作与部门和个人奖金紧密挂钩。其中，2013 年规定各镇奖补资金 50% 可用于奖励有功人员，2014 年县镇两级仅奖补资金就从以前的 400 万元增加到了 600 万元，60% 可用于奖励。换言之，奖惩力度逐年加大，动用资金也逐渐增多。

镇村全力动员。利用县级组织架构的全面性和整体性，通过执行保证金制度、部门挂钩、督查通报、考核奖惩、责任追究等制度，全面加强夏秋秸秆禁烧工作的督查和巡查，相同的运作模式在全县各镇村逐级复制。

---

① 参见《黄江县 2010 年秸秆禁烧及综合利用实施意见》。

县镇以"胡萝卜加大棒"的方法期望通过严厉考核给乡村干部巨大压力又有经济激励来共同完成这项重大任务。中央和省市采取禁烧工作"发包"的方式，而黄江县"打包"和再"发包"给乡镇。因为县对镇考核，各镇党政主要负责人无不积极应战。例如，丰镇制定了工作实施方案、考核办法和成立领导小组。其中，考核办法规定："以各级巡查（包括卫星监控、省、市、县、镇巡查）发现的着火点或黑斑实行倒扣奖补资金和保证金的办法。实行以村为单位，镇村干部捆绑考核，由村工作组按责任及保证金份额考核到人头。镇班子成员每人 3000 元，机关其他人员及村支部书记、村主任每人 2000 元，其他村干每人 1000 元。"2015 年出台新规定，如果镇干部缴纳 4000 元保证金后承包村没有出现火点，镇政府则双倍返还。当然，镇村两级不像县级政府还可以向下施压，作为最终"接包"方，必须依靠自己来落实上级的各项政策。各镇领导班子成员分别到各村担任工作组组长。各村建立村级工作领导小组，村支书为第一责任人，村主任为直接责任人，其他村干部为具体责任人，全面启用村民小组长，各村则雇人成立扑火小分队。乡村干部作为最底层，在组织动员后与小农开始了田间地头的各种博弈。

从黄江县秸秆禁烧工作动员过程来看，呈现出纵横交错的"全方位、立体式"动员模式。领导小组、考核文件、全体动员共同组成了为满足"合法性和效率"目的的高压网络（李林倬，2013：101－128），体现了这项工作的极端重要性。基层各级领导干部在高压网络下如临大敌，严阵以待，共同应对农民的秸秆焚烧行为。正如冯仕政所论，"国家对超常绩效的强烈需求、严重滞后的基础权力和强大的专断权力只是为国家运动的发生准备了结构性条件，而把这些结构性条件演绎为现实的国家运动，还需要一个组织动员过程。"（冯仕政，2013：53）官僚体系恰好为国家运动的发动和推展提供了组织和合法性基础。县级以下的官僚组织和基层干部没有与更上一级谈判的空间和余地，唯有直面农民，通过各种妥协、冲突和联合方式完成禁烧工作。

三 策略性焚烧：农民集体行动的逻辑

米格代尔指出，有五类社会力量和社会群体明显是国家官员的直接影响因素，其中之一便是国家政策对象（米格代尔，2013：121）。卷入了国家组成部分的基层官员和农民等各方博弈力量的乡村禁烧工作，马骥曾对此做了详尽的分析："无论是农民，还是企业，秸秆焚烧带来的大气污染是'外部效应'，他们作为理性的个体，经过成本与收益的基本计算，除了焚烧，其他选择都是无利可图。"（马骥，2009：77-84）例如，一个四口之家每年煤气消耗费用需700元，只相当于一个普通农民工一周的报酬。如1亩地秸秆打捆需支付200元左右，而在农忙时节也无劳力可雇。2014年，黄江县60岁以上人口已占全县总人口的28%。人口减少、劳动力流出以及乡镇企业吸纳，农业从业人口严重老龄化，缺乏劳力将秸秆从田间送到地头，甚至有白发老人直接到镇政府表示自己甘受罚款。除此之外，"秸秆原地打碎处理，虫子较多。焚烧成草木灰，稻子种植后农药使用相对较少。"（曹镇南村支书W，2014-8-4）如村干部所说，农民根据自身经验认为秸秆原地焚烧并非百害而无一利，这与基层政府宣传并不一致。

在国家严格禁烧政策和基层干部的监控下，农民看似成了面对国家的弱者。1949年后，执政党对乡村社会进行了高度整合。此后，经过30多年的飞速发展，党组织在乡村的设置，以及传媒、交通、邮电等资源的开发，使国家更加便捷、有效地渗透到社会之中，国家的监视力由此得以强化（王铭铭，2003：134）。不过，即使在国家权力对农村监控达到顶峰的人民公社时期，农民也会采取"搭便船""磨洋工"等方式来挣工分（张乐天，2012：316），形式化监视并没有使农民的行动与国家期望保持一致。同样，黄江县利用电视、报纸、手机短信等现代传播手段，发传单、巡逻车和村干部组成的巡逻队到村宣传等传统手段，以及卫星空中监控，还有省、市、县督查组流动督查，基层三级干部驻村现场查看也难以防范农民的焚烧行为。在高度组织和全方位监控下，农民有自己的应对方式。

偷烧。为避免被抓住罚款甚至拘留，对于靠近公路边视野比较开阔的稻田，农民一般会选择半夜12点到次日凌晨5点之间，利用基层干部放松警惕的时机赶紧烧掉。在比较偏僻的村落，农民利用树木房屋遮挡条件而在白天焚烧。

默契一致的烧。多个农户的农民集中在连片的田地不同位置开始放火。巡查人员不知是谁放火，也不知是谁家地里最先点火，只好束手无策地看着上千平方米的大火燃烧。

在公共场地上烧。基层政府考虑到农民赶播种时间，要求将秸秆暂时堆放在田边集中处理。农民为了在灌溉渠沿或田边种蚕豆、花生，也会故意点燃秸秆堆，以便腾出空地。

作为条件的烧。我们在田野调查时看到，村干部请农民配合做好秸秆禁烧工作。村民问道："你什么时候给我家门前修上水泥路，我就不烧（秸秆）了。"农民知道上级对村干部的禁烧工作考核严厉，此时，他们就以此作为使村干部满足自己要求的筹码，大胆而公开地烧，却并不愿了解修路背后复杂的招标程序和所需较大数额的资金。

抛洒进河道。从2015年3月1日开始正式实施的《江苏省大气污染防治条例》第九十二条规定，露天焚烧秸秆的，由环境保护行政主管部门责令改正，处二百元以上二千元以下罚款。由于新法规上限较以前提高了10倍，更多的农民选择将秸秆抛进河道或灌溉渠，导致河渠堵塞。秸秆腐烂使水体遭受污染后又影响到了流域的水产养殖，产生了新的矛盾纠纷。基层政府无法明确责任人，最终被迫出资清理河道和赔偿养殖户损失。

"周围都是房屋和树，我们在里面烧，外面看不见。再说了，村主任也是我们这一小组的，大家都在烧，不可能罚的。"（曹镇桥村农民F，2015 - 6 - 20）农民尽可能充分利用地理位置、熟人关系和"法不责众"的惯例等各种有利条件达到焚烧目的。此时，他们也认为政府是在选择性地治理污染。羊镇因为有全市唯一产值上百亿的化工园区①，财政负担能力较强，对本镇农民每亩地秸秆处理的补助提高到40元，但农民未必领情，他们认为园区污染让农作物和人都受到了损害。新镇新村支书在秸秆禁烧时也遭到了农民批评，"我们也是没有办法，你们老是禁烧秸秆，怎么不去禁化工厂？你们坐车来回跑，不也是烧汽油，污染环境？你们这也是搞形式主义。"（2014 - 8 - 4）在农村各类公共工程建设中，农民合作面临较大的困难，然而，在秸秆或烧或抛的策略选择时却形成了难得一致的集体行动。他们明知会导致大气和河水污染，但这都无关自己的切身利益，甚至将此作为争取利益的谈判条件。在乡村社会，国家动员大量人力物力实施秸秆禁烧，却遭遇农民的多种抵制。"官民分治"模型从历史视角特别指出了，民众形成的统治风险，是影响国家治理结构和治理方式的重要因素。在当下，虽然来自普通民众的"统治风险"可能性较小，但他们的各种日常抵制却足以使国家政策落地困难重重。如前文所述，基层干部作为国家官僚体系等级最底部的那些每天都必须与其他社会力量打交道的公务人员，既不同于"官民分治"中的普通民众，又不同于"行政发包制"中需要安抚的"利益集团"，作为国家治理结构内部上级需要依赖的另一种民众，他们也会影响国家政策执行的成效。

---

① 2014年，黄江县财政总收入128.34亿元，而化工产业纳税占30% - 40%。

四 规训与惩罚：夹缝中的基层干部

黄江县要求"各镇（区）镇长（管委会主任）作为第一责任人，必须对禁烧工作负总责、亲自抓，分管领导作为直接责任人，必须靠前指挥、亲力亲为，所有参加禁烧的有关人员，必须坚守岗位、守土有责。所有督查组成员和镇区分管领导必须保持手机 24 小时畅通。"尽管有严密的监控网络体系，但全县行政村平均人口在 4000～5000 人，村大户多，而每村平均只有 5～6 名村干部。用一名村支书的话说："夏季秸秆禁烧农村干部脱一层皮，秋季还得再脱一次。"农民的策略性焚烧表明了严密监控的网络体系作用显然是有限的。

分山镇纪委书记 Q 说："是上级不顾农村基层实际，只知道禁烧，没有好的综合处理办法，农民不烧，秸秆就没处去。"（2014 - 8 - 24）和 Q 书记一样，大部分基层干部生长于农村，在具有"差序格局"特征的生活世界，有着丰富的地方知识，也熟稔乡村社会的各类规则。小麦秸秆短时期不易腐烂，新种植的水稻难以扎根，还会引发虫疫。农民无法妥善处理秸秆，焚烧自然有其合理性，这些认识促使基层干部对禁烧政策产生质疑。正如许慧文（Vivienne Shue）所言，"一线官员除了是国家的代理人之外，他们还经常感到把个人利益与地方人民和本部门人员结合，以反抗国家官僚体系不通人情的要求，更为明智可取，更容易，更自然，或者正好与他们自己的信念相一致。"（Shue，1994：71）基于农民的立场考虑，基层干部又必须应付上级考核，往往要采取非正式的方式或相机处置的弹性手段，即"软硬兼施"的一种权力运作（吴毅，2007：615）。在整个运作体系当中，上级组织和官员以官僚科层制为组织基础，自上而下的精细化考核指标和过程监控为手段，层层下压。但官僚制体系内部并非铁板一块，每个层级和个体都有自己的行动逻辑，处于上级和农民夹缝中的基层干部"在地方政策执行过程作为策略集团"（Heberer，2012：221 - 249），也会适时采取自己的应对方式。

疲于应付。全县禁烧巡视组每组 4 人，每天从下午 2 点到凌晨 2 点在包片的若干镇（区）巡查。汽车只有在督查人员吃饭或发现火点处理时才停驶，一天要行驶 300～500 公里。2014 年 6 月，黄江县被环保部网上通报后，县委书记、县长连续三个晚上到村巡查到凌晨 2 点，而镇村干部几乎每天都是如此。新村女支书说："有天晚上 12 点我才回家，凌晨 3 点钟，镇上打电话说县长要来田间视察，我赶紧起床开车赶到村里。每天盼望的就是下大雨，这样农民就烧不了了。"① 丰镇镇长 S 无可奈何地说："镇上财政真的很困难，没钱给农民还田补贴，秸秆禁烧时只好采取人盯人的办法。夏季禁烧两个月下来，每个工作人员只能补贴 500 元，连汽油费都不够，可是没有办法。"（2014 - 9 - 15）

消极应对。基层干部知道禁烧效果很有限，但为应付考核，村干部甚至告诉农民："最好不要在禁烧期间烧，哪怕过了禁烧时间，等上面不查了都可以。"在禁烧期最后一天，村干部对焚烧秸秆也就睁只眼闭只眼。为减少工作难度，有村干部积极推进土地规模流转，既能减少小麦、稻谷等种植面积，又能增加村集体收入。"今年我们村 2000 多亩耕地流转后进行海产品养殖。虽然对土壤有污染，将来复耕也困难，不过这样可以减少秸秆禁烧工作量，村干部和农民处理秸秆的负担都能减轻。"（茶镇兴村支书 H，2014 - 8 - 4）

相机处理。对违反禁烧政策的农民最直接的惩罚措施就是罚款。在《江苏大气污染防治条例》实施前，《大气污染防治法》规定，露天焚烧秸秆"情节严重的，可以处二百元以下罚款"②。按照环保部《秸秆禁烧和综合利用管理办法》规定，"对违反规定在秸秆禁烧区内焚烧秸秆的，由当地环境保护行政主管部门责令其立即停烧，可以对直接责任人处以 20 元以下罚款"。马镇曾对违反规定的农民罚了 800 元。当然，因人而异，曹镇南村支部书记 Z 说："焚烧秸秆的七八十岁的老两口，住房破旧，本来要罚 200元，就只罚了 20 元。"（2014 - 8 - 25）有时村干部还要帮被罚款的农民向镇干部求情，因为"一事一议费"、商业保险、医疗保险收缴考核任务需要这些农民配合。和农民关系搞僵，村里的考核任务就难以完成。

为提高秸秆就地还田率，省财政在全省不同区域为大中型机械耕作每亩补贴 10～25 元③，但每台拖拉机每天只能作业 300 亩左右，无法满足农民的迫切需求。同时，县政府要求电厂每年至少收购 6 万吨秸秆，但因热值低，电厂压低价格，秸秆从农田送到发电厂还不够运费。因多重因素限制，

---

① 该村支部书记为县级机关下派青年干部，晚上并不住在村里。

② 该法于 2000 年 4 月 29 日第九届全国人民代表大会常务委员会第十五次会议通过。新的《大气污染防治法》（修订草案）于 2015 年 1 月向社会征求意见，目前尚未正式颁布。

③ 江苏省财政厅、江苏省农业机械管理局：《2014 年全省秸秆机械化还田实施办法》（苏农机科〔2014〕1 号）。该补贴是直接补给农机手，而不是给农民的。由于地方政府无力配套资金，农机手和农民积极性都不高。

大部分乡镇的秸秆并未综合利用。基层干部不能完全落实禁烧政策自然会带来被惩罚的风险。2014 年，分山镇兴村被环保部网上通报，黄江县责成镇党委书记在电视台公开检讨，对镇长和分管领导进行诫勉谈话，分管环保的副镇长停职，村支部书记免职，挂钩的县邮政局负责人、包组的村干部和农民接受处罚。从惩处对象和程度即可看出，在官僚科层制的金字塔结构中，越是处于底层，其承受的压力也就越大。组织的效率即执行指令的动员能力来自其组织结构、资源配置、思维理念、行为方式间的配套相宜。一个"向上负责"的组织结构，其核心任务是高效率地完成自上而下的任务（周雪光，2010：36 - 53）。不过，至于这种官僚科层制体系内部如何追求高效率显然并非是上层所关心的。羊村支部书记 F 说："说基层干部不苦，有时下午没事可以不来上班。说苦，确实也苦，疑难杂症都落到他们头上。除了秸秆禁烧之外，原本属于商业行为的母猪保险、财产保险也被纳入到对村干部的考核当中，大部分都属于一票否决制。生猪实际上并没有报送给上边那么多，但县里为了完成任务，多争取补贴，又加上农民对村干部收保险、'一事一议'等费用不予配合，村干部必须自己垫付。收费也是村干部感到最为难、最有压力的工作，而垫付资金与自己收入并不一致，在职村干部每个月报酬不到 1500 元，有时相当于几个月的工资就垫了，垫了以后还不一定能问农民收回来。"（2014 - 8 - 20）

基层干部明知秸秆禁烧难以奏效，但为了对上负责和证明自己的工作能力，竭力避免激化与农民之间的矛盾，他们必须小心翼翼地协调和平衡这种关系。由此不难理解基层干部为何一边认为工作压力大，一边又不得不继续忍受煎熬。在当代中国官僚体制中，官员身处职业生涯阶梯之上，只能在政府内部封闭的人事"市场"中流动，几无"退出"渠道（周雪光，2010：36 - 53）。继续煎熬既是出于工作责任，也是出于晋升、谋生和退出难以适应的考虑，而这种矛盾纠结的心态产生的原因正源于此。因而，努力向上流动是基层干部的共同想法。镇领导希望能上调到县级机关担任部门领导，而普通公务员尤其是年轻公务员和大学生村干部则希望通过考试或找关系离开。大部分县镇领导希望晋升越快越好，离错综繁杂的基层越远越好，实质上也是距乡村和民众越远越好。除了待遇、地位之外，他们认为："上面要求高，现在的老百姓不像过去了，尽管大部分老百姓是好的，但刁民也越来越多了，基层工作难做。"并非国家官僚体系中正式成员的村干部因整体年龄较大，又是本地人，难以重新择业，将继续承担着国家政策在最基层落实的重任直至退休。

五　状态与成因：被裹挟的国家

黄江县曾在 2013 年度秸秆禁烧工作总结时坦言："主要依靠行政力量，依靠'人海战术'，付出了高昂的行政成本，压力巨大，也难以持续。"农民和企业经过理性计算后，认为秸秆还田或收购发电并不划算，这与政府实现秸秆综合利用的理想化政策不一致。于是，农民要么焚烧，要么抛到河道，致使基层政府禁烧禁抛工作花费巨大。仅在 2013 年，分山镇就花费 300 万元，园镇 100 万元，河镇 182 万元[①]。每年除了县级机关各部门和村级的禁烧资金耗费之外，仅 15 个镇（区）就要 2000 万元左右。然而，同样的人力物力投入，2014 年全县真正利用的秸秆只有 30%[②]。2015 年，历经两次惩罚的分山镇秸秆"最后还是烧掉了"秸秆。用基层干部的话说："钱花了，秸秆也烧了，还与老百姓制造了很多矛盾。"纵观黄江县近年来的秸秆禁烧工作，"坚持行政、技术、经济和法律手段相结合"，组织、动员和考核，领导组级别越来越高，奖惩力度越来越大，考核指标越来越细，但在政策执行过程中却遭遇农民多种方式的抵制。处于上级考核和农民抵制夹缝中的基层干部不得不对禁烧政策变通处理，甚至对农民焚烧行为予以理解甚至是默认。农民和基层干部共同形成的影响力反作用于基层政府，致使秸秆禁烧政策执行效果并不理想。

从国家、基层干部与农民各自的行动逻辑可以看出，在工业化和城镇化推动下，乡村社会急剧变动，国家与农民之间的关系已发生了嬗变、疏离的状态使基层干部缺乏权威性和号召力（田雄、顾金土，2010：36 - 53），也使基层实际难以自下而上地反馈到官僚体系的顶层。在官僚组织体系内，类似明知政策低效却要求全力以赴的做法使处于夹缝中的基层干部甚至对治理体制产生了质疑[③]，因此不断调整自身行为，站在农民立场，甚至与农民达成某种妥协。他们要么变相执行上级政策，要么想方设法选择各种渠道向上流动，有些甚至选择离开官僚体制。在官僚科层制系统之外，

---

① 该数据由园镇镇长 Z 提供。

② 该数据由专门负责夏秋秸秆禁烧工作的县委督查室工作人员提供。

③ 据多名镇村干部反映，根据省政府要求进行农村改厕，每户补贴 800 元。实际上因为农民不愿意使用，为完成下派的指标，许多镇村干部也就应付了事，造成了大量的资金浪费。有村支部书记说："农村改厕时下面的水管根本就没有接通，用水泥封了之后，上级即使来检查，也不可能进入每家每户。"

国家采取的"禁、堵、罚"等手段导致农民对基层政府和基层干部不近人情、不切实际的做法颇有怨言。国家虽以生态治理为目的，但禁烧政策与农民的生产生活方式转型并不一致，双方自然产生了目标和现实的冲突。表面上看做出种种抵制策略的农民是赢家，但全县每年耗费2000万甚至更多的资金其实还是源于各类税收，这既没有使公共财政资金逐步积累，没有增加乡村和农民的公共福利，也没有达到减缓生态污染的目标。因秸秆焚烧和抛洒导致的是一个多方俱伤、没有赢家的后果。

在秸秆禁烧政策实施过程中，上级将任务"发包"给基层，依赖于熟悉地方知识的基层干部来执行，进而改变乡村社会。但基层干部既位于一种自上而下的压力型科层制之下，又被置于一个非程式化的乡村社会之上（欧阳静，2009：39-63）。农民及其构成的乡村社会则是基层政府和基层干部政策执行的土壤。基于乡村社会的错综复杂，基层干部不可能完全按照正式权力要求来执行政策，因而，正式与非正式的权力相互依赖、并行运作成为"帝国治理逻辑"的重要特征（欧阳静，2014：180-190），却也符合当下的事实。然而，尽管非正式权力运用受到上级默许，但是，面对来自官僚体系自上而下的内在压力，更有乡村社会自下而上的普通民众外在抵制的事实，基层干部既是国家基层治理的主体，又是国家和乡村社会重叠区域的行动者，在个体层面被乡村社会的各种关系网络体系包裹并制约着，甚至是挟持，导致自身难以逃脱或有力反抗，不可能完全按照上级要求执行政策。这种包裹和挟持的普遍性力量进而上传至基层政府，使相关政策制定和实施受到制约，最终形成了基层政府被"裹挟"的状态。基层干部对上级政策甚至是治理体制或反思消解，或主动争取各种机会向上流动，或选择退出官僚体系。面对这种被裹挟的困境，基层政府希望通过整合官僚体系内部资源，以"运动式治理"手段从快从速达到规制目的，但因基层干部无奈且理性的心态使国家官僚体系底部出现了动摇，进一步导致了基层"运动式治理更多地考虑政府本身的有效性，而非社会有效性。"（欧阳静，2014：180-190）不过，这种对政府本身的有效性只是表明基层政府能够从内部有效动员并名义上完成这项工作，而并不是从投入与产出的综合收益来考虑的。

受国家人类学视角和"制度与生活"视角的启示，笔者在对基层政府、农民以及基层干部的策略行为进行微观描述的基础上进一步阐释的"被裹挟"状态只是对国家与乡村社会关系的尝试性判断，其具体含义是指国家在基层治理过程中，基层干部作为政策执行的主体，被所处的乡村社会中的情感、地方知识和利益关系所形成的复杂细密的网络所制约。也就是说，普通民众对执行政策的基层干部和认为对自身不利的国家政策形成抵制力量，进而施压并影响基层政府，基层政府被普通民众外在的各种抵制策略和基层干部内在的消解行为所共同形成的反作用力"包裹和挟持"。换言之，基层乡村社会力量对国家政策设计的抵制以及国家对基层社会的妥协更改了政策原来的目标和作用方式。这种自下而上的反作用力向上逐渐传递，迫使国家投入更多资源去应对却难以压制和主导，进而形成了被裹挟的状态。黄江县秸秆禁烧的多方俱伤、没有赢家的"低效治理"是国家被具有自主性的乡村社会所裹挟的结果，而"被裹挟的国家"状态则是"低效治理"的成因之一。不可否认，具有"集中力量办大事"体制优越性的国家仍然有强大的组织动员和压制能力，但基层政府作为国家治理理念和治理体制的延伸，是国家的基本组成部分，它的"运动式治理"手段是上级任务下压和普通民众反作用后在基层的一种被迫选择。这种选择应是上级政府默许甚至是支持的，代表上级政府做了"不易做、不便做"的工作。显然，基层政府在乡村社会"被裹挟"足以严重影响其治理方式和治理成效，无论是"运动式治理"，还是"行政发包制""官民分治"和"集权与分权"，都无法忽视这种常识性事实。基层官员之间的"共谋"（周雪光，2008：1-21），商人"围猎"国家公务人员形成的公权寻租，垃圾焚烧厂选址引起的民众抵制，农民"要挟型上访"促使基层政府花钱维稳（饶静等，2011：24-31），利用网络媒体影响司法审判的"唐慧案"（陈柏峰，2014：172-175）等等，在这些大量的具体事件中或许都可以看到官僚体系中的个体、基层政府以及国家被社会逐渐裹挟的状态和结果正在形成。因此，从国家、基层政府再到基层干部和农民共同构成的乡村社会，它们呈现出以下关系：嵌入社会中的国家，因乡村社会变迁而调整自身政策并依靠基层干部去贯彻执行，处于乡村社会中的基层干部在遭遇普通民众的策略性抵制后不断调整自身行为和基层政府行为。农民和基层干部共同构成的乡村社会自主性力量进一步反作用于并影响着国家的治理结构和治理方式，导致了"被裹挟的国家"状态的形成和国家在基层的治理低效。

六　结论与讨论

本文将两种视角相结合，从黄江县秸秆禁烧这一具体事件出发，分别从官僚体系内部动员、农民策略选择和基层干部政策执行三个层面进行了微观论述，试图在"具体的、鲜活的参与互动的行动者所建构的情境"中发现当前国家与社会关系的新特征。国家制度在深刻影响着民众和"民情"，而民众也在反作用于国家和制度。前文所论正是将农民和基层干部两种不同"民众"的影响共同纳入到国家如何进行"运动式治理"的社会事实当中分析，既是对"行政发包制"和"官民分治"两种模型对民众影响的宏观分析的微观补充，也是对"集权与分权"模式中正式权力与非正式权力相互依存原因的进一步解释。在乡村社会秸秆禁烧等类似的政策执行中，国家、基层政府、基层干部和农民作为行动者，营造出有利于自身的活动空间。国家面对民众对生态环境健康的诉求，以民生为导向的生态治理理念进一步树立和巩固了自己在民众中的权威。中央、省、市将生态治理的实际操作任务"发包"给基层，由县级政府以精细化考核的方式"打包"后再"发包"给镇村，促使镇村干部去应对数量庞大而分散的农民。在上级的政治性任务施压下，国家通过官僚科层制体系动员了从中央到农村的大量资源，然而，自上而下忽视乡村实际的禁烧政策，层层精细化考核加剧了农民抵制和基层干部消解政策的程度。这种官僚体系内部"强组织、强动员"的规制行为的结果是高内耗、低成效。

　　一般而言，有效的国家治理涉及三个基本问题：治理主体、治理机制和治理效果。在理想意义上，"治理是一个上下互动的管理过程，它主要通过合作、协商、伙伴关系、确立认同和共同的目标等方式实施对公共事务的管理。"（俞可平，1999：37-41）但在类似秸秆禁烧的政策中，多个主体之间并没有以良性合作的正式制度共同致力于其中，最终呈现出了国家难以主导乡村社会，而被乡村社会所裹挟的状态，这种状态的形成进一步导致国家基层治理成本的加大和自身政治权威的流失。秸秆由饲料肥料成为"无用之物"，这些变化是国家以高度集中的权力作为推动社会经济改造与发展的强大杠杆后的结果。国家推动了乡村社会发展，其生产生活方式的变化又转而影响国家的治理职能和治理手段。国家以高度组织化的官僚体系来应对发展中出现的秸秆处理等问题，希望通过系统内部的强力动员和层层管控来支配复杂变动的乡村社会，但在自身治理理念、体制和方式未能改进的情况下，自上而下的体系内部高度分化，也没有将更多的治理资源投入到提高秸秆禁烧综合利用技术水平和直接惠顾企业和农民的政策完善上。因而，国家动员和管控的范围自然是有限的，不可能完全严控变动的乡村社会，最终陷入了"强发展"与"弱治理"的困境（赵树凯，2014：46-51）。

　　国家作为组织制度的宏观抽象体系，其相对于快速而深刻变革的社会具有一定的滞后性。又因为以各自利益为中心的社会个体的关系形成在客观上使社会具有了自主性的力量，可以与国家相抗衡，形成了强大而分散的去中心化的力量和国家"被裹挟"的状态。二者必然会产生不协调不一致，甚至是冲突。当然，不可否认国家对社会强大的建构作用，但这种建构也往往是基于社会既有的现状而做出的后续反应。国家因社会需要而产生新的职能，但静态而僵化的官僚体系与变动的社会不相适应，国家权力执行方式也难以发生根本性变革。当前国家治理的乡村社会基础已发生了深刻嬗变，国家官僚制体系的内部以及治理对象已高度分化或关系复杂化，以官僚科层制为主要特征的国家治理体系并没有完全适应和做出合理反映，仍依赖于传统的动员和强制模式，导致非常态的"运动式治理"常态化，正如欧阳静所认为的"运动式治理与官僚机制一样，是基层政府实现其功能的一种常态化和常规化的行政机制"。国家治理体系中各个层级的主体因有各自不同的价值取向和行动逻辑，自上而下的政策执行和自下而上的反馈遭受着民众的消解和抵制，这又进一步强化了"强动员、低成效"手段的运用。因而，正视乡村社会自主性力量，增强国家自身权威性和公共政策设置的科学性，提高权力运行的公开透明，有序推进国家治理体系自身改革，这是实现国家治理现代化目标不可回避的重要话题。需要指出的是，本文以秸秆禁烧事件为例对国家与社会关系新特征的研究判断只是初步思考，尤其是基于中国社会面向的复杂性，国家以及基层的代理机构与代理人仍然在项目分配、行政审批、公共服务等方面掌控着优势资源，并不完全因为社会的自主性而被裹挟。如前文所述，这种状态的形成和发生需要在某种层面具备一定的条件，因此，笔者期待今后更为深入的研究。

参考文献

曹正汉，2011，《中国上下分治的治理体制及其稳定机制》，《社会学研究》第 1 期。
——，2014，《统治风险与地方分权——关于中国国家治理的三种理论及其比较》，《社会》第 6 期。
陈柏峰，2014，《从"唐慧案"看中国法治生态》，《中国法律评论》第 3 期。
陈家建、边慧敏、邓湘树，2013，《科层结构与政策执行》，《社会学研究》第 6 期。
狄金华，2009，《中国农村田野研究单位的选择——兼论中国农村研究的分析范式》，《中国农村观察》第 6 期。
——，2010，《通过运动进行治理：乡镇基层政权的治理策略——对中国中部地区麦乡

"植树造林"中心工作的个案研究》,《社会》第 3 期。

冯仕政,2011,《中国国家运动的形成与变异:基于政体的整体性解释》,《开放时代》第 1 期。

——,2013,《当代中国的社会治理与政治秩序》,中国人民大学出版社。

江苏省环保厅,2012,《全力以赴打好秸秆禁烧这场硬仗》,《新华日报》10 月 19 日第 04 版。

李林倬,2013,《基层政府的文件治理——以县级政府为例》,《社会学研究》第 4 期。

马骥,2009,《我国农户秸秆就地焚烧的原因:成本收益比较与约束条件分析》,《农业技术经济》第 2 期。

马明洁,2000,《权力经营与经营式动员:一个"逼民致富"的案例分析》,清华大学社会学系《清华社会学评论特辑》,鹭江出版社。

欧阳静,2009,《运作于压力型科层制与乡土社会之间的乡镇政权:以桔镇为研究对象》,《社会》第 5 期。

——,2014,《论基层运动型治理——兼与周雪光等商榷》,《开放时代》第 6 期。

乔尔·S. 米格代尔,2012,《强社会与弱国家——第三世界的国家社会关系及国家能力》,张长东等译,江苏人民出版社。

——,2013,《社会中的国家——国家与社会如何相互改变与相互构成》,李杨、郭一聪译,江苏人民出版社。

瞿同祖,2003,《清代地方政府》,范忠信、宴锋译,法律出版社。

饶静、叶敬忠、谭思,2011,《"要挟型上访"——底层政治逻辑下的农民上访分析框架》,《中国农村观察》第 3 期。

孙立平、郭于华,2000,《"软硬兼施":正式权力非正式运作的过程分析——华北 B 镇收粮的个案研究》,清华大学社会学系《清华社会学评论特辑》,鹭江出版社。

田雄、顾金土,2010,《村庄治理中资源获取的路径选择——以关中南村为中心》,周晓虹、谢寿光主编《中国研究(总第 9 期)》,社会科学文献出版社。

王铭铭,2003,《走在乡土上——历史人类学札记》,中国人民大学出版社。

吴毅,2007,《小镇喧嚣——一个乡镇政治运作的演绎与阐释》,生活·读书·新知三联书店。

肖瑛,2014,《从"国家与社会"到"制度与生活":中国社会变迁研究的视角转换》,《中国社会科学》第 9 期。

俞可平,1999,《治理与善治引论》,《马克思主义与现实》第 5 期。

张乐天,2012,《告别理想:人民公社制度研究》,上海人民出版社。.

赵树凯,2014,《基层政府:体制性冲突与治理危机》,《人民论坛》第 5 期下。

周黎安,2007,《中国地方官员的晋升锦标赛模式研究》,《经济研究》第 7 期。

——,2014,《行政发包制》,《社会》第 6 期。

周秀艳,2014,《机动车污染是灰霾重要成因》,《人民日报》1 月 28 日第 10 版。

周雪光,2008,《基层政府间的"共谋现象"——一个政府行为的制度逻辑》,《社会学研究》第 6 期。

——，2012，《运动型治理机制：中国国家治理的制度逻辑再思考》，《开放时代》第9期。

——，2013，《国家治理逻辑与中国官僚体制：一个韦伯理论视角》，《开放时代》第3期。

——，2014，《从"黄宗羲定律"到帝国的逻辑：中国国家治理逻辑的历史线索》，《开放时代》第4期。

——，2014，《行政发包制与帝国逻辑》，《社会》第6期。

Heberer Thomas. 2012，"Schubert Gunter. County and Township Cadres as a Strategic Group. A New Approach to Political Agency in China's Local State". *Journal of Chinese Political Science*，（17）.

Shue Vivienne. 1994，State Power and Social Organization in China，in J. MIGDAL（eds.）. *State Power and Social Forces*，New York：Cambridge University Press.

"老字号"企业品牌创新及其影响因素

尉建文　黄　莉*

摘　要：基于大规模的"老字号"企业问卷调查，本文探讨了"老字号"企业品牌创新的特征及其影响因素。研究结果发现：①"老字号"企业品牌创新能力较弱，且呈现重视品牌推广和品牌形象，忽视品牌管理的态势。②地域、行业和产权对"老字号"企业品牌创新影响显著。③"老字号"企业品牌创新存在显著的马太效应，越具有竞争优势的企业，越倾向于品牌创新。

关键词：老字号　品牌创新　影响因素

一　引言

作为中国民族工商业的翘楚，"老字号"是中国商业文明的重要载体，是发展民族品牌不容忽视的经济力量。然而，目前"老字号"的品牌发展却面临着重重挑战。与国外"老字号"企业相比，许多中国"老字号"历史悠久，但品牌创新能力较差。北京同仁堂、东来顺、吴裕泰等13家超过266年的"老字号"中，仅有4家"老字号"在经营和服务等方面有过一些延伸和变化，而杜邦、保洁、可口可乐等13家平均年龄不到148年的国外"老字号"中多达12家在品牌内涵上进行过创新和延伸。品牌创新上的差异导致中国"老字号"企业在经济实力和竞争力上与国外企业差距悬殊。据统计，全国所有1000多家"老字号"企业的营业利润之和不敌上述13

---

* 尉建文（1978－），男，山东莒县人，中央财经大学社会学系教授，社会学博士，研究方向：经济社会学；黄莉（1992－），女，广西贺州人，中央财经大学社会学系硕士研究生，研究方向：经济社会学。

家外国"老字号"企业中任何一家。"老字号"企业品牌创新与建设问题值得高度关注。

品牌是企业的无形资产，是企业获得竞争优势的根本所在，即使是最显赫的品牌也时刻面临着衰老甚至消失的风险。"老字号"企业传承其历史悠久的品牌价值绝不意味着"老字号"品牌必须墨守成规、一成不变。相反，在激烈的市场竞争中顽固坚持"皇帝的女儿不愁嫁""酒香不怕巷子深"的保守思想，不善于与时俱进满足消费者日益变换的消费需求而最终致使品牌呆滞、老化，被普遍认为是导致"老字号"企业品牌资产流失或贬值，甚至使企业深陷发展困境的重要根源。品牌创新已经成为影响"老字号"企业复苏、活化、进一步发展的关键因素，更直接关系到"老字号"品牌的长远发展和基业长青，而掌握"老字号"品牌创新的影响因素是实现其品牌创新的重要前提。因此，探讨"老字号"企业品牌创新及其影响因素，对于保护中国悠久的商业文明和开发中国传统商业的经济价值具有极为重要的现实意义。

二 文献回顾

从创新理论来看，品牌创新是指企业对品牌的识别要素进行重新组合。品牌识别要素主要包括品牌名称、标识、产品、传播等多个维度，企业在进行某一维度的品牌创新时要相应进行其他维度的创新。影响企业品牌创新的因素纷繁复杂，目前学界主要从企业内部和外部两个角度进行探讨。

（一）企业内部因素

企业品牌创新的内部影响因素主要包括企业自身基本特征和经营状况两个方面。从基本特征来看，企业所处地理区位、所属行业以及产权性质是目前学界普遍关注的主要因素。不同的区域有其特殊资源，其中管理、技术、隐性知识产生和外溢对企业的创新具有不可忽视的重要意义。一定区域内隐性知识的传播和知识的外溢，只能在地理、文化接近的区域内发生，因此企业的创新活动具有地域性特点。研究表明，品牌创新与企业所处地域的经济发展水平显著相关，北京、上海、天津的品牌创新潜力显著高于其他地区，广东、江苏、北京的品牌创新能力远远强于其他地区，而青海、宁夏、海南等地区的品牌创新能力与其他地区有着显著差距。

企业所属行业是关乎企业自身品牌创新动力的直接影响因素，行业的市场集中度、广告密集度、技术机会对企业的创新强度存在显著影响。针对我国 10 省市 800 余家企业的实证调研也发现，企业所属行业的行业进入壁垒、行业市场饱和度、产品和服务特性、企业的替代性等特征因素对企业的创新方式存在显著影响。

尽管有研究认为，产权性质不同的企业在技术领域的创新和发展方面不存在显著差异，但是更多基于国有企业的研究表明，由于产权结构方面的差异，国有企业与非国有企业在企业创新上有着不一样的激励。根据产权理论，产权归属不明晰导致了行为主体收益的不确定性，由此导致国有企业创新普遍表现出机制僵化、观念落后的特点。基于省域面板数据的研究也发现，国有企业所占比重与区域专利发明数量是负相关的。

从企业经营状况来看，有研究运用 1985～1997 年间 30 个省份的实证数据发现，企业规模与所用专利数量之间呈现显著的正相关关系，即企业规模对企业创新具有促进作用，并且这种促进作用突出体现在非国有企业中。针对"老字号"企业的研究也表明，企业经营状况与企业的创新能力之间呈现正相关关系，然而经营状况越好的企业在消费和客户导向方面的创新反而越少。

（二）企业外部因素

企业作为整个社会系统的一个有机组成部分，其品牌创新活动也不可避免地要受到外界环境因素的影响。20 世纪 90 年代以来，学者和企业家日渐关注到企业外部环境对企业的重要影响，其中，政府、竞争环境以及消费者等利益相关方面是最为重要的影响因素。

从政府层面上看，政府对企业活动起着规划引导作用，并从税收、法律等方面为企业品牌创新提供良好的政策环境。有学者以鹤年堂和同仁堂的不同发展命运为案例进行研究认为，与政府保持强关系、得到中央政府和地方政府的庇护和扶持是同仁堂得以解决企业生存问题并得到发展壮大的重要推力，而未得到政府的支持和庇护则是鹤年堂从最具影响力的医药企业沦为不知名的"丑小鸭"的重要因素。

学界普遍认为，市场竞争环境对品牌创新有着不可忽视的影响，然而对于市场竞争推进还是抑制企业创新的问题众说纷纭、莫衷一是。最早提出创新理论的经济学家熊彼特认为，垄断利润为企业提供了完全竞争市场中的小企业所无法提供的创新所必需的资金，因而比完全竞争下的小企业更有能力进行创新，但是阿罗提出的"阿罗效应"却主张，竞争对企业的创新具有积极的促进作用，垄断企业的创新激励要小于竞争环境下的企业。

此外，消费者的消费观念和生活方式随着社会发展而发生日新月异的变化，可口可乐等国际知名"老字号"不断进行品牌创新，虽历经百年沧桑却依然给人年轻有活力的印象，而一个逐步老化的品牌更容易被消费者忽视或忘记从而导致产品失败，因此，"老字号"企业必须关注消费者的需求，不断通过品牌创新维持自身品牌对消费者原有的影响力才能使基业长青。

综上所述，相关研究从企业内部和外部两方面对影响企业创新的因素进行了全面梳理。对于"老字号"企业，尽管有一些研究已经关注到其发展困境及其创新策略等问题，然而，从研究内容上看，目前集中关注"老字号"企业品牌创新影响因素的研究几乎处于空白。从研究方法上看，现有研究多是对企业创新的动因和策略进行理论上探讨，而基于实地调研数据资料运用定量方法进行实证性分析的研究还比较缺乏。

基于以上分析，本文运用针对"老字号"企业的全国性大规模问卷调查数据，在现有研究的基础上运用 Ologit（Ordered Logistic Regression Models）回归模型进行定量分析，深入探究影响"老字号"企业品牌创新的企业内外部因素，以期扩展社会学关于企业组织的研究，丰富相关的创新理论并为企业的创新，尤其是为"老字号"企业的品牌创新，提供实证性的参考。

三　数据、变量与方法

（一）数据来源

本文数据来源于 2011 年中国社会科学院民族学与人类学研究所"老字号"企业课题组全国性调查所收集的数据资料。该项调查回收有效问卷 378份，共覆盖全国 12 个省、直辖市。问卷涵盖了餐饮、零售、医药、旅游等13 个行业的综合性资料，为本研究提供了适用和科学的实证性研究数据（尉建文、刘波，2015：72－6）。

（二）变量与测量

1. 因变量

布朗（Brown）详细总结了老品牌企业进行创新的过程中使用的七种策

略,认为重新思考并更新品牌外在形象、成立卓有成效的工作小组是重振老品牌的两大重要策略。众多研究也表明,品牌老化与品牌传播和品牌形象息息相关,企业需要适时更新品牌外在形象、推动品牌传播来推动品牌创新。同时,基于组织视角的研究认为,长期品牌管理是激活品牌的重要策略之一,而长期品牌管理成功的企业必须把品牌放在组织的核心地位。因此,本文将"老字号"品牌创新划分为品牌形象创新、品牌推广创新和品牌管理创新三个维度进行考察。

对"老字号"企业品牌形象创新的测量主要包括4个指标,即"是否更新公司标识""是否更新公司广告词""是否有公司形象代言人"以及"是否更新公司内部装修风格",选项均为0和1;对"老字号"企业品牌推广创新的测量主要包括4个指标,即"宣传广告渠道是否增加""是否举办大型活动推广品牌""是否在传统节庆时进行品牌推广"以及"公司广告投入是否增加",选项均为0和1。对"老字号"企业品牌管理创新的测量主要包括2个指标,即"是否设立品牌推广部门/岗位"和"是否采用品牌经理制",选项均为0和1。

2. 自变量

本文主要通过企业基本特征、市场竞争状况、企业经营状况、社会资本状况等相关因素来测量影响"老字号"企业品牌形象创新、品牌推广创新以及品牌管理创新的因素。

企业基本特征。区域特征,选项1为北京、上海和广州等一线城市,2为其他城市。行业特征,选项1为餐饮业、2为食品业、3为医药业、4为零售业、5为服装业、6为日用品业、7为服务业及其他行业。产权特征,选项1为国有企业、2为私营企业、3为外资或其他企业。

市场竞争状况。竞争对手,选项1为国有企业、2为私营企业、3为外资或其他企业。竞争优势,表现为三个方面,即品牌优势、质量优势和技术优势,选项1为具有优势、0为不具有优势。

企业经营状况。企业目前经营状况,题目为"您对企业目前的经营状况满意吗",选项1为很满意、2为比较满意、3为一般、4为不满意。企业未来预期状况,题目为"您认为,贵企业的发展前景如何",选项1为非常好、2为比较好、3为一般。

社会资本状况。企业与政府之间的关系,即企业有没有注意承担对政府、社区等的责任,选项1为有、0为没有。企业与客户之间的关系,即企业有没有注意与供应商的关系,选项1为有、0为没有。企业与社会的关系，即企业有没有注意开展公益活动，选项1为有，0为没有。

表1 "老字号"企业品牌创新影响因素的频数分布

	频数	累计百分比		频数	累计百分比
企业基本特征			质量优势		
区域			有	228	60.32
一线城市	135	35.71	没有	150	100.00
其他城市	243	100.00	技术优势		
行业			有	156	41.27
餐饮业	67	17.72	没有	222	100.00
食品业	126	51.06	**企业经营状况**		
医药业	55	65.61	目前状况		
零售业	29	73.28	很满意	51	13.53
服装业	25	79.89	比较满意	185	62.60
日用品业	55	94.44	一般	111	92.04
服务业及其他行业	21	100.00	不满意	30	100.00
产权			未来预期		
国有企业	102	26.98	非常好	123	33.06
私营企业	110	56.08	比较好	210	89.52
外资或其他企业	166	100.00	一般	39	100.00
市场竞争状况			**社会资本状况**		
竞争对手			企业与政府关系		
国有企业	53	14.02	有	94	24.87
私营企业	186	63.23	没有	284	100.00
外资或其他企业	139	100.00	企业与客户关系		
竞争优势			有	44	11.64
品牌优势			没有	334	100.00
有	281	74.34	企业与社会关系		
没有	97	100.00	有	121	32.01
			没有	257	100.00

（三）研究方法

由于本文涉及的三个因变量均为定序变量，而定序变量无法满足传统线性回归对方差齐性的要求，若运用线性回归模型将有可能导致估计偏差等问题。因此，利用 Ologit 回归模型在处理定序因变量方面的优势，本文对所涉及的三个因变量分别拟合 Ologit 回归模型，试图找出影响"老字号"品牌创新的企业内外部因素，并对本文的研究发现从相关理论和现实的角度进行深入讨论，既呼应了前人的研究，又更加全面系统地考察了影响"老字号"品牌创新的社会经济根源。

四 分析结果

（一）"老字号"企业品牌创新的特征分析

表 2 汇报的是"老字号"企业品牌创新的基本情况。由表 2 可见，将近一半（49.12%）的"老字号"企业没有任何的品牌形象创新，有 1 项品牌形象创新的占到 43.39%，2 项和 3 项的比例则很低，仅为 7.14% 和 0.26%。相比而言，"老字号"企业更多重视品牌推广创新。有 2 项和 1 项品牌推广创新的占到 40.74% 和 38.62%，3 项的比例占到 7.67%，没有任何品牌推广创新的仅占到 12.96%。相比而言，"老字号"企业品牌管理创新较弱，大部分"老字号"企业没有任何品牌管理创新，占到 75.13%，1 项的占到 23.81%，2 项的仅占到 1.06%。

通过以上分析，我们可以发现"老字号"企业品牌创新能力相对较弱，对品牌创新的重视还不够，还需要进一步加强。同时，"老字号"企业在品牌创新方面，重视品牌的推广，重视品牌形象创新，但忽视品牌管理。因此，如何全面提高"老字号"企业品牌管理创新，是"老字号"企业面临的一个重要问题。

表 2 "老字号"企业品牌创新的频数分布

创新项	品牌形象创新		品牌推广创新		品牌管理创新	
	频数	占比（%）	频数	占比（%）	频数	占比（%）
0	186	49.21	49	12.96	284	75.13
1	164	43.39	146	38.62	90	23.81
2	27	7.14	154	40.74	4	1.06
3	1	0.26	29	7.67	—	—
总计		100		100		100

（二）"老字号"企业品牌创新的影响因素

本文对"老字号"品牌创新的考察主要从品牌形象创新、品牌推广创新以及品牌管理创新三个维度进行并分别建立 Ologit 回归模型。同时，本文把企业基本特征变量、市场竞争状况、企业经营状况、社会资本状况等相关的解释变量纳入到回归模型中考察影响"老字号"企业品牌创新的影响因素。表 3 为"老字号"企业品牌创新影响因素的 Ologit 回归模型分析结果。

表 3 "老字号"品牌创新影响因素的 Ologit 回归模型

	模型 1	模型 2	模型 3
企业基本特征			
区域（一线城市为参照）	− 0.385	− 0.601**	− 0.474
行业（餐饮业为参照）			
食品业	− 0.535*	0.511*	− 0.212
医药业	− 0.403	0.063	0.361
零售业	− 0.280	0.673	0.183
服装业	− 0.816	− 0.370	− 0.008
日用品业	− 0.883**	0.496	− 0.077
服务业及其他行业	− 0.187	− 0.019	− 0.357
产权（国有企业为参照）			
私营	− 0.332	0.139	0.627
外资或其他	− 0.510*	0.383	0.212
市场竞争状况			
竞争对手（国有企业为参照）			
私营	− 0.244	0.717**	− 0.234
外资或其他	− 0.062	0.898***	− 0.024
竞争优势			
品牌优势（没有优势为参照）	− 0.021	0.196	0.273
质量优势（没有优势为参照）	− 0.051	0.381*	0.975***
技术优势（没有优势为参照）	0.287	0.427**	0.084
企业经营状况			
目前状况（非常满意为参照）			
比较满意	0.182	− 0.168	0.120

续表

	模型 1	模型 2	模型 3
一般	0.046	− 0.542	0.948 **
不满意	0.469	− 0.396	0.624
未来预期（非常好为参照）			
比较好	− 0.028	− 0.447 *	− 0.404
一般	− 1.262 ***	− 0.516	0.226
社会资本状况			
企业与政府关系（没有关系为参照）	0.038	0.235	− 0.143
企业与客户关系（没有关系为参照）	1.049 ***	− 0.270	− 1.094 **
企业与社会关系（没有关系为参照）	0.390 *	0.440 **	0.370
间距常数项			
间距项 1	− 0.890	− 1.172 **	2.051 ***
间距项 2	1.836 ***	0.991 *	5.649 ***
间距项 3	5.292 ***	3.602 ***	
N	372	372	372
pseudo R^2	0.054	0.056	0.096

注：（1）* 表示 $p < 0.1$；** 表示 $p < 0.05$；*** 表示 $p < 0.01$。

模型 1 显示的是"老字号"企业品牌形象创新的影响因素。由表 3 可知，行业对"老字号"企业品牌形象创新影响显著。食品业、日用品业"老字号"企业在品牌形象创新方面与餐饮业"老字号"企业存在显著差距。从产权性质上看，国有"老字号"企业比外资或其他性质的"老字号"企业更加注重品牌形象创新。从企业的经营状况看，对企业未来发展的预期对"老字号"企业品牌形象创新具有正向促进作用，即对未来预期"非常好"的"老字号"企业比预期"一般"的"老字号"企业更注重品牌形象创新。从社会资本状况看，越是与客户和社会保持良好关系的"老字号"企业，越是注重品牌形象创新。同时，区域、市场竞争状况等因素对"老字号"企业品牌形象创新不存在显著影响。

模型 2 显示的是"老字号"企业品牌推广创新的影响因素。区域对"老字号"企业品牌推广创新存在显著影响，北京、上海、广州等一线城市的"老字号"企业比非一线城市的"老字号"企业更加注重品牌推广创新。从行业上看，食品业"老字号"企业比餐饮业"老字号"企业更加注重品牌推广创新。从竞争对手来看，相比于与国有企业竞争，与私营、外资或其他性质的企业竞争的"老字号"企业更加注重品牌推广创新。从竞争优势上看，具有质量优势和技术优势的"老字号"企业比不具有优势的"老字号"企业更加注重品牌推广创新。从企业经营状况看，对企业未来发展的预期对"老字号"企业的品牌推广创新具有显著的正向激励作用，即对未来预期"非常好"的"老字号"企业比未来预期"比较好"的"老字号"企业更加注重品牌推广创新。从社会资本状况看，越是与社会保持良好关系的"老字号"企业，越是注重品牌推广创新。产权因素对"老字号"企业品牌推广创新不存在显著影响。

模型3显示的是"老字号"企业品牌管理创新的影响因素。从企业竞争优势上看，质量优势对"老字号"企业品牌管理创新具有显著的正向激励作用，越是具有质量优势的"老字号"企业，越是注重品牌管理创新。从企业经营状况来看，相比于对企业目前状况感到"非常满意"的"老字号"企业，对目前状况感到"一般"满意的"老字号"企业更加注重品牌管理创新。从社会资本状况来看，与客户保持良好关系对"老字号"企业品牌管理创新有一定程度的消极抑制作用，即越是与客户保持良好关系的"老字号"企业，越是忽视品牌管理创新。区域、行业、产权等因素对"老字号"企业品牌管理创新不存在显著影响。

五　简要结论

品牌创新作为企业求得生存和发展至关重要的因素，对我国"老字号"企业适应当下社会不断变化的需求、取得长远发展更是意义非凡。本文运用 Ologit 回归模型集中探讨影响"老字号"企业品牌创新的企业内部和外部因素。结果表明，企业基本特征、市场竞争状况、企业经营状况、社会资本状况等因素对"老字号"企业的品牌创新具有统计意义上的显著影响。下面我们将对本文的研究发现进行说明并尝试提出相关建议对策。

（一）"老字号"企业普遍缺乏品牌创新

本文将"老字号"企业的品牌创新划分为品牌形象创新、品牌推广创新和品牌管理创新三个维度进行测量。由表2可知，49.21%的"老字号"企业未进行品牌形象创新，51.58%的"老字号"企业未进行或仅仅进行极为有限的品牌推广创新，75.13%的"老字号"企业未进行品牌管理创新，这表明我国"老字号"企业普遍缺乏品牌创新。

尽管我国"老字号"企业面临着因品牌老化而导致的生存发展困境，但是目前我国"老字号"企业进行品牌创新的意识依然淡薄。我们认为，"老字号"企业既要注重传承"老字号"品牌的历史价值，同时也必须放弃"酒香不怕巷子深"的保守观念，培养创新精神树立创新意识，坚持与时俱进不断进行品牌创新。在进行品牌创新时尤其需要注意的是，在更新自身品牌形象、促进品牌推广与传播、探索品牌管理新方法等品牌创新的主要方面必须持续不断地做出更多努力。

（二）地域、行业和产权性质对"老字号"企业品牌创新影响显著

从企业所处区域上看，相比于其他城市，北京、上海、广州等一线城市的"老字号"企业更加注重品牌推广创新。从所属行业来看，相比于餐饮业，食品业在品牌形象创新方面还存在显著差距，但是在品牌推广创新上食品业显著优于餐饮业，同时，日用品业在品牌形象创新方面与餐饮业也存在显著差距。从产权性质看，国有"老字号"企业比外资或其他产权性质的"老字号"企业更注重品牌形象创新。

地域的禀赋差异使得"老字号"企业品牌创新有着不同的创新理念和发展路径，因此，进行品牌创新必须充分考虑不同区域创新因素的差异，一线城市的"老字号"企业进行品牌创新要充分利用当地内隐性知识的传播，其他城市的"老字号"企业要善于借鉴发达地区的经验培育当地的创新因素。不同行业的"老字号"企业要根据自身行业发展需求积极进行品牌创新，餐饮业要注重品牌推广，食品业和日用品业要注意不断更新品牌形象，使品牌更年轻有活力。同时，基于我国商业发展的特殊历史因素，国有企业必须与时俱进坚持走创新之路，私营、外资和其他性质的企业必须集中自身资源进行品牌创新，不断增强自身品牌的综合竞争力。

（三）"老字号"企业的品牌创新存在显著的马太效应

从竞争优势上看，越是具有质量优势的"老字号"企业，越是注重品牌形象创新和品牌管理创新，同时越是具有技术优势的"老字号"企业，越是注重品牌形象创新。从企业经营状况来看，企业对未来发展的预期与其品牌形象创新、品牌推广创新行为具有显著的正相关关系。从社会资本状况来看，与客户保持良好关系的"老字号"企业更注重品牌形象创新，与社会保持良好关系的"老字号"企业更注重品牌形象创新和品牌推广创新。

越是具有优势、发展预期好或者社会资本丰富的"老字号"企业，越是注重品牌创新，不具有优势、发展预期不好或者不具有丰富的社会资本的"老字号"企业反而在品牌创新上作为甚少，"老字号"企业品牌创新呈现出明显的马太效应。我们认为，品牌创新是"老字号"企业避免品牌老化并获得持续发展的关键性举措，处于上风的"老字号"企业必须坚持走品牌创新之路才能使基业长青，而暂时处于劣势的"老字号"企业也只有不断进行品牌创新才能提升自身的综合竞争力，才能使自身品牌在激烈的市场竞争中获得一席之地。

参考文献

陈金勇、汤湘希、金成隆，2014，《区域、自主创新与企业价值》，《山西财经大学学报》第 3 期。

孔微巍、谭奎静、秦伟新，2007，《中华老字号的品牌传承和创新》，《经济研究导刊》第 11 期。

郎益夫、周荣、喻登科，2010，《基于企业与政府互动的自主品牌创新能力提升路径与政策分析》，《科技进步与对策》第 9 期。

卢泰宏、高辉，2007，《品牌老化与品牌激活研究述评》，《外国经济与管理》第 2 期。

石忆邵、蒲晟，2009，《中国品牌的地域差异及品牌创新能力评价》，《经济地理》第 11 期。

王成荣，2006，《老字号的历史传承与品牌创新》，《时代经贸》第 6 期。

尉建文、刘波，2015，《"老字号"企业技术创新影响因素的实证分析》，《广西民族大学学报》（哲学社会科学版）第 2 期。

吴延兵，2008，《创新的决定因素——基于中国制造业的实证研究》，《世界经济文汇》第 2 期。

——，2007，《企业规模、市场力量与创新：一个文献综述》，《经济研究》第 5 期。

——，2006，《中国工业产业创新水平及影响因素——面板数据的实证分析》，《产业经济评论》第 2 期。

许敏玉、王小蕊，2012，《中华老字号品牌发展瓶颈及对策》，《企业经济》第 1 期。

余东华、王青，2009，《行政性垄断与区域自主创新能力——基于中国省域面板数据的分析》，《软科学》第 8 期。

张广玲、邹捷，2006，《自主品牌创新的若干思考》，《中国工商管理研究》第 10 期。

张继焦，2013，《从企业与政府的关系看"中华老字号"企业的发展——对鹤年堂、同仁堂的比较研究》，《思想战线》第 3 期。

周黎安、罗凯，2005，《企业规模与创新：来自中国省级水平的经验证据》，《经济学季刊》第 2 期。

朱恒鹏，2006，《企业规模、市场力量与民营企业创新行为》，《世界经济》第 12 期。

Berry N C. 1992，"Revitalizing Brands". *Journal of Product & Brand Management* 3.

Brown D. 1992，"Breathe New Life Into Your Old Brand". *Management Review.*

Hu A G. Ownership. 2001，"Government R&D, Private R&D, and Productivity in Chinese Industry". *Journal of Comparative Economics*, 29（1）.

Keller K L. 1999，"Managing Brands for the Long Run: Brand Reinforcement and Revitalization Strategies". *California Management Review*, 41（3）.

Lehu J. 2004，"Back to life! Why brands grow old and sometimes die and what managers then do: an exploratory qualitative research put into the French context". *Journal of Marketing Communications*, 10（2）.

Yakimova R，Beverland M. 2005，"The brand-supportive firm: An exploration of organisational drivers of brand updating". *Journal of Brand Management*, 12（6）.

二等奖论文

"国家与社会"分析框架的应用与限度[*]

——以社会学论域中的研究为分析中心

丁惠平[**]

摘　要："国家与社会"分析框架是当前国内学界的主流理论研究范式，广泛应用于包括社会学在内的社会科学领域。近二十年来，借助"国家与社会"分析框架，社会学论域中的诸多研究，包括乡村社会研究、城市社区研究以及社会组织研究等均取得了丰富的理论和实证成果。但综合观之，这些研究或存在对"国家与社会"框架的"神化"倾向屏蔽了其他框架的解释力，或仅仅是在语词意义上使用"国家与社会"而无力揭示现象的本质。更为重要的是，"国家与社会"作为一种具有特定内涵的分析框架，本身具有难以突破的限度。这种限度既来自与之相关的理论脉络，更与全球化和网络化时代的到来密不可分。基于此，目前国内已经陆续有学者开始质疑这一分析框架的有效性和恰切性，并致力于重构更具解释力的理论范式。

关键词：国家中心论　社会中心论　市民社会理论　法团主义

一　引言

"国家与社会"分析框架在国内学界的兴起大概始于 20 世纪 90 年代中

---

*　本文系国家社科基金青年项目"支持型社会组织与政府互动机制研究"（项目号：14CSH075）的阶段性成果。本文已在《社会学评论》2015 年第 5 期刊发。

**　丁惠平，女，1981 年生，江苏省社会科学院《江海学刊》杂志社副研究员，研究方向为组织社会学、理论社会学。

期，并在进入 21 世纪后成为国内社会科学领域的主流理论框架。众所周知，"国家与社会"分析框架并非中国学界原创，而是经由海外中国研究而舶入国内。海外中国研究（主要指社会科学意义上的美国的中国研究）由哈佛大学的费正清于 20 世纪 50 年代初开启，迄今已有六十余年的历史。按照美国社会学家赵文词的划分，海外中国研究基于"不同时期流行的社会科学思潮、学者能够获得的经验研究资料和社会舆论所关心的中心问题三者之间的互动"可界分为前后承继的五个阶段。（赵文词，1999）尽管每个阶段或每一代海外中国研究学者的理论目标和研究旨趣不尽一致，但是他们始终基于西方的市民社会理念对中国的国家与社会之间的分殊与互动展开研究。

及至 20 世纪八九十年代，随着中国改革开放的进一步推进，海外中国研究学者得以顺利进入国内方便地获取所需的经验资料，同时也将所秉承的市民社会理念和"国家与市民社会"分析框架引入国内。20 世纪 90 年代中后期，经由邓正来、张静等学者的翻译和引介，国内学界开始首次接触并了解市民社会理念。在经历了市民社会理论的"启蒙"后，国内学界似乎一下子得以窥见国家与社会之间的无限张力与魅力，于是纷纷转向对中国国家与社会之间关系的探究，一时间国内掀起了一股市民社会研究热潮。而从西方市民社会理论中演化出来的并经过诸多本土化修正的"国家与社会"① 分析框架也开始取代之前流行的现代性范式、意识形态范式而被诸多学科广泛采纳应用，其中既包括社会科学，也包括人文科学，而前者尤以政治学、社会学为主。

二 "国家与社会"分析框架在社会学研究中的应用

目前，在国内社会科学领域，利用"国家与社会"分析框架开展研究已经成为一种趋于普遍化的研究路径。以社会学为例，近二十年来，"国家与社会"分析框架凭借其出色的解释力以及与社会变迁趋势高度的契合性

---

① "国家与社会"实际上是经过本土化修正后的图示，其前身为更具特定内涵的"国家与市民社会"，这种修正主要是因为在中国的经验历史中并不存在与西方式"市民社会"明确对应的社会形态，因此在这一分析框架被引入国内后，学者们基于不同的研究目标以及对于市民社会的不同理解而将之转译为"公民社会""市民社会"以及"民间社会"等，且各自都能找到合理的证据，因此用"国家与社会"替换"国家与市民社会"可能更具普适性。

而跃升为主流理论范式，而在社会学研究中取得的理论成就在相当程度上也是依赖于对"国家与社会"分析框架的有效运用。具体而言，其"势力版图"主要涵括了中国乡村社会研究、城市社区研究以及社会组织研究等领域。这主要是因为改革开放以来，国家与社会关系所发生的深刻变化主要集中于中国基层社会和社会组织领域，正如沈原所言"在最现实的生活层面上，国家与社会相遇了"（沈原，2002，转引自何海兵，2006）。鉴于中国乡村社会研究、城市社区研究以及社会组织研究较为全面地汇集了"国家与社会"分析框架的应用成果，下文将分别就此三个题域的相关研究做一概观以更好地透视"国家与社会"分析框架的理论预设和方法原则在社会学研究中的具体进路。

（一）中国乡村社会研究中的"国家与社会"分析框架

"国家与社会"在中国乡村社会研究中"嵌入"颇深，纵观二十年来的深耕，有学者将此领域的研究概括为三个取向：市民社会取向、国家政权建设取向以及社会中的国家取向（郑卫东，2005）。笔者对此界分基本赞同。

从市民社会取向来看，"国家与社会"研究主要基于村民自治的实施对国家与乡村社会关系变迁的意义展开。李昌平明确指出，现行乡镇体制和乡村社会弊端的根源在于乡村社会的政府权力过剩，而改革的终极目标则是乡镇自治，其中又分为三个维度：一是放活农民——给农民平等的公民权利，发展民本经济；二是放活农村组织——给民间组织平等的法人权利，壮大民间力量；三是放活基层政府——给乡村社会自治权，发展民本社会（李昌平，2004）。徐勇则认为，村民自治是在现代民主—国家建构中产生的，其制度设计中蕴含着现代民主理念，但中国的村民自治具有国家赋权的特点，其成长既需要体制性的行政放权，也需要现代社会组织的发育。这种组织来源于市场化过程中形成的理性化社会和农民的自我组织以及在民主自治实践中培育的农村公民社会（徐勇，2005）。束锦认为随着村民自治的兴起，农村民间组织成为推动国家与农村社会实现良性互动的重要组织载体，并使农村社会呈现出诸多的市民社会特征（束锦，2010）。

从国家政权建设取向看，主要也是以村民自治的提出为契机。与学界的主流观点多将村民自治视作国家从乡村社会领域的撤退不同，吴理财认为村民自治是一种国家重建形式，它的推行并非国家从乡村社会的退出。由于其重新启用了乡村社会的民间资源，并实现了国家政权与乡村社会性质的对接和融合，因此村民自治无疑是国家对乡村社会整合成熟的标志（吴理财，2002）。彭大鹏认为村民自治的本意是为国家和村落社区的健康互动搭建立一个有机联结的平台，从而更好地加强国家政权建设。但是在实际的运行过程中，村民自治产生了日益明显的行政化倾向，村民自治组织的依附性也越来越强，这就使得村民自治很难完成其历史使命（彭大鹏，2009）。

从社会中的国家取向看，主要通过对具体的事件过程的跟踪分析而在一定程度上颠覆了以往将国家与乡村社会二元对立的框架，代表了一种从结构性研究向关系性研究的转向。比如孙立平和郭于华以华北地区一个镇定购粮的征收为例，分析了在正式行政权力运作的过程中，权力的行使者是如何引入人情、面子、常理等日常生活原则和民间观念的。并通过对这一过程的分析展示了国家与乡村社会边界的模糊性和相互交织，从而提供了认识国家与社会关系的动态性关联（孙立平、郭于华，2000）。马明洁则通过讲述一个逼民致富的案例，分析了某乡政府的社会动员能力以及这种动员能力的再生产过程。在乡村社会改革开始后，作为国家行政体制一部分的组织化动员在渐趋弱化的表象之下，实际上仍然具有强大的动员能力，只不过这种动员是以一种类似于市场的方式对权力和组织因素重新加以组织和使用。这实际上也就是说国家的权力以一种更为社会化或市场化的形式展开行动（马明洁，2000）。

（二）中国城市社区研究中的"国家与社会"分析框架

20世纪90年代以来，伴随着以"单位制"为主和"街居制"为辅的城市基层社会管理体制的式微，城市社区作为一种新的组织化机制开始出现，开启了在城市基层社会变迁中国家权力"退场"与社会力量"出场"的序幕。近二十年来，城市社区研究基于"国家与社会"分析框架取得了大量的理论和实证成果。综合观之，以"国家与社会"为分析框架的城市社区研究主要存在三个取向：国家中心论、社会中心论以及国家与社会互动论。

从国家中心论视角来看，"国家与社会"分析框架主张国家或政府在基层社会变革中居于主导性位置，以保证城市基层社会在体制变迁中的稳定。如李汉林认为社区政府代表国家与政府的利益与意志，应根据国家所倡导的行为规范和价值取向影响、制约和整合城市中社会成员的行为（李汉林，1993）。刘晔将城市社区建设称为"政党主导下的社区自治建设"的过程，认为应在协商民主的制度框架内实现政党、国家、社会的权力互强，这是推动社区自治的一个必要选择（刘晔，2003）。杨敏认为城市社区是单位制解体后作为一种替代性机制以解决社会整合与社会控制问题的，其在本质上是一种国家治理单元，而并非一个可以促进公共领域形成或市民社会发育的地域生活共同体（杨敏，2007）。

从社会中心论视角来看，"国家与社会" 分析框架则主张发展的根本动力来源于社会，国家作为一种限制性力量应较少干预社会。童世骏认为现代社区是 "civil society" 的重要形式甚至主要形式，应遵循现代社区的 "非国家化"，党政机关要减少对社区具体事务的行政干预、淡化社区活动的政治色彩，提高城市居民的自我管理能力（童世骏，1997）。李骏认为社区建设的起因、动力、原则及功能均与市民社会的概念及规定相契合，其实质就是重构国家—社会关系，使二者在各自的领域独自运作，并完成功能耦合（李骏，2003）。卢汉龙认为社区制改革在本质上是国家与社会关系的重新调整，在市场化的作用下社区成为私人生活的公共空间和介于公民与政府之间的公共领域，最终社区将作为一个独立的社会共同体在社会生活中发挥作用（卢汉龙，2004）。

从国家与社会互动论视角看，"国家与社会" 分析框架认为在社区研究中存在理论与实践之间的悖论和矛盾，无论是 "国家中心论" 还是 "社会中心论" 均无法同时有效解释城市社区建设中基层政权建设和社会发育这个一体两面的核心论题，因此必须要破除单纯强调国家或单独强调社会的国家与社会二元对立的思维方式，而代之以 "国家与社会互动" 的范式和取向。这种取向的研究主要表现为借鉴西方国家的治理理论来研究中国城市社区建设。陈伟东认为社区建设应坚持社区自治方向，以社区为平台，通过制度变迁，在每一个社区范围内，建立一种行政调控机制与社区自治机制结合、行政功能与自治功能互补、行政资源与社会资源整合、政府力量与社会力量互动的社区治理模式（陈伟东，2000）。魏娜则系统考察了我国城市社区治理模式的发展与演变轨迹，并将之划分为三个阶段：从政府主导型的行政型社区转向政府推动与社区自治结合型的合作型社区再到社区主导与政府支持的自治型社区，这种演变背后的逻辑就是国家与社会关系的不断调整，也即从国家与社会的二元对立逐步走向二元互动（魏娜，2003）。郑杭生认为，当前的社区治理模式普遍存在着 "居委会困境" 和 "共同体困境"，基于此，应该积极探索创新社区管理体制，建立起能够最大限度容纳各种主体、整合各种资源、发挥各方面能动性、高效承载各种功能、并实实在在改善社区民生的新型社区治理模式。具体而言，即是按照复合治理和参与式治理的社区治理理念，构建多元主体合作的社区治理结构和开放多元的社区自治体系（郑杭生，2012）。

（三）中国社会组织研究中的"国家与社会"分析框架

20 世纪 90 年代以来，伴随着单位制的解体，社会组织成为组织化社会的一种新机制，通过参与公共服务、提供灾害救助、开展公益慈善活动、协调政府和社会关系等各项社会管理事务，成为社会治理中不可或缺的主体力量。因为社会组织在本质上是一种与国家权力形成潜在对抗的社会力量，因此，社会组织的迅速发展在某种程度上重构了中国国家与社会的边界。正是基于此，海内外中国研究学者纷纷以社会组织为题探讨中国国家与社会关系的变化与趋势，并取得了诸多理论成果。

笔者曾撰文对以"国家与社会"为分析框架的中国社会组织研究进行过专门探讨（丁惠平，2014）。"国家与社会"分析框架在此领域的应用主要表征为市民社会理论和法团主义两种取向。从市民社会理论取向来看，研究者主要着眼于社会因素对国家权力的制约甚或反抗，如奥斯特咖德基于对 20 世纪 80 年代末的政治事件的研究提出了"市民社会反抗国家"的理论（顾昕，1994）。高登·怀特（Gordon White）则以 20 世纪 90 年代初的浙江萧山为个案，对基层社团展开考察，指出当代中国出现了市民社会的胚胎因素，并有可能朝向市民社会的方向发展（White，Gordon，1993）。基于对中国社会组织与国家之间特殊关系的考虑，有学者对源于西方的市民社会概念进行了适度调整和修正，如何包刚提出"准市民社会"、Frolic 提出"国家领导的市民社会"等。（He，1997；Frolic，1997）

从法团主义取向来看，研究者则较为关注国家权力对社会力量的规制和整合。如安戈和陈佩华基于对工会和商业协会的研究，指出目前中国的国家与社会关系是一种"国家法团主义"（安戈、陈佩华，2001）。顾昕、王旭通过考察国家与专业性社会团体（professional associations）之间关系的演变，认为在市场转型过程中中国正从国家主义走向法团主义（顾昕、王旭，2005）。张钟汝等通过对上海市不同类型的非政府组织与政府的互动关系研究，创造性地提出了庇护性国家法团主义和层级性国家法团主义两个概念（张钟汝等，2009）。陈家建则认为无论是在中国的城市社会、农村社会还是基层政府组织中，都出现了许多法团化的组织形态，法团主义与中国社会有着多方面的契合性（陈家建，2010）。

当然也不乏学者跳出市民社会和法团主义的既定框架，提出更为本土化的理论解释，如王颖等人对浙江萧山的基层社团展开研究，提出了"社会中间层理论"（王颖等，1993）。康晓光与韩恒则认为许多研究在"局部考察"的视角下对不同类型的社会组织与政府之间的关系做出的判断是片面的，他认为改革开放以来，国家与社会关系演变的过程实际上是国家重新塑造其社会控制体制的过程，也就是国家建设"分类控制体系"的过程。因此，他们基于总体性研究视角相继提出了"分类控制"和"行政吸纳社会"等理论模式（康晓光、韩恒，2005，2007）。江华等以行业组织为例，基于理性选择视角提出了"利益契合论"，认为国家在处理与社会组织的关系时会适时采取策略性和低制度化选择（江华等，2011）。唐文玉则基于对N镇基层文联的案例研究提出了"行政吸纳服务"的理论解释模式（唐文玉，2010）。

上文不揣浅陋对三个题域的研究分别进行了不尽全面的概观，但是这并不代表"国家与社会"只存在于此三个题域，而这三个题域的研究也并非截然分殊的。"国家与社会"分析框架在社会学论域的应用虽然包括却并不局限于上述三个题域。本文主要是为了分析的便利而择其要之呈现，同时也是为了能在横向的并列比对中发现"国家与社会"分析框架在具体应用中所具有的一般性特征。事实上，我们发现"国家与社会"分析框架尽管具有多重面相，但在同一时段的不同题域中，几乎秉承相同的取向，较早期的研究多机械地将国家与社会置于二元对立的结构框架中，而较晚近的研究则更多关注国家与社会之间的互动及你中有我、我中有你的复杂关联。

三　倾向与缺陷

在一定的意义上，"国家与社会"分析框架通过对原有的单向度的自上而下的"国家主义"范式的批判，将社会的向度引入中国研究，从而实现了社会科学领域研究框架转换的革命。尽管二十年来"国家与社会"分析框架的广泛应用取得了显著成功，但是综观纷繁芜杂的研究成果仍然存在良莠不齐的状况。比如，诸多冠以"国家与社会"名义的研究仅仅是在装饰性的意义上使用此分析框架，对其理论预设、核心逻辑、方法论原则等茫然不知，存在一种形式主义消费倾向。此外，从整体上看，学界对于"国家与社会"存在一种一元论的神化倾向，无论何种论题只要置于"国家与社会"的分析框架中似乎便天然地具有了某种正当性与合理性，此种倾向有过分重视和消费"国家与社会"之嫌，不仅有可能遮蔽问题的本质而且一定程度上不利于研究框架的更新换代。而具体到社会学论域中的研究，则可以发现不同题域下的"国家与社会"分析框架存在某些更为具体的且具有共通性的倾向甚或缺陷。

首先，"国家与社会"分析框架在上述三个题域的应用主要存在三种取向，即国家中心论、社会中心论及国家与社会互动论。但无论是基于哪种取向开展研究，国家与社会都被先验地视为两个具有明确界分的实体，也即在本质上秉承的是一种国家与社会二元对立的思维方式，投射到具体研究中则演变成一种对二者影响力进行比对的结构性分析，即使是国家与社会互动取向也概莫能外。但是正如黄宗智所言，倘若我们坚持这一国家与社会二元界分的理论预设，我们就会冒这样一种风险，即将论题化约成只不过是争论社会与国家何者对所讨论的现象影响较大（黄宗智，2003：260），而忽视了在这种静态结构之下所隐藏的行动及其能动性，从而难以获得相对微观的机制性解释。不仅如此，这种主客二元对立的思维方式将注意力集中于国家与社会的力量比对及互动关联上，却较少关注各自内部的非同质性以及冲突，而这必将成为显著降低"国家与社会"分析框架解释效力的一个重要缺陷。

其次，对于中国研究而言，源出于西方历史经验及西方人价值理念的市民社会理论及其衍生的"国家与社会"分析框架在中国既无历史踪迹可循也无现实经验对照。但是这并不意味着此分析框架就不能应用于中国研究，只是在"拿来用"之前应该对其加以思想理念上的分殊，即"国家与社会"既是一种解释性框架，亦是一种规范性框架。这也即邓正来所言的"国家与社会"具有两种可资借鉴的资源：一是作为解释模式的资源，二是作为建构实体社会的资源（邓正来，2002：127）。但是在实际应用过程中这二者往往相互掺杂、混沌不分。因此，既导致了作为解释框架的"国家与社会"在具体研究中难以落实，又导致了中国社会发生的具体情况无法与"国家与社会"契合的双重困境与缺陷。

最后，"国家与社会"作为一种具有特定内涵的分析框架本身具有难以突破的限度。正如其引入者邓正来先生所言："任何一种理论范式均具有自身的限度，不可能用来解释一切现象。即使在它的适用的范围内，它还有着自身的种种弱点。"（邓正来，2002：291）"国家与社会"亦概莫能外。其实早在引入之初，邓正来便对此框架可能存有或可能导致的种种风险进行了提示。首先，国家与社会范式容易诱导人们进入整体性思维，将国家和社会都视为独立的整体，进而将它们加以实体化，然后想象它们的关系是在两个主体之间展开的，从而陷入一种"整体性同质化"的思维倾向中。其次，作为宏观层面的国家与社会在具体的研究中通常被化约为较低层次的对应主体，但是经由这些具体的个案研究所获得的结论能否以及如何上升至国家与社会层面却存在着一种悖论性的困境（邓正来，2002：290－291）。事实证明，邓正来教授在某种程度上一语成谶。

四　质疑与破题

在过去的二十年中，"国家与社会"凭借其与中国社会变迁趋势的基本契合而成为一种具有普适性的分析框架，并且历经国内社会科学领域的广泛应用和多次修正而日渐成熟。一方面是"国家与社会"分析框架图式的不断扩充完善；另一方面则是与之始终相伴随的质疑与批判，并且近年来这种批判质疑之声日渐高昂。这种批判质疑主要基于意识形态维度和效用维度展开。从意识形态维度来看，国家与社会范式源于西方国家特定的社会历史经验，暗含了西方实现现代化的道路具有普遍有效性的假设，而这种假设则具有目的论和一元论的嫌疑；从效用维度来看，中国的国家与社会关系自古以来便是彼此交融、界限模糊的"家国同构"形态，即使在20世纪90年代以来国家开始逐渐退出社会的"领地"，但是这一有意建构的事实与西方社会自发形成的市民社会形态存在本质上的差别，那么源于西方的"国家与社会"是否具有真正的解释效力则是颇为可疑的。

自诩为学术边缘人的黄宗智从一开始便对这种国家与社会二分的理论框架持质疑和批判态度。他认为，"国家与社会的二元分立是从那种并不适合于中国的近现代西方经验里抽象出来的一种理想构造，我们需要转向采用一种三分的观念，即在国家与社会之间存在着一个第三空间，而国家与社会又都参与其中"（黄宗智，2003：260）。因此，黄宗智建议借用哈贝马斯的"公共领域"概念来定义这种第三空间，并称为"第三领域"。他认为"第三领域"尽管同时受到国家和社会的双重影响，但是可以阻止那种将其化约到国家或社会范围的倾向。并且，在中国的历史和现实经验中都能够找到第三领域真实存在的证据。但是，黄宗智的这一析分遭到了诸多质疑，被认为这种国家——第三领域——社会的三元分立框架很可能在主观上篡改了哈贝马斯的国家——公共领域——社会的三层结构。但是，笔者认为，这种三分法从逻辑上而言确实有其优胜之处，它明确预见并指出了中国国家与社会之间存在的灰色地带，这个地带既不属于国家也不属于社会，毋宁说是国家与社会真正发生角力的竞技场。

相较而言，肖瑛的破题更为彻底。他认为，"国家与社会"作为近年来国内外学界研究中国社会变迁的主导性视角，其在中国的运用更多是规范层面的，难以解释中国社会变迁的复杂机制，应代之以"制度与生活"分析框架。这是一种相对微观的研究路径，所谓"制度"是指以国家名义制定并支持国家的各级各部门代理人行使其职能的"正式制度"，"生活"则是指社会人的日常活动，既是实用性的、边界模糊的，又是例行化的、韧性的及各种"非正式制度"或曰"习惯法"。正式制度与日常生活是两种不同的秩序观，制度一经发布和实践就能重塑生活。"制度与生活"分析框架主要沿袭吉登斯的结构化理论，把系统论想象都还原为实践的主旨，从而超越"国家与社会"二元论的、结构主义的分析模式，把日常实践同社会结构变迁勾连起来，为探究社会结构变迁的微观动力机制提供一种解释框架，因此其可以成为一个替代性视角（肖瑛，2014）。笔者认为，"制度与生活"的提出确实打破了"国家与社会"一统天下的格局，给学界提供了一种相对微观的、动态的研究路径，但是与其说以前者完全替代后者，毋宁说二者互为补充，若将这两种分析框架相结合也许能获得更全面的认识。

马卫红、桂勇等通过对当代中国城市社区研究的透视，发现"国家与社会"分析框架在其中占据主导地位，但是因为与生俱来的特性，被纳入这一分析框架的研究主体都是整体的而非分化的、二元的而非多元的。因此，对于认知和解释城市草根的政治社会变迁而言，"国家与社会"难以提供令人满意的答案。而具体到邻里层面，与模糊不清的国家与社会相比有着各种不同利益与目标的行动者以及更为具象的邻里空间更具清晰性和实在性。因此，可以采用一种更具优势的行动者取向分析框架（马卫红等，2008）。但是这种行动者取向的分析框架主要是从特定的城市社区研究中提炼出来的，那么它是否能够推广至别的题域并同样具有解释力是一个需要加以检证的问题。

与上述诸种批判之声不同，刘欣给出的答案则截然相反，在其关于新政治社会学的论文中也涉及对"国家与社会"的相关反思（尽管不是专门论述）。他认为随着时代背景的变迁，传统政治社会学理论（主要关注民族——国家视域中权力存在的形式和权力运作的方式，将国家与市民社会的关系作为核心问题）赖以建立的社会前提虽然发生了一些变化，但是这种变化并不具有颠覆性意义，国家依然是一种形态可辨、相对完整的分析单位（刘欣，2009）。而新政治社会学通过宣称后工业社会的来临意欲解构权力、国家和社会的思路虽然具有一定的启发性，但是远远不能说完成了一种范式的转型，毋宁说是一种理论的补充。可见，刘欣认为"国家与社会"的范畴仍然具有一定的生命力，不会轻易被替代，但是对于一些新的思路可以借鉴、补充甚至结合起来运用。

囿于笔者学力所限，以上所列难免挂一漏万，希冀有后来者能予以补充丰富。

五 结语

从目前学界的相关研究进展来看，尽管能够完全取代"国家与社会"或与之并驾齐驱的新的分析框架尚不可得，但是"国家与社会"一统天下的局面已经松动。邓正来曾说，"作为一种理论范式的国家与社会关系是在特定的历史条件下出现的。它既是对现实的一种反应，也是对现实的一种塑造"（邓正来，2002：291）。进入21世纪之后，中国身处全球化逻辑、后现代化逻辑、风险社会逻辑以及互联网逻辑等多维空间，并凭借综合国力和经济实力的显著增长而从被消费的"他者"转变为具有"生产性"的主体。在此过程中，理论界对于"国家与社会"（主要是作为一种经验事实）的认知日益深入，从而不断地对"国家与社会"分析框架展开全方位、多维度的审视及重构，但是笔者认为问题的实质不在于我们是否应该继续使用"国家与社会"框架或是重构本土化的解释范式，而在于我们是否能够始终以一种"社会学的想象力"对既有的范式进行批判和反思，并依据历史条件的变化而不断地探索新的研究范式。

任何一种理论范式或分析框架的兴起既与特定的理论脉络紧密联系，更与特定的时代背景相关联。"国家与社会"分析框架于20世纪八九十年代在国内学界兴起的契机主要源于改革开放所推进的国家与社会关系的深刻变化，这种变化既象征着"国家淹没社会"的"全能主义"国家时代的终结，亦代表着传统中国"家国一体"国家形态的没落，而进入到一种历史上从未有过的国家与社会渐趋分离并形成潜在对抗的状态。而进入21世纪后，绝大多数民族国家皆因全球化的影响而被裹挟进一个更大的世界场域，中国概莫能外。在此世界场域中，"民族""领土""主权"等话语不再时兴，而代之以全球公民组织、跨国社会运动、全球公共领域、全球市民社会等全新的社会形态和概念。与此同时，全球性的信息技术革命以及网络新媒体的广泛覆盖为上述全球性社会力量的整合与行动提供了充分的技术条件。正如裴宜理所言，经济的全球化将带来市民社会（私域）的联动，互联网的发展则会带来公共领域的膨胀与文化的全球化以及这两者合起来将对民族国家的政治产生深远的影响（裴宜理，2002）。这些崭新的变化使得集中于"民族—国家"视域内的"国家与社会"分析框架变得越来越"不合时宜"。进言之，若始终以民族国家为天然界限，聚焦于其中的国家与社会关系的变迁而无视民族国家所嵌入的全球化场域以及由互联网所构建的"无限化"场域，那么在新的时代浪潮中"国家与社会"分析框架终将走到认知与解释的极限。

参考文献

安戈、陈佩华，2001，《中国、法团主义和东亚模式》，《战略与管理》第 1 期。

陈家建，2010，《法团主义与当代中国社会》，《社会学研究》第 2 期。

陈伟东，2003，《社区治理与公民社会的发育》，《华中师范大学学报》（人文社会科学版）第 1 期。

邓正来，2002，《市民社会理论的研究》，中国政法大学出版社。

丁惠平，2014，《中国社会组织研究中的国家——社会分析框架及其缺陷》，《学术研究》第 10 期。

顾昕，1994，《当代中国有无公民社会与公共空间？——评西方学者有关论述》，《当代中国研究》第 4 期。

顾昕、王旭，2005，《从国家主义到法团主义——中国市场转型过程中国家与专业团体关系的演变》，《社会学研究》第 2 期。

何海兵，2006，《"国家——社会"范式框架下的中国城市社区研究》，《上海行政学院学报》第 4 期。

黄宗智，2003，《中国的"公共领域"与"市民社会"？——国家与社会间的第三领域》，载黄宗智主编《中国研究的范式问题讨论》，社会科学文献出版社。

江华等，2011，《利益契合：转型期中国国家与社会关系的一个分析框架》，《社会学研究》第 3 期。

康晓光、韩恒，2005，《分类控制：当前中国大陆国家与社会关系研究》，《社会学研究》第 6 期

——，2007，《行政吸纳社会：当前中国大陆国家与社会关系再研究》，《中国社会科学》（英文版）第 3 期。

李汉林，1993，《中国单位现象与城市社区的整合机制》，《社会学研究》第 5 期。

李骏，2003，《社区建设：构建中国的市民社会》，《人文杂志》第3期。

李昌平，2004，《乡镇体制改革和乡村社会发展：由"政府本位"向"民间本位"发展》，《毛泽东邓小平理论研究》第6期。

刘欣，2009，《新政治社会学：范式转型还是理论补充?》，《社会学研究》第1期。

刘晔，2003，《公共参与、社区自治与协商民主——对一个城市社区公共交往行为的分析》，《复旦学报》（社会科学版）第5期。

卢汉龙，2004，《中国城市社区的治理模式》，《上海行政学院学报》第1期。

马明洁，2000，《权力经营与经营式动员——一个"逼民致富"的案例分析》，《清华社会学评论》特辑。

马卫红等，2008，《城市社区研究中的国家社会视角：局限、经验与发展可能》，《学术研究》第11期。

裴宜理，2002，《走向后现代：当代中国研究中国家——社会分析框架的嬗变》，南京大学社会学系博士学位课程"当代中国研究"讲义（未刊稿）。

彭大鹏，2009，《村民自治的行政化与国家政权建设》，《北京行政学院学报》第2期。

束锦，2010，《农村民间组织与村民自治的共生与互动——基于市民社会语境下的探讨》，《江海学刊》第4期。

孙立平、郭于华，2000，《"软硬兼施"：正式权力的非正式运作的过程分析——华北B镇收粮的个案研究》，《清华社会学评论》特辑。

唐文玉，2010，《行政吸纳服务——中国大陆国家与社会关系的一种新诠释》，《公共管理学报》第1期。

童世骏，1997，《文明社区的时代特征》，《社会》第9期。

王颖等，1993，《社会中间层——改革与中国的社团组织》，中国发展出版社。

魏娜，2003，《我国城市社区治理模式：发展演变与制度创新》，《中国人民大学学报》第1期。

吴理财，2002，《村民自治与国家重建》，《经济社会体制比较》第4期。

肖瑛，2014，《从"国家与社会"到"制度与生活"：中国社会变迁研究的视角转换》，《中国社会科学》第9期。

徐勇，2005，《村民自治的成长：行政放权与社会发育——1990年代后期以来中国村民自治发展进程的反思》，《华中师范大学学报》（人文社会科学版）第2期。

杨敏，2007，《作为国家治理单元的社区——对城市社区建设运动过程中居民社区参与和社区认知的个案研究》，《社会学研究》第4期。

张钟汝等，2009，《国家法团主义视域下政府与非政府组织的互动关系研究》，《社会》第4期。

赵文词，1999，《五代美国社会学者对中国国家与社会关系的研究》，载涂肇庆等主编《改革开放与中国社会：西方社会学理论述评》，牛津出版社。

郑杭生，2012，《论我国社区的双重困境与创新之维》，《东岳论丛》第1期。

郑卫东，2005，《"国家与社会"框架下的中国乡村研究综述》，《中国农村观察》第2期。

Frolic, B. Michael, 1997, "State-Led Civil Society." in Timothy Brook & B. Michael Frolic (eds.), *Civil Society in China*. New York: M. E. Press.

He, Baogang, 1997, *The Democratic Implications of Civil Society in China*. New York: ST. Martin's Press.

White, Gordon, 1993, "Prospects for Civil Society in China: A Case Study of Xiaoshan City", *The Australian Journal of Chinese Affairs*, No. 29, January.

未完成的无产阶级化与农民工职业病维权的蜂巢行动主义困境

——以深圳"尘肺门"为例

范璐璐　吴子峰*

摘　要：本文认为非正规就业农民工遭遇职业病问题时并非以"依法维权"为首选，而是倾向集体行动维权。政治机会结构、媒体关注和外部资源动员可以帮助农民工解决职业病赔偿问题，但是却无法改善劳动权益状况。这和"未完成的无产阶级化"对农民工维权的限制相关。当工人领袖不断出现，进行跨地域、跨行业的工人动员，不只是在赔偿问题上进行维权，而且对劳动关系、劳动保护、社会保障等提出要求的时候，蜂巢行动主义才有可能被打破。

关键词：农民工　尘肺病　维权　集体行动　蜂巢行动主义

一　问题的提出：尘肺病引发的集体行动

（一）尘肺病作为社会问题

尘肺病①发病人数居中国职业病首位，造成巨大的经济损失和社会影

---

* 范璐璐，香港理工大学应用社会科学系博士后（Author 1：FAN Lulu, Department of Applied Social Sciences, Hong Kong Polytechnic University）；吴子峰，香港中文大学政治与行政学系博士候选人（Author 2：NG Tsz Fung Kenneth, Department of Government and Public Administration, The Chinese University of Hong Kong）

① 尘肺病是由于在职业活动中长期吸入生产性粉尘（灰尘），并在肺内潴留而引起的以肺组织弥漫性纤维化（疤痕）为主的全身性疾病。长期吸入的粉尘滞留在肺部，不能排出，会导致肺组织纤维化，肺功能损伤，伴随着各种并发症的出现。

响。卫生部数据显示，截至 2012 年底，全国累计报告尘肺病 727148 例，现在尘肺病在以每年 2 万多例的速度递增。表 1 所示为中央相关部委从 2005 年开始公布的尘肺病及职业病总数的数据。

表 1　尘肺病及职业病病例总数 2005 年–2012 年（单位：人）

年份	新报告尘肺病病例	新报告职业病总数	尘肺病占职业病的比例
2005	9173	12212	75.11%
2006	8783	11519	76.25%
2007	10963	14296	76.69%
2008	10829	13744	78.79%
2009	14495	18128	79.96%
2010	23812	27240	87.42%
2011	26401	29879	88.36%
2012	24206	27420	88.28%

资料来源：作者根据中华人民共和国卫生部、中华人民共和国国家卫生和计划生育委员会公布资料整理。

现在我国劳动者享有的职业卫生服务的覆盖水平非常低，很多企业劳动者的体检率低，报告不全，有专家估计职业病报告的资料对真实职业病发病情况反映程度尚不足 90%，有超过 90% 的病例未能出现在职业病报告的数据库中（王丹、张敏、郑迎东，2013）。根据大爱清尘基金会估计，尘肺病实际发生的病例数不少于 600 万人（屈一平，2013）。据国家疾病控制中心职业病与中毒控制所首席专家李德鸿研究员测算，全国每年尘肺病造成的直接经济损失达 80 亿元，间接损失达 300 亿至 400 亿元。另有学者估算，尘肺病一年所造成的直接经济损失为 250 亿元人民币，间接经济损失为 1595 亿元人民币，总损失是 1845 亿元人民币，占 2009 年 GDP 的 0.55%（赵庚，2011）。

卫生部部长陈竺在 2009 年保护农民工健康高层论坛上指出，农民工群发性职业病危害事件时有发生，其中很多是尘肺病在一定区域内的集中爆发，如福建省仙游县、安徽省无为县、云南省水富县等。在一些地方农民工家庭因职业病致贫、返贫问题十分突出，农民工健康问题已经成为影响社会稳定与和谐的公共卫生问题和严重社会问题。[①] 湖南耒阳、张家界，甘

---

① "加强职业病防治工作　保护农民工健康——卫生部部长陈竺在保护农民工健康高层论坛上的演讲"引自"中国安全生产网"（http://www.aqsc.cn/101812/101940/121444.html），2009 年 4 月 24 日。

肃古浪，四川乐山，江西修水都有屡见于媒体的"尘肺村"，有一些村子由于尘肺病工人相继死去，已经成为"寡妇村"。

从1949年开始，尘肺病发病工龄在我国经历了从缩短到延长又到缩短的过程。例如硅肺的平均发病工龄从1955年至1959年间的9.5年延长到了1985年至1986年间的26.2年，2002年后发病工龄迅速缩短，2009年达到最低点，只有8.0年。国外的一些研究表明，尘肺病的发病水平、发病工龄的变化，不是一个单纯的关于医疗条件的技术问题，而与国家的发展政策，国家和工人阶级的关系，企业的用工形式、劳动保护条件，政府的监管程度，劳动者的组织程度和谈判力量等有很大关系（Wallace，1987；Smith，1987；Derickson，1988，1998；Rosner & Markowitz，1994；Botsch，1993）。对于中国尘肺病的高发和发病工龄的缩短，有学者认为这是由于原国有企业、集体企业在向市场经济转轨过程中，只注重经济效益，忽视卫生防护设施设备的投入，造成作业场所的粉尘浓度严重超标，以及20世纪80年代开始，我国允许私营或个体企业发展粉尘作业项目，却未配备相关的防尘设备，造成粉尘浓度严重超标等因素造成的（尹黄，2005）。但是却很少有学者从国家和工人阶级的关系、劳工力量的角度来研究中国的尘肺病问题。

（二）尘肺病的高发群体——非正规就业中的农民工

1. 非正规就业的概念和中国非正规就业的情况

除了工作环境的职业病危害，农民工面对职业病的脆弱性还在于缺乏劳动关系证明和社会保险。

"非正规就业"（informal employment）是国际劳工组织在20世纪70年代提出的一个概念，用来描述缺乏劳动合同、社会保险和带薪休假的工作状态（ILO，2013）。非正规就业现在在世界各地普遍存在，根据国际劳工组织和"非正规就业中的妇女：全球化与组织化"（WIEGO）的统计，从2004年到2010年，南亚国家的非正规就业人口占总就业人口的比例是82%，这一比例在撒哈拉以南的非洲、东亚和东南亚、拉丁美洲，以及中东北非地区分别是66%、65%、51%和45%[①]。非正规就业不只存在于第三世界国家，也存在于发达国家（Portes & Saskia，1987；Mangan，2000；Kalleberg，2009）。

与非正规就业相关联的学术概念还有弹性用工（flexible labour）（Fel-

---

① 引自 WIEGO 网站：http://wiego.org/informal-economy/statistical-picture。

stead and Jewson，1999）、不稳定就业（precarious work）（Federici，2006；Kalleberg，2009）和非规范就业（non-standard work）（Krahn，1995；Mangan，2000）等概念。这些概念都指向不同于20世纪中期发达资本主义国家出现的有保障的就业状态：如全日制、长期合同和工作安全（Felstead and Jewson，1999）。这些概念之间也有一些不同之处，比如不稳定就业（precarious work）强调工人处于一种失业、低工资和缺乏社会保险的风险之中，而弹性用工（flexible labour）和非规范就业（non-standard work）则包括拥有更高自主性和更高收入的就业状态。

中国的改革开放政策改变了国家与工人阶级的关系，使得国家不再是雇用的主体，国有、集体企业中的终身雇佣制被合同工、临时工、派遣工等雇佣关系取代，再加上新自由主义全球化的影响，外资、私营企业中广泛采取非正规用工的形式，使得非正规用工在中国普遍存在。根据中国劳动关系学院经济管理系课题组的研究①，2010年中国城镇非正规就业②人口占就业人口比重为63.19%（燕晓飞、刘军丽等，2013）。根据黄宗智的估算，全国83.2%的就业人员属于非正规就业③，其中58.7%为农民工（黄宗智，2013）。农民工就业的特点表现为：作为临时工的农民工，与单位正式职工处于两种完全不同的就业和工资体系；除了工资外，农民工不享受任何福利保障；农民工与雇主之间的劳动契约十分松散，因此，常常发生雇用纠纷，雇主拒付工资的现象频繁发生；就业十分不稳定，农民工是城市里更换工作最为频繁的群体，比城市居民更换工作频繁得多（李强、唐壮，2002）。农民工监测调查报告显示了农民工签订劳动合同和参加社会保险的比例之低。分行业看，2012年未与农民工签订劳动合同的比例，建筑业为75.1%，制造业为48.8%，服务业为60.8%。④ 这里所提及的数据只说明了签订合同的比例，未涉及所签订的合同是否合法、劳动者手中是否保留一份合同，而劳动者手中握有依法签订的合同才能真正维护其合法权益。表2为2008年至2013年间农民工参加社会保险的比例的数据，2013年

---

① 这一项研究和下面提到的黄宗智的研究都以2011年的《中国统计年鉴》为基础，因对于非正规就业的定义不同，所以呈现的数据也不同。

② 非正规就业包括各种不规范的用工：未签订正规劳动合同、临时雇用、非全时工及劳务派遣工等。

③ 包括城市中的农民工，农村地区的非农就业人口，以及其他非正规就业人员。

④ 《国家统计局发布2012年全国农民工监测调查报告》，引自中央政府门户网站（http://www.gov.cn/gzdt/2013-05/27/content_2411923.htm），2013年05月27日。

已是统计数据上可见的外出农民工参加工伤保险比例最高的一年了，但是仍有 71.5% 的外出农民工不受工伤保险的保障，根据当年外出农民工的数量来计算，有 11876 万的外出农民工处于这样的状态。[①]

表 2　外出农民工参加社会保险的比例

	2008 年	2009 年	2010 年	2011 年	2012 年	2013 年
养老保险	9.80%	7.6%	9.5%	13.9%	14.3%	15.7%
工伤保险	24.1%	21.8%	24.1%	23.6%	24.0%	28.5%
医疗保险	13.1%	12.2%	14.3%	16.7%	16.9%	17.6%
失业保险	3.7%	3.9%	4.9%	8.0%	8.4%	9.1%
生育保险	2.0%	2.4%	2.9%	5.6%	6.1%	6.6%

资料来源：2012 年全国农民工监测调查报告数据，摘自《中国人口与劳动问题报告 No.14 从人口红利到制度红利》，13 页。

2. 非正规就业在中国建筑业的体现

建筑业的风钻行业是尘肺病的高发行业。由于建筑行业普遍存在非法转包和违法分包，建筑工人普遍没有劳动合同这一劳动关系的证明。这使得建筑工人的权益很容易受损，也增加了他们维权的难度。北京行在人间文化发展中心和安全帽大学生志愿者流动服务队 2011 年 12 月 4 日发布的"京、渝、沪、深四城市建筑工人生存状况调查报告"显示：在发生过湖南尘肺病工人集体维权的深圳市，建筑工人劳动合同签订率为 29.4%。[②] 在签订过劳动合同的样本中，63.6% 的工人自己手上没有劳动合同。资方也很少为建筑业农民工缴纳工伤保险金，对于大多数建筑工人来说，《工伤保险条例》中所规定的工伤补偿和康复支持是很难实现的。

3. 非正规就业下尘肺病工人的出现

根据《中国尘肺病农民工生存状况调查报告（2014）》，尘肺病农民工签订劳动合同的比例仅为 6.8%，93.2% 的尘肺病农民工从来没有与工作单位签订劳动合同。就工伤保险来说，91.6% 尘肺病农民工从来没有过或者不清楚有没有工伤保险，仅有 8.4% 的尘肺病农民工有过工伤保险，这也远低

[①] 根据国家统计局的抽样调查结果，2013 年全国农民工总量为 26894 万人，外出农民工为 16610 万人。

[②] 北京行在人间文化发展中心、安全帽大学生志愿者流动服务队："2011 年京渝沪深四城市建筑工人生存状况调研报告"，引自百度文库（http://wenku.baidu.com/view/907ae51d10a6f524ccbf8593.html? re = view），2011 年 12 月 4 日。

于 2013 年全国农民工的 28.5% 的工伤保险覆盖率。① 非正规就业的农民工通常是尘肺病的高发群体，但是又没有劳动合同和社保，游离在制度保护的框架之外，这为其维权增加了难度。

（三）已有研究及其争论点：抗争性政治与阶级视角

很多学者用抗争性政治的理论框架来研究中国社会的集体行动。抗争性政治从国家—社会二分的视角出发，涵盖了社会革命、社会运动和集体行动等各种以大众动员为基础的社会行动，探讨它们共同的机制和过程，但又特别指向了关涉国家的集体诉求行为，这使得它与那些关注社会内部群体或阶级间的概念区别开来（黄冬娅，2011）。关于中国抗争性政治的研究关注过如下一些问题：国企下岗职工问题（Cai，2002；Hurst，2004；佟新，2006；Lee，2007；于建嵘，2010），农民工维权（Lee，2007；于建嵘，2010），农村征地、水库移民问题（于建嵘，2004；O'Brien & Li，2006；应星，2001，2007a），业主维权（何艳玲，2005；张磊，2005；张紧跟、庄文嘉，2008；黄荣贵、桂勇，2009），以及环保、反歧视等维权行动（石发勇，2005；俞志元，2012），并总结了不同群体维权策略的不同：农民的依法维权（O'Brien & Li，2006），以法维权（于建嵘，2004），农民工的依法维权（Lee，2007；于建嵘，2010），国企下岗职工以社会契约、以理维权（Lee，2007；于建嵘，2010）等。关于抗争性政治的研究多通过以下因素来探讨抗争结果为何有所不同：诉求类型（是利益指向型，政策改善型还是追究责任型？），政治机会结构（各级政府的角色和应对策略，能否利用各级政府之间目标的不同作为议价杠杆？），所拥有的力量和资源（是否有有效的内部组织和外在资源动员能力？）（应星，2007b；Cai，2010；俞志元，2012），政府的应对机制（"拔钉子、开口子、揭盖子"的摆平理顺术；将抗争中的讨价还价常规化、管理化，设计和实施一套科层制游戏来制造程序同意以及维稳的霸权话语）（应星，2001，2007a；张永宏、李静君，2012）。

阶级视角是指确立了在社会转型过程中资本剥削劳动的事实，并以此为基础认识中国社会中国家、劳工和资本等诸多因素的关系。阶级视角的

---

① 中华社会救助基金会大爱清尘基金：《中国尘肺病农民工生存状况调查报告（2014）》引自大爱清尘网站（http://www.daaiqingchen.org/bencandy.php?fid－11－id－1757－page－1.qingchen），2014 年 7 月 14 日。

理念是相信，工人们只有组织起来才能有力量，并在谈判的基础上实现劳工的基本权利（佟新，2008：71）。沈原（2006）认为中国处在由计划经济到市场经济，并逐步参与到新自由主义全球化体系的大转变过程中。在这样的背景下，他主张把工人阶级带回当今社会学分析的中心，因为沿着马克思理论的无产阶级化的路径和波兰尼的市场化理论路径，农民工和原国有企业工人两个群体成为当代工人阶级再形成的主体，他们与资本和国家之间的互动过程也将深刻影响中国社会。关于农民工抗争的研究显示其利益诉求经历了从底线型向增长型（蔡禾，2010）、由法定权利取向向利益取向的转变过程（陈峰，2010），并通过由老乡、同事、熟人的关系网络结成维权组织（Chan，2010；汪建华、孟泉，2013），向争取民主工会来巩固维权成果的方向努力（Chen & Tang，2013；闻效仪，2014）。工人的集体行动也由自发式、野猫式的罢工，向有组织者、有工人领袖引导、有持续推进目标及跨厂联合倾向的罢工发展（Leung，2013）。但是工人阶级的形成过程并不是均质的，像结构性力量和结社性力量都很强的汽车工人已经在推进民主工会，并且通过有组织的罢工争取增长型的阶级利益的时候（Chan & Hui，2012），建筑业的农民工还没有合法的合同，没有社保，还在为拿到工资而进行底线型的抗争，中国的农民工处于一个"未完成的无产阶级化"的状态，建筑业农民工处于这个无产阶级化谱系的低端（潘毅、卢晖临、张慧鹏，2010）。

就农民工职业病维权抗争的研究来看，也存在着抗争性政治的视角和阶级视角的不同，并且对农民工职业病维权策略的选择及其结果也有不同的判断。李静君在 *Against the law* 一书中认为中国大陆劳工，尤其是农民工的抗争广泛地诉诸法律，这是因为国家的劳工政策是法律契约，而不是原有的和国企工人的社会契约（Lee，2007）。李静君认为存在中央政权希望用法律来树立政治合法性和地方政府对于积累的需要的矛盾，使得工人的法律维权活动也很难真正有效进行，申请仲裁、起诉的路走不通，才导致了很多的劳工抗议活动，但是这些抗议活动呈现了"蜂巢行动主义"的状态①。梁柏能和潘毅则以珠宝行业尘肺病工人集体行动维权为例，论证了中国劳工维权激进化的倾向（Leung & Pun，2009），这一研究认为走法律程序

---

① 李静君在2007年出版的《Against the law》一书中用蜂巢行动主义（Cellular Activism）这一概念来阐述中国的劳工抗争局限在了特定的工作场所或地区，而很少发展成为大规模的和更有挑战性的抗争，也无法改变劳资力量对比的情况与国家的劳工政策。

维权在工人维权策略选择中并不一定占有优先性，而且工人中出现了跨厂联合维权的倾向，出现了一批稳定的工人骨干带领珠宝行业的工人维权，这有可能突破蜂巢行动主义。

但是之前的对于工人集体行动的研究都很少涉及非正规就业的农民工的职业病问题，非正规就业的农民工数量众多，恶劣的劳动条件和劳动保护状况使得他们容易得上职业病，缺乏劳动合同和社会保险又为他们维权设置更多的障碍。

本文以"深圳尘肺门"为例，以抗争性政治的视角来理解促进非正规就业农民工职业病维权个案解决的因素，以阶级的视角来解读非正规就业的意涵和农民工职业病维权蜂巢行动主义的原因，来回应李静君、梁柏能和潘毅等学者的研究的争论：农民工是否倾向于首先采取法律途径维权？对于职业病维权来说，有什么内在和外在的条件有助于增强农民工维权时的能力，有哪些维权策略有助于农民工获得赔偿？农民工职业病维权是否推动了劳动条件的改善，如果没有推动，其原因是什么？农民工职业病维权是否可能突破"蜂巢式行动主义"？

本文的资料来自于"大学生尘肺病调查小组"① 对耒阳和张家界尘肺病工人进行的长达 3 年的（2009 年—2012 年）访谈和参与式观察的资料。除了对耒阳和张家界工人在深圳的维权行动的参与式研究，本文的作者还曾于 2011 年 7 月和 9 月，2012 年 7 月三次前往耒阳导子乡访谈尘肺病工人及其家属，于 2011 年 7 月前往张家界访谈尘肺病工人及其家属，并于 2011 年 10～11 月在深圳的工地上进行调研，来了解风钻工的劳动条件是否有改善。

二 "深圳尘肺门②" 始末

1990 年开始，耒阳市导子乡的村民便陆续到深圳从事风钻行业。2002

---

① 大学生尘肺病调查小组由来自北京大学、清华大学、香港理工大学、中山大学等高校的师生组成，长期关注建筑工人的生存和权益状况，尤其关注建筑行业的尘肺病工人，深入工地和尘肺病人的家乡开展了调研和服务活动。

② 2009 年 10 月，湖南张家界的一百多名风钻工由于在深圳的各大建筑工地从事孔洞爆破工作吸入大量粉尘，多人经普通医院检查被疑患有尘肺病，但职业病防治院却以没有劳动合同和职业病检查委托书的名义拒绝给他们做进一步检查和治疗。这些工人采取静坐、绝食的方式在深圳市政府门前表达诉求，并引起社会广泛关注，这一事件被媒体称作"深圳尘肺病门"。这一事件又与同年 5 月湖南耒阳的风钻工争取尘肺病赔偿的集体维权事件相联系，本文会介绍这前后相继的两起建筑工人争取尘肺病赔偿的事件。

年，张家界工人开始大批量接替耒阳的风钻爆破工。深圳的高楼大厦基本都是这些工人打下的地基。工人在几十米深的井下打钻，由于是干式作业，粉尘浓度特别大，工人缺乏劳动保护用品，也没有人告知他们职业病危害。和其他建筑工人一样，在深圳工作的湖南籍风钻工一直处于没有劳动合同、很少人具有工伤保险的状态。

（一）耒阳尘肺病工人维权经过

发病、与老板私了未果。1990～2002年，湖南耒阳市的大批青壮年农民工在深圳从事建筑行业风钻爆破工种，由于施工条件差，长期接触粉尘，很多人罹患尘肺病，相继有人死亡。2009年4月，一个生病的工人①找到爆破公司老板，要求对方出钱给他治病。该老板最后给了他10万元。消息传回湖南，10多名病情比较严重者随即从耒阳赶到深圳，向他们工作过的一家爆破公司要求补偿。公司老板对工友们说，口说无凭，要求他们去做鉴定，以确定是否属于职业病。

因无合同、社保，职业病鉴定受挫。2009年5月22日到6月3日，大约有190名耒阳农民工在深圳市职业病防治院（简称职防院）做了检查（非鉴定）。随后，一份《2009年5月22日～6月3日湖南耒阳籍劳务工健康检查资料汇总》传真到耒阳政法委。该资料显示，其中101人有不同程度的尘肺病症状。但6月15日，深圳职防院给工人出具的"放射科报告书"只是写"发现阴影""复查""作进一步诊断"，与工人前两天从耒阳方面知道的结果不符。职业病防治院否认他们传真给耒阳方面检查资料。工人愤怒，将医院负责人带到深圳市政府，要求给个说法。事件惊动深圳市政府、劳动及卫生部门。深圳市领导批示，要求在"法律框架、人文关怀"的原则下予以处理，要求工人出具劳动关系证明，然后进行职业病鉴定与工伤认定。安排9名较为严重的尘肺患者进深圳职防院住院。

面向政府的集体行动。7月27日，一群工人向深圳市委、市政府递交《耒阳在深务工人员尘肺病患者追讨权益书》。文中，耒阳农民工痛陈自身的悲剧性命运，直指企业公然违法、政府监管失职。7月29日，工人代表与耒阳市政府赴深工作组见面。工作组告诉工人，被确认劳动关系的患病农民工增至17人，他们需按法律规定的程序和赔偿标准予以赔偿；其余84

---

① 这个工人是带工，负责为爆破公司召集工人，所以和爆破公司的老板关系较密切。

名未被确定劳动关系的病人，深圳市政府出于人道主义关怀，给每人3万元补偿。方案未提及因病去世的17个工人家属补偿。7月30日，101名尘肺病工人因不满补偿方案，在深圳市人民政府办公大楼前集体上访，冒雨静坐，一直持续到凌晨2点。政府召集工人代表开会，承诺对于确认有劳动关系的工人，将于8月20日前按照法律规定赔付完毕。对于无法确认劳动关系的，人文关怀的赔偿标准可商讨。8月4日，深圳市工作组成员与耒阳市政府工作小组一同前往工人临时住处，告知新方案：有劳动关系证据的工人走法律程序；没有劳动关系证据的患者按病情的三个等级：I期和死亡家属7万、II期10万、III期13万的标准给予一次性赔偿。8月7日，耒阳尘肺工人到深圳市劳动局要求确认劳动关系。后者答应在10日安排各用人单位的承包者与尘肺工人当面对质，以确认劳动关系。8月10日政府安排工人与爆破公司老板的对质会，来确认劳资双方之间是否存在劳动关系。对此，资方的态度是竭力否认劳动关系①和采取拖延战术②，来躲避赔偿责任。9月初，在确认劳动关系的28人中，有工伤保险的工人首先获赔。比如III期尘肺的徐志辉获得近30万元。有劳动关系证据病情较轻的人，放弃了法律途径索赔，接受了人文关怀。深圳市共支付"人文关怀"一千多万元。而黄荣、徐新生等4人在破例拿到伤残鉴定结果后，开始走法律途径索赔。

法律维权路。走法律程序的工友徐新生、徐瑞宝等耒阳尘肺病工人在2009年8月被深圳职防院诊断为II期矽肺。他们经历了工伤认定、行政复议、行政复议二审、劳动仲裁一审、二审，经过调解才在2011年12月上旬拿到了补偿，调解后的补偿金额只有法院判定赔偿标准的80%。

媒体、学者、学生的介入。7月，湖南籍尘肺病工人在深圳维权的事件被多家媒体报道，并在网络引起关注。北京大学、清华大学等高校师生得

---

① 对质会上，工人被5人一组，安排和自己的老板对质，没有一个老板承认工人的身份，也不承认工人的证据，甚至否认自己做过的工地。

② 资方是很乐于看到工人的集体维权行动被分化为单个的法律维权行动，因为只有少数有"爆破证"的风钻工才能走这样的法律维权途径，这大大减少了他们要付出的赔偿金额。在工人被认定为工伤之后，资方会申请行政复议、行政诉讼、行政诉讼的二审。这之后，工人终于可以申请工伤待遇的劳动仲裁，而当劳动仲裁结果出来的时候，资方又会再上诉。经过二审之后，法院终于做出有利于工人的终审裁决，这时公司又会以破产相要挟，迫使工人接受打了折扣的私下调解金额。还有更加恶劣的公司，即便工人走完了二审，也拒不赔偿，在工人申请了强制执行之后，也仅拿出几千元应付工人。工人经历了这一系列的法律维权程序，时间就要过去两三年，所花的时间、金钱也非常可观，资方希望通过这个漫长的司法程序拖垮工人，甚至拖死工人，也杜绝之后工人的法律维权。

知耒阳农民工尘肺事件后，组成"建筑业农民工劳动权益与保障"调查小组。8月16日，大学生调查小组先后到深圳、耒阳调研。累计访谈工人和家属共计100余人，发出70份调查问卷，最终收回有效问卷54份，收集录音及影像资料若干，完成"耒阳尘肺病调查报告"，递交深圳市劳动局、卫生局、信访办、市政办公室等，均无反馈。

（二）张家界尘肺病工人维权经过

张家界工人了解到耒阳风钻工的维权经过，普遍表示要按耒阳尘肺病赔偿的模式走，打官司他们耗不起。和耒阳的尘肺病工人一样，张家界的工人也遭遇了职业病鉴定受挫、随之转向针对政府的集体行动的过程。2009年9月17日，80来个工人堵住职业病防治医院，要求检查身体，院方让他们登记了个人了信息，称要上报政府。9月18日，50余名工人到市政府集体表达诉求，在楼前被警察拦住，再次登记个人信息、拍照。劳动局、卫生局、公安局、市委办公室四个部门联合派出几个人同工人代表会面，称需要时间来解决，劝工人先回老家，到10月30日给答复。11月3~12日，湖南老家的工人返回深圳，开始在人保局、市信访办、职业病防治医院之间来回奔走，各部门相互"踢皮球"。11月12日，工人在市民中心广场上，静坐了几个小时，请求与政府领导见面。16日~17日，40名工人在深圳市信访办绝食两天，信访办人员称耒阳尘肺的处理模式是深圳市政府"犯的一个错误"，此次不能再重犯。并强调"非正常上访14条"，警告工人不要越线。18日，工人由信访办步行到市政府讨说法，静坐2小时后，被警察押送到银湖救助站。11月20日，工人陆续离开救助站，集体发表"深圳建筑业尘肺病工人致政府的公开信"。12月10日，深圳市建设、卫生、劳动、公安、社保、安监等部门组成联合工作组，对全市建筑爆破行业进行2周时间的专项整治，内容包括职业病防护、用工制度、欠薪制度、职业安全和社会保险。部分工地在政治过程中进行加湿作业，为部分工人购买社保。据工人讲没过几天又恢复原样。12月14日~29日，共有18人完成职业病诊断，16人完成伤残鉴定。春节后，14名有工伤保险的尘肺病人先期获得社保基金的赔偿，总计200多万元。与耒阳不同的是，有劳动关系证据的11人不可以领取"人文关怀"，他们两手空空走上法律诉讼道路。

媒体、慈善团体、学者、学生的介入。10月初，"建筑业农民工劳动权益与保障"调查小组再赴张家界市桑植县调查，月底发布调查报告，通告张家界尘肺病工人情况，呼吁相关部门负起责任。11 月 23 日，中华社会救助基金会工作人员到深圳与工人见面，未果。12 月 8 ~ 13 日，"中国之声"、新华社、南方都市报、中央电视台等诸多媒体对维权事件进行跟踪报道，报道直指尘肺病相关制度不合理，劳动、卫生、安监等相关部门不作为。12 月 21 日，沈原等六学者上书人力资源和社会保障部，要求"还建筑工人一份劳动合同，给劳动者一份尊严"，力陈建筑行业用工不规范的现状及严重后果，要求相关部门负起责任。该建议得到李克强和张德江两位副总理的重要批示，要求"立即责成广东省卫生厅进行调查核实，要求广东省卫生厅在地方党委政府的领导下，依法按程度做好职业健康的检查、职业病的诊断和病人的救治工作。"卫生部、人保部等部门也组织召开了相关的专题座谈会。

法律维权路。比耒阳工人的法律维权路更为艰辛，张家界的工人钟家泉走到强制执行阶段才拿到赔偿款，历时近三年，但所得的赔偿金额比法院当初判定的少了共计 12 万元。张家界的另一位尘肺病工人王贞云经历了关于劳动关系的劳动仲裁、劳动关系一审、二审，工伤认定、伤残等级认定、行政诉讼一审、二审、民事诉讼，才在 2013 年 12 月 23 日，通过强制执行，拿到了 26 万元的伤残补偿金。从申请劳动关系仲裁到拿到赔偿，他走了整整 4 年 7 个月的时间。

尘肺门之后的深圳风钻工地。大学生尘肺病调查小组 2011 年下半年对深圳工地的调查却显示风钻工人的处境并没有得到改善：深圳工地上风钻工依然缺乏劳动合同和工伤保险；工作环境恶劣，仍为干式作业；安全防护用品缺乏，安全隐患严重；工作时间超长。尘肺病的风险依然存在。调研报告被递送到深圳市的工会、社保部门，仍未得到任何回应。尽管在 2011 年还有一些媒体愿意对尘肺病工人的状况进行一些报道，但是报道并未引起社会的广泛反响。

通过对耒阳和张家界尘肺病工人维权行动的回顾，我们发现如图 1 所示，资方和地方政府不断采取分化、压制的策略，对职业病农民工进行"剥权"来消解职业病工人集体维权行动，维持其"蜂巢行动主义"的状况。工人集体维权循环出现，但是很难在几次的行动中就对生产场所的状况以及工人的劳动保障状况有一个切实的改变。

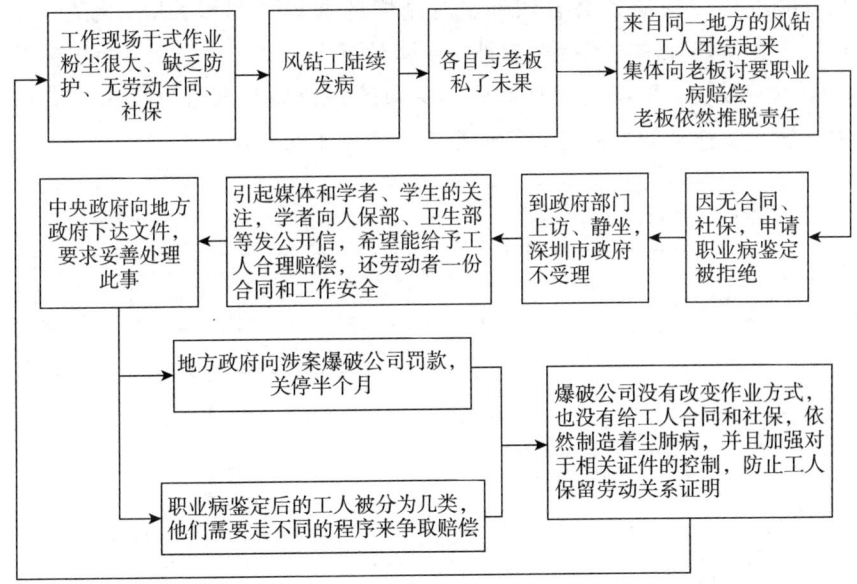

图1　尘肺病农民工维权行动的兴起、发展与消散过程图

三　工人的维权策略选择与效果

（一）集体行动而不是依法维权

建筑业职业病农民工集体维权的过程反映了农民工并非如李静君（Lee，2007）、于建嵘（2010）等认为的农民工维权的状况是"依法维权"。法律只是唤起农民工更多的权利意识，走法律途径维权常常是被资方和政府强力驱使、被迫进入的，要花去农民工很多的时间、精力、金钱。农民工会采取多种手段维权，如集体静坐、上访、求助媒体等，法律既不是工人抗争的唯一依据，也未必在其行动方式的选择中占据优先位置。这一点在并不受法律框架保护的非正规就业的农民工维权过程中体现得尤为明显。

有学者总结了中国农民工职业病维权所面临的问题：企业申报职业病制度的不完善，部分医疗机构的不作为，事实劳动关系不被认可，政府有关部门的不作为（李文武，2010）；工伤认定程序漫长，维权成本远高于农民工能力承受范围（廖晨歌，2009）；农民工群体可动员资源的缺乏，工会的缺位等（张辉，2010）。郑广怀（2005）通过对伤残农民工维权过程的分析，揭示了尽管存在着完备的权益保护体系，但伤残农民工的权力（权利）

在维权的过程中却通过去合法性、对制度的选择性利用、增大维权成本、弱化社会支持四种制度连接机制被一步步地剥夺。如图 2 所示，我国针对尘肺病预防、救治、赔偿、救助等有一系列的法律体系和制度安排，但在现实中，这些法律框架和制度安排却很难对农民工起到保护作用。

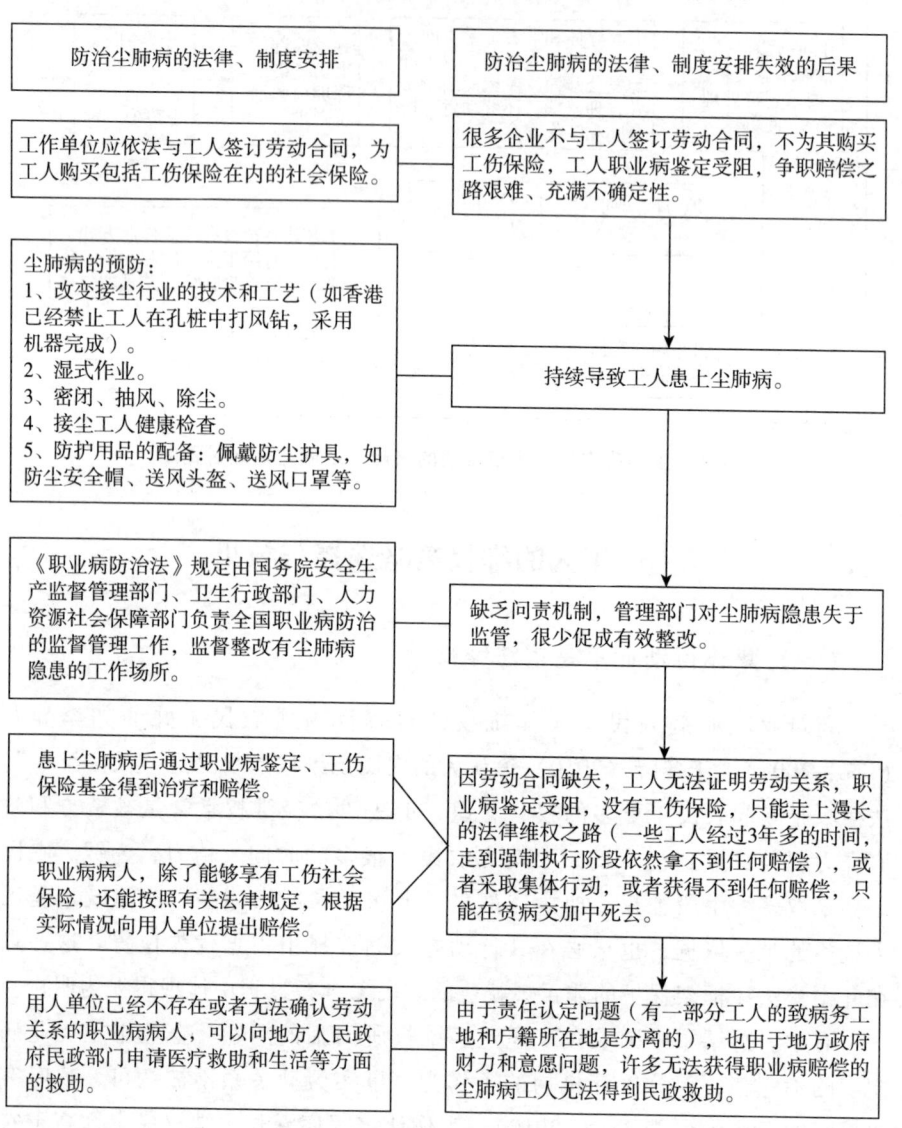

图 2　防治、补偿、救助尘肺病的法律、制度安排及工人维权的现实困境

本文中提到的很多风钻工缺乏被认可的劳动关系证明，资方也没有为他们缴纳工伤保险金，没有法律契约来保障他们职业病方面的合法权益。

因此，工人们的策略选择是规避难以确证的与爆破公司的劳动关系问题，希望通过集体行动让政府为他们主持公道，来纠正资方和职防院的不当行为，使得工人可以获得公正的赔偿。当看到深圳市政府对耒阳工人的维权活动采取了拖延、压制的态度之后，张家界的工人意识到了地方政府在劳资问题上并不公正的态度，所以维权行动更快指向了对资方违法行为不加以管制的地方政府。而后面一小部分工人走法律途径争取赔偿其实并不是工人自己选择的结果，而是地方政府的一种分化策略。

根据《中国尘肺病农民工生存状况调查报告（2014）》，尘肺病农民工争取赔偿的方式，以集体维权为主（60.4%），私人协商解决的次之（17.7%），而通过正规途径（劳动仲裁和法律诉讼）的比较少（18.8%）。

表3所显示的是在媒体上可见的一些尘肺病工人通过集体维权，争取医疗救助、生活救助的事例。可以看出，工人主要采取的维权方式是集体行动，包括集体上访、静坐、求助网络与媒体等才促成了地方政府的救助模式的出现，而个体的法律维权是很难做到这一点。

表3 2006年至2011年间媒体报道的尘肺病工人维权事件列表

报道时间	致病地	患者户籍所在地	患者人数/已死亡人数	维权经过	争取到的医疗救助	争取到的生活救助
2006年12月	江西省九江市修水县上衫乡金矿	致病地周边地区	500人/137人（2011年数据）	尘肺病工人整理了患病名单和死亡名单，还有许多其他的材料。尘肺患者不断上访，也有许多媒体到村里采访并报道，包括中央电视台和美国"时代周刊"。	江西省卫生厅每年发放一定的慢性病补贴给尘肺病人。患者获得8000元至14000元不等的政府赔偿。免费为当地提供洗肺设备，就近开展洗肺手术。计划把尘肺病人常用药纳入基本用药目录。	修水县政府将尘肺患者家庭纳入农村最低生活保障范围。
2009年3月	山西省忻州市繁峙县沙河镇金矿	云南省昭通市盐津县	24人/2人（2009年数据）	2009年9月，尘肺病工人代表到盐津县政府上访，引起了县政府的重视。	在新农合制度解决这些硅肺病患者的大部分治疗费用后，其余通过民政救助解决。	无
2010年1月	甘肃省酒泉市金矿、煤矿	甘肃省武威市古浪县	157人/11人（2011年数据）	微博求助，联系媒体报道，集体向政府争取赔偿。	从2011年1月1日开始，尘肺病患者在武威市内定点医疗机构住院治疗发生的医药费用给予100%报销。	无

续表

报道时间	致病地	患者户籍所在地	患者人数/已死亡人数	维权经过	争取到的医疗救助	争取到的生活救助
2011年3月	四川省凉山州甘洛县的铅锌矿	四川省乐山市犍为县、沐川县、凉山州	数百人	尘肺病工人集体上访等。	原工作单位不存在、未享受工伤保险待遇的困难尘肺病患者,免费享受城乡居民基本医疗保险二档待遇。相关治疗费用统一按住院费用结算、按90%的比例报销。	尘肺病患者,优先纳入低保保障范围、分类施保,补助水平可在现行低保补助标准的基础上,上浮30%~50%。

资料来源:笔者自行整理自《云南讯息报》(2010)、《京华时报》(2011)、火兴才(2011)及吴柳锋(2011)。

(二) 社会网络与资源动员

有学者从宏观的国际国内产业格局安排、资本的逻辑、地方政府的行动选择、农民工自身的地方性知识、工会、非政府组织等社会行动者的角色地位等诸多影响因素来探讨农民工面对"尘肺病"问题所表现出来的集体无行动(张辉,2010)。李静君认为没有民主选举的工会或其他工人组织来进行联合,是中国工人维权保持蜂巢行动主义状态的原因,而本文中的建筑业的风钻工处于非正规用工的状态,他们不仅没有民主选举的工会,甚至连徒具形式的工会都没有(Lee,2007)。Becker(2012)提到了在威权国家中,正式的维权组织被禁止,农民工主要依靠传统的亲缘网络提供物质支持,通过工作所联系起来的城市中的网络获得信息,但是在威权国家中工人集体行动的组织动员过程还很少被研究。除了上面提到的梁柏能、潘毅等学者的研究以外,对于中国农民工尘肺病维权的策略选择、维权效果的研究却很少见。

本文发现,地缘、亲缘和业缘网络的结合是湖南籍风钻工集体行动组织动员的基础。因为风钻工是工资比较高的工作,所以小包工头、带工在招募工人的时候常常照顾亲友,这也形成了一个风钻工的地缘、亲缘网络。这一方面造就了一连串家庭的悲剧,也为维权的集体动员提供了条件。"大学生尘肺病调查小组"在2012年所做的耒阳尘肺病人关系图显示在耒阳一个乡范围内的3个亲缘网络联系起来的尘肺病工人就有25人。三个亲缘网络中心的三人便是维权中的领袖人物。

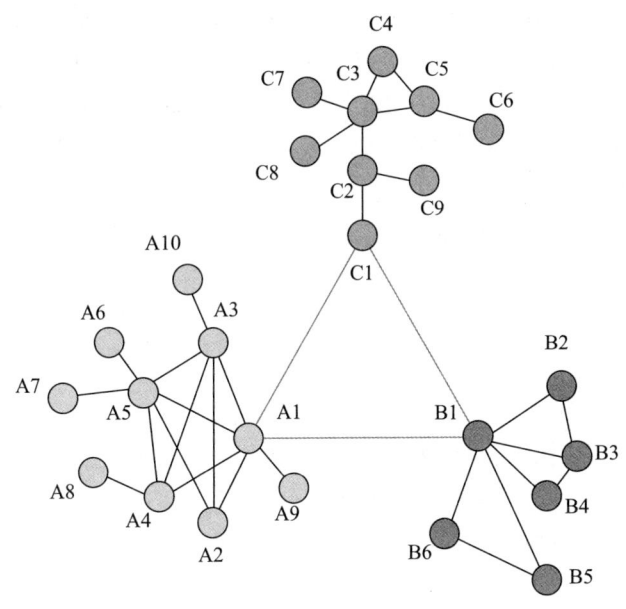

图3 耒阳某乡尘肺病病人的亲缘网络

资料来源：笔者根据大学生尘肺病调查小组 2012 年报告绘制。

这三位维权领袖在维权过程中发挥了很大的领导作用：其中两人曾经是带工，在工人中很有威信和动员能力；另一位受教育程度较高，自学成长为技术人员，熟悉法律。三人都来自耒阳市的同一个村庄，这个村是风钻工最集中的村子，也是最早爆发尘肺病的村子。三人中一人主要负责跟政府方面打交道，一人主要负责法律政策方面的查询和撰写集体诉求，一人负责后勤安排。三个人和一些积极的工人一起商讨行动策略。在维权领袖的建议下，工人设立了一个维权基金，每个人都放入几百元来应对集体食宿、交通的支出，这也避免了搭便车的行为。工人们在维权期间集体在深圳租住房子，既节省生活成本，又能随时交流维权进展和策略。

在地缘、亲缘、业缘的社会网络的基础上，在维权领袖的有效动员下，湖南耒阳 180 多名在深圳做风钻工的工人被组织起来，集体前往深圳追讨职业病补偿，并采取了一系列的集体行动来争取职业病检查，敦促深圳市政府公开职业病检查结果、改善补偿方案等。张家界的尘肺病工人也存在地缘、亲缘、业缘网络结合的情况，这也成了他们集体维权的组织基础。

（三）利用政治机会和媒体关注

在 2009 年上半年，"张海超开胸验肺"的事件在媒体上造成轰动，张海超以自我牺牲的方式引起了公众的注意，拿到了应得的赔偿。湖南的尘肺病工人们也因此在学习吸引媒体的关注，甚至不得不迎合媒体对新闻点的追求来做自我牺牲的准备。① 由于学者、学生的呼吁，以及媒体在短时间内对于"尘肺病"议题的集中报道，形成了舆论压力，使得各级政府必须正视和回应尘肺病工人的诉求。但是工人维权的新闻报道受制于很多因素：①新闻机构受到行政力量和资本的双重控制，可能会回避工人集体行动的新闻；②新闻追求刺激、罕见的事件，忽略重要但并不能迅速吸引眼球的事件和议题；③媒体公信力垄断的格局不利于弱势群体的利益表达（孔春霞，2011）。

耒阳尘肺病工人集体维权延续了三个多月，临近十一国庆，时逢建国六十周年，维稳问题成了地方政府的一个重中之重的任务，深圳市政府愿意花钱来平息此事，这成了工人的一个政治机遇。在之后耒阳和张家界的工人在法律程序被拖延时，也会想着利用"2011年世界大学生夏季运动会"在深圳举办等政治机遇向深圳市政府施压。但是这也伴随着不利因素：如新闻效应的边际递减，地方政府将维权工人视为维稳对象、进行监控。

（四）维权诉求与结果

本文所追踪的尘肺病赔偿所引发的工人抗争属于补偿型的抗争，这是因为工人的维权诉求是针对赔偿的，而不是要求改善风钻工的工作条件、劳动合同状况和社会保险状况的。这是因为很多参与维权的工人是尘肺病Ⅱ期、Ⅲ期的病人，他们多已退出风钻行业，主要是想获得合理赔偿才发动或参与集体行动，而没有针对风钻工工作条件改善的要求。还有少部分工人还在风钻工地上工作，这些工人怕影响自己现在的工作或以后找工作，拿了2009年的"人文关怀"补偿或是通过法律程序拿到补偿后便不愿意再接受媒体的采访，不愿再向公众陈述他们的遭遇。

希望改善风钻工工作条件、劳动合同状况、社会保险状况的声音主要是由关注风钻工、建筑工状况的学者、学生、媒体人士发出的。学者、学生、媒体的倡导能促进问题解决也是由于存在中央政府希望用法律来树立政治合法性和地方政府对于积累的需要这一对矛盾，使得压力自上而下到达深圳市政府，在一定程度上加速了湖南尘肺病工人获得赔偿的时间。但

---

① 来自对一位张家界维权领袖的访谈。

是在工人拿到赔偿之后，由于缺乏工人针对劳动条件改善、签订劳动合同、参加工伤保险的集体行动，这些倡导会随着媒体关注点的降低和政府对此事的平息而消失在公众的视野中。

张家界的工人由于 2009 年以后还在深圳的风钻工地上工作，有一些 2009 年没有查出尘肺病的工人也逐渐有了咳嗽、胸闷、气短的症状，但是他们对开展集体行动维权充满了畏难的情绪，也没有出现新的工人维权领袖。而其他地方的工人似乎还没有意识到尘肺病问题的严重性。加上地域性的分化①和资方对于劳动关系证据加强控制②，工人们争取尘肺病鉴定和赔偿的集体行动难以在短期内出现，而通过在生产领域的抗争来改变无劳动合同和社保状况，改变作业方式更是难以达到。因此，工人的这两次集体行动还是呈现了蜂巢行动主义的特点。

四　分析与结论

农民工尘肺病维权事件呈现了蜂巢行动主义的特点，这和地方政府和资方分化、消解工人集体行动的策略有关，也与"半无产阶级化"的现状对农民工维权的种种限制有关，工人的生产空间与再生产空间是分离的，这种生产体制提供了工人团结的一些基础，也限制了工人的持续集体抗争的可能性，减弱了工人在生产所在地持续集体抗争的可能性。而本文所研究的建筑业的尘肺病农民工，他们是一种阶级形成中止的状态，大多数人由于尘肺病而失去劳动能力，退出工作领域，只能返回家乡治疗，在尘肺

---

① 根据大学生尘肺病调查小组 2011 年 9～10 月做的调查，深圳工地上的风钻工人现在来源比较多样，有较多的风钻工是来湖南张家界、湖北神农架、广西来宾，还有来自重庆、广东、贵州、江西、四川的风钻工人。

② 在大学生尘肺病调查小组 2011 年 9～10 月做的调查中，一名风钻工表示，他曾在深圳市的一家爆破工程有限公司做过爆破员，公司曾发给他爆破证，但在他离开的时候，公司却强行收回了爆破证。爆破公司担心在工人确诊为尘肺病后，爆破证将成为工人索赔的证据。2009 年深圳市信访办牵头处理张家界籍劳务工的尘肺鉴定事件，信访办的负责人说："我们有个设想，他们正在设计制度，针对这样的事情，我们以后能不能这样规定，工人来了之后，先进行体检，工人走的时候，再体检一次，这样，你身体出了问题，就是哪个单位的问题……"这个设想被一些爆破公司实行，只不过以利于资方的方式进行：工人会被要求体检，但是常常拿不到结果，并不清楚自己是否得尘肺病。当工人离开一个工地的时候，如果被查出来没有尘肺病，爆破公司会要求工人签一个协议，声明以后如果得尘肺病都不会追究这个公司的责任，哪怕手上有劳动关系的证明。在尘肺病有较长时间潜伏期的状态下，这样的协议是完全不利于工人的权益的。

病的病痛折磨中死去。因此，他们没有工作场所的议价力量，没有阶级的组织——工会来持续组织他们维权。缺乏作为劳工的结构性力量和结社性力量，他们只能如其他群体一样利用资源动员、政治机会结构等来开展集体维权行动去争取赔偿，而这样基于赔偿的抗争很难改善尘肺病这一职业健康问题。阶级形成中止的群体无法改变工作场所中的劳资力量对比，无法真正有效制约资方的违法行为，这也是尘肺病农民工维权保持蜂巢式行动主义状态的症结所在。

美国治理尘肺病的历史表明，在工人及其家属、工会工作者、媒体人士、职业健康方面的医生和政界人物的共同推动下，成立黑肺病协会、石棉工人联盟、棕肺病协会等专门争取尘肺病患者权益的组织，围绕劳资关系进行利益博弈，这才导致了 1930 年至 1982 年一系列工伤法律的颁布和实施（Wallace，1987；Rosner & Markowitz，1989；Botsch，1993；Bartrip，2006）。在工人和工业伤亡权益会、工会、立法会议员以及媒体等多方努力下，中国香港禁止了由工人下井进行的风钻作业，香港政府向接尘企业征收特定税，成立专项基金，每月补偿尘肺病工人直至死亡。这使得尘肺病在香港的发病个案大幅降低，新发的尘肺病个案中工人丧失工作能力也显著降低，尘肺病已不再成为香港的一大社会问题（陈锦康、班，2010）。

从 2009 年到 2011 年，各地不断出现尘肺病集体维权的事件，许多尘肺村进入媒体的视线，这也在政策制定领域和学术研究领域制造了话题效应，2011 年 12 月 27 日通过的《职业病防治法修正案》中一些有利于职业病工人维权的条款的出现可以看作是对这些问题的响应。但是从法律文本到法律实践有很长的路要走，这个过程中需要工人形成信息交流的网络（Leung & Pun，2009），在与资方权力抗争的过程中慢慢地累积抗争的经验。当工人领袖不断出现，并开始组织跨地域、跨行业的动员，并不只是在赔偿问题上进行维权，而且是对劳动关系、劳动保护、社会保障等提出要求的时候，蜂巢行动主义的现状才有可能被打破。一些 NGO、基金会、学者通过会议和支持工友维权组织，让尘肺病工人分享一些维权经验和争取到的赔偿模式，同时加强社会对于尘肺病危害性和问题严重性的认识，倡导关注非正规用工问题和成立全国范围的尘肺病救助基金，也都是在向打破尘肺病维权蜂巢行动主义的方向努力。

参考文献

蔡禾，2010，《从"底线型"利益到"增长型"利益——农民工利益诉求的转变与劳资关系秩序》，《开放时代》第 9 期。

陈峰，2010，《罢工潮与工人集体权利的构建》，《二十一世纪评论》第 124 期。

陈锦康、班，2010，《在微尘中打拼：香港肺尘病工人口述历史》，香港工业伤亡权益会。

何艳玲，2005，《后单位制时期街区集体抗争的产生及其逻辑》，《公共管理学报》第 3 期。

黄宗智，2013，《重新认识中国劳动人民——劳动法规的历史演变与当前的非正规经济》，《开放时代》第 5 期。

黄冬娅，2011，《国家如何塑造抗争政治——关于社会抗争中国家角色的研究评述》，《社会学研究》第 2 期。

黄荣贵、桂勇，2009，《互联网与业主集体抗争：一项基于定性比较分析方法的研究》，《社会学研究》第 5 期。

火兴才，2011，《甘肃尘肺病农民工微博求助 网友捐款助洗肺》，《中国经济时报》。

京华时报，2011，《江西省委书记称要对修水村民患尘肺病事件问责》，《京华时报》。

孔春霞，2011，《新闻媒体在弱势群体维权中的角色——以尘肺病农民工维权为例》，北京大学硕士研究生学位论文。

李文武，2010，《关于农民工职业病维权的思考——以尘肺病为例》，《理论导刊》第 3 期。

李强、唐壮，2002，《城市农民工与城市中的非正规就业》，《社会学研究》第 6 期。

廖晨歌，2009，《关于我国农民工职业病维权困境的思考——从"开胸验肺"事件谈起》，《南京医科大学学报》（社会科学版）第 36 期。

潘毅、卢晖临、张慧鹏，2010，《阶级的形成——建筑工地上的劳动控制与建筑工人的集体抗争》，《开放时代》第 5 期。

沈原，2006，《社会转型与工人阶级的再形成》，《社会学研究》第 2 期。

石发勇，2005，《关系网络与当代中国基层社会运动——以一个街区环保运动个案为例》，《学海》第 3 期。

佟新，2006，《延续的社会主义文化传统——一起国有企业工人集体行动的个案分析》，《社会学研究》第 1 期。

——，2008，《劳工政策和劳工研究的四种理论视角》，《云南民族大学学报》（哲学社会科学版）第 25 期。

屈一平，2013，《王克勤与大爱清尘》，《北京日报》2013 年 8 月 13 日。

王丹、张敏、郑迎东，2013，《中国煤工尘肺发病水平的估算》，《中华劳动卫生职业病杂志》第 31 期。

汪建华、孟泉，2013，《新生代农民工的集体抗争模式——从生产政治到生活政治》，

《开放时代》第 1 期。

闻效仪，2014，《工会直选——广东实践的经验与教训》，《开放时代》第 5 期。

吴柳锋，2011，《四川乐山 75 名尘肺病患者状告四川甘洛县卫生局》，四川新闻网（成都）。

尹黄，2005，《2003 年全国尘肺病报告发病情况分析》，《中国职业医学》第 32 期。

应星，2007a，《草根动员与农民群体利益的表达机制——四个个案的比较研究》，《社会学研究》第 2 期。

——，2007b，《"气"与中国乡村集体行动的再生产》，《开放时代》第 6 期。

俞志元，2012，《集体性抗争行动结果的影响因素——一项基于三个集体性抗争行动的比较研究》，《社会学研究》第 3 期。

于建嵘，2004，《当前农民维权活动的一个解释框架》，《社会学研究》第 2 期。

——，2010，《抗争性政治：中国政治社会学基本问题》，人民出版社。

燕晓飞、刘军丽等，2013，《中国非正规就业增长的新特点与对策》，《经济纵横》第 1 期。

云南信息报，2010，《云南盐津 24 矿工山西染尘肺 联名求政府助维权》，《云南信息报》。

张辉，2010，《农民工的工伤困境、利益表达与劳动保障困境分析——基于 G 省地方小煤矿尘肺病调查的探索性研究》，《甘肃行政学院学报》第 1 期。

张紧跟、庄文嘉，2008，《非正式政治：一个草根 NGO 的行动策略——以广州业主委员会联谊会筹备委员会为例》，《社会学研究》第 2 期。

张磊，2005，《业主维权运动：产生原因及动员机制》，《社会学研究》第 6 期。

张敏、王丹、郑迎东、杜燮祎、陈曙旸，2013，《中国 1997 至 2009 年报告尘肺病发病特征和变化趋势》，《中国劳动卫生职业病杂志》第 31 期。

张永宏、李静君，2012，《制造同意：基层政府怎样吸纳民众的抗争》，《开放时代》第 7 期。

赵庚，2011，《我国尘肺病的社会经济影响分析研究》，中国地质大学硕士论文。

郑广怀，2005，《伤残农民工：无法被赋权的群体》，《社会学研究》第 3 期。

Bartrip, Peter. 2006, *Beyond the Factory Gates：Asbestos and Health in Twentieth Century America*. London：Bloomsbury Publishing.

Becker, Jeffrey. 2012, "The Knowledge to Act：Chinese Migrant Labor Protests in Comparative Perspective", *Comparative Political Studies*. Vol. 45（11）.

Botsch, Robert E. 1993, *Organizing the Breathless：Cotton Dust, Southern Politics, and the Brown Lung Association*. University Press of Kentucky.

Cai, Yongshun. 2002, "The Resistance of Chinese Laid-off Workers in the Reform Period", *The China Quarterly*. Vol. 170.

——. 2010, *Collective Resistance in China：Why Popular Protests Succeed or Fail*. Stanford University Press.

Chan, Chris King Chi & Elaine Sio-Ieng Hui. 2012, "The Dynamics and Dilemma of Wo- rkplace Trade Union Reform in China: The Case of Honda Workers' Strike", *Journal of Industrial Relations*. Vol. 54 (5).

Chan, Chris King Chi. 2010, *The Challenge of Labour in China: Strikes and the changing labour regime in global factories*. Routledge

Chen, Feng & Mengxiao Tang. 2013, "Labor Conflicts in China: Typologies and their Implications", *Asian Survey*. Vol. 53 (3).

Derickson, Alan. 1988, *Workers' Health, Workers' Democracy: The Western Miners' Struggle, 1891 – 1925*. Ithaca: Cornell University Press.

——, 1998, *Black Lung: Anatomy of Public Health Disaster*. Ithaca: Cornell University Press

Federici, Silvia. 2006, *Precarious Labor: A Feminist Viewpoint*. Retrieved from http://inthemiddleofthewhirlwind. wordpress. com/precarious-labor-a-feminist-viewpoint/. Accessed 12 June 2013.

Felstead, Alan. & Jewson, Nick. 1999, *Global Trends in Flexible Labour*. London: Macmillan Business

Hurst, William. 2004, "Understanding Contentious Collective Action by Chinese Laid-off Workers: The Importance of Regional Political Economy", *Studies in Comparative International Development*. Vol. 39 (2).

ILO (International Labour Organization). 2013, Measuring Informality: A Statistical Manual on the Informal Sector and Informal Employment.

Kalleberg, Arne. 2009, "Precarious Work, Insecure Workers: Employment Relations in Transition". *American Sociological Review*. 74. pp. 1 – 22.

Krahn, Havey. 1995, "Non-standard Work on the Rise". *Perspectives on Labour and Income*. Winter. pp. 35 – 42.

Lee, Ching Kwan. 2007, *Against the Law: Labor Protests in China's Rustbelt and Sunbelt*. Berkeley: University of California Press.

Leung, Pak Neng & Ngai Pun. 2009, "The Radicalisation of the New Chinese Working Class: A Case Study of Collective Action in Gemstone Industry", *Third World Quarterly*. Vol. 30 (3).

Leung, Pak Neng. 2013. *Leading Strike in the Workshop of the World: Labour Activists and Struggles of the New Working Class in the Pearl River Delta (Doctoral Dissertation)*. Hong Kong: Hong Kong University of Science and Technology.

Mangan, John. 2000. *Workers without traditional employment: an international study of nonstandard work*. England: Edward Elgar Press.

O'Brien, Kevin J. & Lianjiang Li. 2006, *Rightful Resistance in Rural China*. New York: Cambridge University Press.

Portes, Alejandro. & Saskia Sassen-Koob. 1987, "Making it Underground: Comparative Material on the Informal Sector in Western Market Economies". *American Journal of Sociology*. Vol. 93, No. 1.

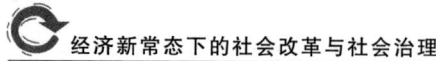

Rosner David, & Gerald E. Markowitz. 1994, *Deadly Dust: Silicosis and the Politics of Occupational Disease in Twentieth-century America.* Princeton University Press.

Smith, Barbara E. 1987, *Digging our own Graves: Coal Miners and the Struggle over Black Lung Disease.* Philadelphia: Temple University Press.

Wallace, Michael. 1987, "Dying for coal: The struggle for Health and Safety Conditions in American Coal Mining, 1930 – 82", *Social Forces.* Vol. 66 (3).

政治机会弹性化与信访消解
机制效果差异化

——基于信访抗争过程的类型化分析

何　欢*

摘　要： 现有的中国抗争研究并没有系统地阐明国家应对与社会抗争的关系，也未能解释为何不同的政府回应策略会产生差异性效果，有些能够消解抗争而另一些反而可能促进抗争。基于信访抗争过程，本文具体区分了限制型、程序型、交易型与强制型四种地方政府所使用的消解机制。本文发现，政治机会的弹性化在相当程度上塑造了信访消解机制的差异化效果。国家压力、强制性以及政府利益差异三个维度的政治机会在抗争过程中的反复收缩和释放，改变了每一种消解机制下基层政府与上访者的议价力量对比，进而塑造了消解机制的差异化效果。本文认为，影响政府回应策略效果与抗争发展的因素，不仅在于抗争者如何发掘和利用政治机会，还在于国家本身在抗争过程中对于政治机会的不断调节。

关键词： 国家应对　信访过程　消解机制　政治机会

一　问题的提出

在中国社会抗争研究中，研究者都倾向集中于"社会"层面去探讨抗

---

* 何欢，中山大学政治与公共事务管理学院。

争的发展，包括有哪些人参与到抗争之中及其动机（Li & O'Brien，2008；Cai & Sheng，2013；Wang et al.，2013），抗争者是如何动员组织起来的（Shi & Cai，2006；Carsten & O'Brien，2007；Yang，2005），采取怎样的抗争策略（O'Brien & Li，2006；于建嵘，2004；应星，2007）以及在什么条件下抗争者容易取得成功（Cai，2010；俞志元，2012；张磊，2005）。在这些研究中，国家对于抗争的角色被忽视了，国家更多是作为一个抗争者进行互动的角色，而忽略去考察具有自主性的国家对于抗争的影响。实质上，国家起到塑造抗争的作用（黄冬娅，2011），国家的性质、结构与行动都会对抗争产生重要影响（Zhao，1998；Cai，2008a；Zhou，1993；Chen，2008）。但是学术界对这一议题研究得比较少，特别是国家究竟如何回应抗争的，以及这种回应又会对抗争产生怎样的影响。

为此，一些研究者已经试图弥补这一不足，尝试去发掘中国威权主义政体应对抗争的微观机制，即直接面对抗争的基层政府是如何回应抗争的。研究者发现，基层政府可以采取多样且灵活的策略去回应民众的抗争，正是这些灵活多样的回应策略有效地压制了抗争，进而保持了政体稳定。已有文献大致探讨了"镇压"、"花钱买稳定"、"程序吸纳"和"恩威庇护"四种策略。第一，"镇压"是常用的回应策略，但是为了防止过度镇压所带来的合法性流失，基层政府往往采取区分性和选择性镇压的策略（Cai，2008b）。对抗争类型而言，基层政府会选择坚决镇压政治类诉求的抗议，而一定程度上容忍经济类诉求的抗议（Lorentzen，2013）。对抗争主体而言，会选择惩罚抗争的组织者、领导者以及公开持不同政见者，进而避免引起大部分民众的反弹（Pei，2012）。除了运用强制力进行镇压之外，还存在软性的镇压，包括"关系型镇压"，政府利用抗争者的社会关系去劝说或者迫使抗争者放弃抗争（Deng & O'Brien，2013），对不同人群"释放混合信号"表明政府底线（Stern & O'Brien，2012），以及模糊战略（Stern & Hassid，2012）等等。第二，"花钱买稳定"也是一种常见的回应策略，通过给予抗争者经济补偿和政策优惠的方式来使得抗争者放弃抗争。在这个过程中，市场化逻辑被应用到政府回应抗争的策略中来，民众的权利和政府的权威都被商品化（Lee & Zhang，2013；应星，2001）。第三，"程序吸纳"是另一种回应策略，将抗争者卷入到碎片化的部门和程序中来，烦琐的抗议程序不仅消耗了抗争者大量的人力物力（Lee & Zhang，2013；Lee，2007）。更为重要的是，程序吸纳消磨了抗争者原有的抗争合法性（Chuang，2014）。第四，最后一类回应策略是"恩威庇护"。一方面，通过恩威庇护网络吸纳不与政府对抗的抗争组织者和领导者进入体制之中，进而瓦解抗争；另一方面，将基层党员、干部和社会人员吸纳到维稳体制之中，扩大维稳的社会基础和社会力量（Lee & Zhang，2013）。

然而，正如塔罗（Tarrow，2008）所言，学术界未能清楚地阐述社会抗争与国家应对之间的关系。研究者在强调中国威权主义政权面对抗争时能够通过各种回应方式保持自身稳定的同时，往往也发现并不是所有政府应对策略都能够有效抑制抗争，有些甚至会促进抗争。例如曦中（Chen，2008）就发现，为了回应上访，国家制定不能集体上访、越级上访等规定。但这些回应策略却往往被上访者利用，上访者利用集体上访、越级上访来获取讨价还价的权力。而通过研究浙江东阳的环境抗争，研究者也发现，政府强力镇压抗议者的上访、静坐等抗争行为，会鼓励抗争者采取更加激进的狂欢式的抗争方式，吸引更多观众来声援他们的抗争，进而取得了更多的促使地方政府让步的影响力（O'Brien & Deng，2013）。因此，在这样的理论脉络下，本研究试图回答如下问题：为何政府回应抗争的策略会有不同的影响效果？为何有些回应策略抑制了抗争而有些却促进了抗争？

本文具体以信访消解机制为研究对象，因为在信访领域也存在类似的矛盾的经验事实。一方面，基层政府仿佛十分强势，可以通过"截访""监控"等措施来阻止民众上访，上访者在信访体制的种种程序壁垒中不断遭遇阻力；而另一方面，基层政府仿佛又十分弱势，需要通过各种方式讨好上访者，上访者甚至可以"谋利型上访"。本文首先具体区分地方政府所使用的信访消解机制，进而探讨为何一些信访消解机制的结果是政府真正消解上访，而另一些反而导致上访者占有抗争优势？造成这些差异化效果的原因究竟是什么？本文所运用的经验材料主要包括笔者于2014年初至2014年4月份在Y市信访局收集的田野观察、访谈资料，以及各地年鉴上有关信访工作的政府报告和一些新闻媒体的相关报道。

二　文献评述

政府回应抗争策略的效果，实质上可以从抗争结果中体现。如果抗争者逐渐放弃了抗争，那么政府回应抗争的策略便是有效的。如果在政府回应策略之下，抗争者反而获得了抗争优势，进一步进行抗争，那么政府的回应策略在很大程度上便是无效的。正如欧博文和李连江（O'Brien & Li，2006）所言，抗争的结果往往是国家力量与社会力量博弈、对比的结果。

更具体来说，主要是地方政府与社会抗议者力量对比之后的结果。当地方政府忽视、抑制社会抗议的力量比较弱，而社会抗争者讨价还价能力比较强时，抗争结果往往是抗争者获得优势。相反的，当地方政府忽视、抑制社会抗议的力量比较强，而社会抗争者讨价还价能力比较弱时，抗争结果往往是抗争者逐渐放弃了抗争，政府获得了胜利。政府一些回应上访的策略使得政府真正消解上访，而另一些回应策略却导致上访者占得优势，这实质上也是地方政府与上访者力量博弈、对比之后的结果。

那么，什么因素会影响地方政府与社会抗争者之间的力量对比？研究者发现，强大的动员组织能力以及合适的抗争策略能够增强抗争者讨价还价的能力，进而获取抗争优势（张磊，2005；张紧跟、庄文嘉，2008；O'Brien & Li，2006；应星，2007；应星、晋军，2011；陈柏峰，2011；Chen，2009）。然而，另一些研究者则认为，仅仅关注抗争者本身不能够充分解释抗争者讨价还价能力的获得。这些研究者发现，抗争者增强讨价还价能力的关键，在于发掘并利用了国家所释放出来的政治机会结构。

从已有研究来看，按照稳定性程度而言这些政治机会结构大致可以划分为"正式制度结构""国家能力状况""合法性与意识形态"，以及"政治精英策略与整合程度"四个方面。首先，在正式制度结构方面，研究者普遍关注中国碎片化的权力结构，认为"分裂化的国家"使得抗争者可以利用国家内部的缝隙进行抗争。中央政府与地方政府往往采取一种上下分治的形式，以便国家处理社会抗争时可以采取灵活的措施，进而降低执政风险，维护中央权威，同时保持政治相对稳定性（曹正汉，2011；Cai，2008）。这种纵向的权力分割，为抗争者带来了一定的政治机会，当抗争者以地方政府为抗争对象时，抗争者经常可以向高层政府寻求支持（O'Brien & Li，2006）。并且，中央政府的支持与干预，在很大程度将影响抗争的成败（Cai，2010）。除了纵向上，中央与地方的权力分割，横向方面政府部门间的权力分割，也为抗争者提供了"抗争通道"。当抗争者难以对抗强大的地方政府时，可以转而借助人大、信访等部门的支持，利用政府内部不同部门之间的矛盾和立场为自身抗争争取有利条件（O'Brien & Li，2004；Chen，2012）。除了讨论权力结构之外，一些研究者还探讨具体的制度设置以及制度变化是如何为抗争者提供抗争机遇的。信访制度的层级设置，使得上访者即使在地方政府未能有效解决自身诉求的情况下，仍然可以拥有继续向更高层级政府上访的抗争通道（Cai，2004）。而上访案件数量从20世纪90年代开始出现喷井式增长，则被归因为单位制的瓦解。单位制度的瓦解，减弱了国家通过单位纽带对个人的控制，进而导致上访的不断增多（Chen，2008）。

其次，从国家能力角度来看，国家使用强制能力镇压抗争倾向的下降以及渗透能力的衰退，为抗争者带来了十分有利的条件。国家镇压的能力和倾向被认为是影响抗争发展的一个关键的政治机会结构因素（Doug Mcadam，1996），研究者发现，随着市场化改革的推进，政府迅速镇压抗争倾向有所下降，这一定程度上使得抗争者更加敢于抗争（Bernstein & Lu，2003）。另外，去集体化、群众运动的结束等因素，减弱了政体的监控强度，进而为抗争者提供了便利（O'Brien，2002）。而另外一些研究者则认为，国家渗透能力在乡村社会的衰退，基层政权演变成悬浮型政权，乡村逐渐流失去了实现治理所需依赖的物质性资源和权威性资源，进而催生了越来越多的抗争（周飞舟，2006；陈柏峰、申端锋，2011；焦长权，2010）。

再次，抗争者能够通过借助国家合法性宣传和意识形态话语，减弱自身抗争的合法性困境。在威权主义国家，抗争往往是缺乏合法性，容易遭受到政府的镇压（Teresa Wright，2001；应星，2007）。然而，抗争者却可以凭借威权主义国家本身所进行的合法性宣传和意识形态话语来增强抗争的合法性，进而获得更多讨价还价的权力。例如，李连江和欧博文就提出农民抗争是一种"依法抗争"，农民利用中央政府颁布的相关文件政策和法律进行上访，进而反对基层政府，要求维护自身利益（O'Brien & Li，2006）。而在业主维权研究中，研究者往往发现业主会充分利用现有的法律政策资源以及向国家支配性话语靠近，进而提高业主抗争维权的合法性，要求地方政府维护自身的权利（陈鹏，2010；庄文嘉，2011）。同样的，在工人抗争研究中，研究者也有类似的发现，工人会使用社会主义文化传统、政治性呼号、国家政策和法规等话语在道德高度上要求政府回应自身诉求（佟新，2006；程秀英，2012）。在抗争者面临合法性不足困境的情况下，国家的法律政策、合法性宣传和意识形态话语往往便会成为抗争者提高自身合法性的工具，以助抗争者获取更多的与地方政府讨价还价的权力。

最后，除了聚焦以上较为稳定的结构性机会之外，一些研究者也从更为动态的角度去发掘"政治精英的策略与整合程度"是如何影响抗争者讨价还价权力的获得。已有研究发现，政治精英面对社会抗争时所采取的策略，会深刻地影响抗争者讨价还价权力的获得以及最终的抗争结果。一般而言，当政治精英采取包容和吸纳的策略时，抗争者更容易获取影响力，进而最终实现自身的抗争诉求。而当政治精英采取排斥和压制的策略时，抗争者便很难获得讨价还价的权力，抗争结果也倾向失败（黄卫平、陈家喜，2008；Xie & Vander Heijden，2010）。

然而，不少研究者也发现，政治精英并非高度整合，抗争者可以利用自身的社会网络以及不同政治精英之间的分歧，与支持性的政治精英结成联盟，进而在体制内寻找到支持性力量（Sun & Zhao，2007；Cai，2010；Shi & Cai，2006）。

上述文献都指出，抗争者对于政治机会结构的发掘与利用无疑是影响地方政府与抗争者之间力量对比的关键性因素。当抗争者能够充分发掘和利用政治机会结构时，地方政府便会倾向无力。然而，上述研究并不足以对本文的研究问题做出充分的回答。上访者仿佛都是善于发掘和利用国家所释放的政治机会结构，然而为何不同的信访消解机制还是会出现差异化效果？

本文认为，这样的不足源于已有研究倾向把政治机会当作一个固定不变的、可以随时被抗争者所利用的影响因素。但实质上，政治机会并不是稳定地存在。一些研究者就发现，政治机会随着不同的地区、不同的抗争议题、不同的抗争对象以及不同的回应成本而变化。例如，贺斌（Hurst，2004；Hurst，2008）就发现，不同地区的政治经济状况导致下岗工人抗争所面临的政治机会是有差异，相比于市场经济发达的地区，中国老工业地区（China's Stalinist Rust Belt）的官员更为同情下岗工人的抗争。而国家对于不同的抗议议题也会呈现不同的态度，国家对于更少敏感性的议题以及经济议题表现出更高的容忍性（Yang，2008；俞志元，2012）。同时，不同的抗争对象，也会影响抗争者所面临的政治机会。在环境抗争领域，相比于以省级政府作为抗争对象，以县级政府作为抗争目标可以获得更多的政治机会（Zhao & Sun，2008）。除此之外，政府回应成本较低的抗争所面临的政治机会更多，也更容易成功（Cai，2008；Cai，2010）。由此可见，政治机会实际上是变化的、有差异的，而现有研究过于强调从抗争者"发掘和利用"政治机会结构角度去解释抗争者影响力的获得，有可能使得我们忽视政治机会本身变化所带来的影响。因此，我们需要从强调抗争者"发掘和利用"政治机会结构转为讨论政治机会本身。在本文看来，需要仔细考虑整个信访抗争过程中上访者所面临的政治机会状况究竟如何以及是否存有差异，进而理解信访消解机制的差异化效果。

本文认为，除了抗争议题、对象和回应成本等抗争内在属性会导致政治机会差异之外，抗争的不同阶段也会导致政治机会的变化。换言之，在整个抗争过程中政治机会本身就是弹性化的。所谓弹性，是比喻事物具有伸缩性，可以时大时小，时多时少。政治机会弹性化，意味着国家释放出来的政治机会在抗争过程中并不是稳定不变的，而是反复释放和收缩、不断变化的。在整个抗争过程中，国家是可以不断调节抗争者所面临的政治机会。

三　类型建构与分析框架

基于田野调查，本文发现，政治机会弹性化在相当程度上塑造了信访消解机制的差异化效果。一方面，基层政府是过程性地使用不同类型的信访消解机制，在不同的信访阶段，会采取不同的消解机制去回应上访者。另一方面，在整个信访抗争过程，政治机会也不断发生释放和收缩。进而，政治机会的变化改变了基层政府与上访者之间的力量的对比，最终导致不同类型消解机制效果的差异。

（一）信访消解机制的类型建构

经验调查表明，基层政府所采取的信访消解机制可以划分成四种不同类型。第一类是"限制型"消解机制。该类型消解机制通过对上访者人数和上访方式做出一些限制性规定，比如不能集体上访和不能非正常上访等，进而试图利用这些限制规定来抑制上访。第二类是"程序型"消解机制。该类型消解机制主要通过信访体系内制度化的程序来消解上访，通过种种程序的设置，提高上访者的上访成本，消耗上访者的各种资源。第三类是"交易型"消解机制。基层政府将政府的权威和民众的权利商品化（Lee&Zhang，2013），基层政府给予上访者"好处"，作为交换，上访民众答应不再上访。第四类是"强制型"消解机制，基层政府运用惩罚、限制人身自由等方式强制上访者停止上访。

基层政府是过程性地使用这四种不同类型的信访消解机制（见图1）。在上访者上访之前便对上访者人数和上访方式做出一些限制性规定，试图消解一些集体性的、非正常的上访。当上访者的信访案件进入到程序处理时，基层政府首先会将其纳入旋正式的程序旋涡之中，想方设法提高上访者的上访成本。在案件经过基层政府一系列程序处理之后，如果上访者并不满意处理结果，仍然想赴高层级政府继续上访，那么基层政府就会通过利益交换来劝说上访者不再上访。如果经过高层政府和基层政府多次处理之后，上访者仍然不断坚持长期上访，成为上访老户，那么基层政府就会运用惩罚、限制人身自由等方式强制上访者停止上访。

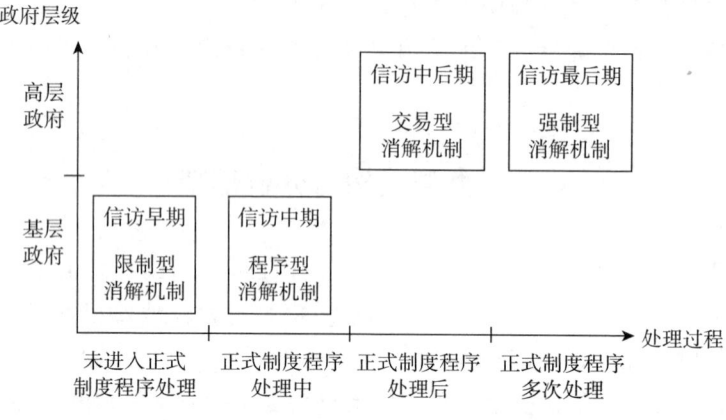

图1　基于抗争过程的消解机制类型建构

田野调查发现，四种类型的信访消解机制会有不同的效果。然而，这些效果并不能完全准确地比较。本文试图用以下两个方面来比较四种信访消解机制的影响效果。第一，信访消解机制所产生结果的类型差异。根据田野调查，不同的信访消解机制，所产生结果的类型是有所差异的，有些消解机制使用之后是基层政府占得了上风，而有些消解机制则是上访者占得上风。对一些信访消解机制而言，政府往往可以占于上风，消解机制会牢牢限制上访者的行为，上访者逐渐屈服于国家内部的结构性安排，最终选择放弃了上访行为。而对另一些信访消解机制而言，上访者反而占有了抗争优势，上访者往往可以借助该信访消解机制来增加自身的抗争资本。通过这种影响类型差异的比较，可以有效地区分四种信访消解机制的影响效果。第二，信访消解机制所导致结果的程度差异。即使是同一种结果类型，也有会存在效果上的程度差异。通过对同一种影响类型做出效果上的程度区分，可以更加细致地区分四种信访消解机制的影响效果。

在四种信访消解机制之中，限制型和交易型消解机制所导致的结果通常是上访者获得抗争优势，而程序型和强制型消解机制所导致的结果却往往是基层政府占得上风。就限制型消解机制而言，上访者往往可以故意违反种种限制性规定，迫使基层政府做出更多的让步。基层政府为了"不出事"，也倾向先做出一些让步与承诺来"稳住"上访者。而就交易型消解机制而言，也大致如此，上访者经常可以"坐地要价"向基层政府索要更多。

基层政府也倾向于"花钱买稳定",反复满足上访者的交易要求。对比而言,程序型消解机制和强制型消解机制所导致的结果,却通常是政府占得上风,能够有效地消解上访。其中,强制型消解机制的消解效果最强。在基层政府的运用强制力消解上访的情况下,上访者往往只能放弃上访,或者被不断强制镇压。相比于强制型消解机制,程序型消解机制虽然能够依靠程序壁垒来消解上访,但其只能在相当程度上消解部分上访,消解效果在程度上显然不如强制型消解机制。当上访者使用一些上访技巧时或者坚持不懈地进行上访时,程序型消解机制的消解效果就会受到局限。

(二)分析框架

正如上文所提及的,这些信访消解机制的不同效果,在相当大程度上是受弹性化的政治机会所塑造的。基于已有文献和对经验案例的剖析,本文将政治机会具体划分成"国家压力"、"强制性"与"政府利益差异"三个维度。首先,"国家压力"是指基层政府所面临的国家压力有多大。这种压力既包括合法性压力,也包括维稳方面的压力。抗争者往往可以利用政府所面临的压力,进而获取更多与讨价还价的权力。其次,"强制性"是指基层政府对于上访者的约束程度有多少,约束的方式包括强制能力和镇压倾向等。一般而言,基层政府越能有效约束上访者,上访者所能获得的影响力越小。最后,"政府利益差异"是指由权力结构分割所带来的不同政府层级之间的利益差异。如果上访者可以获取高层级政府的支持和干预,无疑能够在与基层政府博弈的过程中获得相当的讨价还价能力。

国家压力、强制性与政府利益差异三个维度的政治机会在信访过程中反复开放与收缩,不断地影响着不同消解机制的效果。在一些信访消解机制使用过程中,由于这些政治机会的释放,上访者能够成功利用一些政治机会来获取更多的与政府讨价还价权力,进而导致上访者处于上风,消解机制失去了效果。而在一些信访消解机制使用过程中,又由于这些政治机会的收缩,上访者无法再利用政治机会来获取讨价还价能力,进而被基层政府消解。

需要特别说明的是,无论是基于信访过程的消解机制类型划分,抑或是政治机会弹性化对于消解机制效果的影响塑造,可能更接近于理想类型。虽然根据经验调查显示,基层政府会基于信访过程有层次地使用四种类型消解机制,但这四种类型消解机制也并不是完全彼此孤立。现实世界中也可能存在基层政府综合使用几种消解机制的情况,例如基层政府在用各种程序消磨上访者的资源和合法性的同时，又用一定的利益交换和一定程度的"威胁"促使上访者"见好就收"。另一方面，政治机会弹性化对于消解机制效果的影响塑造也可能接近于一种理想类型。这主要是因为，即使在政治机会这种结构性力量的束缚之下，上访者作为社会行动者仍然具有自身的能动性，可以进行一定的策略选择。然而，本文之所以做出这样的理想化划分和解释，是因为本文的初衷在于将"为何不同的消解机制会有差异性效果"的背后逻辑展示出来，尝试提出一种理论解释，而不着力于分析基层政府对于消解机制的综合灵活使用，以及上访者对于特定政治机会结构性束缚的策略性抵抗。

综上，国家压力、强制性与政府利益差异三个维度的政治机会，是影响不同信访消解机制效果的关键变量（见图2）。国家压力、强制性与政府利益差异三个维度的政治机会是弹性化的，在整个信访抗争过程中不断发生变化，改变了每一种类型信访消解机制下地方政府与上访者的力量对比，进而导致了不同消解机制效果差异化。

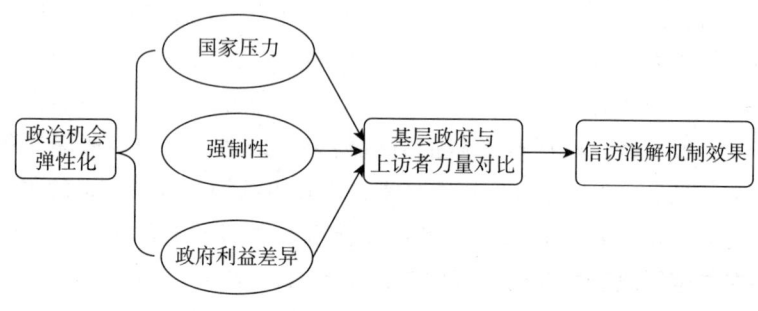

图2　分析框架

四　信访消解机制效果差异化的案例分析

接下来，将结合案例，具体讨论和分析在抗争过程中国家对于政治机会的不断收缩与释放，如何影响了上访者与基层政府双方力量对比的变化，进而导致信访消解机制效果的差异化。需要说明的是，四种类型的信访消解机制的使用是存在一个过程性。信访消解机制的出现程度取决于上访者会进行到哪个信访阶段。在一个上访案例中，可能只有一两种信访消解机制，也可能会出现多种信访消解机制。单纯使用一个个案往往难以呈现完四种消解机制的差异化效果，因此本文试图通过多个案例去呈现不同信访消解机制所带来的影响。某一类型信访消解机制的案例选择，将遵循能够最好地呈现该消解机制影响效果的原则。

（一）限制型消解机制 vs 麻烦制造的艺术

在威权主义国家，政府往往需要强调意识形态宣传来维护自身合法性，同时对于社会抗争，特别是集体性抗争保持相当的敏感性和警惕性。这些威权主义国家特为信访早期阶段的上访者开放了相当的政治机会，上访者可以利用国家合法性话语和维稳要求向地方政府施压来获取足够的议价能力。再加上中央政府要求在抗争初始阶段慎用武力，地方政府通常难以依靠强制力约束上访者，上访者进一步获取了更大的影响力。在这样的情况下，在信访早期阶段使用的限制型消解机制便往往难以实现其消解目标，反而是上访者获得抗争优势。

在信访早期阶段，政府便制定了多种规定限制上访者的行为。2005 年《信访条例》第十八条以及第二十条就明确限制了上访者的上访方式，"信访人采用走访形式提出信访事项的，应当到有关机关设立或者指定的接待场所提出。多人采用走访形式提出共同的信访事项的，应当推选代表，代表人数不得超过 5 人……信访人不得有以下行为：在国家机关办公场所周围、公共场所非法聚集，围堵、冲击国家机关，拦截公务车辆，或者堵塞、阻断交通的；侮辱、殴打、威胁国家机关工作人员，或者非法限制他人人身自由"。[①] 在 Y 市信访局的一份政府内部文件中，详细列举了上访者在上访时不能采取的方式以及指导建议，页数长达 30 多页。文件指导建议提到，当上访者违反这些规定时，信访干部可以劝解、警告以及运用《治安管理惩罚条例》去应对上访者。[②]

然而与这些限制性规定相反，上访者往往会故意不遵守这些限制，吸引政府注意和重视。在笔者进行田野调查期间便接触到类似的案例，上访者经常会在政府机关办公场所和人民广场等带有政治含义的公共空间进行"麻烦制造"，下文将要阐述的退伍军人静坐事件便是典型的案例。2014 年 1 月 20 日到 1 月 22 日，20 多名退伍军人因为不满退伍安置问题，在 Y 市市政府门前连续静坐三天。在此期间，退伍军人都是采取静坐的形式，并在市政府门前拉起"以前是最可敬的人，现在是最可怜的人"的巨大横幅，

---

① 参见 2005 年《信访条例》。
② 《关于引导广大群众规范化信访的指导建议》，Y 市信访局内部文件。

但并没有采取其他过激行为。在得知 20 多名退伍军人在市政府门前静坐和拉横幅的消息之后，市政府和信访局的相关工作人员迅速反应，试图与这些退伍军人进行沟通。"你们有什么诉求可以推选五位代表到信访局反映，如果诉求合理，政府会好好解决你们的问题"，市政府和信访局的相关工作人员如此说道。"我们要见市领导，叫市领导出来见我们"，这些退伍军人愤恨地说道。"见市领导可以啊，你们推选出五名代表就可以进去见市领导了"，政府相关人员一直试图说服这些退伍军人按照正常的信访程序进行。但是，这些退伍军人并不买账，坚持要市领导出来见他们。经过三天时间的坚持，市政府最终妥协。分管退伍军人工作的市领导最后出来与退伍军人们沟通，该市领导首先强调退伍军人们的做法是违反了相关法律法规的，但同时承诺会妥善解决他们的问题。在与市领导沟通之后，这些退伍军人才同意不再静坐，进入正常的信访程序来解决自身的诉求。

除了挑场所，上访者还会挑选重要政治时期来制造麻烦。上访者对于如何通过麻烦制造来给基层政府制造压力，表现得相当熟悉和精准。2014年 1 月 24 日，正适逢 G 市举行全市人大会议。G 市为地级市，而 Y 市为县级市，G 市政府为 Y 市政府的上级政府。Y 市某村一家人曾与开发商签订土地合同，将自家土地转卖给开发商。但不久之后，这家人在合同签订之后对合同提出质疑，拒绝向开发商转卖土地，因而与开发商产生了合同纠纷。这家人也曾到信访局上访，但是信访局工作人员以自愿签订合同为由，拒绝接受这一上访。于是，这家人趁 G 市人大会议召开之际，到 G 市人大会议门前拉起横幅进行抗议。得知这一消息之后，Y 市信访局局长带领多名工作人员迅速到 G 市接回抗议人员。实际上，这种行为也是属于非正常上访，是违反相关规定的。但是，在相关抗议人员回到 Y 市信访局之后，信访局局长并没有强调抗议人员违反规定，没有遵循信访条例进行上访，而是非常客气地向抗议人员解释，劝说他们要遵循相关规定。与此同时，信访局局长还针对抗议人员的问题召集相关人员进行了一次协商，并承诺会尽力解决问题。负责该村信访工作的基层干部收到消息之后，神色匆匆地赶到信访局，参与协商。

按照信访条例的相关规定，案例中上访者的行为都是违反相关信访规定的，属于非正常上访行为。但为何基层政府通过规则限制上访者的努力却没有收到多少效果呢？基层政府没有对这些上访者采取惩罚和禁止，上访者反而能够故意违反种种相关规定引起基层政府的重视，进而提高自身的抗争能力。这到底是什么原因呢？

这很大程度上源于此时基层政府所面临的合法性压力和维稳压力，以及缺乏足够理由有效地约束上访者。上访者正是利用了基层政府较为弱势的地位，进而成功地增强了自身讨价还价能力。近年来，国家十分强调合法性的建设，而"为人民服务"、"和谐社会"与"科学发展观"等意识形态话语成为国家重建合法性的重要凭借（Shue，2004；Holbig & Gilley，2010）。而这些看似是违反国家规定的"制造麻烦艺术"，正好恰恰挑动着讲究"以人为本""和谐社会"的基层政府的敏感神经。当民众违反这些限制性规定时，通常会给基层政府的合法性带来压力。很多时候，舆论对于一些民众非正常上访行为往往并不是认为这些民众违反相关的规定，而是认为是政府没有做好相关的工作。而大部分非正常上访行为，都是为了引起政府的注意，使得自身诉求进入政府的解决程序之内，因而对于地方政府而言属于突发性的事件。地方政府对于上访者的诉求和所涉案件并不清楚，也"有口难辩"，无法获得解释权和主导权。这种舆论压力和解释主导权的缺失促使基层政府处于一种较为尴尬和弱势的地位。在退伍军人静坐的案例，Y市信访局工作人员便提到了这一点。"我们也不能就这样让他们在市政府门前坐着啊，这样影响不好。我们是为人民服务的政府，如果我们一直让他们这样坐着，其他民众看到了会怎么想？肯定会觉得政府没办好事情，没听民众的诉求，这样不好。没有办法，我们只能去跟他们沟通。"（与Y市信访局工作人员访谈，2014/1/22）

另外，除了合法性的压力之外，中央政府的维稳要求，也使得基层政府变得小心翼翼。基层政府这种如履薄冰的状态，为上访者提供了相当的要价筹码。早在2004年，中共中央办公厅以及国务院办公厅便印发了《关于积极预防和妥善处置群体性事件的工作意见》的通知，明确要求地方政府要及时发现、化解、控制和处置群体性事件，尽快平息事态①。而2007年广东省政府印发的《广东省大规模群体性事件应急预案》，则详细对群体性事件做出Ⅰ级、Ⅱ级、Ⅲ级分类，要求市县政府对于辖区内的群体性事件做出及时的报告和处置，处置不当将被追究责任②。基层政府会因处理群体性事件不当而被上级政府问责，而种种非正常上访行为，大部分都有属于群体性事件，而且很可能会演变成更为严重的突发性群体性事件。这给

---

① 《中共中央办公厅、国务院办公厅转发中央处理信访突出问题及群体性事件联席会议〈关于积极预防和妥善处置群体性事件的工作意见〉的通知》（中办发〔2004〕33号）。
② 《广东省大规模群体性事件应急预案》，http://www.gdemo.gov.cn/yasz/yjya/zxya/shaqlya/200712/t20071201_36131_3.htm。

基层政府带来了巨大的风险，使得基层政府十分顾虑。"关键，我们担心事情会进一步发展啊。如果不好好处理，万一发生了什么更严重的情况，谁都担不起这个责任。所以要很谨慎地处理这些事情"（与 Y 市信访局工作人员访谈，2014/1/22）。"政府没做好工作"的合法性压力和"害怕事件进一步发展"的维稳压力合并，使得基层政府不得不小心谨慎地处理这些非正常上访的事件。为了尽快消除这些非正常上访行为所带来的恶劣的影响，基层政府一般更倾向于先让步，安抚这些非正常上访的信访者。

同时，由于国家限制强制措施的使用，基层政府难以对这些违反规定的上访民众做出有效的强制性约束，也使得上访者获取了更强的影响力，基层政府进一步受制于上访者。由于此时处于上访早期阶段，地方政府对于上访者的诉求和所涉案件均不清楚，基层政府往往缺乏足够的理由使用强制力去约束这些非正常上访者。而且，中央政府对于这些非正常上访行为也强调慎用武力。2004 年中共中央办公厅以及国务院办公厅印发的《关于积极预防和妥善处置群体性事件的工作意见》的通知，就明确要求"慎用警力、慎用强制措施、慎用警械和武器"，要求"综合运用政策、法律、经济、行政等手段，采取教育、协商、调解等方法处置群体性事件，加强对群众的说服教育、引导群众以理性合法的方式表达利益要求"。[①] 除非上访者采取了十分过激的行为，否则基层政府无法对这些行为做出足够的惩罚，往往只能采取"劝说"、"沟通"和"讲法律、讲政策"的方式让上访者放弃自身行为。在上文提及的两个案例中，这一点表现得非常明显。Y 市政府并没有对静坐的退伍军人以及到人大会场拉横幅的陈姓家人进行惩罚，而是试图与他们进行沟通，给予他们"市政府会重视"的承诺，从而让他们放弃非正常上访的行为。一位 Y 市信访局工作人员就直言不讳地说，政府对于这些非正常上访者没有多少办法。"抓起来哪有这么容易啊？一来他们没什么特别过激的行为，如果他们真的冲击市政府那就另说了，二来还是影响不好啊，哪能动不动就抓人。我们最多是过去跟他们反复讲，你们这样是违法，是不对的，有什么事情我们可以通过正常的程序来谈。他们无非是想解决问题，我们多谈几次，他们就愿意了"（与 Y 市信访局工作人员访谈，2014/1/22）。并且，强制措施也有可能带来更严重的群体性事件，也使得基层政府不得不考虑再三，慎用强制措施。

---

① 《中共中央办公厅、国务院办公厅转发中央处理信访突出问题及群体性事件联席会议〈关于积极预防和妥善处置群体性事件的工作意见〉的通知》（中办发〔2004〕33 号）。

（二）程序型消解机制 VS 无奈的同意

与信访抗争早期国家向上访者开放相当的政治机会不同，一旦上访者的案件进入到程序处理的过程，国家便会在相当程度上收缩政治机会。国家便通过构建"程序合法性"消磨上访者的抗争合法性，防止上访者对于国家合法性话语的无限延伸利用，并且凭借一定程度的"程序强制性"，有效地减弱了上访者讨价还价的能力。在这样的情况下，基层政府就转而处于一个较为强势的地位，上访者最终只能在程序旋涡中被逐渐消解。但是，这种有效性也具有一定局限性，当上访者不断"闹大"以及继续借助国家的合法性话语时，基层政府又会重新感受到压力，程序型消解机制的效果便会大打折扣。这种局限性来源于此阶段地方政府无法充分消磨上访者的合法性，充分卸掉自身压力以及充分约束上访者。

程序型消解机制主要是通过多重程序壁垒以及拖延策略来消耗上访者的种种资源，促使上访者在走完所有信访程序之后无奈地承认政府的权威和办理上访的结果，进而消解上访。一般而言，种种程序提高了抗争者的抗争成本，程序越复杂，抗争者越容易绕进无尽的程序旋涡之中（Lee，2007；Chen，2012）。因此，政府一直试图建造更多的信访程序壁垒，提高上访者的成本，进而让一些上访案件在种种程序旋涡中慢慢淡出。政府构建程序壁垒的策略包括两方面：其一是增加信访程序步骤。通过比较1995年和2005年两版信访条例发现，2005年信访条例所规定的基本信访程序更加冗长。其二是增加不同的信访方式，包括书记接访、领导接访以及干部下访等。这些新增加的信访方式逐渐制度化，在基层政府中稳定地运作。这些新增加的信访方式，实质上与信访基本程序存在重复和交叉。例如，领导接访只不过是从原有信访程序中的由信访部门工作人员接访改由党政领导接访，信访工作仍然由信访部门和有关的行政机关办理，实际上只是再重复地经历一次原有的信访流程。复杂化和重复设置的信访程序所带来的结果是，上访者为了上访投入了大量的时间、精力和物质性资源，以至于一些上访在多重程序壁垒中被慢慢消解，不了了之。

除了程序壁垒本身对上访者的资源消耗，信访部门和职能机关工作人员也能利用程序设置释放的空间，采取拖延策略进一步使得上访者在上访过程中更加步履维艰。笔者进行田野调查期间便发现，办理信访案件的相关行政机关经常会拖延信访案件的办理，以至于需要信访人多次催促。这方面的一个案例，便是春节前的催促大战。春节之前，许多信访人都就自己的信访诉求来到信访部门要求答复。因此信访工作人员都在紧张地忙碌着，其最主要的工作便是催促相关行政部门给予信访人答复。但信访部门工作人员也表示很无奈，Y 市信访局接访科科长表示，"信访局只是负责受理信访，并转办给相关职能部门，信访部门没有办法进行办理。很多信访人都来信访局投诉，表示自己的信访诉求迟迟未得到回复，这个时候，我们（信访局）只能催催相关的职能部门，没有其他办法"（与 Y 市信访局工作人员访谈，2014/1/24）。但是十分奇怪的是，信访部门催促相关行政部门并不是运用法律法规资源，而是带有一种明显的人情色彩。信访局工作人员并没有以信访条例中规定 60 日之内给予答复作为催促的理由，而是把"在过年之前把一切办好""你好我好大家好"等明显带有人情色彩的话语作为催促理由。笔者记录了 Y 市信访局工作人员催促相关部门的对话内容。"XX 部门吗？我是信访局 XX。XX 的信访事项你们办理没？过了有那么久了，你这几天抓紧时间给他一个答复吧。快过年啦，在过年之前把一切都办好咯。他来了（信访局）几次了，你抓紧时间给他一个答复，你好我好大家好"。① 这在一定程度上反映了信访条例等制度性规定对行政机关办理信访事项的约束性并不是那么强。在并不是那么强的约束之下，一些行政机关对于一些信访事项通常会采取"能拖就拖"的策略。

复杂化的程序和官僚的故意拖延，极大地增加了上访者的上访成本，使得上访者在上访道路上步履维艰。"现在办事真是难，我都跑了很多次了……只能这样了，有什么办法。我们这些人是拿政府没办法的"（2014/2/20，与上访者严某访谈）。于是，经过一系列程序壁垒的消耗之后，当信访部门拿出办理结果时，上访人往往会被迫接受这种办理结果。"不接受（办理）结果可能什么都拿不到"，信访工作人员如此对上访人员说道。"这是历史遗留问题，现在我还在任，如果我离任之后就没人再管。你们现在不接受，以后就什么都没有"。② 更为重要的是，在所有信访程序完成之后，信访部门往往拒绝该信访案件的办理。在笔者进行田野调查期间接触的一个案例，便很好地说明了这点。冼某是 Y 市原建筑公司的一名职工，因退休金问题多次到 Y 市信访局上访，接访科的工作人员对其十分厌烦。信访局的领导给接访科的工作人员出主意，"你们可以让他申请复查复核试试，

① Y 市信访局参与式观察，2014/01/24。

② Y 市信访局参与式观察，2014/03/05。

要引导他走完复查复核程序，折腾几次。复查复核程序是信访条例中规定的，你们引导他们走完这些程序，我们的责任就完成了。以后他再来（上访），就不是我们的责任，是他的问题了"。① 在引导冼某走完所有信访流程之后，信访局工作人员便以此为理由不再接受冼某的上访。

程序型消解机制的消解方式在于，通过增加程序复杂性和盛行的拖延来大量消耗上访者的精力和资源，迫使上访者接受程序结束后的办理结果，并不再接受程序处理完的信访案件。然而，为何程序型消解机制能够对上访起一定程度上的消解作用？换言之，为何上访者要遵循着政府设定的层层程序壁垒而被大量消耗资源，而最后又无奈地同意政府的办理结果？为何限制型消解机制难以实现其消解目标，而程序型消解机制却可以？

实际上，程序型消解机制与限制型消解机制效果有所差异的根源在于政治机会发生了变化。此阶段国家对于政治机会的收缩，相当程度上削弱了上访者的议价能力，基层政府转而处于一个较为强势的地位，进而保证了程序型消解机制的效果。首先，就国家压力而言，相比于使用限制型消解机制时所面临的合法性压力和维稳压力，此时的基层政府可以借助"程序合法性"相当程度地减轻了自己所面临的国家压力。随着上访者的案件开始进入到正式的信访程序之中，国家通过构建起"程序合法性"，使得上访者试图通过给基层政府施压来获得更多讨价还价的权力变得困难。自2005 年国家《信访条例》修订以来，国家就通过法律的形式明确了信访所需要经历的程序步骤和工作流程，试图将信访工作纳入一个更加规范化、制度化的轨道。而 2007 年《中共中央、国务院关于进一步加强新时期信访工作的意见》则明确提出，"要建立畅通、有序、务实、高效的信访工作新秩序……推进信访工作的制度化、规范化和法制化"②。这些试图将信访工作纳入到程序化、法制化轨道的努力，实质上是要构建起一种程序合法性，试图将信访矛盾控制在一定的程序制度之内。这种"程序合法性"，主要包括在两个方面：第一，信访程序是正当的。种种信访程序都是由国家以法律、法规和文件的方式所规定，所有信访者要进行上访都需要经历种种设定的程序，上访需要遵循信访程序。第二，一旦信访程序完成，很大程度上意味着上访者失去了再次抗争的合法性。不论信访人的诉求是否得到足够的回应，程序的完成就意味着政府和信访部门责任的完成，上访者再次

---

① Y 市信访局参与式观察，2014/01/27。
② 《中共中央、国务院关于进一步加强新时期信访工作的意见》（中发〔2007〕5 号）。

上访便是无理取闹。国家通过构建这种"程序合法性"来消磨上访者的抗争合法性，进而减弱基层政府所面临的压力，试图表明责任不在于政府自身，而是上访者无理取闹。程序型消解机制案例中冼某的例子，就可以看出这一点。Y市信访局工作人员通过引导冼某走完所有信访程序，强调"我们（政府）的责任就完成了。以后他再来（上访），就不是我们的责任，是他的问题了。"可见，政府通过程序型消解机制，很大程度上消磨了上访者的抗争合法性。因而，在这一阶段，由于国家通过这种程序合法性的构建，收缩了基层政府所面临的国家压力，上访者难以通过向基层政府施压获取更多的讨价还价权力，进而只能在程序中被慢慢消解。

其次，就强制性而言，相比于使用限制型消解机制时难以有力地约束上访者，此时的基层政府可以依靠"程序强制性"较为有力地约束上访者。程序型消解机制限制上访者并不依靠一般的武力强制，而是依靠"程序性强制"。上访者如果希望自己的诉求得到解决，就必须要进入到程序中来。上访者往往是被迫地卷入到种种程序旋涡之中，这使得程序吸纳并不需要依赖于信访者。甚至，上访者还时常自愿地遵循种种程序设置，民众被不确定的办理结果、自己诉求得到解决的可能性所吸引，进而愿意进入这些程序中，希望自己的信访诉求能在某一道程序上得到回应。以领导接访程序作为例子，为何很多上访者愿意进入其实与常规的信访程序无实质差别的领导接访程序？这主要是因为在差序政治信任体系内，相比于信访部门、行政机关的普通工作人员，上访者更加相信领导可以解决自身诉求，认为通过领导接访程序，"赢的可能性"更大。正是这种比较有力的程序约束，一定程度上减弱了上访者能够与基层政府讨价还价的能力。

然而，尽管程序型消解机制可以消解上访，但是其消解效果具有一定局限性，只能实现相当程度的消解。一部分上访者仍然拥有抵抗消解的空间和能力，当上访者坚持不懈地上访以及懂得并使用一些"闹大"的上访技巧时，程序型消解机制的消解效果就会有所减弱。冼某的案例就是一个很好的说明例子。尽管Y市信访局反复强调冼某已经经历所有信访程序，但冼某仍然坚持不懈地上访，每隔一段时间就会到Y市信访局要求工作人员处理自己的事项。冼某一个重要的理由便是："政府需要为我做主，帮我解决问题"，"我来信访局没有作用啊？那要信访局来干吗？政府也不理我，那我是不是要找些其他途径，另谋出路？"虽然Y市信访局工作人员对冼某不胜其烦，但有时候仍然需要"敷衍"一下他，表示可以请示领导再"协调协调""处理处理"。① 由此可见，虽然基层政府凭借"程序合法性"和"程序强制性"一定程度缓解了自身面临的压力，并且可以相当程度上约束上访者，进而使得程序型消解机制能够有效地消解上访。但是，这种消解效果只能实现相当程度的消解，一旦上访者重拾国家合法性话语，重新强调政府责任，甚至有闹大倾向时，基层政府同样会感受到切切实实的压力。"政府需要为我做主，帮我解决问题"，"来信访局没有作用啊？那要信访局来干吗？""政府也不理我，那我是不是要找些其他途径，另谋出路？"这些强调政府责任的上访抗议话语也给政府带来了一定的合法性压力。随着基层政府所面临的国家压力的增大，上访者又重新获得一定的议价能力。

（三）交易型消解机制 VS 不稳定的交易

如果说在上访案件进入程序处理过程时，地方政府可以凭借"程序合法性"来缓解自身面临的压力，上访者试图向地方政府施压的尝试变得十分困难。那么，随着基层政府对于信访案件的处理完毕，高层政府被卷入到抗争过程之中，政府之间利益差异这一政治机会的开放，为上访者借助高层政府的支持和干预来向基层政府施压提供了可能性。在这样的情况下，基层政府往往会"花钱买稳定"，用利益与上访者进行交易，换取上访者不再上访的承诺。但是，由于基层政府缺乏有效的方式就交易过程约束上访者，上访者往往获得了相当的讨价还价能力，能够不断向基层政府坐地要价。李家三兄弟的案例，正是这样的情况。

Y 市某村李家三兄弟以经营鱼塘为业，鱼塘面积达数亩。2010 年 Y 市政府在该村河流上游兴建的水坝正式落成，开始正式投入使用。由于水坝的建成，改变了该村的自然生态环境，村内一些靠近河流的鱼塘和农田等，一年之内有一段时间会被河水淹没。而李家三兄弟经营的鱼塘正处于会被河水淹没的范围之内。自家经营的鱼塘被淹没之后，李家三兄弟损失颇为严重，他们认为是政府兴建水坝进而导致了自己经营的鱼塘被淹，于是自2010 年开始，他们通过上访的方式要求政府赔偿损失。在他们初次上访之时，Y 市政府给予他们一万多元的补偿，李家三兄弟也与 Y 市政府签订了"息访罢诉保证书"，保证不再就这一事件再进行上访。然而，从 2012 年开始，李家三兄弟再次以"自家经营的鱼塘被淹没"为由不断上访，要求政府赔偿损失。他们认为，由于政府兴建大坝，自家经营的鱼塘每年都会被

---

① Y 市信访局参与式观察，2014/03/12。

淹没，因此政府要继续赔偿损失。

李家兄弟的行为引起了 Y 市政府的不满。在 Y 市政府看来，李家兄弟有点贪得无厌，并且违反了当初不再上访的承诺。双方僵持不下时，李家兄弟提出要到省政府上访。李家兄弟要到高层级政府上访的想法，使得 Y 市政府有点顾虑。Y 市信访局工作人员就坦言，李家兄弟要到高层次政府上访的想法使得 Y 市政府被李家兄弟所牵制。"这个问题上，政府也要承担一些责任的。而且他们老是来上访，烦得不行，而且还说要去省上访。政府也有压力，就没办法，又给了一次钱"（2014/1/28，与 Y 市信访局工作人员访谈）。在政府再次给予李家兄弟七千元的补偿，李家兄弟再次与 Y 市政府签订了"息访罢诉保证书"，承诺不再上访。然而，事情并没有结束，李家三兄弟并没有放弃上访的想法。

2013 年，李家三兄弟的鱼塘再次被淹，从 2013 年下半年开始，李家三兄弟第三次踏上上访的道路。"他们来了很多次了，只要鱼塘一被淹，他们就跑来向政府要钱。前面两次政府给了他们钱的，现在还来。之前已经说好，赔偿之后就不再上访，但是他们现在又来。他们简直把政府当摇钱树了，没钱花了就来政府上访"（2014/1/28，与 Y 市信访局工作人员访谈）。Y 市政府对李家兄弟的行为十分厌烦，拒绝再次给予他们赔偿。李家三兄弟见状便故技重施，反复到 Y 市信访局上访，并不断扬言要到省政府上访。然而，对于李家兄弟的行为，Y 市政府有些无可奈何。"他们现在经常来（上访），一有空就来。我们也没什么办法，不理他们就是了"（2014/1/28，与 Y 市信访局工作人员访谈）。李家兄弟签订了"保证书"之后仍然反复上访，但为何政府却无可奈何？Y 市信访局工作人员解释道，"保证书有什么用，就签个字放入档案而已。他们要继续上访，我们是没有什么办法。只能像现在这样，他们来上访，我们就不理，让他们干坐着"（2014/1/28，与 Y 市信访局工作人员访谈）。而对于签订了"保证书"之后仍然反复上访，李家兄弟却有不一样的解释，他们认为政府赔偿一次不足够弥补他们长远以来的损失。"我们的鱼塘年年被淹，政府赔一次的钱都不够（鱼塘）淹一次的损失。如果不是政府建水坝，我们的鱼塘会年年被淹吗？只想赔一次就好，哪有这么好的事？……签保证书当然是为了拿钱，政府的钱能拿多少是多少。现在不拿以后就没了"（2014/1/28，与李家兄弟访谈）。

从案例的展示可以看出，交易型消解机制往往会引起上访者以不断上访为要挟"坐地要价"向基层政府索要更多利益。与限制型消解机制使用过程中上访者的无力与基层政府的强势相比，此时的上访者仿佛又拥有了较高的要价筹码，基层政府又重新处于一个较为弱势的地位，只能不断被上访者所牵制。为何会发生这样的变化？一个重要的原因便是，此阶段国家开放了"政府利益差异"这一政治机会，为上访者通过借助高层政府的支持向基层政府施压提供了可能。向高层级政府上访是上访者一个常用的策略，上访者希望得到高层级政府的支持进而向地方政府施压。然而，并非所有上访者都会得到高层级政府较为积极的支持。上访者能否得到高层级政府的支持，很大程度上取决于政府之间的利益差异程度。在此信访阶段，像李家兄弟这样的上访者，往往是初次或者较少量地赴高层级政府上访。对此，高层级政府是较为支持的。通过这种方式，高层级政府不仅可以通过上访了解基层政府状况，进而监控基层政府（O'Brien，2002；Minzner，2006）。更重要的是，可以通过这种设置给予上访者一个通道，使得上访者相信自身可以影响地方决策过程，对政权保持信心，进而保持社会稳定（Cai，2004；Andrew，2003）。此时，高层级政府和基层政府利益差异化程度是比较高的。因此，李家兄弟试图依靠通过向高层级政府上访作为一种抗争手段，存在得到高层级政府的干预和支持的可能性，这无疑使得 Y 市政府备感压力，需要再三考虑。

另一方面，李家兄弟到省政府上访也会给 Y 市政府带来较大的信访压力。在信访体系中，也存有压力型体制。2005 年修订实施的《信访条例》，其第 7 条规定："各级人民政府应当建立健全信访工作责任制，对信访工作中的失职、渎职行为……追究有关责任人员的责任，并在一定范围内予以通报；各级人民政府应当将信访工作绩效纳入公务员考核体系。"① 其中，赴高层级政府上访，特别是赴北京上访便是一个重要的考核指标。国家信访部门每月会对各省（市、区）赴北京进行"非正常上访"人次数进行排名并通报，各省市信访部门也会对各地市排名，直至县市及乡镇政府，并将此作为对下级政府及其官员考核"一票否决"的内容。② 这种排名制度，直到 2013 年才开始逐渐改革，但无疑信访体系中的压力型体制是继续存在的。信访体系中的压力型体制，给基层政府带有较大的信访压力。在案例中，正是李家兄弟要挟赴高层级政府上访，使 Y 市政府不得不再三考虑。正如 Y 市信访局工作人员所提到的，"这个问题上，政府也要承担一些责任

---

① 参见 2005 年《信访条例》。

② 参见丁建庭：《取消信访排名释放改革信号》，《南方日报》2013 年 5 月 10 日封二；王琳：《取消排名是解决信访难题的有效一步》，《东方早报》2013 年 5 月 10 日。

的。而且他们老是来上访，烦得不行，而且还说要去省上访。政府也有压力，就没办法，又给了一次钱"（2014/1/28，与 Y 市信访局工作人员访谈）。可见，李家兄弟可能会得到高层级政府的支持，以及所带来的较大信访压力，使得 Y 市政府被李家兄弟所牵制。

除此之外，正如案例所体现的，基层政府对交易是缺乏强制性的，往往无法有效地使用强制能力去约束交易，需要强烈依赖于上访者自觉遵守交易。进而，上访者便获取了更多讨价还价能力，政府越来越处于一种受制约的地位。即使是李家兄弟违反"保证"，反复多次上访，但 Y 市政府对李家兄弟的行为却仍然无可奈何，只能采取"不理他们""让他们干坐着"的做法。作为交易约束的"息访罢诉保证书"难以发挥作用，上访者只是把其当作了得到赔偿的所必须经历的一个步骤而已，而政府也深知它的有限性只是"放入档案的材料罢了"。

（四）强制型消解机制 VS 无力的反抗

强制性的消解方式通常在信访后期阶段使用，主要针对长期上访的信访老户。在经过几次交易之后，如果上访者仍然反复到高层级政府上访，那么基层政府就会动用国家强制能力去限制上访者进行上访。中央政府对于大量上访老户集中在北京的顾虑，使得政府利益差异这一政治机会有所收缩，高层政府支持上访老户的可能性大大地降低了。而且，由于上访老户的案件经过反复处理，地方政府可以牢固地掌握对案件的主导解释权。地方政府往往可以通过强调上访老户是"无理取闹"，来充分卸掉自身面临的压力。在这样的情况下，地方政府不用担忧使用强制力镇压上访者的风险，上访者基本丧失了议价的能力，进而被强力消解。

经过政府采用强制的方式消解上访之后，往往会出现两种状况。一种情况是上访老户放弃上访，不再与政府正面冲突。而另一种情况是，上访老户依然抗争到底，但基层政府可以不断强制镇压上访老户，上访老户只能无力地反抗。无论哪一种情况，在信访过程中，上访者都被强制消解了。由于笔者无法在田野调查中收集到这一类型的案例，所以以下介绍的案例是根据新闻报道整合而成。①

姜和娥原本只是江苏省丹阳市粮食局一名普通的职工，但是在姜和娥

---

① "女子常年上访举报上级贪污　被精神病院收治 10 年"，引自搜狐新闻（http：//news. sohu. com/20120327/n339026879. shtml），2012 年 3 月 27 日。

多次向上级单位实名举报司徒粮管所时任所长张荣金贪污粮食问题之后，姜和娥的命运发生了转折。1993 年 4 月 17 日，粮食局相应领导认定姜和娥"举报不实"，之后更以连续旷工多日为由对姜和娥做出开除处理。

然而，姜和娥对调查结论和对自身的处罚感到非常不满，她开始采取上访的方式试图为自己讨回公道。从 1993 年开始，姜和娥便开始常驻在北京上访。"如果不是后来把我抓回去送到精神病院，我一定会讨个说法"，她说。1997 年 8 月 30 日，距离中共第十五次全国代表大会召开不足半个月，刚从北京上访回来姜和娥被丹阳市公安局抓走。以精神病为由，姜和娥被收治在镇江市第四人民医院精神病科的病房内。在被收治 72 天之后，由于姜家人强烈要求，姜和娥才得以被释放。为了解决矛盾，1998 年 3 月 17 日司徒粮管所与姜和娥本人及其父亲姜志勇签订了一份《关于姜和娥有关问题处理的协议》。协议称，粮管所撤销对姜和娥除名的决定，恢复其工龄，针对前几年上访时间补发病假工资，享受医疗保险。此外，姜和娥办理病休，待遇按病假工资——现工资的 60% 执行。姜家人认为，协议书其实就是一个经过"包装"的"息访协议"。虽然他们不同意承认"姜和娥有精神病"，但是作为弱势一方，他们还是在这份协议上签了字。

本以为事件就此结束，没想到五年之后却再起波澜。2002 年 6 月，丹阳市粮食局决定推动企业改革，1300 多名基层粮管所的干部职工统一实施身份置换，以经济补偿的方式与单位解除劳动合同。姜和娥在得知自己被要求下岗之后，又开始踏上上访的历程。2002 年 11 月，姜和娥再次来到北京上访。姜和娥采取在天安门周边散发传单、打出诉冤条幅等非正常上访的方式，试图吸引政府和公众的注意。然而，姜和娥很快就被北京警方控制，随后被丹阳市公安局派人带回丹阳。回到丹阳之后，姜和娥再次被送进镇江市第四人民医院精神病科收治。这次收治，一收便是三年。直到 2005 年 8 月，姜和娥和她的家人要求实施子宫肌瘤切除手术，姜和娥才重获自由。2005 年 9 月 18 日，手术愈后的姜和娥却仍然没放弃上访的念头，她趁着医护人员不注意，逃出病房又一次进京上访。2006 年 3 月全国两会前夕，姜和娥又被丹阳市粮食局和丹阳市公安局派人带回，直接送入镇江市第四人民医院精神病科"收治"至今。经姜和娥父亲姜志勇统计，姜和娥被收治累计近 10 年：1997 年首次被收治 72 天；2002 年 11 月 28 日至2005 年 9 月 18 日共收治近 3 年时间；2006 年 3 月 9 日迄今被关 6 年。

向高层级政府上访，往往被认为是上访者与基层政府抗争的有力武器。在交易型消解机制使用过程中，上访者就是通过到高层级政府上访的方法来获取更多讨价还价的权利，迫使基层政府扩大让步空间。然而，为何此时这些上访老户同样的做法却失效了呢？基层政府对于这些上访者到高层级政府上访的行为并不买账，不仅如此，基层政府还敢于采取强制的方式促使上访者停止上访，以至于在这一机制使用过程中上访者完全被消解了。为何会出现这样的结果？

这很大程度上归因于政治机会已经再一次发生变化。在此阶段，考虑到这种政治稳定问题，国家对上访老户极大地收缩了政治机会，上访老户已经无法再利用政府之间的利益差异作为抗争武器，高层政府支持上访老户的可能性已经大大降低。比较而言，在交易型消解机制使用过程中，上访者往往可以通过向高层级政府上访作为一种抗争手段，进而作为筹码与基层政府讨价还价，而基层政府对此亦有所顾忌。然而，在信访后期阶段，此阶段的上访者往往是多年赴京、赴省政府上访的信访老户，这种常年上访的信访老户使得高层政府十分疲惫，高层政府转而希望基层政府及时控制这种长期赴京上访的行为。中央政府对于赴京上访者存有一种非常矛盾的态度：一方面，中央政府希望借助赴京上访者了解地方状况，监控地方代理人，并让上访者对于政权保持信心；而另一方面，由于中央政府对于地方信访案件的不了解以及担心赴京上访潮影响政治稳定，又希望地方政府一定程度上控制赴京上访数量。为此，中央政府设计了信访排名以及信访绩效一票否决等机制，试图让地方政府对于赴京非正常上访进行控制。2014年，国家信访局进一步出台了《关于进一步规范信访事项受理办理程序引导来访人依法逐级走访的办法》，明确上访者逐级进行上访，禁止越级到北京上访。对于越级到北京上访，将不被受理。[①] 在这样矛盾的困境下，国家便选择了对初次上访、较少量上访者开放政治机会，而对长期上访的信访老户则关闭了政治机会。因此，对于姜和娥这种长期赴京上访的上访钉子户，政府之间利益差异这一政治机会已经大大缩小，高层级政府已经较少可能支持她，基层政府自然不再有所顾忌，姜和娥的抗争筹码也就失效了。

此阶段，信访老户在强制型消解机制使用过程中完全丧失议价能力，不仅与"政府间利益差异"缩小有关，也与国家压力的弱化有关。基层政府能够利用信息传输系统的弱点，牢固地掌握对上访老户案件的解释主导

---

① 参见《关于进一步规范信访事项受理办理程序引导来访人依法逐级走访的办法》，http://news. xinhuanet. com/politics/2014 – 04/23/c_1110379325. htm。

权，极大地弱化了强制镇压上访老户可能面临的压力。这些信访老户多年反复上访，当然会给基层政府带来强大的信访考核压力，以至于基层政府不惜以强制方式消解他们的上访。然而，随着基层政府对强制型消解机制的使用，这种信访考核压力便消失了。这些上访老户的"被强力消解"，对基层政府而言，相当于减少了上访老户，信访压力进而得到缓解。但是，这种强制消解方式存在着一个问题。如果基层政府对上访者采取强制型消解机制的同时会被国家严厉惩罚，那么基层政府对这种消解机制的使用便会十分谨慎了。然而事实告诉我们并非如此，新闻媒体报道了大量基层政府惩罚长期上访者的案例。事实上，基层政府采取强制型消解机制时所面临的国家压力被极大地弱化了。这主要归结于两个方面的原因：其一，上文所提及的较低的"政府间利益差异"。由于高层级政府被长期上访的信访老户弄得疲惫不堪，因此高层级政府对基层政府强力治理信访老户是默许的和宽容的。事实上，一些强力治理的方式是被明文规定的，例如非法上访可以拘留或者劳教等。其二，信息传输系统的弱点。基层政府可以利用信息传输系统的弱点，牢牢掌握对于上访问题的解释权。基层政府往往会将这些长期上访户定义为"非法上访""无理上访"，进而大大减弱自己在用专制权力消解上访者可能会面临的国家压力。同时，由于所消解的对象主要为上访老户，其上访案件往往经过了一定时间的处理。与刚开始上访的上访者相比，此时政府的解释权更加牢固，政府往往会强调案件已经经过多次处理，只是上访人"无理取闹"。大大减弱的国家压力，进一步收缩上访者讨价还价的能力，上访者迫使基层政府让步的影响能力自然大打折扣，进而只能被强力消解。

另外，强制型消解机制具有十分强的强制性。在强制型消解机制使用过程中，基层政府可以动用强制能力有力地约束上访者的行为，从而大大减弱了上访者讨价还价的能力。即使是想抗争到底的上访者，基层政府也可以不断强制消解。例如案例中的姜和娥，她有着"讨一个说法"的决心，然而却一直被丹阳政府收治在精神病院达10年。即使有上访的心，也无能为力。

五　结论与讨论

政府回应上访的消解机制效果如何？现实中似乎存有矛盾的经验事实。一方面，基层政府仿佛是强势的威权主义面孔，运用强制力来阻止民众上访，上访者也在信访体制种种程序壁垒中不断遭遇阻力；而另一方面，基层政府仿佛又十分弱势，需要通过各种方式讨好上访者，上访者可以反复向基层政府坐地要价。

如何理解如此具有反差性的经验事实？是什么因素导致了政府回应上访的消解机制的效果差异？已有研究强调影响地方政府与抗争者的议价力量改变的关键性因素是，抗争者是否能够有效地利用政治机会，发掘国家内部的缝隙并在体制内部需求支持。然而，本文的经验研究发现，政府信访消解机制的有效或者失效，并非在于上访者是否能够有效地发掘利用政治机会。在强制型消解机制的案例，姜和娥也十分善于利用和发掘国家内部的缝隙，希望寻求北京中央政府的支持。于是，她采取了赴京上访、到天安门周边散发传单和打出诉冤条幅等"问题化"策略。但是，丹阳市政府对她这种寻求高层政府支持的行为并不买账，姜和娥还是遭到丹阳市政府的强力消解。

因此，如果我们仅仅只是关注于上访者如何发掘和利用政治机会，往往难以解释信访消解机制为何会存在差异化的效果。上访者仿佛都是善于发掘和利用政治机会的，但为何消解机制的效果仍然会存在差异。在本文看来，需要从讨论"上访者如何发掘和利用政治机会"转为讨论"政治机会结构本身"。通过分析政治机会本身的变化，才能够理解为何不同的消解机制会有差异化的效果，以及不同消解机制下为何上访者的力量会有所差异。

本文基于抗争过程具体区分了地方政府在不同信访抗争过程所使用的四种类型消解机制，并比较了四种类型消解机制的效果，试图挖掘影响地方政府回应策略效果的具体因果机制。本文发现，正是政治机会在信访抗争过程中的弹性化，塑造了这四种类型消解机制效果的差异。政治机会不仅像已有研究表明的那样，会随着抗争议题、抗争对象以及回应成本等抗争内在特征的变化而变化，而且会随着信访抗争过程的推进不断变化。国家在抗争过程中不断开放和收缩"国家压力""强制性""政府利益差异"三个维度的政治机会，影响了地方政府与上访者的力量对比，最后导致位于不同信访过程的不同消解机制具有差异化的效果。

基于此，本文进而认为，影响国家应对抗争策略效果和抗争发展的因素，不仅在于抗争者如何利用和发掘国家所释放的政治机会，还在于国家本身在抗争过程中对于政治机会的不断调节。换言之，在中国社会抗争研究中，需要从"社会中心"视角转换为"国家中心"视角，寻找国家释放和关闭政治机会的逻辑所在，进而分析国家对于政治机会的释放和收缩如何影响了抗争的进展，又如何影响了地方政府对于抗争的应对和效果。

参考文献

陈柏峰，2011，《无理上访与基层法治》，《中外法学》第 2 期。

陈鹏，2010，《当代中国城市业主的法权抗争——关于业主维权活动的一个分析框架》，《社会学研究》第 1 期。

曹正汉，2011，《中国上下分治的治理体制及其稳定机制》，《社会学研究》第 1 期。

程秀英，2012，《从政治呼号到法律逻辑——对中国工人抗争政治的话语分析》，《开放时代》第 11 期。

黄冬娅，2011，《国家如何塑造抗争政治——关于社会抗争中国家角色的研究评述》，《社会学研究》第 2 期。

黄振辉，2011，《表演式抗争：景观、挑战与发生机理——基于珠江三角洲典型案例研究》，《开放时代》第 2 期。

黄卫平、陈家喜，2008，《城市运动中的地方政府与社会》，《东南学术》第 6 期。

佟新，2006，《延续的社会主义文化传统——一起国有企业工人集体行动的个案分析》，《社会学研究》第 1 期。

魏伟，2014，《街头·行为·艺术：性别权利倡导和抗争行动形式库的创新》，《社会》第 2 期。

焦长权，2010，《政权"悬浮"与市场"困局"：一种农民上访行为的解释框架》，《开放时代》第 6 期。

于建嵘，2004，《当前农民维权活动的一个解释框架》，《社会学研究》第 2 期。

俞志元，2012，《集体性抗争行动结果的影响因素——一项基于三个集体性抗争行动的比较研究》，《社会学研究》第 3 期。

应星，2001，《大河移民上访的故事——从讨个说法到摆平理顺》，三联书店。

——，2007，《草根动员与农民群体利益的表达机制》，《社会学研究》第 2 期。

应星、晋军，2000，《集体上访中的"问题化"过程》，《清华社会学评论特辑》，鹭江出版社。

周飞舟，2006，《从汲取型政权到"悬浮型"政权》，《社会学研究》第 3 期。

赵鼎新，2006，《社会与政治运动讲义》，社会科学文献出版社。

张磊，2005，《业主维权运动：产生原因及动员机制——对北京市几个小区个案的考查》，《社会学研究》第 6 期。

张紧跟、庄文嘉，2008，《非正式政治：一个草根 NGO 的行动策略》，《社会学研究》第 2 期。

Bruckner, Matthew, 2008, "Paradox of Social Instability in China and the Role of the Xinfang

System. " *The Cambridge Student Law Review* (4).

Chen, Xi, 2008, "Institutional Conversion and Collective Petitioning in China". *Popular Protest in China* 54.

——, 2009, "The Power of Troublemaking: Protest Tactics and their Efficacy in China. " *Comparative Politics* 41 (4).

——, 2012, *Social Protest and Contentious Authoritarianism in China*. Cambridge: New York: Cambridge University Press.

Cai, Yongshun, 2004, "Managed Participation in China. " *Political Science Quarterly*119 (3).

——, 2008a, "Local Governments and the Suppression of Popular Resistance. " *The China Quarterly* 193 (1).

——, 2008b, "Power Structure and Regime Resilience: Contentious Politics in China. " *British Journal of Political Science* 38 (3).

——, 2010, *Collective Resistance in China: Why Popular Protests Succeed or Fail*. Stanford, Calif. : Stanford University Press.

Cai, Yongshun and Sheng Zhiming, 2013, "Homeowners'Activism in Beijing: Leaders with Mixed Motivations. " *The China Quarterly* 215: 513 – 532.

Chuang, Julia, 2014, "China's Rural Land Politics: Bureaucratic Absorption and the Muting of Rightful Resistance. " *The China Quarterly* 219: 649 – 669.

Deng, Yanhua, and Kevin J. O'Brien, 2013, "Relational Repression in China: Using Social Ties to Demobilize Protesters. " *The China Quarterly* 215: 533 – 552.

Hurst, William, 2004, "Understanding Contentious Collective Action by Chinese Laid-Off Workers: The Importance of Regional Political Economy. " *Studies in Comparative International Development* 39 (2).

Holbig, Heike, and Bruce, Gilley, 2010, "Reclaiming Legitimacy in China. " *Politics & policy* 38 (3): 395 – 422.

Li, Lianjiang and Kevin J. O'brien 2008, "Protest Leadership in Rural China. " *The China Quarterly* 193: 1 – 23.

Lorentzen, P. L. , 2013, "Regularizing Rioting: Permitting Public Protest in an Authoritarian Regime. " *Quarterly Journal of Political Science* 8 (2).

Lee, Ching Kwan, 2007, *Against the Law: Labor Protests in China's Rustbelt and Sunbelt*. University of California Press.

Lee, Ching Kwan, and Yonghong Zhang, 2013, "The Power of Instability: Unraveling the Microfoundations of Bargained Authoritarianism in China. " *American Journal of Sociology* 118 (6).

Nathan, Andrew J. , 2003, "Authoritarian Resilience," *Journal of Democracy* 14 (1).

Minzner, C F, 2006, "Xinfang: an Alternative to Formal Chinese Legal Institutions. " *Stan. J. Int'll* (42).

McAdam, Doug, 1996, "Conceptual Origins, Current Problems, Future Directions," in *Com-*

parative Perspectives on Social Movements: Political Opportunities, Mobilizing Structures, and Cultural Framings, edited by Doug Mcadam, John D. Mccarthy, and Mayer n. Zald, New York: Cambridge University Press: 27.

O'Brien, Kevin J. , 2002, "Collective Action in the Chinese Countryside. " *The China Journal* (48).

OBrien, Kevin J. &Lianjiang Li, 2004, "Suing the Local State: Administrative Litigation in Rural China. " *The China Journal* 51.

O'Brien, Kevin J. , and Lianjiang Li, 2006, *Rightful Resistance in Rural China*. Cambridge; New York Cambridge University Press.

O'Brien, Kevin J. , and Yanhua Deng, 2013, "Repression Backfires: Tactical Radicalization and Protest Spectacle in Rural China. " *Journal of Contemporary China*, ahead-of-print (2014): 1 – 14.

O'Brien, K. J. , & Stern, R. E, 2007, "Studying Contention in Contemporary China" . Popular Protest in China, Kevin J. O'Brien, ed, 11 – 25.

Pei, Minxin, 2012, "Is CCP Rule Fragile or Resilient?" *Journal of Democracy* 23 (1), 27 – 41.

Stern, Rachel E. , and Jonathan Hassid, 2012, "Amplifying Silence: Uncertainty and Control Parables in Contemporary China. " *Comparative Political Studies* no. 45 (10): 1 – 25.

Stern, Rachel E. , and Kevin J. O'Brien, 2012, "Politics at the Boundary: Mixed Signals and the Chinese State. " *Modern China* 38 (2): 174 – 98.

Sun, Y. , & Zhao, D. , 2007, "Multifaceted State and Fragmented Society: Dynamics of Environmental Movement in China. " In D. Yang (Ed.), Discontented Miracle: Growth, Conflict, and Institutional Adaptations in China. Singapore: World Scientific Publisher.

Sun, Y. , & Zhao, D. , 2008, "Environmental campaigns" . In *Popular Protest in China*, edited by Kevin J. O'Brien, Cambridge, Mass: Harvard University Press 144 – 62.

Shi, Fayong and Yongshun Cai, 2006, "Disaggregating the State: Networks and Collective Resistance in Shanghai," *The China Quarterly* 186.

Shi, Fayong, 2008, "Social Capital at Work: the Dynamics and Consequences of Grassroots Movements in Urban China. " *Critical Asian Studies*. 40 (2).

Vala, Carsten T. , and Kevin J. O'Brien, 2007, "Attraction Without Networks: Recruiting Strangers to Unregistered Protestantism in China. " *Mobilization: An International Quarterly* 12. 1.

Tarrow, Sidey, 2008, "Prologue: The New Contentious Politics in China: Poor and Blank or Rich and Complex? " In *Popular Protest in China*, edited by Kevin J. O'Brien, Cambridge, Mass: Harvard University Press: 1 – 10.

Tarrow, Sidey, 1998, *Power in Movement*, New York: Cambridge University Press

Teresa , Wright, 2001, *Perils of Protest: State Repression and Student Activism in China and Taiwan*, Honolulu: University of Hawaii.

Yang, G. , 2008, "Contention in Cyberspace. " In *Popular Protest in China*, edited by Kevin J. O'Brien, Cambridge, Mass: Harvard University Press.

Yang, Guobin, 2005, "Environmental NGOs and Institutional Dynamicsin China. " *The China Quarterly* 181.

Zhao, Ding Xin, 1998, "Ecologies of Social Movements: Student Mobilization during the 1989 Prodemocracy Movement in Beijing. " *American Journal of Sociology* 103 (6).

Zhou, Xueguang, 1993, "Unorganized Interests and Collective Action in Communist China, " *American Sociological Review* 58 (1).

Zhengxu Wang, Long Sun, Liuqing Xu and Dragan Pavlićević. ,2013. "Leadership in China's Urban Middle Class Protest: The Movement to Protect Homeowners' Rights in Beijing. " *The China Quarterly* 214.

乡村宗族精英的道德权威及其治理价值：基于华南某山村修谱案例的讨论

何子文[*]

摘　要： 本文基于华南某山村修谱案例的讨论，把传统乡村的宗族治理网络视为一种信仰模式，宗族精英的道德实践成为联结信仰与治理权力之间的中介桥梁，由此分析了内在于宗族修谱传统中的信仰方式及其具体情境下的公共治理意义。认为宗族的信仰传统能否对乡村治理产生实际影响，取决于宗族精英能否处理好同村干部之间的权力沟通与联结、是否能够在宗族的传统信仰价值与治理价值目标之间重新建立某种制度化的联系。

关键词： 宗族　修谱　信仰　乡村治理

一　宗族复兴与乡村治理：研究问题

自 20 世纪 80 年代以来农村地区日益增多的祭祖、建祠、修谱等宗族复兴现象（王沪宁，1991；冯尔康，2011），使得越来越多的研究者关注宗族传统与乡村社会治理结构和治理方式转变的关系问题（肖唐镖等，2001）。在如何看待宗族复兴的问题上，"宗族瓦解论""宗族复兴论"（胡燕鸣，2001；王朔柏、陈意新，2004；谭必友，2005；肖唐镖，2010），以及认为"宗族的复兴仅限于物质层面，精神层面却在衰落"（钟广宏，2005）等观点各异的解释，反映出宗族复兴问题及其治理价值研究的复杂性。

实际上，从历史的角度看，宗族的文化网络曾长期作为乡村社会治理

---

* 何子文，广东省韶关学院旅游与地理学院讲师。

的权威秩序结构而发挥影响。自古以来，"王权不下县政"的说法、革命先行者孙中山关于中国家族主义和宗族主义的观点，以及毛泽东关于族权的表述，即是对乡土中国宗族的社会治理功能的真实描写。著名社会人类学家费孝通提出"皇权和绅权"的"双轨政治"观点也曾经引发了民国时期学者们的热烈讨论（费孝通、吴晗等，2013）。沿着早期研究者们所开创的分析路径，杜赞奇（2004）提炼出"权力的文化网络"这一重要概念，以解释乡村基层社会治理秩序形成的权力合法性基础问题。而张静（2007：17－46）则进一步把这样一种依托乡村宗族精英的权威认同所形成的基层治理秩序概括为"地方权威的授权来源"，认为地方权威授权来源的改变，也就意味着改变了地方体的共同利益结构，也即改变了乡村精英的权力合法性基础，从而引起地方体的解体。

这些不断深入的研究表明，乡村精英的角色权威是解释乡村社会在由传统向现代变迁过程中所浮现的治理问题的重要视角。如王铭铭对石碇村的研究（1997）、贺雪峰（2003）关于乡村"社会关联"的概念，都揭示了乡村精英的权威策略对于乡村治理秩序形成的影响。

以祖先崇拜为核心的宗族传统既是一种伦理体系，一种社会秩序，也是一种信仰模式，兼有宗教性和社会性两方面特征（周洁，2004）。著名宗教社会学家杨庆堃关于"弥散性宗教"的深刻论述，也表明祖先崇拜的信仰方式同世俗社会制度和日常生活之间的深层嵌构关系。这说明，对宗族传统的治理效用的研究不能忽视其宗教性或信仰表达的层面。而现有的研究在探讨宗族传统与乡村治理的关系问题时，往往弱于或忽视对宗族传统、宗教性在引发或塑造乡村精英的治理行动时影响的讨论。从乡村精英的传统角色权威的构成来说，例如乡绅，作为乡村治理秩序结构的重要构成部分，宗族的信仰网络曾是乡绅角色权威的社会基础。面对"地方权威的授权来源"方式的改变及相应的乡村治理秩序结构构成方式的变化，宗族精英是否如传统乡绅一样仍然能够在乡土社会和国家之间充当桥梁的角色（赵旭东，2003：299）？宗族精英同村干部如何进行权力的沟通与互动，在乡村重塑一种权力制衡的新格局从而推进乡村社会善治目标的实现？此外，面对当前乡村治理结构的变化和现实情境，乡村精英角色权威的信仰基础是否发生了改变？以及这种宗族的信仰内容在实际中如何表达以体现对乡村治理秩序的塑造影响？本项研究即以华南山区一个村子的修谱过程为讨论对象，基于对该村修谱理事会核心成员的田野访谈材料及相关背景材料的分析，尝试对上述问题做一探讨。

二 理论分析框架：作为一种信仰模式的宗族治理网络

（一）"神伦关系"的信仰表达方式

宗族是一个基于共同血缘关系的伦理共同体，祖先崇拜的共同信仰体现出极强的伦理性。《祭法》注引杨复的话说道："祖者，祖有功。宗者，宗有德。"（陈来，2009：145）"祖有功"，是对开基创业传世之先祖的崇奉；"宗有德"，是宗尊道德高尚者。这些体现儒家礼仪要求的伦常规范，既是祖先崇拜的信仰内容，也是个体宗族成员之间交往关系的行为准则，在实际的宗族生活中常常落实为一种身份等级秩序，表现为一种特殊的神伦关系。

对于已逝去的先祖来说，他们在阴界为神或为鬼，则取决于家族后人的现状。"神鬼之分在于此岸世界，彼岸的状况取决于此岸的状况。"（刘广明，2011：129）"死者之成为祖先与否，其关键在于是否有后嗣奉祀，死者如果有子孙祭祀，而在形式上仍为家族的一员，则其身份为'祖先'，死者如果没有子孙祭祀而失去家族中一员的资格，则成为鬼。"（吕理政，转引自李向平，2006：32）先人的神主牌位是否可以入祀宗庙而为"神"和为"祖"，与其后人的生活状况及社会地位有很大的关系。可以这样认为，家族中先人的死亡只是意味着肉体的消亡，而先人的精神与人格品质依照一种等级化的严格的祭祀仪轨，死去的亡灵与后代的生活之间仍然以各种方式联系在一起，并展现出对后人的影响。而后人也按照对此岸生活的理解和伦常秩序决定与安排先祖在彼岸世界的神鬼身份与生活。在这种信仰空间的转换过程中，祖先不过是映衬后人现实身份地位和权力的"历史之镜"。所谓神人关系的信仰表达，也就转化为了"一种角色化当中的关系表达"，所建构的则是一种"关系性宗教信仰"（李向平，2006：36）。

在一个差序格局的信仰关系网络中，个体在仪式过程中追求着不同的"神的承认"，表达着不同的利益诉求，希冀能够在祖先的荫庇下，获得现世成就的满足。而子孙所获得的成就，当然应归功于祖先的德行与佑护。所谓"光宗耀祖"，体现的是一种祖先神灵与后代子孙之间源于利益互惠而展现的责任与义务关系。这种伦常义务，是"祖先崇拜最主要的宗教精神表现"（李向平，2006：33）。对乡村精英来说，组织宗教仪式可以成为其社会关系和身份权威的表征，而其所谓"善行义举、敬祀祖宗"（丁钢主编，1996：214）的宗族信仰生活，则既是一种信仰责任的体现，也同时为自己建构起了一个获取神圣信仰资源并在其中实现资本转化的场域。信仰场域中的仪式操控和精神表达，通过宗族精英的仪式权威地位的体现而把一种原属神人之间的神圣信仰关系转化成为现实生活中人与人之间的伦常关系和身份地位的等级差别。经济上的富有、年龄、生活阅历、功名学历、道德品质、家族实力等个体身份资源，都可以通过祖宗崇拜的神伦关系的角色化在宗族社会关系网络中转化为一种实际的身份利益，实现信仰表达向社会资本的转化。

（二）宗族精英：信仰与权力的沟通桥梁

费孝通关于绅权和皇权"双轨政治"的表述实际上是开创了一种分析中国基层社会治理二元权力格局的框架，而乡绅的权力运作及其权威构成则是这种政治结构分析的钥匙。这种分析路径在被誉为开创了"中国宗族研究范式"的弗里德曼那里也有类似的表述。在《中国东南的宗族组织》一书中，弗里德曼提出一个重要的观点，认为宗族内部精英分子的存在，是国家与宗族并存的机制，不仅体现了国家的统一性，也体现了地方自治与分化的特点（王铭铭，1997：64 – 65）。传统中国的治理结构有两个不同的部分，上层是官方管制体系，下层是以地方绅士为中心的地方管制体系，二者并行不悖。绅士这一地方权威成为沟通乡村地方社会和国家管制权威的中间桥梁，其权威的获得与三个因素直接有关：财富、学位及其在地方体中的公共身份（张静，2007：18）。从民间信仰的角度，构成宗族精英权威的要素可能也包括如神异性力量、社会声望、仪式能力、生命历程、知识学问、道德品质、年龄等因素（岳永逸，2008；李向平、李思明，2012；范丽珠、欧大年，2013）。

而杜赞奇关于"权力的文化网络"的经典研究也表明，正是乡村精英，沟通起了国家的正式权力与乡村宗族的非正式权力，通过宗族权威的角色实践，构建起一个使乡村社会相对自治的"权力的文化网络"。杜进一步认为，"有效地利用并发展旧的信仰及权威"，实现现代化政权与乡村精英之间的逐步联合，即"一种使乡村领袖和国家政权合法化的传统文化网络的可行替代物"，这是欧洲国家政权建设中的一个重要阶段（杜赞奇，2004：180）。其隐含的意思是，在推进国家政权建设的现代化过程中，如何处理乡村传统的文化网络，这是乡村发展必须要慎重处理的问题。乡村精英是宗族传统的诠释者、继承者、仪式操作者，也是地方利益的保护者和代言人。更重要的是，乡土社会精英通过其宗族身份的认同实践，沟通了信仰和权力之间的关系，成为联结地方社会与国家政权的桥梁和纽带，而其权威关系网络的塑造方式和运用可能直接影响乡村社会治理的过程效果。

（三）道德实践为中心的治理模式

宗族是一个建立在血缘关系之上并体现儒家"礼"的规范性要求的伦理共同体。东汉班固在《白虎通》中关于什么是宗族的一段话，可以说明宗族的这种伦理性关系：

"宗者何谓也？宗者尊也。为先祖主者，宗人所尊也。……古代所以必有宗何也？所以长和睦也。大宗能率小宗，小宗能率群弟，通其有无，所以纪理族人者也。族者何也？族者凑也，聚也，谓恩爱相流凑也。上凑高祖，下凑玄孙，一家有吉，百家聚之，合而为亲，生相亲爱，死相哀痛，有合聚之道，故谓之族。"（转引自丁钢主编，1996：8）

"礼"的使用最初是在祭祀当中，指一种威仪的实践（通过身体仪态的表演和礼器的使用），实质是一种道德实践。古人"行礼"以"敬德"，敬德而有天命。而"德"源自对宗法之礼的践行，是值得族人敬效的一种神圣品质，是一种具有宗教性质的人格魅力。如周文王、周武王（有"德"有威仪）"曾因为礼仪规范的实践而获致神圣性，而终有天命，终成为天下的支配者"（甘怀真，2008：14）。可见，践"礼"即道德实践，可以使个体展现某种具有神圣性特征的威仪——"德"的品质。而"德"也就成为个人威仪和公信力的源泉。

从"礼"更为广泛使用的含义即生活中的礼仪规范的角度来说，礼仪即人道，是与先天相贯通的人性之自然展露。因此，践礼也即德性的增长。宗族个体成员遵行这种"礼仪"的道德实践即是对一种理想人格的追求。

对伦理性的"礼"的遵行由宗族个体推展到宗族集体，则成为一种社会秩序模式，成为费孝通先生所说的乡土社会特有的"礼治"秩序。"礼治讲求的是个人的修身，讲求的是人人遵守传统上的规矩"（赵旭东，2003：296）。维持这种秩序的是一种教化性的权力而非法律和政治的强制，对应的权威模式则是长老统治或道德权威。

因此，在宗族共同体里，诸如"尊祖敬宗""敦宗睦族""尊尊亲亲""长幼有序"等儒家礼仪道德既是个体成员的行为准则，也界定了他们彼此的责任与义务关系。"伦理关系即表示一种义务关系；一个人似不为其自己而存在，乃仿佛互为他人而存在者"（梁漱溟，2005：81）。依梁漱溟关于

"以道德代宗教"的观点，"礼"作为宗族社会伦理的核心，实际上内涵了宗教性、伦理性，以及身份秩序的要求，落实在祖宗崇拜、人际交往和社会组织等的具体过程中。而其实质即一种道德实践，是个体涵养"德"之灵性威仪、获得权威性身份认同的途径。用杜赞奇的话来说，也就是权力合法性的文化网络基础（杜赞奇，2004：160）。对于乡土社会来说，宗族传统所蕴含的伦理价值及其道德实践所体现的合法性权威和责任性要求，既是善治的合理资源，也是善治的应有之义（俞可平，2000：09－91）。

（四）当前乡村治理危机的信仰根源

在传统乡村社会里，宗族作为一种文化传统，同现实的乡村权力结构之间存在紧密的联系。根据杨庆堃关于弥散型宗教的表述，祖宗崇拜的信仰同世俗制度之间的深层嵌构，使二者在功能及存在形态方面都表现出来高度的同构性："其一，使宗教在社会中发挥功能，却没有显示出是一种独立的、支配性的制度……其二，赋予社会制度一种神圣的特征"（杨庆堃，2007：272－273）。

由于同时也作为一种日常生活秩序的宗族传统其"宗教性规定深入到世俗的以亲族为中心的日常生活运营中的本身"（作田启一，2004：72），神圣秩序和世俗秩序无法实现充分的分离，始终表现出一种"泛宗教性"的深度嵌构关系。所以，当随着国家政权的现代化进程要摧毁代表一种旧的法统秩序的宗族传统的权威影响时，当"国家政权力图斩断其同传统的、甚至被认为是'落后'的文化网络的联系"时（杜赞奇，2004：180），国家政权的内卷化就难以避免了。同时，这也必然导致原有文化网络的政治功能逐渐消失，宗族不再是乡村治理的权威。而弥散性宗教也逐渐失去其生存的空间。于是，在清除掉了原先的信仰传统之后，伴随现代国家政权而来的对现实利益和权力的追逐，就成为一种新的拜物教形式而填补了因传统信仰的逝去而留下的道德和信仰的空白。

因此，随着乡村日益深入地卷入国家主导的现代化进程，当前的乡村出现的原子化、"无公德个人"（阎云翔，2006：261）、基层权力腐败，以及公共服务短缺等问题，实际上反映了在乡村的现代化发展过程中，随着权威的授权逻辑由宗族转向国家，传统宗族精英逐渐失去其在乡村治理中的权威地位，宗族精英也不再成为国家与乡村地方社会的中间桥梁。而宗族精英作为宗族传统的诠释者、继承人和维护者，其权威地位的失去自然也就意味着宗族传统在乡村社会治理角色的全面衰落。著名宗教社会学家罗伯特·贝拉（1991）在《心灵的习性》一书中曾提出过一个问题：传统习俗作为美国人"心灵的习性"，面对个人主义的发展，该如何处理私人生活和公共生活之间的联系，以维持托克维尔所说的美国式自由制度的生存？如果我们视治理为公民对公共生活的自觉自主参与过程，贝拉所提出的问题实际上涉及：在实现善治的过程中，我们该如何利用文化传统以增进社会的价值认同与社会团结？经过六十多年的发展，面对依然严峻的"三农"问题，宗族复兴现象，实际上反映了乡村社会自主解决现实问题的一种文化策略。

三　华南山区 E 村修谱事例：分析与讨论

（一）背景描述：个案村情现状与治理变化

本文讨论的案例 E 村位于华南山区 R 县偏西南方向，村子四面环山，离镇上集市大约 12 公里。全村常住人口 1312 人，360 户。E 村是一个水果种植村，村有山林总面积 4500 亩，其中水果种植面积 3000 多亩。该村在当地政府的扶持下从 1987 年开始种植水果，曾是国家星火计划 W 乡某特优水果基地的主要组成村庄，户平水果种植面积 7 ~ 8 亩。现全村水果年均总产量 500 ~ 600 万斤，是该市小有名气的水果种植村。一般村民水果收入占家庭总收入的 60% ~ 70%，每户水果平均纯收入 5000 ~ 6000 元（李鹏玉，2008）。同其他农村地区一样，近些年 E 村外出进城务工的年轻人逐渐增多，这些进城务工人员带回村里的不仅是打工挣来的钱，也包括人际交往方式和生活观念等的变化。

E 村是一个李姓单一姓氏村落。根据李氏族谱记载，E 村原名白水村，其初祖在明朝洪武至永历年间为躲避灾乱挈妻携子同两个胞弟由江西吉安吉水谷村迁徙至此地居住，繁衍至今已有 28 代，六百多年的历史。由于原先的宗祠已经被火毁，现在村西的宗祠是 20 世纪 80 年代重建的。这座重建的宗祠外表普通，没有过多的雕饰，里面陈设也很简单，没有专门的神龛和神台。除了门楣更高和更宽一些以及祠堂里面更宽更深之外，这座祠堂的内外并没有使人明显感觉到作为一个宗族祠堂所具有的神圣气息——实际上，它平日里是红白喜事摆放桌椅聚餐的地方。

E 村的这些特征说明这个山村的普通之处。但平淡之处的一些特征也显示出村庄治理的一些变化：20 世纪 80 年代后期以来，村民们耕作方式和家庭经济收入结构的变化可能形成某种相应的利益诉求；在当前中央和地方密集的支农政策下，村干部可能因所掌控的各种国家和地方配套的农业扶持和补贴项目信息及资源，形成一个利益斗争的中心，成为村庄治理难题的根源之一；同其他乡村一样，村支两委构成了 E 村目前的治理权威结构。但受现实中来自个人和集体不同利益诉求的激发，单一宗族姓氏的文化传统可能在当前宗族复兴的背景下成为某种可供利用的资源，从而重新形成对村治的压力和影响；而越来越多年轻村民外出进城务工的群体经历，也可能增加了村庄治理结构变动的因素。

（二）被撕裂的宗族社区

孝道是家族伦理的核心，古人提倡"以孝治天下"，说明孝道既是一种道德准则，也是一种治理秩序。在 E 村，老人的对村里事务没有发言权，地位不受尊重，在家庭中有时也享受不到年轻人的孝顺。在 2011 年冬季村里曾发生过两个儿子都不愿照管老母亲的生活，致使老人在雨夜因孤独无助而冻死的事情。这说明宗族传统的社会影响力下降。反映宗族影响力下降的另一种现象是族内婚增多。笔者粗略统计了一下，发现 E 村近二十年来本村内的族内婚有 18 对之多。这种族内婚在宗族传统干预力量强的情况下是不可能存在的。这也似乎说明 E 村人宗族意识的淡化，对姻亲关系网络更重视，试图通过族内婚的关系网络确保自身在村中的地位和利益。

在调查中，不少村民都很气愤村内水果收购问题。本村几个营销大户通过挤兑、施压外地来村收购水果的商人，逐渐垄断了本村的橘子、柚子等大宗水果生意。这些可能还没有出五服的同宗村民在收购其他村民的水果时，预扣很高的残损（指残次橘子，往往扣 10 斤，而外地收购商则一般不收），而且克扣斤两。这种明显的欺诈行为令村民们十分气愤不已，但也无可奈何，因为村干部顾忌自己的利益，根本不管此事。虽然村里也响应上级号召成立了水果协会，设有相应的组织机构，但实际上 E 村水果协会会长、副会长、协会秘书长分别由村党支部书记、村主任、村委会秘书担任，协会副理事长由村妇女主任担任，只有协会理事长由本村的一个个体工商户担任，该人在水果收购季节是村里几个主要的水果收购商之一。协会办公地点则设在村长家里，章程贴在村长家房子外墙上。很多村民反映不知道村里成立有水果协会。

村干部利用手中所掌握的权力操控相关的资源和信息的利用，与村内有财力者形成利益共谋，从而使公共资源私利化，私人利益最大化，加剧了村公共服务的短缺程度。这种情况的出现，不仅加速了 E 村村民财富地位的两极分化，也造成了村民与村干部之间的对立，造成村支两委合法性权威的流失，加剧了村庄社区精神和宗族意识的淡化。

> 有一年屋场里的山（指 E 村集体山林）着火了，要大家赶去救火。大家不肯去，说救了也是村干部的（指村干部有一年私自卖掉一千多亩村集体山林，后又不公布账目并私分公款），就让它烧掉算了。[1]

至今村民谈起村干部偷卖村集体山林资源、私吞公款的事情，还痛骂这些村干部是"卖国贼"。被村民们陆续揭发出来的还有村干部假造名册骗取政府退耕还林款并私分等腐败问题。

2008 年秋季村里争取了一些县里的支农资金想整修一下农田水渠，但响应参加义务劳动者寥寥，没有几个人去。2009 年夏季发洪水把村旁河面上一条联结外面的重要桥梁给冲垮了，村委会号召全村人捐钱重修一座水泥桥，规定每户村民出 200 元份子钱，并号召村民乐捐。但村民们消极回应，不愿意捐钱，有人至今连份子钱都不交。

长期积聚的矛盾冲突终于在 2008 年 7 月爆发了一场被称为"保皇派"（前后几届村干部等既得利益者）和"改革派"（普通村民）之间的激烈冲突。代表普通村民利益的"改革派"要求彻底清算集体历年账目、惩处贪腐分子、改选村委会。双方各使手段，张贴大字报相互攻击，搞串联和制造舆论。斗争最后导致县乡两级政府、民政和公安等部门直接介入村委会的改选过程……但矛盾依旧、裂痕依旧。

（三）修谱理事会：一个道德共同体

民间历来重视修谱，有"六十年一大修，三十年一小修"的说法。族谱有"敬宗收族"及伦理教化之功用。"谱系之作何为也，所以教仁也。……谱也者，通宗族于一身，使之相亲相睦而无不爱者也。"（谈家胜，2011：73）修谱既是个体的一种道德实践行为，也是宗族社会治理秩序的构成内容。

1. 新的道德权威中心

白水李氏自上一次合族修谱以来（民国 32 年），已经有八十多年没有

修过谱了。"前些年也有人提过几次说要修谱，但都没有成。"① 促成2011年李氏后人重开谱局的因素，先是邻村分支房分几位年长者的倡议、后E村几位热心老者共同组织而成。

> 修谱就是这样子（开始的），首先是几个比较老一点的人，开头书成——就是留屋那个书记，有两个老人一开始就提倡修谱（这件事），就总是来动员我们（修谱）。动员我们（修谱）是因为我们这个地方是祖籍的原发地，他们后来是从这里分开出去到另外一个屋场（去住），就是对面那个屋场。但是他们现在年纪也大了，另外也还是认为应该要我们这边来牵头、来为主，来操这个心（指修谱），就（多次跟我们）说这个谱要怎么来修一下。②

重修族谱的倡议首先得到了E村TL等人的肯定，并由TL等人为首很快初步组织起来了一个有7人参加的修谱班子，拟定计划并向全村人发出重修族谱的倡议。开头的这一切看起来似乎都还比较顺利，但实际上修谱背后矛盾重重。不少村民放出话来，说如果此次修族谱理事会中有村委会干部参与的话，他们就不会出一分钱的修谱份子钱。农村是一个熟人社会，谁为人正派、做事公道，彼此都知道。因此有部分村民公开地点名说，要ZT（后成为修谱理事会出纳）来管钱，他们才放心。

"我们这里修谱的情况就是这样子的，以前（前几次的修谱倡议）如果村委会插入了的话，就各个人都不会派钱。""尤其是以前，（大家认为）凡是集资村委会里面就会有贪污的现象。群众相当反感。"③

"（由于）历届（村干部）的腐败现象，（使）群众对集资比较反感。（因此）在这次修谱的事情上，村委会成员（只是）作为顾问，与修谱的核心人物有关系。一切核心事情他们不沾边，只是做些边缘的事情。"④

"在理事会里面，收集资料的、编修的、校对的、财务、出纳都各自分开，分工明确。理事会的人都不拿工钱，完全是自愿的，是义务工。"⑤

笔者问访谈对象，所谓村干部只做边缘的事情是指什么？回答说是在

---

① PY，ZT的女儿，2013年10月16日下午，访谈于W乡E村ZT家中。
② TL，修谱理事会核心成员，谱首，2013年10月17日上午，访谈于W乡E村TL家中。
③ ZT，修谱理事会核心成员，出纳，2013年10月16日上午，访谈于W乡E村ZT家中。
④ YS，修谱理事会核心成员，编辑，2013年10月17日晚上，访谈于W乡E村YS家中。
⑤ YS，修谱理事会核心成员，编辑，2013年10月17日晚上，访谈于W乡E村YS家中。

修好谱后，在请谱发谱仪式上担任宣传和安全保卫工作。

访谈对象在话语中透露出的几方面意思很重要：第一，村干部及其他被普通村民视为既得利益者的人被排除在修谱理事会之外。这说明由于历届村干部的贪腐及利益共谋行为，村支两委的权威效力正在丧失；第二，与贪腐之人及贪腐行为划清界限是此次修谱的重要的道德议题；第三，修谱中的道德策略不仅使修谱转变成为 E 村的一个公共治理事件，也强化了修谱本身的神圣性。

从此次 E 村修谱理事会的主要成员构成来看，TL 是水库退休在家的老工人，其父曾是上届修谱理事会成员；LW 是现任村小学校长；YS 是曾经的村小学民办教师；会计 HW 据介绍为人本分老实，是个木匠；出纳 ZT 祖、父曾两代修谱，村民的口碑好。可以看到，围绕修谱这一神圣事件以及理事会成员的道德楷模行动，一个新的道德权威中心正在 E 村浮现。

2. 组织理事会：历史、记忆与道德

在调查当中，发现村民常常有意无意地提起"文革"，认为目前村里宗亲意识淡漠、村干部与村民之间的矛盾对立，是"文革"武斗造成的后果。

PY 讲述了村里"文化大革命"期间亲族残杀的故事。"文革"时期，村里武斗很厉害，一个人被其他人拖到村外，用鸟铳打死了。事后死者的儿子在父亲身上发现了十几个弹孔。当时一起被打死的共有四个人，死后这些人被就地挖了个坑，草草埋在一起。而参与者中就有死者未出五服的堂叔。修谱理事会认为应该尊重历史，实事求是。故在该族员下面有如下谱文："某某，生于公元 1940 年十月十八日，殁于 1968 年文革二月初一日。四人合葬田鸡山坐南朝北。"

> E 村今天的状况究其历史根源，可以说主要是'文革'时期所造成的结果。①

对于"文革"中宗亲相残这一段历史，谱首 TL 在"续修族谱跋"中写有一段文字，反映了此段"文革"历史对本村宗族集体造成的创伤记忆：

> 本届族谱续修间隔时间长，历经乱世和浩劫，道德伦理及传统品德有所滑坡。煮豆燃萁，同根相煎，触目惊心，乃族之悲哀也。此次

---

① PY，2013 年 10 月 8 日下午，访谈于 E 村 ZT 家中。

续修唯愿吾族人承先启后，以忠孝为本，耕读传家，以和为贵，以善为肉，不以隔膜视之，匡扶正气，抚平创伤，促族人之团结，晚等之幸甚也。……①

创伤记忆是激发道德感和集体认同的极好素材。正如景军对大川孔庙重修过程中的记忆策略的深刻洞悉，记忆是内化的历史，记忆可以转化为文化复兴的资源，对历史记忆的重构所形成的认同网络，可以成为社区权威建构的基础（景军，2013：187－194）。在E村，历史造成的创伤记忆并没有因时间而淡忘，而是在村治现实的观照中通过记忆的重组，成为一种集体道德，一种历经3年坚持义务修谱的集体信念。其间理事会成员们一道重新制定了续修族谱的原则和新谱例，强调不搞封建迷信活动，不涉及国家政治，仪式从简，节约修谱，不拿酬劳。

3. 生命历程与修谱认同

"生命历程指的是一种社会界定的并按年龄分级的事件和角色模式，这种模式受文化和社会结构的历史性变迁的影响"（G. H. 埃尔德，2002：421）。生命历程体现了个体建构其行动方式的特定的意义脉络。对于修谱精英们来说，为何参与修谱、如何修谱，通过考察他们的生命历程，可以发现这些宗族精英修谱行为同其信仰认同之间的关系，获得对修谱"公共性"的认识。

修谱人ZT：现年68岁，其父亲曾短暂担任过国民政府时期的乡长和乡中学校长。但家庭在土改时遭遇重大变故：家庭成分复查时被划为地主，全家因此成为批斗对象。其本人"文革"期间被下放当地某水库做木工十二年；在外地工作的兄长也被村里人写信举报，要求审查其家庭背景问题，回村里接受贫下中农教育。曾经的家族荣耀和中间变故对ZT个性及为人处世方式留下了深刻的影响。

他为人公道正派，在村中道德威望高。

"刚开始的时候我也不想担任（出纳一职），但有人就说，如果有村干部插入进来，他们就不捐钱。一定要我去管账，他们才放心。其他人信不过。"②

ZT勤恳节约，非常重视子女教育——三个子女都获得了大学及以上学历，其中一个在外地大学教书。据ZT家人介绍，ZT的父亲曾给ZT取了一

① 《白水李氏族谱》，卷六，第93页。
② ZT，2013年10月16日下午，访谈于W乡E村ZT家中。

个很有文化寓意的名号，希望他能够成为一个出类拔萃的读书人。但其本人因历史原因只读到小学五年级便中途辍学了。不排除 ZT 把自己读书无门的遗憾转化为对子女读书成才的家庭期盼。因为在一种祖先崇拜的信仰里，子女是父母家庭生活的意义中心，"父子同一"，"子女是父母人格的延伸"（许烺光，2001：225）。

促使 ZT 参与此次修谱理事会的原因除了村民们的信任之外，另一个重要的原因是 ZT 的祖父、父亲都曾经是 E 村的文化精英和热心宗族公共事务者：祖父、父亲分别是白水李氏第七届、第八届续修族谱理事会的核心成员。在第七次续修的族谱里面，还刻印有 ZT 祖父当时所写的序和一首诗词。"一代修谱三代盛"（马必文，1995），因此修谱人既体现出家庭的传承性（冯尔康，2011：336），也是一种追求家族荣耀的信仰表达。修谱既是给祖宗写历史，也是给自己写历史。修谱是个体历史感的来源，是个体重建同先祖的生命记忆的方式。至今谈起其父亲的事迹，ZT 都是一脸的自豪与庄重：

> （父亲）做了很多好事，在 W 乡这一带群众中都很有威望，是一个一言九鼎的人。[①]

在修谱中 ZT 提出想给"文革"时曾经被村里人检举、现已去世多年的大哥名字下加 10 个字的评语："一生正直廉洁两袖清风"，得到修谱理事会同意。

修谱人 TL：此次修谱的谱首 TL 是一个现退休在家的工人，高中文化，其父亲曾是本市三中的一位教师。与 ZT 一样，TL 家在土改时也被划为地主，受到揪斗和歧视，其本人被村里指派到当地某水库里做工，后在水库里转为正式工人。

家庭所遭受的政治歧视和水库做工这段经历显然构成了 TL 生命历程的重要事件。这种生命记忆及其影响也反映在了 TL 参与修谱的态度与行为方面：①曾经的地主家庭身份以及遭受过的歧视和非人揪斗，使 TL 对村里"文革"时期发生的残酷批斗和人伦丧失深感痛心，这可能形成了他对历史和政治的特定看法。修谱中他和 ZT 及其他几位理事会成员坚持要正视这段历史，实事求是，以史为鉴。②对个人和集体所经历的创伤记忆的历史反

---

① ZT，2013 年 10 月 16 日下午，访谈于 W 乡 E 村 ZT 家中。

思形成了 TL 对现实的某种道德批判意识和宗族责任感。前引 TL 所写的跋即是此种道德劝诫的例子。③在访谈中，TL 跟笔者谈了很多他是如何费心费力通过上李氏宗亲网检索比较各种资料和谱例为己所用的，以及如何一遍遍地核对宗亲资料、审校谱稿。敦宗睦族的责任感和相信为祖宗做事奉会得到祖宗庇佑的信仰，可能是 TL 及其他几位理事会人员三年里克服各种讽刺和困难真诚投入的原因，也使此次修谱从一开始就展现出其对村治现状的公共批判意蕴。④同 ZT 一样，TL 的父亲也曾经是上届修谱理事会的成员。对父辈祖先的敬仰，以及在水库做工的这段经历——这使他由一个农民身份转换为现在在家拿国家退休金的工人身份，这种有钱有闲的社会地位，是 TL 成为宗族里的一个修谱精英的重要原因。

修谱人 YS：现年 56 岁，高中毕业，曾是村小学民办教师，从教 20 年，后因超生违反国家计划生育政策而失去转正机会，弃教在家。

> （我）教了 20 年后来不教了，因为计划生育受影响。我是 17 岁高中毕业，18 岁入四中（做代课老师），教到 38 岁就有教了。……八九年？呃，可能是九几年吧，全国（民办代课教师）转正，（我因）计划生育受影响，卡下来了，全县就 30 多个人卡下来不转正。叫我去代课，（我不想去）就不再教了。①

民办教师与公办教师的差别不仅体现在经济待遇上，也体现在身份地位上。民办教师的政治身份是农民，虽教书但还要履行很多农民的义务；而公办教师则是国家干部身份，享有脱产进修、提干等待遇。"民转公"机会的失去使 YS 由一个乡村知识精英形象重新回到手拿锄头的普通农民身份。虽然事情已经过去二十几年了，但可以看出，这种身份落差和被边缘化的乡村生活，对 YS 造成了某种长期的心理压力。所以，当我们谈起村里修谱的事情时，YS 很有兴致地向我们介绍了他在族谱世系图设计方面的改革和创新，谈起历届村干部的贪腐问题引起群众对集资问题的反感，说他们这届修谱理事会是如何做到清正廉洁，又尽心尽力从设计世系图谱、校订人丁信息、编排、纸张印刷等方面做好各项族谱续修工作。"不廉洁，怎么喊得人动？"他说。

在处理人丁上谱的原则问题上，YS 认为无论是否计划外超生的，要一

---

① YS，2013 年 10 月 17 日晚上，访谈于 W 乡 E 村 YS 家中。

视同仁全部入谱，必须把国家政策与宗族事务分开：

"（这是）制度造成的东西，它的涉及面又那么大，你就不让……（指违反计划生育政策的人上谱）？这个事情就会打击人家。应该顾及方方面面的社会影响，（以）造成个个（村民）都对这个东西（表现出）如何关心、如何支持，是吧？"[1]

历史是一种价值，也是一种信仰。对于 YS 来说，参与修谱是一个很好的为自己正名的机会，既可发泄长期以来压抑的对国家计划生育政策的不满，也可借此重新获得对家庭生活和自我人生的意义理解。

不同的生命历程，对修谱意义的共同认同，使 YS 同 ZT、TL 等其他理事会成员一道，把修谱变成了一个展示个人知识、能力、历史观念、道德和信仰的舞台，把修谱理事会变成了一个道德共同体。

（四）村干部争夺宗族象征权力

修谱是宗族集体的一种神圣仪式，"尊祖者何？生死葬祭之外，莫重于修谱。"（谈家胜，2011：35）理事会借修谱这一神圣仪式所展现出来的公共道德批判及象征权力，显然使村干部们感觉到了实实在在的压力和权威地位遭遇了危机。为了掌控这场由修谱而引起的"权力关系的转移"过程，一场围绕宗族传统这一象征资源的争夺开始了。

2013 年 5 月 10 日，由现任村支书、村长带领的 E 村寻源族人代表一行 14 人，根据族谱的记载，携族谱到江西省吉水县谷村寻祖联宗。在族谱所记载的迁居信息得到确认后受到谷村族人的热情接待。E 村代表送上了礼金，双方一起到唐公祖坟举行了简朴的认祖祭祖仪式。

2014 年清明前夕，主要由村主干和村支书的哥哥（据说是 E 村首富，开经销店兼村里水果收购）等人倡议和组织，每人出人丁钱 10 元，再以 100 元为乐捐起点，每户再乐捐的集资方式，对村内始迁祖良可公及祖母的墓地进行了整修。重新刻了墓碑，立了纪事碑、香炉、拜台等，在墓地四围修挖了排水沟，把两座祖墓修葺一新。但参与操办此次维修祖墓之事的，修谱理事会成员中除了村小学校长之外，其他主要成员都不愿参加。

2015 年清明节前夕，祖源地江西谷村代表回访 E 村，双方一起祭拜了 E 村的始迁祖良可公及祖母。此前代表 E 村去谷村寻祖源的村支书、村长等人出面热情接待。

---

① YS，2013 年 10 月 17 日晚上，访谈于 W 乡 E 村 YS 家中。

（五）修谱之后：舆论、谣言和治理隐喻

2013 年 10 月 2 日，E 村举行了简朴而隆重的发放新谱仪式。上午十点正式发放新谱，仪式上公布了此次修谱的各项资金收支明细情况。根据出纳提供的数据，此次 E 村修谱每人交鸿丁钱 40 元，此项收入金额为 103640元；族人捐赠 7600 元；扣去各项开支费用之后结余 26964 元。当时围绕这笔结余款如何使用的问题曾有过讨论。曾代表族人去江西谷村寻祖源的村长他们要求从结余款中报销路费，未获修谱理事会的同意。最后商议的结果是结余款全部退回族人，每个族人退回 10.4 元。

"退钱以后，村里人都纷纷议论说，自从'文革'（在村里发生）以来，四十多年来集体账目从来没有像这样干净过。"[1]

修谱的整个过程为理事会成员收获了极大的道德声望。由于理事会成员的道德自律和踏实有效的修谱行动，修谱过程透过对历史和道德的双重诠释，实际上对规范权力的合法运作、为村庄治理权威的建构，树立了一个具有公共意义的典范，在 E 村重新形成了一个有助于乡村治理的道德舆论环境。从治理的角度来说，村支两委——体制权力的拥有者们，是否能够整合这种道德舆论和治理期望，将是对他们的考验。

2015 年春季的一个谣言表明宗族要真正成为 E 村多元治理权力中的一维，还有较长的路要走。2015 年 3 月，E 村现任村长等人联系一个外地商人，打算征收 E 村和相邻两个村的 200 亩水果场地建养鸡场，每亩 50 年租期的租金是 10000 元。此项目遭到村民们的抵制。村民认为租金太便宜，租期太长，认为村干部只不过是联合外地商人和镇政府一起借项目名套取国家项目资金以中饱私囊。所以租用是假骗买是真，不肯答应。而村干部则联合镇政府向村民施压，并采取诱骗的方式迫使村民签字同意。修谱理事会的 ZT 有一亩多果园正好位于规划范围内，村委会几次与 ZT 沟通，要求租用那片果园，没有答应。但最后也迫于压力在协议书上签了名。

ZT 签字后，很快就有人说 ZT 之所以签字，是村干部叫了地痞无赖来威胁他。另有一种说法则更生动具体，说村干部叫来无赖打了 ZT，硬摁着 ZT 的手在租约上签字了。谣言很快传开了，传到 ZT 耳里的时候，ZT 感到很奇怪：因为此事并不属实。但是谣言说明了一种什么样的社会事实呢？联系到 ZT 的社会关系及其目前在村民中的声望，谣言所隐含的社会意义就比较

---

① PY，2013 年 10 月 8 日下午，访谈于 E 村 ZT 家中。

好理解了。其一，此次修谱使 ZT 获得了很高的道德声望，所以村干部等人以无赖手段逼 ZT 签字就反衬了村干部等人是"在做缺德事"，势必毁掉他们的权力合法性基础。其二，相比村里其他人家，ZT 的子女学历高，有出息。有一些近亲属在不同城市的不同单位工作，社会资源较丰富，属于村民所理解的村干部奈何不了的人家。其三，在几次同村干部的不良不法行为做斗争的事件中，ZT 能坚持原则，不妥协。因此关于 ZT 被签字的谣言实际上反映的是 E 村治理的现实问题，表达的是村民对改变 E 村治理现状的一种期望。村民们希望有一个敢于出头和能够出头的人，打破村里目前主要由村干部掌控的已固化的权力－利益的关系格局。所以，谣言实际上成了一个政治隐喻，ZT 实际上成为一种道德权威的象征符号，象征着村民对村干部的不合作态度与反抗不合法权力压制的集体抗争方式。

四　讨论与总结：宗族精英的道德权威与乡村社会的治理转型

在广大乡村，基于宗族传统形成的文化网络曾长期构成了中国基层社会的两种治理权威结构之一。宗族精英依托宗族文化网络沟通了国家政权和地方社会之间的治理联系，在乡村发挥着实际的社会治理功能。其所拥有的治理权力则如费孝通先生所说的是一种依托宗族伦理形成的"教化的权力"，是一种道德权威。因而传统宗族精英的治理实践往往体现的是一种根源于宗族信仰传统的道德行动——既修身以德，热心宗族公共事务，也常常作为社区利益的代言人同国家正式权力机构进行协商。

在 E 村修谱的案例讨论中，我们可以看到，围绕族谱重修的事情实际上形成了一个道德舆论中心，一个参与村治公共事务的场域。场域的逻辑——修谱理事会的道德实践及其区隔策略，既是修谱理事会的组织方式，也对村支两委的权力合法性地位产生了相当强的规范性影响。这种公共性指向表明宗族传统对农村社会治理仍有一定的影响力和正面价值，它有助于规范体制性权力的合法化运作，事实上起到权力制衡的治理效果，有助于以宗族集体的名义维护村民的利益并重建社区认同。

但 E 村修谱的案例也同时表现出来一些值得关注的特点。由于地方权威授权方式的变化所引起的乡村权力结构的改变，修谱理事会的组织运作主要依赖宗族精英个体的信仰和道德自觉。出于对政治敏感性的回避，修谱没有对宗族传统形成明确的集体认知和价值认同；此外，修谱理事会的组织运作体现出临时性的特点，以具体的修谱事务为中心，没有作为一种常规议事机构保留下来，这使得宗族精英的道德实践和治理影响缺乏组织载体，不具有持久性。而且更为重要的是，负责 E 村此次修谱的宗族精英们并没有有意识地去沟通同村支两委这一正式权力系统的分歧，而是采取了道德不合作和道德舆论以试图影响或改变村里目前的权力 - 利益格局。由于缺乏传统乡绅的结构性位秩，没有在宗族与村委会之间建立一种权力沟通机制，因此依托个人道德自觉的宗族精英还难以真正实现其在乡村治理中的权威角色效力。

但是 E 村的个案也清楚地表明，宗族传统作为一种信仰体系，仍然构成了个体日常生活的重要内容，是个体身份记忆和历史感的文化载体。基于个体信仰所形成的记忆与认同，由具体宗族事件和活动的激发而可能成为乡村公共生活的中心，并由此继续展现宗族的信仰传统对促进乡村社会治理转型的实际影响。而能否实际产生影响，则取决于新的宗族精英能否处理好同村支两委这一正式权力体系的关系、是否能够在宗族的传统信仰价值与治理价值目标之间重新建立某种制度化的联系。

参考文献

2013 年新修《白水李氏族谱》（卷一—卷六）。

陈来：2009，《古代宗教与伦理》，生活·读书·新知三联书店。

丁钢主编：1996，《近世中国经济生活与宗族教育》，上海教育出版社。

杜赞奇：2004，《文化、权力与国家：1900－1942 年的华北农村》，王福明译，江苏人民出版社。

范丽珠、欧大年：2013，《中国北方农村社会的民间信仰》，上海世纪出版集团上海人民出版社。

费孝通、吴晗等：2013，《皇权和绅权》，生活·读书·新知三联书店。

费孝通：2006，《乡土中国·生育制度》，北京大学出版社。

冯尔康：2011，《中国宗族制度与谱牒编纂》，天津古籍出版社。

甘怀真：2008，《皇权、礼仪与经典诠释：中国古代政治史研究》，华东师范大学出版社。

G. H. 埃尔德：2002，《大萧条的孩子们》，田禾、马春华译，译林出版社。

胡燕鸣：2001，《平峰村的文化转型》，中央民族大学出版社。

贺雪峰：2003，《乡村治理的社会基础：转型期乡村社会性质研究》，中国社会科学出版社。

景军：2013，《神堂记忆》，吴飞译，海峡出版发行集团福建教育出版社。

李向平、李思明：2012，《信仰与民间权威的建构》，《世界宗教文化》第 3 期。

李向平：2006，《信仰、革命与权力秩序：中国宗教社会学研究》，上海世纪出版集团上海人民出版社。

李鹏玉：2008，《地方政府对农民合作经济组织发展的影响分析：以湖南省 C 市两县为例》，华南师范大学硕士学位论文。

梁漱溟：2005，《中国文化要义》，上海世纪出版集团、上海人民出版社。

刘广明：2011，《宗法中国》，南京大学出版社。

罗伯特·N. 贝拉：1991，《心灵的习性：美国人生活中的个人主义与公共习性》，翟宏彪等译，生活·读书·新知三联书店。

马必文：1995，《当前中国乡里社会修谱现象的缘起及其影响》，《云梦学刊》第 4 期。

莫里斯·弗里德曼：2000，《中国东南的宗族组织》，刘晓春译，上海世纪出版集团上海人民出版社。

谈家胜：2011，《国家图书馆所藏徽谱资源研究》，北京师范大学出版集团。

谭必友：2005，《古村社会变迁——一个话语群的分析实验》，民族出版社。

王朔柏、陈意新：2004，《从血缘群到公民化：共和国时代安徽农村宗族变迁研究》，《中国社会科学》第 1 期。

王沪宁：1991，《当代中国村落家族文化》，上海人民出版社。

王铭铭：1997，《社会人类学与中国研究》，生活·读书·新知三联书店。

王铭铭：1997，《村落视野中的文化与权力：闽台三村五论》，生活·读书·新知三联书店。

肖唐镖等：2001，《村治中的宗族》，上海书店出版社。

肖唐镖：2010，《宗族政治：村治权力网络的分析》，商务印书馆。

许烺光：2001，《祖荫下：中国乡村的亲属、人格与社会流动》，南天书局。

杨庆堃：2007，《中国社会中的宗教：宗教的现代社会功能及其历史因素之研究》，上海世纪出版集团上海人民出版社。

阎云翔：2006，《私人生活的变革：一个中国村庄里的爱情、家庭与亲密关系 1949 – 1999》，上海世纪出版集团上海人民出版社。

俞可平：2000，《治理与善治》，社会科学文献出版社。

岳永逸：2008，《家中过会：生活之流中的民众信仰》，《开放时代》第 1 期。

钟广宏：2005，《村治变迁中的宗族命运》，《韩山师范学院学报》第 1 期。

张静：2007，《基层政权：乡村制度诸问题》，上海世纪出版集团上海人民出版社。

赵旭东：2003，《权力与公正：乡土社会的纠纷解决与权威多元》，天津古籍出版社。

周洁：2004，《中日祖先崇拜研究》，世界知识出版社。

作田启一：2004，《价值社会学》，宋金文、边静译，商务印书馆。

东道国政党政治下的劳资冲突：以中色集团在赞比亚的遭遇为例

李国武　　陈姝好[*]

摘　要： 劳资冲突是中国企业海外发展面临的主要风险之一。本文以中国有色矿业集团在赞比亚遭遇的劳资矛盾为例，从中国投资者、当地劳工和赞比亚主要政党之间博弈关系的角度，分析了频繁发生的劳资冲突背后的多重原因。频发的劳资冲突既与中资企业的用工实践和管理方式有关，也与赞比亚矿工的劳动观念和抗争传统有关。不过，中国资本与当地劳工之间的关系又受到赞比亚政党政治的影响。为了获得底层民众的政治支持，赞比亚的反对党把劳资议题引入总统选举竞争，激发了矿区劳工对中国资本的抗争。因此，中资企业在赞比亚的可持续发展，一方面要注重维护当地劳工权益和承担社会责任，另一方面要学会在民主选举的政治格局中寻求对自身权益的保护。

关键词： 企业海外发展　政党政治　劳资冲突　博弈分析

自 21 世纪初中国实施"走出去"战略以来，中国企业海外投资的规模和速度实现了跨越式发展。2014 年中国对外直接投资流量创下 1231.2 亿美元的历史新高，连续 3 年位列全球第三，双向投资首次接近平衡。截至 2014 年底，中国 1.85 万家境内投资者设立对外直接投资企业近 3 万家，分布在全球 186 个国家（地区）。不过，中国企业的国际化经营过程并非一帆

---

* 李国武，中央财经大学社会发展学院社会学系教授；陈姝好，中央财经大学社会发展学院社会学系 2013 级硕士研究生。

风顺，不少企业遭遇了非常惨痛的损失、挫折和失败。其中劳资关系是中资企业海外发展面临的一个基本问题，该问题又因东道国不同的社会文化和政治法律环境而复杂化。海外劳资关系如果处理不好，不仅会增加中资企业的运营成本，甚至危及其在海外的可持续发展。

中国有色矿业集团（英文缩写"CNMC"，以下简称"中色集团"）在赞比亚的遭遇是分析海外劳资冲突的一个典型案例。赞比亚虽然拥有丰富的铜矿资源，但仍是一个经济落后国家，根据《联合国人类发展报告（2010 年）》的数据，2008 年赞比亚低于国际贫困线人口比例为 68%，未就业人口占劳动力人口的比率为 38.8%。因此吸引外资对于赞比亚经济发展非常重要。中色集团是目前在赞比亚投资规模最大的中国企业，给当地带来了大量就业机会。但频繁发生的劳资冲突却给中色集团的经营发展带来很大麻烦，特别是 2011 年中色集团谦比希（Chambishi）铜矿因罢工耽误了近一个月的生产，损失约为 1680 万美元。那么，为什么中资企业在给赞比亚带来经济增长和工作机会的同时，当地工人却以形式激烈的抗议和罢工相对呢？

对于跨国企业在海外经营中遭遇的劳工抗争问题学术界已有一些研究。一种解释认为，国外资本在发展中国家引发的劳工抗争是全球化背景下自由流动的资本追求灵活的劳工体制的结果（西尔弗，2012；Lee，2009）。为了降低成本，外国资本在东道国大量使用临时雇工，提供较低的工资福利和糟糕的工作条件，结果导致东道国劳工的不满乃至抗争。还有研究认为，跨国公司在东道国遭遇的劳工问题是外来者劣势的体现，外来者劣势主要是由于母国与东道国的制度差异和制度距离导致的（Zaheer，1995；Eden and Miller，2004）。由于不熟悉东道国的法律环境和劳工文化，跨国公司简单照搬母国的用工实践和管理惯例，就会引发东道国劳工的不适甚至抵制。以往的研究基本上也是从以上两种角度来认识中色集团在赞比亚遭遇的劳资冲突，认为中色集团大量使用临时雇工、轻视工人权益（Chama，2010），不适应当地的工会文化和劳动观念（王小卫，2007）。这些解释虽然看到了赞比亚矿工抗争的经济和制度原因，但忽视了抗争背后的政党政治背景，所以无法充分剖析矿工罢工背后的政治因素。中色集团在赞比亚遭遇的劳资矛盾的特殊之处在于东道国政党政治介入了外资企业与当地劳工的利益博弈。鉴于此，本文提出了一个关于政党政治下的劳资博弈模型来认识和分析中色集团在赞比亚遭遇的劳资冲突问题。

一 政党政治下的劳资博弈：一般分析

劳资冲突是市场经济条件下劳方与资方之间由于利益分配而发生的矛盾和纠纷，劳资双方之间本质上是一种既需要合作又存在冲突的协调博弈关系（刘世定，2011：36）。如果资方和劳方之间合作破裂，资方无法获得利润、劳方无法获得工资，这对双方都不利，因此他们具有相互依赖、彼此合作的一面；另一方面，在收入分配上资方的利润和劳方的工资此消彼长，因此他们又存在利益上的冲突。

矩阵1 资方和劳方间的协调博弈

资方 ＼ 劳方	分配方案一	分配方案二
分配方案一	70% X, 30% X	0, 0
分配方案二	0, 0	50% X, 50% X

假设如果资方和劳方就分配方案达成一致，总收益为 X（X > 0）；如果资方和劳方无法就分配方案达成一致，总收益为 0。根据矩阵 1 给出的行动策略和收益结构，当双方都选择方案一或者方案二时，比一方选择方案一、另一方选择方案二时收益要大。当双方都选择方案一时，不论是资方还是劳方都没有激励独自去选择另外的方案。具体而言，如果资方独自离开方案一选择方案二，其收益将由 70% X 降到 0；如果劳方独自选择方案二，其收益将由 30% X 降到 0。同理，当双方都选择方案二的时候，双方也都没有激励独自选择方案一。这意味着劳资双方就分配方案达成一致才能获益。不过，可能的均衡策略是多重的。更符合现实的情况是，可能的均衡结果是一个区间，比如：X × [50%，70%]，X × [(1 − 50%)，(1 − 70%)]。为了简化分析，在矩阵 1 中，我们给出了两种可能的均衡：（方案一，方案一）和（方案二，方案二）。

不过，两个均衡点对资方和劳方的意义是不同的，前一种代表有利于资方的均衡结果，后一种代表有利于劳方的均衡结果。资方更倾向（方案一，方案一），因为在这种情况下，其收益是 70% X，而在（方案二，方案二）下，其收益是 50% X。劳方却更倾向（方案二，方案二），在这种均衡下，其收益是 50% X，而在（方案一，方案一）下，其收益只有 30% X。这意味着，劳资双方在就何种方案上达成一致存在着潜在的利益冲突。

在现实中劳资双方具体会在何种方案上达成均衡是一个讨价还价过程，取决于双方的谈判地位，谈判地位更高的一方无疑能获得对自身更有利的分配方案。亚当·斯密（1972：60）早就注意到经济资源、政治资源和组织资源的不对称分布在劳资争议中所发挥的作用。相对而言，资方比劳方处于更高的谈判地位，这主要是因为：（1）在劳资双方就利益分配方案长期无法达成共识的情况下，资方因为掌握更多经济资源，所以能比劳动者更有坚持力；（2）资方由于人数少，更容易达成集体行动来抵制劳动者提高报酬的要求；（3）资本比劳动力更易于流动，增加了资本的可替代性选择。如果资方比劳方拥有更高的谈判地位，则均衡结果会向有利于资本方面移动。不过，工人可以通过罢工甚至暴力手段来抗争资本家的过度剥削，在工会和罢工合法化的国家，工人可以通过工会来进行集体谈判或者组织罢工，这大大提高了工人在劳资争议中的谈判地位，从而使得均衡结果向有利于劳工方面移动。

以上的分析是在不考虑第三方介入的条件下进行的。在现代国家，政府在劳资争议中是重要的第三方，政府可以在劳资博弈中充当协调者的角色，政府的倾向会影响到劳资双方的谈判地位，因此哪一方能得到政府的政治支持就会提高自己的谈判地位，从而争取到更有利于自身的分配方案。政府立场对劳资博弈结果的影响机制因政治体制而异。在一党执政的国家，执政党可以根据促进经济发展和维护自身统治的需要来相机调整对待资本和劳动的政策，因此劳资博弈的结果受执政党在不同时期政策的影响。不过，在渴望经济增长且资本匮乏的国家，其执政党往往更倾向于偏袒资方。资本的相对稀缺性和自由流动性很大程度上削弱了政府对资本的控制。比如，在改革开放初期，中国政府为了最大限度地吸引外资，就采取了相对宽松的劳工政策，对外来资本则给予了减免企业所得税等优惠政策，劳动力成本的比较优势是中国受外资欢迎的重要原因之一。2008年以后，伴随着新的《劳动合同法》的实施，中国政府转向更加保护劳工的政策，企业在劳动报酬和保险福利方面的负担增加，这导致中国的很多劳动密集型产业开始向劳动力成本更低的东南亚等其他发展中国家转移。

在两党或多党竞争的民主政体下，劳资博弈会与政党的选举竞争关联在一起。不同政党可能拥有不同的社会基础和意识形态，有的政党是维护资本家力量的，有的政党是代表工人阶级利益的。如果偏袒资本方的政党上台执政，就会压制劳工的权益，出现更有利于资方的利益分配方案，如矩阵1中的（方案一，方案一）；如果保护劳工方的政党上台执政，就会抑制资方的权益，出现更有利于劳方的利益分配方案，如矩阵 1 中的（方案二，方案二）。更重要的是，在政党政治下，各个政党以获得执政地位和争取连任为追求目标。为了实现这个目标，一个政党对资方和劳方采取怎样的立场并不会完全固守其意识形态，而是一种可供选择的政治策略。某些政党特别是反对党在总统选举期间，可能利用劳资争议作为竞选题材，释放出维护工人权益的信号，以争取数量上占优势的工人的选票。这种竞选策略会使工人的抗争得到来自政党的政治支持，也助长了工人提高权益的预期，甚至会激发工人采取大规模罢工这种激烈的抗争形式。

在经济全球化的背景下，资本匮乏的发展中国家之间在吸引外资上存在竞争，影响这种竞争结果的重要因素之一是这样的国家在协调劳资关系上的治理能力。如果在东道国政府的有效协调下，劳资博弈的均衡结果是矩阵 1 中的（方案一，方案一），则这个国家更可能吸引更多的外来资本；如果东道国政府严格执行保护劳工的政策或者没有能力抑制劳工对报酬的过高要求，劳资博弈的均衡结果是矩阵 1 中的（方案二，方案二），则这个国家就会在对外来资本的竞争中落于下风。

对实行民主政体又渴望外国投资的发展中国家而言，在外来资本与本国劳工的利益分配冲突上面临着两难选择。一方面，它需要外国资本来刺激本国经济增长和创造就业机会，另一方面它也需要得到本国劳工的政治支持。如果东道国的执政党采取偏袒外资的立场，就要压制本国劳工的利益，会引发本国劳工的不满，在选举竞争中可能就会失去劳工的支持；如果东道国的执政党采取保护劳工的立场，就会伤害外国资本的利益，导致外国资本的转移。在这种情况下，即使通过采取动员劳工支持而赢得执政地位的反对党在上台后，也需要在满足底层劳工期望与维护外来资本利益之间取得新的平衡。

二　中色集团在赞比亚遭遇的罢工：案例描述

中色集团是在赞比亚私有化改革和全球资本自由流动的背景下进入赞比亚的。1998 年 6 月，中色集团与赞比亚政府和赞比亚联合铜矿有限公司正式签署了合作开发合同，共同组建中色非洲矿业有限公司（NFCA），中方以 2000 万美元购得合资公司 85% 的控股权，赞方保留 15% 股权，产权范围包括谦比希矿区 85 平方公里的地下资源开采权（含主矿体、西矿体、下盘矿体、东南矿体）和勘探权以及 41 平方公里的地表使用权。2004 年中色集团又投资成立了谦比希湿法冶炼有限公司，兴建了湿法冶炼厂和硫磺制酸厂。2006 年中色集团与中铝云南铜业公司共同出资兴建了谦比希铜冶炼厂。2009 年 6 月，中色集团又购买了卢安夏（Luanshya）铜矿 80% 的股权，包括巴鲁巴（Baluba）矿区和穆利亚希（Mulyanshi）项目。除了铜矿开采和冶炼之外，中色集团还负责投资、运营和管理赞比亚中国经济贸易合作区，包含谦比希园区和卢萨卡（Lusaka）分区两个经济区。截至 2012 年 2 月，中色集团已在赞比亚拥有 9 家出资企业，累计投资近 20 亿美元，缴纳税收近 1 亿美元，为当地提供 12500 个就业岗位，投入基础设施建设 1.3 亿美元，捐款近 1000 万美元（张意轩，2012）。

当中色集团刚来到谦比希铜矿，盘活了这座已关闭多年的死矿，一度被当地民众视为救星。但好景不长，此后在国际铜价上涨的背景下[①]，由于劳动合同、工资待遇和劳动条件等问题，赞比亚矿工与中方管理层之间的紧张关系开始加剧，罢工事件时有发生。根据百度新闻搜索结果统计，在 2004 年至 2011 年期间中色集团所属企业在赞比亚遭遇的罢工事件至少有 10 起，篇幅关系这里重点介绍一下谦比希铜矿所经历的三次罢工。

（一）2004 年和 2006 年的罢工

2004 年 6 月，谦比希铜矿工人在没得到工会许可的情况下就直接举行了罢工，这次罢工规模很小，主要是由不同类型的工人薪酬上的差异所引起的不满造成的。在 NFCA 与工会签署 2007 年集体协议之前，在大约 2063 名雇员中只有 56 个永久雇员，其余的要么是临时工，要么是六个月到三年不等的合同工。这些临时工没有养老金，只有在服务期满时的佣金，他们比固定工得到更少的住房、医疗和教育津贴。

对这次罢工，一位矿工说到，"我们大部分人之所以不高兴，是因为凭什么跟我一样的条件和做同样工作的朋友却拿两倍于我的工资……当我们听到管理层拒绝对我们的要求让步，我们甚至等不及向工会代表申请罢工报告。我们立即就开始了罢工。腐败的工会（指的是赞比亚矿工工会，MUZ）说服我们返回到工作岗位，我猜他们已被管理层收买了"（Lee，2009：660）。

2006 年 7 月的罢工发生在谦比希铜矿的工会和中方管理层的集体谈判期间。中方实际已经同意支付工人的一些拖欠工资。不幸的是，工资科发

---

① 铜价从 2001 年 11 月的每吨 1400 美元上涨到 2006 年 4 月的每吨大约 7000 美元。矿工们可以从 BBC 广播和公司杂志中得知国际铜价的走势。

生一些计算错误，在工人的工资单上并没有支付工人的拖欠工资，而是明确显示被扣除了。当夜班工人在开始工作前看到工资单时，他们愤怒了。夜班工人破坏了矿上的设备，攻击了一名中方管理人员。第二天早上，随着门口的吵闹变成骚乱，一名工人被保安开枪打伤。当他被杀的谣言四散传开的时候，另外一群矿工冲击了中国人的居住区，一名惊慌失措的管理者又开枪打伤了另外五名矿工（布罗蒂加姆，2012：5~6）。一位参与了与中方管理者谈判的工会分部代表说，"正是这次罢工让中国人感到了害怕……它虽是非法罢工，但却是必要的，因为它是实现我们目标的最快方式。"（Lee，2009：660）

这次罢工的结果是，NFCA 同意了基本工资上涨 23%，包括津贴的话，实际上总的增幅达到 65%。以前的合同工也变成了固定工，临时工也签署了 1 至 3 年的合同，并承诺在不久的将来变为固定工。

这次罢工刚好发生在当年赞比亚的总统大选之前，在 9 月的总统大选中，反对党爱国阵线领袖迈克尔·萨塔（Michael Sata）把中国在赞比亚铜矿和贸易部门的存在当成了竞选议题。萨塔曾应中国台湾当局邀请而对台进行"访问"。他称来自中国的援助和投资是"特洛伊木马"，他声讨道，"我们必须万分小心，因为如果我们对他们听之任之，我们将会遗憾终生。"后来获胜的赞比亚总统利维·姆瓦纳瓦萨（Levy Mwanawasa）对中国资本却有不同观点，他反驳说："中国政府已经给我们国家带来了很多投资，你们忍心反对中国人吗？"（布罗蒂加姆，2012：6）

（二）2011 年的 10 月的大罢工

2011 年 10 月，中色集团谦比希铜矿遭遇了长达两周多的大罢工，引起国内外广泛关注。这次罢工发生在迈克尔·萨塔在 9 月 22 日赢得总统大选后不久。10 月 5 日早上，没有与工会进行沟通，工人们就突然举行了这次罢工，提出一次性涨工资 200 万克瓦查（约合 400 美元）的口号。NFCA 管理层和矿业工人工会均认为，这次罢工因加薪谣传而起。据说这个加薪要求，是工人们在比较与附近印度人投资的孔科拉（Konkola）铜矿的工资差距后提出的。但中方管理层认为，赞比亚工人不考虑谦比希矿比孔科拉矿的品位低、开采成本高、人均年产量低等事实。而且，中方管理层近年来也在不断提高工人的薪酬待遇，如 2009 年加薪 5%，2010 年加薪幅度甚至达到 12%。

罢工发生后，中方管理者找到工会代表进行协商，但工会也不清楚谁组织了此次罢工。尽管如此，中色集团副总经理陶星虎要求工会必须和管理层同时做工人的工作，按照程序办事，由工会代表工人与管理层进行薪资集体谈判，但工人不予理睬。随后，谦比希铜矿全部停产。部分极端的罢工工人打出反华口号，要求撤换中方管理层，甚至要求 NFCA 退出赞比亚。事态异常紧张，陶星虎积极通过有关渠道，努力寻找与萨塔总统见面协商的机会。

其间，NFCA 曾就工资问题做出让步，承诺加薪 20 万克瓦查，不过仍有少数工人阻止其他工人复工。10 月 19 日，NFCA 决定，根据相关法律法规①，谦比希铜矿将 2000 多名工人全体解雇，并给予工人 48 小时的申诉期，在此期间愿意复工的工人可以填写申诉表，重新获得工作，否则予以开除。

2011 年 10 月 20 日，陶星虎见到了萨塔总统，向其解释集体开除只是一个敦促工人尽快复工的手段，2011 年的提薪计划也早已包含在当年的公司预算中，只是尚未到一年一度的薪酬集体谈判时间工人就举行了这次大罢工。这一解释获得了萨塔的谅解，他委派赞比亚矿业部长斯穆萨（Wylbur Simuusa）负责调停 NFCA 劳资问题。

10 月 21 日，在斯穆萨的主持下，赞比亚矿业工人工会铜矿省基特韦市主席与 NFCA 总经理王春来签署协议，工会承诺所有员工于 10 月 22 日立即复工，谦比希铜矿承诺接纳所有员工复职。10 月 26 日，矿业工人工会的代表与 NFCA 开始了当年的集体薪酬谈判，在双方的反复沟通和协商下，中方管理层最后决定将基本工资水平由 189 万克瓦查提高到 220.7 万克瓦查，工会对这个结果还是比较满意的。

三　劳资冲突背后的原因：三方博弈分析

通过上文的描述来看，中色集团频繁遭遇的劳资纠纷事件体现了中方投资者、当地劳工和赞比亚政治当局三方力量之间的复杂博弈关系。

（一）中色集团的劳工管理体制

为了降低运营成本，中色集团在赞比亚的发展初期很大程度上采用了

---

① 依照赞比亚的法律，矿业工人的工资应在合同期满前三个月内，由工会和管理层集体谈判决定。但当年的工资集体谈判尚未启动，谦比希铜矿的工人就在未请示工会的情况下突然自发举行罢工，因此这次罢工属于非法罢工。

相对灵活的用工体制，大量使用短期合同工和临时工但不同合同类型员工之间的薪资差异，以及与其他大型铜矿相比较低的报酬，招致了当地矿工的反感和不满。尽管中色集团拥有的矿山存在着不易开采、品位率低、投产时间短等客观现实，但当地矿工却并未顾及这些，而是做横向比较，要求同工同酬。中国资本一度留下了吝啬和剥削的坏名声。再加上一些中方管理人员对当地矿工缺乏尊重，管理方式简单粗暴，不愿与当地矿工加强沟通，只是把他们视为卖苦力的劳役，这样的态度和做法极易招致当地矿工暴力性的抗争。

另外，相比于西方公司，中国公司习惯于在管理、技术等关键岗位上使用更多从中国国内过去的员工，而赞比亚对外籍雇员工作许可证的限制越来越严。中国公司的这种做法主要是由于中国雇员好指挥、效率高、更可靠。由于语言和文化的差异、再加上赞方员工在工作技能和劳动纪律等方面的不足，使得中方管理者在很多岗位上不愿或不敢使用当地人。但这样的话，就会减少当地雇员上升到各级管理层的机会，也会忽视对当地基本技术队伍的培养使用，而这正是赞劳动部门和当地员工所不希望的（王小卫，2007）。

NFCA 在成立之初，由于缺乏应对工会的经验，并习惯了在国内那种一切由管理层说了算的做法，所以顽强地抵制工会组织的扩大，不同意合同工加入矿业工会。这一做法使得公司合同工对公司的意见和要求缺乏代言人，不满情绪很大（王小卫，2007）。初来乍到的中资企业试图运用中国国内的经验使工会成为管理层的附庸，或者试图通过与工会领导拉关系的方式搞定工会①，但这种企图让别国工会适应中国固有观念和管理模式的做法被证明是行不通的。

（二）赞比亚矿工的工作伦理和抗争传统

中色集团遭遇的劳资冲突除了纯粹经济利益的原因外，也与赞比亚矿工的工作伦理和劳动文化有很大关系。中方管理者与赞比亚工人在薪酬水平、劳动效率、劳动纪律等方面的分歧和争议反映了两种不同劳动文化之间的冲突。

---

① 中国企业邀请赞比亚的工会领导到中国免费考察的做法在矿工中招致了很大的猜疑，他们怀疑资方在"收买"工会，增加了矿工对工会的不信任。参见 Ching Kwan Lee，"Raw Encounters: Chinese Managers, African Workers and the Politics of Casualization in Africa's Chinese Enclaves"，*The China Quarterly*，2009，199（3）。

改革开放以来，中国经济增长模式的一个显著特点就是依靠劳动力的成本优势，大力引进外资，发展出口加工业。外资之所以青睐中国，与中国劳工的低工资、能吃苦、守纪律等特点分不开。所以，来到赞比亚的中方管理者也以这样的工作伦理要求当地工人，但遭遇到的却是不能接受和冲突。赞比亚的失业率很高，中方管理者认为，当地员工应该珍惜中国资本创造的就业机会，努力工作，省吃俭用，为今后着想。不过，一名赞比亚工人却反问道，"我们是很需要工作，但不能因为你给了我们工作，就像奴隶主一样剥削我们。我们要一份根本不能养活自己的工作干什么？"（沈乎、韩薇，2011：52）在不少中资企业中，不论管理层还是普通员工，超时工作很普遍，几乎没有加班工资。一名矿业企业前管理人员说，"中国人跟赞比亚人说理，说我才挣这么点，说得赞比亚人哑口无言，憋了一肚子火离开。但辩论能解决问题吗？最后赞比亚人冲进办公室跟中国人拍桌子，说你们中国人愿意接受低工资是你们的事，我们不接受。"（沈乎、韩薇，2011：53）

赞比亚工人的劳动效率也让中国企业头疼不已。当地工人只接受按时计酬，能奖不能罚，无法推行计件工资，只能实行过程管理，不能实行结果管理。"赞比亚工人到点就下班，多工作一个小时就问你要加班费。有一次采矿过程中搞爆破，架子搭好了，炸药装上了，就缺点火这一步。工人一看到点下班了，收拾东西就走了。你能想象这种情况在中国发生吗？不说别的，炸药在那儿放一夜多危险哪，他根本就不想。"一家中资矿企的管理人员苦恼地说，"你能想象吗？我们要抢进度完成目标时，杀手锏就是上中国工人，24小时连轴转。中国工人背个书包，带个饭盒下去，一干就是十几个小时。"（沈乎、韩薇，2011：53）

赞比亚的矿工经常因对工会集体谈判的结果不满或者为了快速达到想要的目标而举行未经工会许可的非法罢工，草根抗争是赞比亚铜矿带的一个持续特征。从迈克尔·布洛维1960年代末的研究（Burawoy，1972）到米尔斯·拉莫最近的研究（Larmer，2007），都提到普通矿工对其工会领导的怀疑和不信任，这在赞比亚矿区的工人阶级历史中有着长久的传统。矿工与工会之间的不信任导致工人抗争的自发性和周期性爆发，它们并不受到工会、政党或仲裁委员会的控制。正如一位矿工所解释的，"当他们（工会领导）与管理层谈判时，通常不能达成协议。他们不会有那种热情和激励……我们举行的所有罢工都是由工人自己而不是工会发起的。他们胆小懦弱……因为我们矿工不可能同时向管理层反映工资的事，那属于工会的职责。但是，就迫使管理层提高我们的薪资而言，恰恰是工人自己来争取的。罢工是最有效的，不过工会一直反对这样做。在大多数情况下，工会会达成我们不喜欢的协议，并且经常将他们已与管理层达成的事情强加于我们。"（Lee，2009：663）如果清楚了赞比亚矿工的工会文化和抗争传统，我们就能明白他们为什么经常举行非法罢工。面对赞比亚矿工激烈的集体抗争，每次罢工往往都是以资方的让步而告终。

（三）赞比亚政治当局立场与劳资冲突

即使失业率居高不下，但赞比亚仍沿袭着英国的法律体系，有着超越其经济发展阶段的劳工保护法律条款。正如赞比亚中国经济贸易合作区副总经理昝宝森所抱怨的，"实在是'太健全'了，法律水准有点超前……快50%的人没工作了，还要搞这么多房补、教育补、交通补，还不能随便辞人，要有不良工作记录才可以"（张哲，2010）。不过，对于外资企业对这种保护性劳动法律的遵守情况，赞比亚政府可以选择严格执行，也可以选择宽松执行。赞比亚执政当局的立场在外来资本与本地劳工的冲突中扮演着重要角色。

多党民主运动在赞比亚连续执政长达20多年（1991～2011年），这期间的几任总统都采取大力引进外资的政策，中国资本也正是在此期间获得扩张。从奇卢巴（Chiluba）到姆瓦纳瓦萨，再到班达（Banda），这几任总统不仅从未公开发表过对中资不利的言论，甚至为中国资本进入赞比亚提供大力支持，在发生劳资冲突时往往也会偏袒中方管理者、谴责当地劳工，奉劝当地劳工珍惜工作机会。由于部分中国投资者习惯走上层路线，和腐败的赞比亚执政当局交往过密，因此，当地民众和矿工认为，中资企业助长了首都卢萨卡统治集团的腐败，普通民众受益较少。通过寻求执政当局庇护来抑制劳工反抗的做法，使得中国企业大量的投资不但没有转化成为当地民众的认同和拥护，反而激化了本地矿工与中资企业之间的冲突。

之前曾于2001年、2006年和2008年三次参加总统竞选失利的反对党爱国阵线领袖萨塔终于赢得2011年9月的赞比亚总统大选，结束了多党民主运动长达20多年的一党揽政局面。在赞比亚民主选举政体下，外资企业与地方民众的冲突，成为反对党利用的话题。萨塔就是以民粹主义的立场争取政治支持，他的支持者多为对执政当局不满且迁怒于外资的底层民众。爱国阵线利用中资企业与当地矿工之间的冲突，经常以矿工、矿难和"中国掠夺"为题材，打着"赞比亚是赞比亚人的赞比亚"旗号，向外国资本及亲外资的执政党多党民主运动发难，借此争取矿工手中掌握的选票。萨塔的竞选策略，在获得底层民众和矿工政治支持的同时，也激发了矿工反抗外国资本的罢工潮。

在 2011 年的竞选中，萨塔虽不再提及中国问题，只是泛泛地承诺"更多工作、减税、让你口袋里有更多钱"，但是萨塔的亲民主义立场已深入民心。2011 年大选结束后，罢工潮席卷赞比亚各地，它们不仅针对中国资本，也针对其他外国资本，中色集团遭遇的大罢工只是其中之一。此次罢工潮是赞比亚民众对多党民主运动政权长期以来过分亲近资本、忽视民生、贪污腐化的愤怒的集中爆发，也是在向新当选的萨塔政府施压要求其履行竞选承诺的集体行动。

但实际上，萨塔并不是彻底的反外资和反华主义者，他只是想通过批评外国资本的竞选策略获得矿工的选票支持，并不希望矿工过激的要求和抗争赶走外国投资者。这从萨塔上台后采取的一系列举动可以看出。2011年 9 月 26 日，萨塔在上任后的首个官方活动，就选择了会见时任中国大使周欲晓，他表达了对中国公司在赞比亚的投资的欢迎，但同时希望中国公司遵守赞比亚的相关法律，雇佣更多的当地人而非中国人。10 月 29 日，萨塔又在总统府举行了一场有上百位中国工商界人士和华人华侨参加的午餐。之后又分别于 11 月和 12 月派赞比亚开国总统卡翁达（Kaunda）和副总统盖伊·斯科特（Guy L. Scott）访华。萨塔政府的这些举动向中国企业和政府传递了"加强合作，共同发展"的强烈信号。不过，为了兑现其在竞选期间的一些承诺，萨塔政府也着手在最低工资、矿业税等方面进行了政策调整。比如，将一般雇员的最低工资提高至 1132400 克瓦查（不含住房、午餐和交通补贴）；将贱金属和贵金属适用的税率分别由 3% 和 5% 提高至6%。可见，萨塔上台后在继续欢迎外国资本加大投资并承诺为其提供安全的投资环境的同时，也要求外国投资者严格遵守赞比亚保护性的劳动法规并适度提高最低工资标准，试图在消除外国投资者顾虑与满足底层矿工期望之间寻找一个新的平衡。这在一定程度上会提高外国资本在赞比亚的经营成本。

四　总结与讨论

中色集团在赞比亚遭遇的劳资冲突是多重原因导致的。首先，赞比亚矿工对中资企业提供的工资福利和劳动条件不满意，他们不断地通过集体谈判甚至非法罢工等方式来尽力争取更高权益。其次，赞比亚矿工的劳动观念、工作伦理和工会文化与中国国内情况迥异，简单地把中国国内的管理观念和惯例照搬到那里必然会遭遇冲突。最后，在赞比亚的民主选举政体下，反对党利用外国资本与当地劳工之间的冲突，通过批评外国资本的方式争取劳工的选票支持，加剧了当地劳工对中国资本的抗争。

中色集团在赞比亚案例的特殊价值在于让我们认识到外来资本与当地劳工的冲突不单纯是一个有关利益分配的经济问题，在政党政治背景下劳资关系可能会演变为政治风险。如果对待外来资本的立场成为东道国主要政党在选举竞争中的关键议题，那么这种国内政治竞争就会波及投资国与东道国的国家间关系，从而转化为国际政治问题。中国企业在海外经营中的确需要支付合理薪酬、积极承担社会责任，以处理好与当地员工、社区居民的关系。但是，如果一味地顺从当地劳工和民众的要求，无疑会大大增加企业的运营成本，降低企业的所得利润。东道国政府在调解外来资本与当地劳工的争议中扮演着重要角色，因此中国企业和政府需要通过观察东道国政治动态和施加政治影响来维护自身利益。在实行民主政体的东道国，中国企业和政府不仅要处理好与执政党的关系，还要建立与主要反对党的联系通道，了解其对待外国资本的真实意图和竞选成功的可能性。中国企业和政府要学会在东道国政党竞争中寻求对自身利益的保护，降低中资企业在今后的总统选举期间可能遭遇的不确定性，同时游说执政当局采取适度而不是过分的劳工保护政策。中国企业已经在赞比亚投入了大量的资金，如果不能转化为一定的政治影响力，那么中国投资将面临很大的潜在政治风险。

参考文献

贝弗里·J.西尔弗：2012，《劳工的力量：1870 年以来的工人运动与全球化》，张璐译，社会科学文献出版社。

黛博拉·布罗蒂加姆：2012，《龙的礼物：中国在非洲的真实故事》，沈晓雷、高明秀译，社会科学文献出版社。

刘世定：2011，《经济社会学》，北京大学出版社。

沈乎、韩薇：2011，《中色赞比亚罢工事件》，《财新周刊》第 43 期。

王小卫：2007，《中国矿业公司的海外经营——中国有色集团谦比希铜矿的经营实践（上）》，《世界有色金属》第 9 期。

王小卫：2007，《中国矿业公司的海外经营——中国有色集团谦比希铜矿的经营实践（下）》，《世界有色金属》第 10 期。

亚当·斯密：1972，《国民财富的性质和原因的研究》，郭大力、王亚南译，商务印书馆。

张意轩：2012，《赞比亚中国经济贸易合作区成立五周年庆典在京举行》，人民网，http://world. people. com. cn/GB/57507/17018224. html。最后访问日期 2014 年 7 月 20 日。

张哲：2010，《超越争议的非洲开发　中国在赞比亚的真实存在》，《南方周末》，4 月 8 日。

Burawoy, Michael. 1972. *The Colour of Class on the Copper Mines*: *From African Advancement to Zambianization.* Lusaka: Institute for African Studies.

Chama, Brian. 2010. "Economic Development at the Cost of Human Rights: China Nonferrous Metal Industry in Zambia." *Human Rights Brief*, 17 (2).

Eden, L. and Miller, S. R. 2004. "Distance Matters: Liability of Foreignness, Institutional Distance and Ownership Strategy." Hitt, M. A. and Cheng J. (eds.) *Advances in International Management*, New York: Elsevier.

Larmer, Miles. 2007. *Mineworkers in Zambia*: *Labor and Political Change in Post-colonial Africa.* London: Tauris Academic Studies.

Lee, Ching Kwan. 2009. "Raw Encounters: Chinese Managers, African Workers and the Politics of Casualization in Africa's Chinese Enclaves." *The China Quarterly*, 199 (3).

Zaheer, Srilata. 1995. "Overcoming the Liability of Foreignness." *The Academy of Management Journal*, 38 (2).

跌入次级劳动力市场的
"天之骄子"*

李　骏**

摘　要：本文分析曾经被视为"天之骄子"的大学毕业生跌入次级劳动力市场的情况。用差工作（低收入和低福利）和非稳定工作两个标准来界定次级劳动力市场，得到"首都大学生成长追踪调查"（BCSPS）数据中大学毕业生跌入次级劳动力市场的比例在 2011－2013 年分别为 18.41%、16.26%、13.28%。虽然从变化趋势来看逐渐走低，但从流动情况来看，在相邻两年内实现向上流动与难逃逆境束缚的比例约为六四开，在整个从学校到工作转换期内始终徘徊在次级劳动力市场的比例仍然约为四分之一。本文还分析了跌入次级劳动力市场的决定因素和就业后果，发现非稳定工作像差工作一样意味着较低的工作收入和较低的工作福利，且次级劳动力市场也意味着更少的晋升机会和更高的离职倾向。

关键词：次级劳动力市场　大学毕业生

---

* 本研究得到了上海市教育委员会和上海市教育发展基金会"曙光计划"项目的支持（项目编号 13SG58）。本文数据来自中国人民大学中国调查与数据中心（NSRC）资助并组织实施的"大学生成长追踪调查"项目。该项目 2009 年和 2010 年的调查曾得到香港科技大学研究项目竞争基金（RPC07/08. HS02）、香港研究资助局优配基金（644510，项目负责人：吴晓刚）、中国人民大学科学研究基金（2009030080、20100030415，项目负责人：冯仕政）资助，研究设计也曾得到香港研究资助局优配基金（644510）的部分支持。感谢冯仕政、王卫东和李丁等对数据搜集的贡献。本文初稿曾收录于《中国大学生成长报告 2015》，此次发表略有改动。

** 李骏，上海社会科学院社会学研究所副研究员。

一 何谓次级劳动力市场？

皮奥罗（Piore，1973；1975）最早提出了首要（primary）与次级（secondary）劳动力市场的区分。他描述了两个劳动力市场的一系列反差，例如前者工资收入较高、工作条件较好、存在晋升通道、工作管理制度规范、工作稳定，而后者工资收入低下、工作环境差、缺少晋升机会、劳动者换工频率较高等。以他为代表人物之一，20世纪六七十年代以后的西方社会科学界逐渐形成了劳动力市场分割（Segmented Labor Market，SLM）这个新的理论流派。

在SLM理论发展的早期，其他学者还提出了各种分割概念，例如核心（或垄断性）与边缘（或竞争性）经济部门的分割（Averitt，1968）、内部与外部劳动力市场的分割（Doeringer and Piore，1971）等。虽然分析重点并不统一，但共同点都是将劳动力市场理解为一种二元分割（dual labor market）。后来，虽然研究者对劳动力市场分割的理解从二分的、定性的拓展为连续的、定量的（例如Beck et al.，1978），但对分割的界定与测量却从未达成一致。有的研究依据职业来划分，有的研究依据行业来划分，有的研究兼顾职业和行业划分，还有研究用组织规模来划分，甚至还有研究用种族、性别等个体特征来划分（参见Hodson and Kaufman，1982；Zucker and Rosenstein，1981）。这种经验层次上的混乱，再加上它的描述性本质，正是SLM理论于上世纪末以来日趋衰落的重要原因。最近，有研究者提出，SLM理论的思想起点和概念本质无非是说劳动力市场有好坏之分，而职业、行业、组织等都只是对它的一种代理（proxy）——很大程度上是由于早期的数据局限所致，所以应该回归到用工作特征本身来进行测量（例如Hudson，2007）。换言之，任何部门、行业或组织都可能有好的工作与差的工作，所以实质性的问题不是什么部门、行业或组织构成了首要或次级劳动力市场，而是什么工作区分了这两类劳动力市场。

同时，1980至1990年代以来全球劳动力市场的另一个重要趋势，是非标准化、非稳定性就业方式的迅速扩散。发达经济体中的就业模式变得越来越灵活，出现了诸如"自由职业""外判工作""兼职""临时工"等多种非标准化的工作方式。在发展中国家或地区，"非正规就业"也被作为解决失业问题的有效方法而得到大力推广。国外研究者已经敏锐地指出，标准化就业者与非标准化就业者之间可能形成组织层面的"内部人—外部人"

区分，从而在微观机制上形成新的劳动力市场分割形态（Kalleberg，2003）。少数海外研究者指出，迅速增长的非标准或非正式就业关系也构成了中国城市劳动力市场的一个根本性变化（Park and Cai，2011）。显然，非标准化的或非稳定性的工作也是工作特征之一，与 Hudson 等人的着眼点其实是一致的。

因此，在本研究中，笔者用差工作和非稳定工作这两个标准来界定次级劳动力市场。当然，这只是探索性的，并且在具体测量上将会受到所用数据本身的局限。本文所用的数据来自中国人民大学中国调查与数据中心（NSRC）组织实施的"首都大学生成长追踪调查"（Beijing College Students Panel Survey，BCSPS）。该调查以 2009 年为起点，随机抽取北京市 15 所高校的 2008 级（时为大学一年级下学期）和 2006 级（时为大学三年级下学期）学生，共 5100 名，每年追踪一次，到 2013 年已完成 5 次年度追踪调查。尽管其抽样范围仅限于北京，但鉴于北京高校类型的多样性，这个样本仍然具有良好的代表性（详见李路路，2013）。需要说明的是，BCSPS 数据包括两个同期群（cohort），而本研究只分析 2006 级样本。他们中的大部分人自 2010 年毕业后，已经连续报告了三年（2011 年、2012 年、2013 年）的就业信息，适合做跟踪分析。[①] 另外，本研究还只分析雇员，不包括自雇和雇主，因为后者的就业过程很不相同。

（一）差工作的发生率

劳动者主要关心工作的收入与福利，收入越高、福利越多的工作自然是好工作；相反，收入越低、福利越少的工作就是差工作。从雇主的角度来看，逻辑同样如此。因此，对差工作的测量，就是从收入与福利这两个方面入手。

工作收入低到什么程度可以称之为差？借鉴贫困线的一般测量方法，笔者将（月）工作收入低于同期样本（月）工作收入中位值的一半界定为差。由于 BCSPS 2011 - 2013 年数据的（月）工作收入中位值是变动的，所以该界定值也是变动的。因此，这里的低工作收入是相对于同期样本总体状况而言的。根据这种测量方法，2011 年低工作收入的发生率为 3.51%，2012 年为 5.71%，2013 年为 2.75%。

工作福利少到什么程度可以称之为差？BCSPS 数据虽然询问了多种保

---

① 他们中的一部分人毕业后继续就读研究生。

险或补贴的享有情况，但保守起见，笔者只将同时没有基本养老保险和基本医疗保险这种最差情况界定为差。因此，这里的低工作福利在各期数据中是标准统一的。根据这种测量方法，2011 年低工作福利的发生率为7.49%，2012 年为 5.39%，2013 年为 4.12%。

合并低工作收入和低工作福利这两个标准，将符合任一标准的工作界定为差，得到 2011 年时差工作的发生率为 9.12%，2012 年为 9.30%，2013年为 5.49%。可见，差工作的发生率总体上是在下降的。

（二）非稳定工作的发生率

对非稳定工作的界定也用到了两个指标。一是工作性质，兼职工作或临时工作被界定为非稳定工作，与之相对的是全职工作。二是工作时间，周工作时间在 30 小时以下的也被界定为非稳定工作，这与兼职或临时工作在内涵上具有一致性。将符合上述任一标准的工作界定为非稳定工作，得到 2011 年时非稳定工作的发生率为 10.96%，2012 年为 8.38%，2013 年为8.33%。可见，非稳定工作的发生率总体上也是在下降的。

（三）跌入次级劳动力市场的发生率

最后，结合差工作与非稳定工作这两个标准，将符合任一标准的工作界定为次级劳动力市场，得到的历年比例和变化趋势见图 1。可见，跌入次级劳动力市场的发生率，在三年数据中呈线性下降趋势。2011 年为 18.41%，2012年为 16.26%，2013 年为 13.28%，每年稳步下降约 2.57 个百分点。

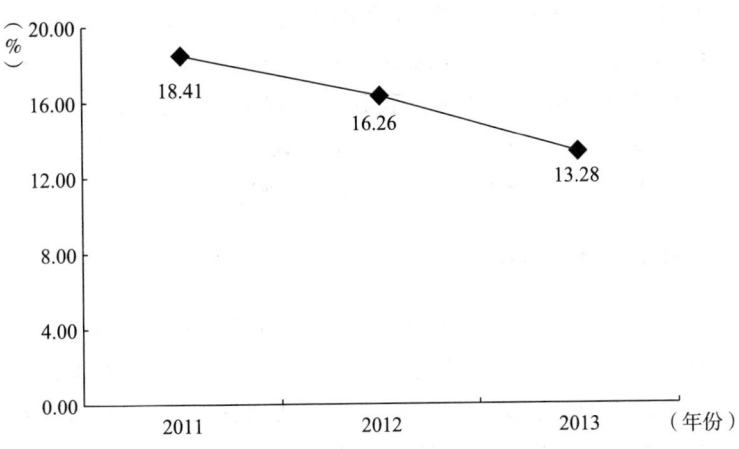

图 1　次级劳动力市场的比例与变化

综上，在从学校到职场的转换过程中，虽然确实有少部分大学毕业生不幸跌入次级劳动力市场，但随着时间的推移，这种状况会逐渐得到改善。只是，由于 BCSPS 项目收集数据的时间跨度有限，我们尚不清楚"天之骄子"跌入次级劳动力市场的长期趋势。会一直减少趋近于零吗？还是会随着整体经济状况和劳动力市场的情况而波动？有待更多的数据和进一步研究。

二　谁会跌入次级劳动力市场？

跌入次级劳动力市场的过程是随机的吗？有没有一些结构性或系统性的原因？下面将依次分析就业位置、学业因素和家庭背景所可能具有的影响。次级劳动力市场的存在，首先可能是由就业位置所决定的。某些就业位置可能提供了更多的差工作或非稳定工作。在 SLM 理论文献中，其实一直存在分割的经济体（就业位置）和分割的劳动力市场这两个虽然重叠但并不完全相同的概念。

其次，次级劳动力市场的工作者，可能自身的素质本来就比较低，因而只能从事较差的工作或非稳定工作。这也正是人力资本理论反对 SLM 理论的一大理由。对于大学毕业生来说，他们人力资本的差异可能在大学期间就出现了，需要追溯学业因素的影响。

最后，如果将时间点再前移，那么家庭背景会不会有影响？国外有观点认为，高等教育获得者是一个经过了层层能力筛选的人群，其同质性程度较高，可能已经摆脱了家庭出身的影响（Breen and Jonsson，2007；Torche，2011）。国内对大学生就业的一些研究也发现，家庭背景对应届生能否找到工作没有影响（岳昌君、丁小浩，2004），父代的社会经济地位对大学毕业生的地位获得没有直接影响（王卫东，2014）。那么，这种观点和发现是否也适用于跌入次级劳动力市场的分析呢？

（一）就业位置的影响

就业位置主要用三个指标来反映。一是部门，根据 CEPS 项目调查问卷，在本研究中分为三类：机关事业单位、国有企业、私有部门。二是行业，根据问卷分为四类：第一、二产业，交通运输/批发零售/住宿餐饮业，IT/金融/房地产业，其他。三是职业，根据问卷分为五类：技术工人、一般办事人员（含市场营销人员）、专业技术人员（含教师和文体工作者等）、企业经营管理人员、其他。

表1给出了上述三个指标与次级劳动力市场发生率之间的双变量关系，分三期数据分别展示。部门之间的差异表现出稳定的模式，机关事业单位为大学毕业生提供差工作或非稳定工作的比例最高，在2011和2012年都达到了30%以上，在2013年仍达24%；相反，国有企业最低，在三期数据中均不超过10%；私有部门居中，在10%和20%之间。

行业之间的差异模式很难概括，但三期数据比较统一的地方是，IT/金融/房地产业的次级劳动力市场发生率是最低的，均在10%以下。交通运输/批发零售/住宿餐饮业的波动性较大，2011年时为大学毕业生提供差工作或非稳定工作的比例仅为12.50%，但2012年时骤升至26.79%，到2013年时又回落至17.78%。

职业之间的差异较小。抛开"其他"类不谈，技术工人、一般办事人员、专业技术人员、企业经营管理人员四类职业属于次级劳动力市场的比例，在2011年和2012年都差不多。2013年，前三类职业之间的差异依然较小，只有最后一类职业属于次级劳动力市场的比例明显较低，仅为7.94%。

表1 就业位置的影响（双变量分析）

	2011年	2012年	2013年
部门			
机关事业单位	32.47	30.41	24.23
国有企业	8.98	9.22	8.27
私有部门	18.96	13.61	11.08
N	853	769	821
行业			
第一、二产业	16.48	10.91	10.17
交通运输/批发零售/住宿餐饮业	12.50	26.79	17.78
IT/金融/房地产业	9.85	6.40	6.74
其他	26.30	25.18	19.58
N	853	753	821
职业			
技术工人	15.87	13.33	15.63
一般办事人员	19.12	15.58	13.76

	2011 年	2012 年	2013 年
专业技术人员	15.89	15.21	13.17
企业经营管理人员	15.19	13.64	7.94
其他	28.89	30.77	16.67
N	853	766	821

（二）学业因素的影响

学业因素主要用三个指标来反映。首先是大学排名，这可能是最重要的学业变量。1999 年扩招以来，我国高等教育发生的最大变化就是大学之间的差异和分化。一方面，许多本科院校开办了二级学院，许多专科院校升级为本科院校，他们共同构成了所谓的"三本"或"四本"院校，高考录取分远远低于传统的"一本"和"二本"院校。这导致了大学生群体本身异质性的增强，是大学分化的一个源动力。另一方面，国家教育部先后出台的"211""985"等政策计划，使教育经费和资源不断向所谓的好大学和精英大学倾斜，导致大学之间原本就存在或原本不存在的差距日益拉大。这是大学分化的一个推动力。也正是在这种背景下，大学排名迅速成为高等教育的供给者、消费者、研究者、监管者各方都十分重视的指标，能够综合反映大学之间的分化。本研究使用的是国内某知名机构所做的大学排行榜，为外部数据。在 CEPS 样本中，各大学由低到高的排名顺序依次是：北京石油化工学院、北京农学院、北方工业大学、中国矿业大学、北京语言大学、首都经济贸易大学、中国传媒大学、中央民族大学、北京化工大学、北京邮电大学、北京理工大学、北京航空航天大学、中国人民大学、清华大学、北京大学。

另外两个指标分别是大学期间的"挂科"数目和入党情况。"挂科"是大学生对某门课程不及格或没拿到学分的通俗说法，本研究统计的是大一至大二四个学期"挂科"数目的加总情况。至于入党情况，本研究统计的是截止到大四接受调查时（即 2010 年）受访者是否已经加入了中国共产党（含预备党员）。"挂科"数目可以视为对人力资本的间接测量，数值越大则人力资本可能越差。入党情况可以视为对政治资本的测量，同时入党可能也是对人力资本的间接测量，因为以往研究大多认为党员的能力更强。

表 2 给出了上述三个指标以及次级劳动力市场变量之间的相关系数矩

阵。三期数据几乎都显示，跌入次级劳动力市场与大学排名和中共党员负相关、与"挂科"数目正相关。① 也就是说，大学排名越低越可能跌入次级劳动力市场，非中共党员比中共党员更有可能跌入次级劳动力市场，挂科数目越多越可能跌入次级劳动力市场。另外，三期数据均显示，挂科数目与大学排名负相关，即大学排名越高挂科数目越少，表明好大学确实有更多的好学生；挂科数目与中共党员负相关，表明中共党员比非中共党员的挂科数目少，从侧面印证了党员也能间接测量人力资本这一点。

表 2　学业背景的影响（双变量分析）

	大学排名	中共党员	挂科数目	次级劳动力市场
2011 年				
大学排名	1			
中共党员	-0.001	1		
挂科数目	-0.226	-0.149	1	
次级劳动力市场	-0.067	-0.028	0.043	1
2012 年				
大学排名	1			
中共党员	0.026	1		
挂科数目	-0.218	-0.201	1	
次级劳动力市场	-0.087	-0.041	0.119	1
2013 年				
大学排名	1			
中共党员	0.123	1		
挂科数目	-0.277	-0.236	1	
次级劳动力市场	-0.098	0.006	0.057	1

（三）家庭背景的影响

家庭背景主要用三个指标来反映，都是以受访者考入大学之前的情况来界定。一是父母的教育程度，指受访者父母当时已经完成的最高教育程度（以较高的一方为准），分为初中及以下、高中/中专、大专及以上三个类别。二是父亲职业，指受访者父亲当时或以往从事时间最长的职业（以

---

① 只有 2013 年时次级劳动力市场与中共党员的关系方向不符合总体模式。

就业状况为准），包括农民、体力与非体力、专业或管理人员、干部、其他五个类别。三是家庭年收入，指受访者父母当时的年收入之和，包括农产品、工资、奖金、补贴、分红、股息、保险、退休金、经营性纯收入、银行利息、馈赠等所有收入在内。

表3给出了上述三个指标与跌入次级劳动力市场之间的双变量关系。父母教育程度对跌入次级劳动力市场的影响似乎并不大，因为在2011年和2013年数据中三个群组之间的差别很小。只有在2012年数据中，才能观察到稍微明显的群组差别。父母为初中及以下教育程度的大学毕业生，跌入次级劳动力市场的比例最高（为19.48%），父母为高中/中专教育程度的大学毕业生次之（为18.24%），父母为大专及以上教育程度的大学毕业生最低（为12.17%）。

父亲职业与跌入次级劳动力市场的关系也并不明确。虽然在2011年数据中，父亲职业为农民的大学毕业生跌入次级劳动力市场的比例最高（为23.40%），但在2012年和2013年数据中却并非如此。此外，父亲职业为体力与非体力组、为专业或管理人员组以及为干部组跌入次级劳动力市场比例的相对高低也没有呈现出某种统一模式。

类似地，家庭年收入对跌入次级劳动力市场的影响也很难确定，虽然在2011年数据中家庭年收入最低25%组的大学毕业生跌入次级劳动力市场的比例高达25.38%。

表3 家庭背景的影响（双变量分析）

	2011 年	2012 年	2013 年
父母教育程度			
初中及以下	19.88	19.48	13.84
高中/中专	17.65	18.24	12.15
大专及以上	18.33	12.17	13.49
N	789	724	784
父亲职业			
农民	23.40	17.73	11.90
体力与非体力	17.01	14.66	14.98
专业或管理人员	20.69	18.45	11.11
干部	20.56	11.83	15.18
其他	12.41	20.00	10.00

	2011 年	2012 年	2013 年
N	789	723	784
家庭年收入			
最低 25% 组	25.38	15.43	9.90
中下	15.00	20.95	15.29
中上	17.65	13.97	15.92
最高 25% 组	17.32	11.88	11.88
N	843	767	808

（四）多变量回归分析

上述双变量分析并没有考虑到就业位置、学业因素、家庭背景各个指标之间可能存在的相互影响，也没有考虑到性别、年龄等基本个人特征的潜在影响。因此，有必要使用多变量分析来进一步考察上述变量的"净"影响。具体来说，笔者将分两次来进行多变量分析。第一次只分析 2011 年数据，这个时点比较重要，代表了初次进入劳动力市场（entry into labor market）。第二次是分析 2011－2013 年合并数据，这三年共同构成了从学校到工作的转换阶段（from school to work transition）。两次多变量分析都使用相同的模型设置（model specification），具体将在文中加以说明。

表 4 是 2011 年数据的多变量分析结果。由于因变量为是否跌入次级劳动力市场，因此使用二项 logit 模型。模型 1－3 都控制了性别、年龄等基本个人特征，不同之处在于主要自变量的选择。模型 1 的主要自变量是反映就业位置的三个指标：部门、行业与职业；模型 2 的主要自变量是反映学业因素的三个指标：大学排名、"挂科"数目与大学入党；模型 3 的主要自变量是反映家庭背景的三个指标：父母教育、父亲职业、家庭年收入。模型 4 是纳入了上述所有变量的全模型。

模型 1 与模型 4 均表明，在国有企业与在机关事业单位的大学毕业生相比，跌入次级劳动力市场的概率显著更低（系数为 -1.359 和 -1.477）；在 IT/金融/房地产业与在第一、二产业的大学毕业生相比，跌入次级劳动力市场的概率显著更低（系数为 -0.802 和 -0.668）；但是职业类别之间的差异均不显著。这说明，在反映就业位置的三个变量中，部门和行业对次级劳动力市场的发生率有显著影响，而职业的影响暂时缺乏数据支持。

模型 2 和模型 4 均表明，在反映学业因素的三个变量中，只有大学排名对跌入次级劳动力市场有显著影响。大学排名越高，跌入次级劳动力市场的概率更低（系数为 -0.053 和 -0.068）。"挂科"数目虽然与跌入次级劳动力市场呈正相关，但并不显著。大学入党虽然与跌入次级劳动力市场呈负相关，但也不显著。

模型 3 和模型 4 均表明，在反映家庭背景的三个变量中，只有家庭年收入对跌入次级劳动力市场有显著影响。家庭年收入越高，跌入次级劳动力市场的概率更低（系数为 -0.221 和 -0.253）。

表 4　二项 logit 模型结果（2011 年）

	模型 1	模型 2	模型 3	模型 4
部门（ref. = 机关事业单位）				
国有企业	-1.359***			-1.477***
	(0.330)			(0.339)
私有部门	-0.463			-0.536*
	(0.248)			(0.259)
行业（ref. = 第一、二产业）				
交通运输/批发零售/住宿餐饮业	-0.400			-0.453
	(0.521)			(0.536)
IT/金融/房地产业	-0.802*			-0.668*
	(0.325)			(0.335)
其他	0.065			0.162
	(0.293)			(0.306)
职业（ref. = 技术工人）				
一般办事人员	0.175			0.324
	(0.430)			(0.440)
专业技术人员	-0.209			-0.033
	(0.422)			(0.434)
企业经营管理人员	0.045			0.231
	(0.518)			(0.529)
其他	0.437			0.496
	(0.485)			(0.498)
大学排名		-0.053*		-0.068*
		(0.025)		(0.027)
"挂科"数目		0.019		0.001
		(0.053)		(0.058)

续表

	模型 1	模型 2	模型 3	模型 4
大学入党		− 0.139 (0.221)		− 0.271 (0.233)
父母教育（ref. = 初中及以下）				
高中/中专			− 0.052 (0.262)	− 0.125 (0.274)
大专及以上			0.032 (0.320)	0.138 (0.337)
父亲职业（ref. = 农民）				
体力与非体力			− 0.140 (0.297)	− 0.137 (0.312)
专业或管理人员			0.142 (0.392)	0.162 (0.413)
干部			0.144 (0.398)	0.037 (0.426)
其他			− 0.522 (0.363)	− 0.540 (0.381)
家庭年收入			− 0.221* (0.102)	− 0.253* (0.107)
其他控制变量与常数项	是	是	是	是
N	762	762	762	762

注：括号中的数字是标准误。*** $p < 0.001$，** $p < 0.01$，* $p < 0.05$。

表 5 是 2011 – 2013 年合并数据的多变量分析结果。笔者采取了类似于事件史中的离散时间风险模型（discrete time hazard model），将跌入次级劳动力市场视为一种重复事件（repeated events），每名受访者也可能有多条记录（multiple records）。模型 1 – 模型 4 的自变量设置与表 7 相同。表 7 与表 6 的结果大致相同，但也存在若干差异。

首先，在反映就业位置的三个变量中，仍然是部门和行业对次级劳动力市场的发生率有显著影响，而职业的影响仍然缺乏数据支持。与表 6 的不同之处是，私有部门与机关事业单位之间的差异以及交通运输/批发零售/住宿餐饮业与第一、二产业之间的差异也变得显著了。

其次，在反映学业因素的三个变量中，不仅大学排名仍然统计显著，同时"挂科"数目也变得统计显著了。"挂科"数目越多，跌入次级劳动力市场的概率更高（系数为 0.089 和 0.081）。这说明，大学毕业生跌入次级劳动力市场的可能性确实与他们在大学期间积累的人力资本有关。

最后，反映家庭背景的三个变量均不显著。在表6中，家庭年收入越高跌入次级劳动力市场的可能性越小，但在表7中，这种关系丧失了显著性，虽然系数方向仍然保持不变。

表5　二项 logit 模型结果（2011－2013 年）

	模型 1	模型 2	模型 3	模型 4
部门（ref. = 机关事业单位）				
国有企业	－ 1. 157 ***			－ 1. 196 ***
	（0. 229）			（0. 225）
私有部门	－ 0. 538 **			－ 0. 631 ***
	（0. 179）			（0. 185）
行业（ref. = 第一、二产业）				
交通运输/批发零售/住宿餐饮业	0. 665 *			0. 696 *
	（0. 279）			（0. 285）
IT/金融/房地产业	－ 0. 456 *			－ 0. 352
	（0. 220）			（0. 227）
其他	0. 402 *			0. 444 *
	（0. 203）			（0. 209）
职业（ref. = 技术工人）				
一般办事人员	－ 0. 165			－ 0. 130
	（0. 302）			（0. 302）
专业技术人员	－ 0. 219			－ 0. 097
	（0. 302）			（0. 302）
企业经营管理人员	－ 0. 221			－ 0. 120
	（0. 374）			（0. 377）
其他	0. 131			0. 171
	（0. 356）			（0. 353）
大学排名		－ 0. 051 **		－ 0. 050 **
		（0. 019）		（0. 019）
"挂科" 数目		0. 089 *		0. 081 *
		（0. 036）		（0. 037）
大学入党		0. 039		－ 0. 077
		（0. 158）		（0. 159）
父母教育（ref. = 初中及以下）				
高中/中专			－ 0. 170	－ 0. 244
			（0. 190）	（0. 192）

续表

	模型 1	模型 2	模型 3	模型 4
大专及以上			−0.307 (0.235)	−0.277 (0.236)
父亲职业（ref. = 农民）				
体力与非体力			0.049 (0.212)	0.040 (0.211)
专业或管理人员			0.318 (0.298)	0.270 (0.287)
干部			0.233 (0.293)	0.102 (0.295)
其他			−0.219 (0.250)	−0.212 (0.252)
家庭年收入			−0.055 (0.074)	−0.073 (0.076)
其他控制变量与常数项	是	是	是	是
N	2194	2194	2194	2194

注：括号中的数字是稳健标准误。*** p < 0.001, ** p < 0.01, * p < 0.05。

三　跌入次级劳动力市场有何后果？

跌入次级劳动力市场有何后果？从其中一个标准——差工作——的定义本身来看，就是工作收入很低、工作福利很差。然而，如果使用另外一个标准——非稳定工作，它是否也会导致低工资和低福利？此外，如果使用这两个标准来界定次级劳动力市场，是否还会导致其他不好的就业后果？更重要的是，跌入次级劳动力市场究竟只是"一时失足"还是"一失足成千古恨"？充当的是向首要劳动力市场流动的"垫脚石"还是"陷阱"？如果跌入次级劳动力市场与上述种种不好的就业后果相连，那么就有必要重视那些跌入次级劳动力市场的"天之骄子"，不管是在就业政策还是在社会稳定的意义上。

因此，下面将依次考察跌入次级劳动力市场对工作收入、工作福利、晋升机会、离职倾向、向上流动的影响。数据分析主要使用适合追踪数据的固定效应（fixe effects）与随机效应（ranom effects）模型。这两种模型排除了个人随时间不变的稳定特质所可能造成的忽略变量偏误，有助于得到自变量与因变量之间的因果关系。在固定效应模型中，个人随时间不变的稳定特质作为一个常数在构造模型时被消去了，无论这些特质有没有被测

243

量到。随机效应模型也能达到相似的目的，但它与固定效应模型相比有着更强的假定：固定效应模型假定个人特质是一个常数，能够通过差分被排除出模型；随机效应模型假定个人特质是均值为0、方差为常数的正态分布随机变量，并且独立于模型中的其他变量和误差项。所以，这两个模型各有长短。笔者将同时估计固定效应模型和随机效应模型，并给出 Hausman 检验的结果。Hausman 检验的方法是比较两个模型系数的相似性，如果系数无差异的零假设不被拒绝，就意味着随机效应模型更好；如果系数无差异的零假设被拒绝，则意味着固定效应模型更好。纳入固定效应模型和随机效应模型的时变变量包括年龄、党员、部门、行业、工作地城乡类别、工作地是否北京等。

（一）对工作收入的影响

工作收入是受访者平均每月从工作中获取的各种收入总和，包括工资、奖金、住房补贴、交通补贴、伙食补贴、实物收入等。按照常规，模型对工作收入取对数值，结果见表6。可见，尽管 Hausman 检验倾向于固定效应模型而非随机效应模型，但两个模型都显示，非稳定工作会给大学毕业生的工作收入带来损失。而且，两个模型的估计系数也十分接近，分别为 -0.067 和 -0.066。这意味着，在控制了其他变量的情况下，从事非稳定工作的大学毕业生与从事稳定工作的大学毕业生相比，平均月收入会低6% （ $1 - e - 0.067 = 0.06$ ）。

表6　对工作收入的影响（2011 – 2013 年）

	固定效应模型	随机效应模型
非稳定工作	-0.067^{*} (0.032)	-0.066^{*} (0.028)
年龄	0.247^{***} (0.008)	0.178^{***} (0.007)
党员	-0.022 (0.058)	0.040 (0.025)
部门（ref. = 机关事业单位）		
国有企业	0.014 (0.047)	0.088^{**} (0.032)
私营部门	0.047 (0.044)	0.106^{***} (0.029)
行业（ref. = 第一、二产业）		

	固定效应模型	随机效应模型
交通运输/批发零售/住宿餐饮业	0.050 (0.056)	0.041 (0.044)
IT/金融/房地产业	0.073 (0.047)	0.240*** (0.030)
其他	-0.011 (0.039)	0.037 (0.029)
职业（ref. = 技术工人）		
一般办事人员	-0.085 (0.047)	-0.046 (0.040)
专业技术人员	-0.008 (0.043)	0.102** (0.038)
企业经营管理人员	0.023 (0.055)	0.110* (0.047)
其他	-0.075 (0.057)	-0.056 (0.049)
其他控制变量与常数项	是	是
观察个案数	2399	2399
固定样本数	1266	1266
Hausman 检验	p = 0.000	

注：括号中的数字是标准误。*** p < 0.001，** p < 0.01，* p < 0.05。

（二）对工作福利的影响

CEPS 数据询问了多种保险或补贴的享有情况，包括基本医疗保险、补充医疗保险、基本养老保险、补充养老保险、失业保险、住房公积金、住房或住房补贴等。根据是否享有上述每项保险或补贴，可加总得到对工作福利的测量。模型结果见表7。可见，Hausman 检验很难说倾向于哪个模型，但两个模型都显示，从事非稳定工作的大学毕业生，所获得的工作福利显著更少。而且，两个模型的估计系数也十分接近，分别为 -0.379 和 -0.390。

表7 对工作福利的影响（2011 - 2013 年）

	固定效应模型	随机效应模型
非稳定工作	-0.379* (0.156)	-0.390** (0.120)

续表

	固定效应模型	随机效应模型
年龄	0.093 * (0.041)	0.076 * (0.030)
党员	0.449 (0.275)	0.137 (0.091)
部门（ref. = 机关事业单位）		
国有企业	0.455 * (0.232)	0.579 *** (0.127)
私营部门	− 0.314 (0.214)	− 0.525 *** (0.115)
行业（ref. = 第一、二产业）		
交通运输/批发零售/住宿餐饮业	− 0.283 (0.273)	− 0.336 (0.177)
IT/金融/房地产业	− 0.221 (0.229)	0.171 (0.117)
其他	− 0.432 * (0.187)	− 0.344 ** (0.114)
职业（ref. = 技术工人）		
一般办事人员	− 0.267 (0.230)	− 0.055 (0.166)
专业技术人员	− 0.223 (0.211)	− 0.085 (0.162)
企业经营管理人员	− 0.429 (0.270)	0.077 (0.195)
其他	− 0.583 * (0.279)	− 0.412 * (0.207)
其他控制变量与常数项	是	是
观察个案数	2425	2425
固定样本数	1275	1275
Hausman 检验	p = 0.054	

注：括号中的数字是标准误。*** $p < 0.001$，** $p < 0.01$，* $p < 0.05$。

（三）对晋升机会的影响

晋升机会来自于受访者的自我判断，相应的问题是："在未来的几年内，您在单位或公司里得到提拔和升迁的机会有多大？"选项分别为几乎不可能、不太可能、不好说、很有可能、几乎肯定会。将前三个选项视为无晋升机会，将后两个选项视为有晋升机会，模型结果见表8。[①] 可见，尽管Hausman 检验倾向于固定效应模型而非随机效应模型，但两个模型都显示，跌入次级劳动力市场的大学毕业生更加缺乏晋升机会。而且，两个模型的估计系数也比较接近，分别为 - 0.744 和 - 0.697。这意味着，在控制了其他变量的情况下，处于次级劳动力市场的大学毕业生与处于首要劳动力市场的大学毕业生相比，晋升的几率（odds）会低 52% （1 - e - 0.744 = 0.52）。

表8　对晋升机会的影响（2011 - 2013 年）

	固定效应模型	随机效应模型
次级劳动力市场	- 0.744 ** (0.246)	- 0.697 *** (0.183)
年龄	- 0.189 * (0.081)	- 0.049 (0.055)
党员	0.613 (0.620)	- 0.112 (0.162)
部门（ref. = 机关事业单位）		
国有企业	0.432 (0.441)	0.594 * (0.232)
私营部门	0.304 (0.434)	0.873 *** (0.212)
行业（ref. = 第一、二产业）		
交通运输/批发零售/住宿餐饮业	0.421 (0.544)	- 0.044 (0.324)
IT/金融/房地产业	- 0.623 (0.474)	0.160 (0.210)
其他	0.103 (0.356)	0.259 (0.207)
职业（ref. = 技术工人）		
一般办事人员	0.319 (0.457)	0.297 (0.306)
专业技术人员	- 0.112 (0.416)	0.396 (0.299)

---

① 如果不作二分编码而维持原来的次序编码，得到的分析结果也基本一致。

续表

	固定效应模型	随机效应模型
企业经营管理人员	0.596	1.220 ***
	(0.522)	(0.364)
其他	0.078	0.339
	(0.560)	(0.384)
其他控制变量与常数项	是	是
观察个案数	762	2407
固定样本数	287	1269
Hausman 检验	p = 0.001	

注：括号中的数字是标准误。*** p < 0.001，** p < 0.01，* p < 0.05。

（四）对离职倾向的影响

离职倾向是用受访者目前是否在找其他工作——俗称的"骑驴找马"——来测量，在找其他工作被视为具有离职倾向，否则没有。模型结果见表 9。可见，Hausman 检验倾向于固定效应模型。根据此模型，跌入次级劳动力市场的大学毕业生有显著更高的离职倾向。估计系数为 0.908，意味着在控制了其他变量的情况下，处于次级劳动力市场的大学毕业生与处于首要劳动力市场的大学毕业生相比，离职的几率高出 148%（$e^{0.908}$ = 2.48）！

表 9　对离职倾向的影响（2011 – 2013 年）

	固定效应模型	随机效应模型
次级劳动力市场	0.908 **	0.375 *
	(0.276)	(0.156)
年龄	0.788 ***	0.310 ***
	(0.094)	(0.052)
党员	− 0.665	− 0.317 *
	(0.601)	(0.133)
部门（ref. = 机关事业单位）		
国有企业	0.571	− 0.131
	(0.468)	(0.199)
私营部门	1.316 **	0.448 *
	(0.450)	(0.177)
行业（ref. = 第一、二产业）		

续表

	固定效应模型	随机效应模型
交通运输/批发零售/住宿餐饮业	-0.176 (0.506)	0.185 (0.261)
IT/金融/房地产业	0.045 (0.449)	-0.090 (0.172)
其他	-0.051 (0.369)	-0.120 (0.175)
职业（ref. = 技术工人）		
一般办事人员	-1.015* (0.441)	-0.442 (0.249)
专业技术人员	-0.674 (0.415)	-0.806** (0.248)
企业经营管理人员	-0.761 (0.516)	-0.488 (0.298)
其他	-0.676 (0.531)	-0.843* (0.330)
其他控制变量与常数项	是	是
观察个案数	854	2402
固定样本数	325	1265
Hausman 检验	p = 0.000	

注：括号中的数字是标准误。*** p < 0.001，** p < 0.01，* p < 0.05。

（五）对向上流动的影响

先来看三期数据之间的总体流动情况，见表 10。最上面是 2011 - 2012 年的 2×2 流动表。可以看到，次级劳动力市场中有 61.67% 的大学毕业生向上流动到了首要劳动力市场，但仍然有 38.33% 的人滞留在了次级劳动力市场。相比之下，首要劳动力市场中 88.95% 的大学毕业生仍然留在首要劳动力市场，仅有 11.05% 的人向下留动到了次级劳动力市场。中间是 2012 - 2013 年的流动表，反映出的流动模式与上面差不多。次级劳动力市场中的大学毕业生，实现向上流动与难逃逆境束缚的比例仍然大约为六四开。最下面是 2011 - 2013 年的流动表，在这两年时间里，能够从次级劳动力市场向上流动至首要劳动力市场的比例上升至 74.71%，但始终徘徊在次级劳动力市场的大学毕业生仍然占到 25.29%。

表10　流动影响的描述分析

		2012		
		首要	次级	合计（N）
2011	首要劳动力市场	88.95	11.05	100%（561）
	次级劳动力市场	61.67	38.33	100%（120）
		2013		
		首要	次级	合计（N）
2012	首要劳动力市场	89.32	10.68	100%（412）
	次级劳动力市场	59.46	40.54	100%（74）
		2013		
		首要	次级	合计（N）
2011	首要劳动力市场	86.97	13.03	100%（376）
	次级劳动力市场	74.71	25.29	100%（87）

接着，我们对2012年数据、2013年数据和2012-2013年数据分别拟合模型，来看在控制了其他变量的情况下，跌入次级劳动力市场是否会具有"连锁效应"。识别这一效应的自变量是上一年是否跌入次级劳动力市场，如果它对当期是否跌入次级劳动力市场有显著的影响，则表明存在这一效应。模型中的控制变量与上面的分析相同，包括部门、行业、职业、大学排名、"挂科"数目、大学入党、父母教育、父亲职业、家庭收入、性别、年龄等。但为节省篇幅，这些控制变量的回归系数被略去，结果见表11。

2012年数据的效应系数为1.504，2013年数据的效应系数为1.702，2012-2013年数据的效应系数为1.447，三者较为接近。这意味着，即使是在控制了其他变量的情况下，上一年跌入次级劳动力市场的大学毕业生也会有显著更高的概率留在次级劳动力市场，比值比（odds ratio）约为4.26至5.47！

表11　流动影响的模型分析

	2012年	2013年	2012-2013年
上一年跌入次级劳动力市场	1.504***	1.702***	1.447***
	（0.300）	（0.350）	（0.220）
控制变量	是	是	是
观察个案数	589	443	1129

注：括号中的数字是标准误。对2012-2013年数据报告的是随机效应模型（Hausman检验倾向于此模型）。*** p < 0.001，** p < 0.01，* p < 0.05。

四　总结与讨论

本文分析曾经被视为"天之骄子"的大学毕业生跌入次级劳动力市场的情况。次级劳动力市场的本质是就业状况差，通常被描述为工资收入低下、工作环境差、缺少晋升机会、劳动者换工频率较高等。本研究用差工作（低收入和低福利）和非稳定工作两个标准来界定次级劳动力市场，得到 BCSPS 数据中大学毕业生跌入次级劳动力市场的比例在 2011－2013 年分别为 18.41%、16.26%、13.28%。从变化趋势来看，该比例在逐渐降低，反映情况在逐渐改善。但从流动情况来看，在相邻两年内实现向上流动与难逃逆境束缚的比例约为六四开，在整个从学校到工作转换期内始终徘徊在次级劳动力市场的比例仍然约为四分之一，说明情况仍然不容乐观。

谁会跌入次级劳动力市场？本研究重点考察了就业位置、学业因素和家庭背景的影响，分别有如下基本结论。（1）大学毕业生跌入次级劳动力市场的可能性与就业所在的部门和行业位置相关。某些部门或行业——例如机关事业单位和交通运输/批发零售/住宿餐饮业——为大学毕业生提供了更多的差的工作或非稳定工作，而另外一些部门或行业——例如国有企业和 IT/金融/房地产业——的次级劳动力市场发生率则显著更低。（2）大学出身以及大学期间的人力资本积累对毕业生跌入次级劳动力市场的可能性有稳定的影响。高校扩招之后出现的学校和学生的双重分化——尤其是前者，不仅对大学毕业生进入劳动力市场时的初始就业结果产生影响，而且对整个从学校到工作转换期都产生长期和持续的影响。因此，中国的大学毕业生正身处一个新时代，进入好大学已经成为能否获得好工作的重要前提或保证。（3）家庭出身对大学毕业生跌入次级劳动力市场的影响，只存在于进入劳动力市场的初始时点，而无法持续到整个三年期的转换阶段。然而，跌入次级劳动力市场这一事件本身具有"连锁效应"，即上一年跌入次级劳动力市场的大学毕业生会有显著更高的概率留在次级劳动力市场。这一补充发现意味着，家庭出身即便只影响大学毕业生初次跌入劳动力市场的可能性，也是值得重视的。

跌入次级劳动力市场有何后果？本研究的分析表明，非稳定工作像差工作一样意味着较低的工作收入和较低的工作福利，次级劳动力市场也意味着更少的晋升机会和更高的离职倾向。这与皮奥罗等人最早的描述是一致的。简言之，这就是一个各方面都十分糟糕的世界，工作报酬自然不能使劳动者满意，劳动者也急于离开这些工作。问题是，想离开就一定能离开吗？SLM 理论中的"不流动命题"（immobility theme）曾经指出，次级与首要劳动力市场之间的分割性就意味着流动的困难性。本研究所发现的"四分之一不流动"与"连锁效应"，为此提供了证据。因而，不管是从就业政策意义还是从社会稳定意义出发，有关部门都应高度关注这些跌入次级劳动力市场的"天之骄子"。

参考文献

李路路主编：2013，《中国大学生成长报告 2012》，中国人民大学出版社。

岳昌君、丁小浩：2004，《影响高校毕业生就业的因素分析》，《国家教育行政学院学报》第 2 期。

王卫东：2014，《代际传承与学校过程：大学生本科毕业生的地位获得》，《中国教育科研参考》第 3 期。

Averitt, Robert T. 1968. *The Dual Economy: The Dynamics of American Industry Structure*. New York: W. W. Norton.

Beck, E. M., Patrick M. Horan, and Charles M. Tolbert. 1978. "Stratification in a Dual Economy: A Sectoral Model of Earnings Determination." *American Sociological Review* 43 (5): 704 – 720.

Breen, Richard, and Jan O. Jonsson. 2007. "Explaining Change in Social Fluidity: Educational Equalization and Educational Expansion in Twentieth-Century Sweden." *American Journal of Sociology* 112 (6): 1775 – 810.

Doeringer, Peter B., and Michael J. Piore. 1971. *Internal Labor Markets and Manpower Analysis*. Lexington, MA: D. C. Heath.

Hodson, Randy, and Robert L. Kaufman. 1982. "Economic Dualism: A Critical Review." *American Sociological Review* 47 (6): 727 – 39.

Hudson, Kenneth. 2007. "The New Labor Market Segmentation: Labor Market Dualism in the New Economy." *Social Science Research* 36 (1): 286 – 312.

Kalleberg, Arne L. 2003. "Flexible Firms and Labor Market Segmentation." *Work and Occupations* 30 (2): 154 – 75.

Park, Albert, and Fang Cai. 2011. "The Informalization of the Chinese Labor Market." Pp. 17 – 35 in *From Iron Rice Bowl to Informalization: Markets, State and Workers in a Changing China*, edited by Sarosh Kuruvilla, Mary Elizabeth Gallagher, and Ching-kwan Lee. Ithaca N. Y.: ILR Press.

Piore, Michael J. 1973. "The Dual Labor Market: Theory and Application." In *Problems in*

Political Economy: *An Urban Perspective*, edited by D. Gordon. Lexington, Mass.: Heath.

Piore, Michael J. 1975. "Notes for a Theory of Labor Market Stratification." Pp. 125 – 150 in *Labor Market Segmentation*, edited by Richard C. Edwards, Michael Reich, and David M. Gordon. Lexington, MA: D. C. Heath.

Torche, Florencia. 2011. "Is a College Degree Still the Great Equalizer? Intergenerational Mobility across Levels of Schooling in the United States." *American Journal of Sociology* 117 (3): 763 – 807.

Zucker, Lynne G., and Carolyn Rosenstein. 1981. "Taxonomies of Institutional Structure: Dual Economy Reconsidered." *American Sociological Review* 46 (6): 869 – 84.

精神性：宗教团体的社会服务研究

——基于对岳阳市基督教岳阳堂的调查

谢新华* 覃 村

摘 要：目前我国社会工作发展面临诸多的理论与实践难题。探寻国内外宗教团体社会服务的精神性，有利于促进我国社会工作本土化的发展。作者以灵性理论视角为基础，采用质性的研究方法，对岳阳市基督教会开展的社会服务进行了研究。以"探访事工"为例，描述了宗教团体开展社会服务的过程。研究发现：宗教团体内在的精神性，对其社会服务的顺利进行及发展起到了一定的积极作用。我国社会工作应借鉴宗教团体社会服务注重精神性的优点，促进社会工作本土化的健康快速发展。

关键词：宗教团体 社会服务 精神性 社会工作机构

一 问题的提出及研究意义

现代社会工作诞生于富有浓厚宗教文化色彩的西方社会，它的历史发展与宗教有着十分密切的关系。西方学者 20 年前开始关注宗教、灵性与社会工作的关系。Specht（1994）认为随着社会工作从宗教中分离，社会服务逐渐被世俗化，社会工作机构和社会工作者在服务过程中开始强调专业知识和技巧，忽视对服务对象本身的关注；渐渐沦为政府管理和控制的工具，背离了维护社会正义、推动社会变革的最初使命，成为"堕落的天使"。Leola 的研究表明，在美国有较多社会工作从业者认为宗教、灵性在社工实

---

* 谢新华，中南大学社会学系副教授。

践中至关重要，希望社会服务机构增加关于灵性方面的培训。英国社会工作者协会在此基础上于 2000 年做了一次调查，调查结果表明，大多数社会工作者建议对经历晚期疾病、丧亲之痛或收养、寄养的案主进行服务时可加入宗教、灵性等相关内容，且认为这些内容与社会工作的使命一致。Sheila 等（2010）的研究则发现，社会工作从业者对服务对象的干预需要考虑他们的宗教与灵性。英国的法律也明确规定社会工作者需要把服务对象的文化、灵性需求考虑在内。

随着中国社会转型与社会治理的需要，中央十九部委于 2012 年 4 月制定了《社会工作专业人才队伍中长期规划（2011－2020 年）》，大力加强社会工作专业人才队伍的建设。当前社会工作发展过程中不仅存在着体制机制与政策制度的问题，而且也存在人才数量缺口大、整体能力素质不高、结构不合理等现象。如何提高社会工作从业人员的数量与素质、稳步促进社会工作健康发展是一个亟待解决的问题。我国大陆众多社会服务机构因政府推动催生而出，诸多机构创办人对社会工作服务不甚了解，具有灵性关怀视角的人更为少见。易松国（2013）意识到我国大多民办社会工作机构使命感不强。焦若水（2013）介绍了西方精神性、宗教与社会工作的关系，认为中国现实迫切要求关注宗教与精神性的议题，使社会工作能够适应社会发展的需求。本研究以岳阳市基督教会为例，运用灵性视角、采用质性研究方法研究了宗教团体的社会服务，旨在了解宗教团体社会服务过程中精神性所发挥的正功能，为我国社会工作顺利健康发展提供新思路。

二　理论基础与研究方法

（一）理论基础——灵性视角

发达国家及地区意识到社会工作中灵性的重要性。"在生理—心理—社会这个框架之上再加上一个灵性的层面是一个顺理成章的理论进展，致力于回应案主的多元需要的社会工作必须直面这一现实的需要。"Canda（1997）认为灵性主要包括三个方面："其一，灵性超越了纯粹生理、心理、社会、政治或者文化而将他们整合在一起，而非将其彼此机械地分割开来；其二，灵性反映了寻找生命意义，时时刻刻敏感地关注外界道德的目标，而非自私自利的关注；其三，灵性超越了能够自我控制的那部分实质内容，反映了我们对生活的神秘性和复杂多变的敬畏。"

本研究重点关注 Canda（1997）在灵性研究中所涉及的第二个内涵，即通过"非自私自利的关注，寻找生命的意义"。避开宗教"脆弱的本体论"，充分关注"宗教中被忽视的社会中的流动的、并从人类具身在世界中突生出来的潜能、力量和超凡现象"，这些潜能、力量主要指隐藏在宗教性之下的精神性。本研究所关注的精神性是指社会服务开展过程中除物质、经济、功利等之外的东西，主要包括社会服务提供者应具有高度的热情与使命感；在社会服务过程中应充分运用心理与精神的方法和技巧；尽力满足服务对象的心理和深层次精神需求。

（二）研究方法——质性研究方法

1. 研究范式与研究策略

质性研究是在自然场所中进行的，采用了交互式的和人本主义的多种方法，对社会现象进行整体观察的自然浮现的解释性的研究。本研究采取了"过程—事件"的研究策略，该研究策略最基本的特征就是要试图用"讲故事"的方式，通过对某些相关事件的形成和发展过程的详细描述，来展现有关研究对象形成和变化的实践逻辑。因此本研究通过对岳阳市基督教岳阳堂的三次生病探访全过程的描述，来分析其社会服务的优势所在。

2. 研究者的角色

我在学校结识了来中南大学进行宗教课程培训的陈牧师，得到了在她所在教堂实习的机会。2014 年 7 月至 10 月在为期三个月的实习过程中，我采取的调查角色是"作为观察者的参与者"，一方面积极参与岳阳堂的日常与非日常工作，另一方面对其进行全面观察。通过深入仔细地观察与理解，较为客观和详细地描述岳阳市基督教堂的社会服务，尤其是探访服务的全过程，在此基础上分析其社会服务方面的表现并进行总结，最终形成结论。

3. 资料的收集

由于在岳阳市基督教堂实习期间，笔者的主要任务是整理岳阳堂近百年来的历史资料，所以能够全面地收集到该教堂的大部分资料，尤其是以往教堂所开展的社会服务方面的内容，有效地保证了资料的真实性、全面性。同时，透过对牧师、信徒、教职人员的访谈以及自己对基督教堂日常生活以及开展的各项活动的观察收集到了大量的第一手资料。除此之外，我阅读了学校图书馆、学院阅览室关于宗教、基督教研究等著作，并在中国知网以及外文文献网站上查阅并下载、学习了一些关于宗教团体和社会服务方面的资料。

4. 研究伦理

让被研究者在知情同意的原则下自愿参与研究，是质性研究的基本要求。因此本次研究在调查的过程中都让调查对象知道自己的调查身份、意向以及用途，获得他们的同意后再进行资料的收集。同时，为了保护参与本次调查研究的对象的隐私权，根据学术规范，本次研究文本中隐去了他们真实的人名和地名，并对容易辨认他们真实身份的信息进行了学术处理。另外，本论文的实证研究部分，已经受到岳阳市基督教堂主任牧师的认可。

三 岳阳堂的社会服务

本次所调查的岳阳堂位于湖南省岳阳市岳阳楼区洞庭南路 224 号，是岳阳市最大的基督教堂。岳阳堂常年开展的社会服务活动种类繁多，主要包括参与爱心赈灾助学、探访服务、举行婚丧喜庆的圣礼活动、创立天爱幼稚园、福音戒毒服务、环保公益、帮助信徒就业等。在这些社会服务中，探访服务与社会工作的个案工作极为相似，本研究将重点介绍探访服务中的生病探访。

（一）探访信徒基本信息

据岳阳堂的主任牧师介绍，这一次我和她探访的信徒 L，今年 53 岁，以前是 Y 市 K 局的局长，满腹才华。在此之前任职于 Y 市 R 县，由于能力优秀，深受领导喜爱，逐步升职调任到 Y 市。担任局长一职后，应酬增多，饮食没有节制，于 2011 年 11 月中风。经过住院治疗以及在家休养后，信徒 L 渐渐康复。由于治疗顺利、康复较快，L 依旧没有爱惜身体，2012 年元旦过后就立刻投入上班工作、应酬当中。不幸的是，没过多久，L 就遭受了第二次中风。但这一次中风没有上一次幸运，不仅没有顺利康复反而病情更为严重，口齿不清、行动不便，这对于有远大抱负、政治道路一片光明的 L 来说是一次巨大打击。为了使身体迅速康复，也因妻子信仰，L 开始信仰基督教。他的身体比生病之前清瘦了许多，由于身体恢复较慢，至今无法正常与人交流、正常走路，导致 L 心里产生了些许自卑情绪，与之前的朋友断绝联系，拒绝他们的邀约，只在自己的家里待着，偶尔去小区的小路上练习走路。另外，L 内心焦躁，急于想把自己的病治好，只要看到电视、报纸、杂志等传播媒介上称可以治好他的病，他都会去尝试，但效果甚微。他的这些做法让一直内退在家、陪伴在他身边护理照顾他的妻子 J 甚为生气,但也不能向 L 发泄,害怕影响他的情绪导致病情加重,只能找主任牧师诉说自己心中的苦闷。

信徒 J 出身于教师家庭,独生子女,是一位有教养的漂亮女性,内退之前是 Y 市 M 局 N 部门的主任。在 L 生病之前,一直照顾瘫痪的婆婆直至婆婆去世,几年的照顾让她身心疲惫,在此期间信仰了基督教。还没从照顾婆婆的疲惫中放松下来,L 就生病了,至此 J 就全心全意地照顾 L。为了让 L 放心,J 开始不注重打扮,也很少与朋友、同事来往,只是每周六必去教堂做礼拜。由于整天把心思放在家里,面对着因生病情绪不佳的丈夫,没有自己的社交圈,J 也慢慢地变得敏感、胡思乱想起来,负面情绪较多。主任牧师说这几年 J 苍老得较快,没以前漂亮了。

L 的儿子,今年 27 岁,现为 Y 市 D 区的公务员。因父亲生病,他觉得现在家里的重担落在他的身上了,他有义务承担起这份责任,让自己的家庭好起来。所以他目前正在 Z 大学读在职研究生,也准备继续报考公务员,努力让自己的事业变得更好。

从牧师的介绍中,我们发现信徒 L 家庭条件优越,社会地位较高,但因突发的疾病,导致他出现焦虑、自卑、不敢出门等心理状态与行为,进而导致整个家庭的氛围压抑,陷入烦恼之中。同时,我们也可以看出主任牧师已经非常熟悉这个家庭,在信徒 L 生病期间探访过多次。由于主任牧师工作繁忙,上一次探访已是两个多月之前了,所以信徒 L 的情绪又变得焦躁不安起来,他的妻子 J 只好给主任牧师打电话,希望牧师能来她家进行探访。

(二) 探访过程

1. 第一次探访——倾听中了解问题

于是在 2014 年 9 月 23 日,忙完一天的教堂事务之后,晚上八点,我与传道人 P 随主任牧师一同来到了住在 Y 市政协附近的信徒 L 的家里。据主任牧师说 L 的妻子 J 已经打过多次电话给她要她来家里进行探访,但由于事务过于繁忙,一直没有时间,直到今天晚上才抽空前往。我们还没把车开到小区门口,就已经远远看到 J 站在旁边等待我们的到来,穿着一件普通的白衬衣,一条卡其色的休闲裤,极为朴素,头发随意地盘起来,脸上没有化妆,有的只是疲惫的倦容。可见她十分期待主任牧师的到访。

走进 L 的家里,主任牧师热情地给坐在客厅沙发上的 L 以及身边的儿子打招呼。打完招呼后牧师与 L、J 以及他们的儿子闲聊起来,扯扯家常。

其间，L 的儿子回到了自己的房间。主任牧师也开始进入话题，询问 L 的近况。L 便慢慢地诉说着自己的状态，由于 L 说话口齿不清晰，他的妻子 J 一边解释一边诉说着自己的烦恼。牧师不说话，只是静静地听着，时不时点点头或说一声"嗯嗯"，让信徒 L 和妻子 J 知道牧师正在认真听，关注他们。信徒 L 和他的妻子 J 陆陆续续诉说了半个小时，心情逐渐平复。等他们倾诉完，牧师安慰了几句，和他们一起做祷告，约定下次探访的时间，便开车离开了信徒 L 的家。

在回去的路上，我问牧师："为什么要一直听信徒 L 和他妻子的诉说，而不直接加以劝解呢？"牧师耐心地回答："我已经两个多月没来他们家进行探访了，想必他们肯定有很多话对我说，那我就得认真地听，来满足他们的这个需求，让他们把积攒许久的情绪发泄出来，这样也有利于我下一次探访时的劝解。虽然在此之前我已经知道他们家庭的主要问题，但我已经两个多月没来了，说不定他们又有新的问题产生或问题变得更加严重了。所以我得认真地去听他们的诉说，以此更加全面地了解他们家的问题以及程度，从而更好地去解决问题。"听完，我便不停地点头表示赞同，也深刻地明白了倾听的重要性。

2. 第二次探访——劝诫中面对问题

2014 年 10 月 2 日下午七点，我、行政人员 C 和主任牧师按上次约定的时间来到信徒 L 的家中。他的儿子下班后与同事打球没有回来。跟上次一样，一见面主任牧师、行政人员 C 便热情地、亲切地问候他们。通过上一次的探访，主任牧师知道信徒 L 一直没有真正面对他已经生病、突然退休的事实，仍不切实际地期待自己的身体能够马上恢复。为了安慰 L，不去抱怨命运对他的不公，让他正确对待病情，主任牧师开始从四个方面进行分析。

首先是从身体的角度。主任牧师告诉 L："两次的中风都是上帝对你要爱惜自己身体的提醒。若不是有这两次的中风，你可能依旧会像以前那样频繁地应酬，对喝酒吃饭没有节制，一旦身体出现问题，可能会比这两次中风更加严重，甚至会失去生命。比起这个，虽然你现在行动不便，但依然正常地活着，活着就有康复的可能，相信上帝会赐福于你和你的家人，一定会好起来的。"

其次，从工作的角度。主任牧师结合了当前国家的政治背景，告诉 L 现在当领导的压力很大，并举了几个例子进行说明（如有的领导被双规了，有的因为压力大而跳楼，有的因为失势而提早退休等），告诉他："你不是因为能力、扛不住压力、违规等其他方面的原因退休，而是由于身体原因，不管是自己还是别人看来都是最可以理解与接受的。"

再次从家人的角度。尤其从 L 的儿子的角度跟 L 进行分析，告诉他如果不是因为自己的生病，他可能就会帮儿子安排好一切，包括工作及今后的发展，而不是让儿子像这样独立地凭着自己的能力去考、去闯，也不可能变得这么优秀，更不会让他意识到作为一个儿子、一个男人应当承担的责任，说不定会变成纨绔子弟，无所事事，没有作为，甚至胡作非为。在此过程中主任牧师还举了一个官二代啃老的例子做对比体现 L 儿子的优秀，让现在把所有希望都寄托在儿子身上的 L 大感欣慰。

最后还从 L 自身的角度出发。结合他之前忙碌、近乎疯狂的工作状态，告诉他趁着生病可以好好地休息放松，让自己的心静下来，而不是像工作时那么浮躁，并且还可以多出时间与自己的家人相处，更好地陪伴他们，享受生活，这才是最宝贵最重要的。

在与主任牧师交谈的过程中，L 频频点头表示认可，嘴角也开始上扬，露出微笑，心情变得愉悦起来。看到 L 和他的妻子心情开始慢慢好转，主任牧师嘱咐 L 对于治病这个问题不要急，要正确对待，慢慢来，上帝会保佑他的。之后我们便一起做祷告，祈求上帝保佑他们这一家人克服困难，身体健康，让他们获得"上帝的力量与关爱"，从而更加坚定信徒 L 和妻子 J 解决这些问题的信心。

3. 第三次探访——支持中解决问题

2014 年 10 月 10 日下午八点半，笔者、行政人员 F 和主任牧师开始了对信徒 L 的第三次探访。在此之前，主任牧师独自开车去乡镇的几个教堂给信徒讲道，发圣餐。等回到教堂时，她已经疲惫不堪了。但为了遵守与信徒 L 的约定，主任牧师不得不拖着疲惫的身体和我、行政人员 F 开车前往他们家。在信徒 L 的妻子 J 还没开门之前，主任牧师还一脸倦容，当听到门"吱"的一声开了时，便立刻调整好状态，变得精神抖擞起来，热情地与他们一家人打招呼。没过多久，主任牧师便走进 L 儿子的房间与他交谈，我、行政人员 F 和 L 夫妇继续闲聊。大约半个小时之后，牧师和 L 的儿子一同从房间里出来，加入大家的闲聊，之后和往常一样，一起做了一次祷告，九点四十五分我们与他们道别，离开他们家。看着时间已经较晚了，主任牧师让我和行政人员 F 打车回教堂休息，而她自己则继续开车前往岳阳市人民医院探访一个刚做完开颅手术的信徒。后来我无意中与主任牧师聊天才知道，由于这位信徒病情严重，她一直陪在医院为他祷告，直到凌晨才开车回家休息。

这次探访结束后的第三天，主任牧师知道我正在着重观察探访事工，趁她把手头上的工作完成还有些许空闲时间，便与我交谈前天晚上探访信徒 L 的事情。这时我才知道主任牧师找他儿子聊天的原因："J 之前一直在照顾病情严重的婆婆，已经心力交瘁了，还没缓过神来、有自己的生活，丈夫又病倒了，所以她的整个心思全都放在家里，没有自己的朋友，没有自己的爱好，考虑的从来不是自己，而是她的丈夫、她的儿子。现在她照顾着身体状况没有好转、心态不佳的丈夫，她已经处于崩溃的边缘了，如果我再去告诉她如何照顾好她的丈夫、如何处理好自己的情绪是没有效果的。恰恰是这样的情况，他们夫妻就把所有的期望都放在他们儿子身上，儿子是他们最大的精神寄托，是他们最牢不可破、最相信的社会支撑网络，所以他们的儿子在他们家处于关键性地位。因此我才会找他的儿子聊天，了解他的想法，告诉他目前他父母的状态以及他该如何去做，使这个家庭好起来。"听完主任牧师的话，顿时对她充满敬佩。她是真心实意地在为信徒们着想，采取有效的方法解决他们的问题。

（三）探访之后的变化

第三次探访结束后不久，我的实习生活就结束了，我也离开岳阳回到长沙开始整理在岳阳堂调查的资料。但我通过短信、电话、询问其他信徒等途径了解到了信徒 L 及他们家庭的变化。

1. 信徒 L 的变化

通过三次的探访以及之后我与信徒 L 的电话联系，我发现信徒 L 说话比第一次见面时口齿清晰了，爱说话了，有时还会跟我开玩笑，通过这个可以知道他的身体状况比之前有所好转；听妻子 J 说，他现在很愿意下楼去练习走路，通过这个信息我们了解到 L 的心态开始发生变化，自卑情绪减少了，开始自信起来，愿意说话，愿意接触外面的世界。

2. 家庭的变化

听教堂唱诗班的信徒说，现在每一次诗班团契活动 J 都会参加，而且还会主动报名参加岳阳堂组织的舞蹈培训，当其他信徒去世或结婚需要诗班献唱跳舞时，J 也会很积极。之后唱诗班的信徒给我发了 J 在追思圣礼上跳舞的照片，照片上的她笑得十分灿烂，可以看出她心情较为愉悦，生活过得顺利。至于信徒 L 的儿子，在 2014 年 11 月我便询问了再次来我校学习的主任牧师，她说 L 的儿子一直表现不错，无论在工作上还是生活上都没让信徒 L 和 J 操心过，只是目前他没有女朋友，这一点让他们比较着急。整体来说，虽然他们家的问题还没有完全解决，但已往好的方向发展了，我相信他们今后的生活会越来越好。

四 总结与讨论

（一）总结

1. 宗教团体社会服务具有精神性的特点

以上对岳阳堂探访服务的研究表明，宗教团体社会服务具有以下三个特点：

首先，服务提供者具有高度的热情和使命感。不管是探访事工，还是在其他社会服务中，牧师、教士以及普通信徒，他们对待社会服务活动都尽职尽责，对待服务对象都特别热情、亲切，脸上一直洋溢着让人感到幸福的微笑，尽量满足信徒对他们的需要。而他们这么做的最根本的原因就是因为他们有"爱人如己""施比受更有福"等价值观的指引。正是有了这些价值观、这一种精神性，才使得岳阳堂社会服务开展得比较顺利。不同的宗教团体虽然教义有别，但均包含有社会服务的理念，如道教所倡导的"积功累行，无量度人"，佛教所主张的"好事大家做，善行众人修""善有善报"，这些理念、使命都促使、支撑着宗教团体去开展社会服务，并且认真对待社会服务活动，从而使得宗教团体的社会服务顺利发展。

其次，服务提供者特别关注和满足服务对象的心理与精神需求。岳阳堂在开展社会服务活动过程中，教职人员、同工都注意关注服务对象本身，倾听信徒的困惑、了解信徒的真实需求，再针对他的需求以及他的性格特点等与他一起共同解决问题。在帮助服务对象过程中会兼顾家人、朋友的作用，在向上帝祷告的过程中替他们祷告、为他们祝福，让家人、朋友也能感受到来自上帝的温暖，使他们缓解忧虑，更好地照顾服务对象。此外，主任牧师还向所有教职人员、同工规定，如果到信徒家里进行探访送平安，若信徒热情邀请他们留下来吃饭或赠送食物给他们，即使食物塞得太多或太难吃，也要吃完并真诚地感谢信徒。这些再平凡不过的细节都充分说明了岳阳堂的社会服务是站在信徒的立场上替他们考虑，充分满足信徒对他们的心意与需求。

再次，服务提供者在服务过程中注重运用心理与精神方面的方法和技巧。对于服务对象，岳阳堂的神职人员、同工较少从物质上对他们进行直接帮助，物质帮助仅是他们的辅助手段。只有当信徒生病时，探访人员会代表教会为病人送去水果、牛奶；对于病情较为严重的病人会给予适当的资助；对信徒逝者家属 200～1000 元不等的慰问金。他们更多的是给予信徒精神上的帮助，运用神的话语，如圣经上的话、祷告词等，从精神上去安慰、关心、鼓励，让服务对象感受到神的关爱而获得力量，从意识上改变自己错误的认知或负面的情绪，让他也具有精神性，激发他重新振作，正确地面对问题与解决问题。这种从精神层面的激励与帮助更有利于服务对象感到生活的美好，从而更好地适生活。如在探访服务中，岳阳堂要求探访人员要学会倾听，通过倾听知道信徒所遇到的困难，并需善用上帝的话语去"说"，以圣经的故事、别人的见证等内容从侧面劝勉，这种带有精神性的探访，信徒更易接受、认识到自己的问题所在，从而激发并坚定自己解决问题的决心。

2. 宗教团体与社会工作机构在社会服务上的差异

通过参与岳阳堂的探访，我们发现隐藏在宗教性之下的精神性是宗教团体社会服务的一大优势。相比而言，社会工作虽具有社会工作的价值观（服务、社会公正、个人的尊严与价值、诚信、能力）、工作方法（个案工作、团体工作、社区工作）与助人自助的宗旨。但因目前我国已成立的社会工作机构均是在短期内由政府"催生"而出，政府购买社会服务使得它的权力开始渗透到社会工作机构内部，导致机构内部组织管理、制度与文化价值观念均存在一定的问题。"重视管理，忽视服务"，使得众多社会工作机构和社会工作者缺乏精神性，认为工作任务仅仅是完成项目上的服务指标，而服务对象对于他们来说只不过是一群空有其名的客体，是满足机构需要、达到服务指标的工具。另外，社会工作者在社会服务项目实施过程中，也存在过于重视工作方法的科学性与专业性，多采用心理学等偏实证的学科方法，以行为疗法、精神分析方法等治疗服务对象，而在激发服务对象的潜在能力、调动他们自己解决问题的能力、关注服务对象本身，满足他们精神和心理需求等方面做得不够。精神性不仅影响着社会工作机构和社会工作者的价值观念，而且对社会工作方法与技巧的有效运用也会起到作用。

（二）讨论

我国社会工作机构及社会工作者需加强精神性建设，可从以下三方面着手。

首先，介绍、梳理发达国家及地区关于精神性研究的理论与实证成果。目前内地关于精神性的研究严重不足，因此西方国家和中国的香港、台湾、澳门地区已有的理论及实证研究成果值得我们借鉴与学习，目前首要任务是需要系统地翻译、梳理已有的研究成果。本研究借鉴 Canda（1997）在灵性研究中所涉及的第二个内涵，即通过"非自私自利的关注，寻找生命的意义"关注了岳阳堂的探访服务，聚焦于社会服务的提供者，但缺少对服务对象以及社会服务的提供者如何运用灵性介入服务对象过程的关注。今后需更多地关注灵性其他方面的内涵，系统地研究社会服务或社会工作中的灵性，促进灵性理论得到进一步的完善与发展。

其次，挖掘中国传统文化中的精神性，促进我国社会工作本土化的发展。社会工作来源于西方，是以西方文化和社会制度为背景，基督教文化是社会工作产生和发展的哲学基础，直到今天，作为来源的基督教精神仍然弥漫在各个文化领域。自由、平等、博爱的价值观直接影响着社会工作的伦理、职业道德和工作方式。正是因为根深蒂固的基督教文化促进了专业社会工作的产生与发展，使得社会工作者能够出于神圣的使命来进行社会工作实践。而中国的历史文化背景不同，同时社会工作机构和社会工作者在成长的过程中很少受到基督教文化的熏陶，所以国际上认可的社会工作的精神性根本就没有内化到自己的价值观里面，还不足以支撑社会工作者认真、热情地去对待社会服务活动，并长久地坚持下来。因此我们要根据我们中国特有的文化和制度背景，去发掘具有中国特色的含有深厚文化底蕴的精神性，如"仁义礼智信"、重人伦、重道德的儒家思想，只有这样，才容易被社会工作机构和社会工作者所接受，并把这些价值观运用到工作当中去，而且还能够有利于探索出符合我国国情、文化背景的社会工作模式，促进我国社会工作本土化的发展。

最后，加强社会工作专业精神性课程的学习。社会工作教育是社会工作的一个重要组成部分，而我国社会工作的专业教育更是我国社会工作发展的起点。因此，只有在专业教育上加入与精神性、宗教相关的课程内容并进行学习与训练，才能使得学生—未来的社会工作者在实践中更加关注服务对象本身，重视挖掘服务对象的社会文化属性，客观地、耐心地和服务对象一起分析在民族、宗教、精神或身体残障方面面临的问题和机遇，探索解决问题的途径，促进服务对象的自我成长，从而提高社会工作服务的质量，促进我国社会工作的发展。因此，我国的社会工作教育在课程设置、人才培养、实务实习、师资力量等方面应重新做出安排，把精神性的内容纳入到社会工作教育当中去，以此实现社会工作教育的精神性。除了要加强专业社会工作人才队伍的精神性学习，还要注重现在已有的社会工作机构和已经从事社会工作人才队伍关于精神性的职业培训，让他们把精神性内化到自己的意识里面去，不再把服务对象当成空有其名的客体，不再以完成服务指标为目的，而是关注服务对象本身，真真正正为他着想，从而提高服务质量，受到更多人的认可，促进社会工作高水平的发展。

参考文献

陈涛、武琪：2007，《慈善与社会工作：历史经验与当代实践》，《学习与实践》第 3 期。

何乃柱、王丽霞：2013，《专业社会工作的中国本土化研究》，《求索》第 10 期。

何雪松：2007，《社会工作理论》，上海人民出版社。

焦若水：2013，《精神性、宗教与社会工作——西方社会工作发展的新进展》，《学习与实践》第 9 期。

刘龙强：2014，《"嵌入性发展"背景下社会工作机构服务与管理的关系——基于组织环境分析》，《社会工作》第 1 期。

柳拯等：2013，《中国社会工作本土化发展现状与前景》，《广东工业大学学报》（社会科学版）第 1 期。

易松国：2003，《民办社会工作机构的问题与发展路向——以深圳为例》，《社会工作》第 5 期。

约翰·W. 克雷斯威尔，2007，《研究设计与写作指导：定性、定量与混合研究的路径》，重庆大学出版社。

ASAD. T. 2003，"The Construction of Religion as An Anthropological Category. A Reader in the Anthropology of Religion." *Oxford：Blackwell*.

Leola et al. 2004，"Religion and Spirituality in Social Work Education and Direct Practice at the Millennium：A Survey of UK Social Workers." *British Journal of Social Work 34*.

Sheila Furness, Philip Gilligan. 2010，"Social Work, Religion and Belief：Developing a Framework for Practice." *British Journal of Social Work* 40：2185 – 2202.

Specht. C. 1994, *Unfaithful Angels：How Social Work Has Abandoned Its Mission*. New York：Free press.

Philip Gilligan, Sheila Furness. 2006，"The Role of Religion and Spirituality in Social Work Practice：Views and Experiences of Social Workers and Students." *British Journal of Social Work* 36：617 – 637.

城镇化进程中的农民工犯罪
时空结构探析

——以 G 省农民工为例[*]

谢　宇[**]

摘　要： 农民工作为新市民日益成为城镇化大舞台的主角，数以亿计的农民正从乡村传统的熟人社会涌向城镇的陌生人世界。与此同时，农民工犯罪越轨问题也成为当前我国城镇化进程中必须认真研究和解决的一个十分严峻的社会问题。随着社会学研究的时空转向，时间、空间与犯罪行为、类型之间的相互关系的研究也逐渐成为犯罪预防与控制领域的一个热点议题。本文从时空结构的视角出发，基于对 G 省务工农民工和服刑农民工调查的实证材料基础上，对这两个群体的社会人口学特征进行了比较研究，并运用多重对应分析方法对服刑农民工的犯罪时间、空间情境进行了深入分析。研究发现，服刑农民工与务工农民工不仅在社会人口特征上存在着诸多差异，而且时空因素的差异对不同群体的服刑农民工的犯罪行为有显著影响，使其呈现出一定的时空聚集性。因此，本文认为在流动人口犯罪防控方面，有必要加强时空预防与治理上的针对性。

关键词： 农民工　时间　空间　聚集性　犯罪

---

[*]　本文系广东省哲学社会科学规划项目"城镇化进程中的农民工越轨行为研究"（GD15YSH02）的阶段性成果。原文载于《社会建设》2015 年第 6 期。

[**]　谢宇，华南理工大学社会工作研究中心，主要研究方向为越轨社会学与流动人口研究。

一 问题提出

农民工是我国城镇化进程中涌现出的新型产业工人群体（谢建社，2012）。伴随着改革与开放的时代巨变，广大农村劳动力正通过从农民到农民工，再由农民工到产业工人，最终实现市民身份转变的"中国路径"（刘传江，2006）步履蹒跚地继续着市民化的历史进程。然而，由于"身份—权利—待遇"（杨敏，2013）体系的差异、城市社区认同感和归属感的缺失以及城乡统筹制度与社会公共服务体系滞后等因素导致农民工面临融入与脱嵌的两难处境。一时间，农民工群体犯罪越轨问题已经成为较为严重的社会问题。根据第五次全国人口普查的数据显示，外来人口犯罪占比已经由1979年的3.5%上升到2002年的85%（吴鹏森、章友德主编，2013）。笔者在G省多所监狱的调查也印证了这一点，以G省P[①]监狱为例，该监狱2011年在押服刑人员2723人，其中农民工人数1714人，占总服刑人员的63%。该群体高比例的犯罪率已经引起了政界和学术界的高度重视。

近年来空间、时间与犯罪行为之间的相互关系研究也就成为近些年来犯罪预防与犯罪控制领域的一个新的热点课题（Lersch，2007）。国内的学者也从不同角度探讨时间、空间对犯罪者行为、犯罪过程、结果的影响进行了研究[②]。然而，将时间、空间要素引入农民工犯罪研究的文献并不多见。事实上，农民工作为我国城乡二元结构下的特殊产物。无论是从时间还是空间的角度看，农民工群体都是我国目前时空跨度最大的一个群体。所以，针对农民工犯罪问题的时空研究显得尤为必要。

本文基于笔者于2013年，在G省多所监狱调查所获得的实证材料，通过多重对应统计分析对服刑农民工犯罪时间、空间情境进行探讨。本文不仅重视对监狱在押服刑农民工（后文简称服刑农民工）群体的研究，也注重与一般务工农民工（后文简称务工农民工）之间的比较。通过对比寻找到这两个群体在"时空"环境中的差异。最后，通过绘制农民工犯罪的时空分布图探讨在城市化进程中，如何针对犯罪"热点"时刻、"密集"地区

---

① 根据学术规范，本文对所涉及的监狱名称进行了匿名处理。

② 国内学者进行此类相关研究的代表人物及著作主要有：祝晓光：《论犯罪地理学》，《人文地理》，1989年第2期；张宝义：《城市农民工犯罪的时间规律及分析——以天津市为背景的研究》，《中国人民公安大学学报》（社会科学版）2006年第1期；王发曾：《我国城市犯罪空间防控研究二十年》，《人文地理》2010年第4期。

进行有效的犯罪预防和控制。

二　抽样方法及测量指标

（一）研究目的及方法

本研究的主要目的在于探索我国目前农民工犯罪的时空矩阵，以期探求我国农民工犯罪在空间、时间、犯罪行为类型上的聚集性特征，以及农民工犯罪的时空聚集性与其人口社会学元素的关联，从而提出相应的农民工犯罪防控对策。

本研究主要目的是通过构建服刑农民工犯罪的时空矩阵，探析服刑农民工与务工农民工之间的社会人口学差异，剖析服刑农民工在犯罪时间、空间、犯罪行为类型上的聚集性特征，以及农民工犯罪的时空聚集性与其人口社会学元素的关联性，从而提出相应的农民工犯罪防控对策。为此本研究采用横截面定量研究方法，在 G 省三所监狱内抽取适当的调查对象，通过结构化的调查问卷收集服刑农民工的相关资料，并对收集到的数据资料进行相应频数、相关、聚类、多重对应等统计分析。

（二）抽样方法及数据介绍

1. 服刑农民工样本及抽样方法

2013 年笔者因为承担了"国家社会科学基金重点项目'加强对新生代农民工群体和城镇流动人口的服务和管理研究'（12AZD026）"中的部分研究任务，前往 G 省的三所监狱开展针对服刑农民工的第二次监狱调查。

在针对服刑农民工样本进行抽象的过程中，首先需要对 G 省监狱进行抽取。调查发现，G 省内共有 10 所监狱，其中 6 所省属监狱，4 所市属监狱；按照关押罪犯性别分类，在 10 所监狱之中，9 所男子监狱，1 所女子监狱。考虑到性别的影响和样本的全面性，省内唯一的 1 所女子监狱（W）首先被抽取；同时，省属（P）、市属（C）的男子监狱，各被随机抽取 1 所。在第一阶段共有 3 所监狱被选出。

其次，对被抽取监狱中的服刑农民工进行分层抽样。该部分的抽样过程于 2013 年 7 月至 8 月之间，在 G 省的 C、P、W 监狱完成。三所监狱的抽样过程大致相当，在此以 G 省 C 监狱抽样过程为例，进行简单介绍。C 监狱截止到 2013 年 1 月 1 日，在押服刑人员 3109 人。在押服刑人员中年龄最小的 18 岁，最大的 95 岁。其中，1980 年以后出生的服刑人员占总服刑人员的比为 63%。根据户籍判断在押服刑人员中 81.37%（2530）属于本文所指的农民工。此外，C 监狱的在押服刑人员来自全国 19 个省、市、自治区，其中以来自广东、广西的人员居多。由于研究资源所限，本研究计划在 C 监狱中抽取 300 名服刑农民工，依据概率抽样的分层抽样原则，先以 C 监狱全部在押服刑农民工的名册为总体抽样框，依据各个监区的人数占 C 监狱总体在押人数总数的比例，以各个监区为分层标准，在各个监区内进行系统抽样。各个监区内，犯罪农民工名册排序属于自然状态排列，以 8 为样本间隔距离，随机选取抽样第一个单位，采取直线等距抽样的方式，直到所抽取的样本编号回到抽样起点或达到监区内所需抽取得样本量。最终，由于监狱管理的特殊性，我们实际抽取到 297 个样本。

最后，是问卷的派发与回收。在监狱管理部门的帮助下，被抽取的服刑农民工按 10 人一组或 20 人一组，在狱警的看押下到指定地点进行问卷填答。本研究共抽取到服刑农民工样本 938 人，问卷回收率 100%①。其中 12 名调查对象未能完整填写问卷，该份调查问卷被评定为废卷，最后得到服刑农民工有效问卷数为 926 份，问卷有效率为 98.7%（926/938）。针对某些调查问卷中个别问题存在的漏填情况，在充分利用样本信息的基础上，采用均值替代、回归算法、EM 算法对缺失值进行填充。有效问卷中，男性为 539 人，女性 333 人，被访时年龄均值 26 岁，标准差 3.83。这样的性别及年龄结构大致与 G 省所掌握的服刑人员年龄、性别结构相当。样本具有较强的代表性。

2. 务工农民工样本及抽样方法

为了考察服刑农民工与务工农民工群体之间的差异。在 2013 年 8 ~ 9 月间，课题组在 A 市总工会的帮助下对该市的务工农民工进行了抽样调查。

首先，以 A 市内各区为单位进行抽样，从 A 市 12 个区级行政单位中，随机抽取 3 个区。然后，在以所抽取区内的企业为单位进行抽样，从中随机抽取一部分企业。最后，在所抽取的企业中，以农民工员工的工号为顺序，进行系统抽样，抽取调查对象。

务工农民工群体中有 762 名农民工被抽取，下发 762 份问卷回收 713 份问卷。其中 101 份调查问卷因缺失值较多而被剔除。最终获得问卷有效率为 80.3%（612/762）。针对某些调查问卷中个别问题存在的漏填情况，在充

---

① 由于监狱调查的特殊性，被访者都是在监狱管理方的硬性规定下参加调查的。所以整个过程比较顺利，问卷也得以全部回收。

分利用样本信息的基础上，采用均值替代、回归算法、EM 算法对缺失值进行填充。

表 1　服刑农民工与务工农民工性别分布和年龄均值（2013 年）

性别	服刑农民工		务工农民工	
	频数	%	频数	%
男	593	64.0	402	65.7
女	333	36.0	210	34.3
总计	926	100.0	612	100.0
年龄均值（MSD）	26.33.83		26.23.35	

为了使服刑农民工与务工农民工的多维度比较具有统一的比较基准，先对两群体有效样本的性别分布和年龄均值进行比较。由表 1 可见，两个群体中男女性别分布大体相当，男性所占比例在 64% ~ 66% 之间，女性所在比例在 34% ~ 36% 之间。卡方检验显示，$\chi^2 = 0.272$，$p = 0.602 > 0.05$，表明服刑农民工和务工农民工样本的在性别分布上不存在显著差异，两个群体男女性别分布一致。运用 t 检验对两个群体的年龄均值进行检定，$t = -0.280$，$p = 0.765 > 0.05$，表明服刑农民工和务工农民工样本的年龄均值没有显著差异。由此可见，在性别分布和平均年龄上，服刑农民工群体和务工农民工群体相一致，两个群体具有相同的性别和年龄基准线，群体之间具有可比性。

（三）主要测量指标

1. 犯罪空间

在犯罪学的研究中，空间一般表示范围（自然和行政）或定位，它包括两个类别的"空间"：区域（场所）和地点（Block & Block，1995）。地点指个人或某一个点在具体空间中的具体位置，而区域比地点的范围要大得多，表示更大的地理范围，例如外来人群的聚居区、城市的商业区与工业区、城市的区级行政单位等。空间与空间之间的划分，经由边界来确定。而边界的界定，可由正式的、客观的标志来进行划分，例如城市常见的道路指示牌、社区名称、大院的外层围墙等；同时，空间的边界亦可能以非正式的形式存在而略显得并非那么一目了然清晰可见。空间非正式的边界，往往依托于个人主观认知、内在的体验和心理地图，例如，城市的商业区内部亦有大量的住宅小区，但人们认为那个地区就是"商业区"。此外，空间所体现的属性并非简单地将在内的个体空间相加，而是空间具有聚集性和不同于空间内个体的特质性，例如，当我们在一条满是酒吧、歌舞厅的霓虹闪烁的街道上的感觉，显然不同于你对街道上某一个娱乐场所的感觉。

"区域"（场所）和"地点"的划分在我们研究农民工犯罪问题时是具有现实意义的。从我们对服刑农民工的调查来看，服刑农民工往往不能精准的回忆自己的犯罪地点，只能对犯罪的场所有个大致的描述。所以，课题组在问卷调查的时候主要关注犯罪的区域（场所）。在问卷设计的过程中，我们借鉴芝加哥学派对犯罪地带的理论划分，将犯罪区域①划分为：住宅区（受害者住所附近、自己住所附近）、学校周边、娱乐场所附近、商业区附近、工业区附近以及其他地方。

2. 犯罪时间

时间是犯罪学研究中的另一个重要考量因素，对于研究时间与犯罪行为发生之间的关系，有学者将其称为时域分析法（Temporal analysis）（谢建社、刘念、谢宇，2014）。

对犯罪时间的考量，有两个概念需要特别注意：犯罪发生的时间点与犯罪行为发生的时间段（Gottlieb, Arenberg & Singh, 1994）。一般情况下时间点对犯罪行为的描述要更加精确，犯罪发生的时间段则相对要模糊一些，覆盖的时间范围也更加宽泛。在犯罪学的研究中一般都运用犯罪发生的时间段来描述犯罪行为，一方面是由于受害者和犯罪者很难回忆起准确的犯罪发生时间；另一方面，在学术研究中时间段更加容易集中展现犯罪与时间之间的关系，而具体的时间点则包括在时间段之内，但由于过于细致而使得犯罪与时间之间的关系难以显现。

本文中，问卷调查部分主要针对的是农民工犯罪行为发生的时间段进行考察。韦拉尼和朗斯恩曾在其研究中指出一天内的某个时间段、月份、季度、年份、季节变化、甚至满月时期，都可能与犯罪行为的发生有显著的相互联系（Vellani & Nahoun, 2001）。同时借鉴国内学者的研究发现（张宝义，2006），本研究将月份作为另一种类型的犯罪时间划分进行到本研究之中，调查数据将对服刑农民工犯罪发生的月份（以自然月份表示）和具体犯罪时间段（划分为 0：01 - 6：00；6：01 - 12：00；12：01 - 14：00；14：01 - 18：00；18：01 - 24：00，五个时间段）进行分析。

---

① 对于多次作案的农民工，本研究中选择了其最后一次作案空间作为分析的依据，犯罪时间、犯罪类型和犯罪时的年龄依照此规则。

3. 犯罪类型

根据张宝义对天津市农民工犯罪的调查分析，农民工犯罪类型主要集中在盗窃、抢劫、故意伤害、强奸等类型（张宝义，2006）。根据 G 省监狱提供的有关资料显示，监狱管理部门将犯罪行为进行了两种分类，即"犯罪类型"和"罪名"。犯罪类型包括：财产型、暴力型、淫欲型、涉毒型、盗窃型，共五类。罪名包括：故意杀人、抢劫、盗窃、非法买卖枪/弹药、故意伤害、（合同）诈骗、强奸、强迫（组织）卖淫、拐卖妇女、绑架/非法拘禁、贩卖毒品、制假造假、交通肇事、贪污受贿、危害国家安全等数十种。

本研究将从犯罪行为（罪名）、犯罪形式以及犯罪类型三个方面对农民工犯罪进行考察。根据监狱方面提供的罪名，我将农民工可能存在的罪行集中为以下 13 种：故意伤害（打架斗殴）、偷盗、抢劫/抢夺、制假诈骗、吸毒贩毒、强奸、勒索及非法拘禁、故意杀人、流氓（斗殴/淫乱）、寻衅滋事、诈骗、组织强迫卖淫及其他。将农民工的作案方式划分为：单独作案和团伙犯罪两种。将农民工犯罪的类型依据犯罪性质划分为：财产犯罪（盗窃、侵占、抢劫等）、暴力犯罪（杀人、强奸等）、智能犯罪（诈骗、伪造、制造计算机病毒）、风俗犯罪（赌博、流氓、吸毒、卖淫嫖娼等）、破坏犯罪（爆炸、投毒、放火以及故意毁坏公私财物等）五种类型。

4. 社会人口学因素

对服刑、务工农民工人口社会学因素的测量，包括性别（男、女）；年龄（周岁）；婚姻（未婚单身、未婚非单身、已婚同居、已婚分居/异地、丧偶、离异）；受教育程度（小学及以下、初中、中专/职校、技校/职高/高中、大专及以上）；家乡类型（村、镇、县城、中小城市及大城市）；第一次离乡年龄（周岁）；收入（最近一期实收薪资）。针对服刑农民工的社会人口特征，还专门考察了一下因素，入狱前职业（党政机关、企事业单位负责人、专业技术人员、办事人员和有关人员、失业等 9 类）；入狱前居住社区类型（商业住宅小区、老街区、城中村、城郊农村、集体宿舍）；入狱前居住物业类型（自购房、租房、单位宿舍、借宿亲友、没有固定住所及其他）；父辈基本情况（婚姻、文化）；入狱前工作年限（2 年及以下、3~4 年、5~7 年、8~10 年、10 年以上）以及第一次犯罪入狱年龄（周岁）。

三　服刑农民工与务工农民工群体性差异

（一）调查样本基本特征

表 2 是对此次调查所抽取的农民工样本各测量变量的描述统计及其卡方检验分析。

从受教育程度来看，服刑农民工与务工农民工之间存在显著差别。务工农民工普遍完成了高中阶段的教育，并有 45.6% 的务工农民工接受了大专及以上的教育。与之相反的是，81.4% 的服刑农民工仅勉强完成义务教育阶段的学习。从小辍学或失学经历往往会对受教育年限及水平产生很大影响。调查发现，与务工农民工相比，服刑农民工从小有辍学或失学经历的比例竟然高达 78.8%，这一比例在同期务工农民工中为 34.0%。虽然两个群体的辍学/失学比例都很高，但是服刑农民工的辍学/失学比例是务工农民工的 2.3 倍。

表 2　调查样本基本特征

变量	服刑农民工（N = 926）		务工农民工（N = 612）	
	频次	百分比（%）	频次	百分比（%）
性别				
男	593	64.0	402	65.7
女	333	36.0	210	34.3
卡方检验：Pearson chi2（1）= 0.4378　Pr = 0.508				
小学及以下	249	26.9	16	2.6
初中	505	54.5	98	16.0
中专/职高	75	8.1	128	20.9
高中	65	7.0	91	14.9
大专及以上	32	3.5	279	45.6
卡方检验：Pearson chi2（4）= 657.2001　Pr = 0.000				
婚姻状况				
未婚单身	556	60.0	166	27.1
未婚非单身	155	16.7	170	27.8
已婚同居	150	16.2	234	38.2
已婚分居/异地	30	3.2	42	6.9

续表

变量	服刑农民工（N=926）		务工农民工（N=612）	
	频次	百分比（%）	频次	百分比（%）
丧偶/离异	35	3.8	0	0.0
卡方检验：Pearson chi2（4）=211.4386　Pr=0.000				
家乡类型				
村	612	66.1	426	69.6
镇	151	16.3	96	15.7
县城	58	6.3	54	8.8
中小城市	79	8.5	26	4.3
省会及大城市	26	2.8	10	1.6
卡方检验：Pearson chi2（4）=16.1493　Pr=0.013				
收入分布 b				
1000元及以下	216	23.3	18	2.9
1001－2000	347	37.5	140	22.9
2001－3000	184	19.9	328	53.6
3001－4000	45	4.9	98	16.0
4001及以上	134	14.5	28	4.6
卡方检验：Pearson chi2（4）=334.8771　Pr=0.000				
居住社区类型 a				
商业住宅小	231	25.4	48	7.9
老街区	209	23.0	82	13.5
城中村	276	30.4	204	33.7
城郊农村	176	19.4	218	36.0
工厂或工地宿舍	16	1.8	54	8.9
卡方检验：Pearson chi2（4）=157.3859　Pr=0.000				
居住物业类型 a				
自购房	96	10.6	44	7.2
租房	684	75.3	432	70.6
借宿亲友	34	3.7	8	1.3
单位宿舍	51	5.6	92	15.0
没有固定住所	23	2.5	18	2.9
其他	21	2.3	18	2.9

变量	服刑农民工（N = 926）		务工农民工（N = 612）	
	频次	百分比（%）	频次	百分比（%）
卡方检验：Pearson chi2（5）= 48.7741　　Pr = 0.000				
职业状况 b				
政府雇员	9	1.0	10	1.6
工厂工人	237	25.6	328	53.6
办事员	36	3.9	62	10.1
服务业人员	303	32.7	6	1.0
农业生产人员	8	0.9	8	1.3
工矿企业人员	35	3.8	176	28.8
军人	1	0.1	0	0.0
无业/失业	215	23.2	0	0.0
其他职业	82	8.9	22	3.6
卡方检验：Pearson chi2（8）= 613.3712　　Pr = 0.000				
务工前辍/失学情况				
失学/辍学	730	78.8	208	34.0
正常完成学业	196	21.2	404	66.0
卡方检验：Pearson chi2（1）= 311.4777　　Pr = 0.000				
工作年限 b				
2 年及以下	216	23.3	108	17.7
3 – 4 年	204	22.0	110	18.0
5 – 7 年	265	28.6	180	29.4
8 – 10 年	174	18.8	162	26.5
10 年以上	67	7.2	52	8.5
卡方检验：Pearson chi2（4）= 19.3973　　Pr = 0.003				

注：a. 服刑农民工入狱前的居住状况。b. 服刑农民工入狱前的收入、工作状况、职业状况。

从自身婚姻情况看，60.0% 的服刑农民工处于未婚单身的状态，而已婚同居和非单身的比例仅为 32.9%。反之，务工农民工已婚同居和非单身的比例则高达 66.0%，是服刑农民工样本群体的 2 倍。另一点需要值得注意的是，有 7% 的犯罪样本群体处于异地或丧偶/离异状态，而本次调查中暂未发现丧偶或离异的务工农民工样本。

在个人的收入状况方面，务工农民工普遍好于服刑农民工。调查显示，53.6%的务工农民工平均月收入可以达到2001～3000元之间，而60.8%的服刑农民工入狱前的收入不足2000元。① 一般认为，影响收入最重要的一个因素是职业。单纯从就业状况及职业分布上看，服刑农民工犯罪前无业或失业的比例高达23.2%，职业类别主要局限在商业、服务业（32.7%），大部分的服刑人员都曾经从事事司机、厨师、服务员、门卫、理发员、售货员、个体经营者、保姆等职业。而务工农民工的就业十分集中，53.6%的务工农民工的就业集中在劳动力密集型的工厂。大部分务工农民工是普通工人、杂工、电镀工、管件工或专业技术人员（车工、泥工、钳工等）。

从农民工的居住状况看，服刑农民工在入狱前的居住条件普遍好于务工农民工。25.4%的服刑农民工入狱前曾经住在市中的商业住宅小区，而这一比例在务工农民工中仅为7.9%。就物业类型来说，农民工现阶段自购房及没有固定住所的比例较少，大部分的农民工都是在城市租房生活。此外，在家乡类型和工作年限这两个方面对农民工犯罪与否没有显著影响。

（二）社会人口因素与犯罪行为

除了上表所涉及的基本情况外，服刑农民工与务工农民工在社会人口因素上的差异也为我们研究农民工犯罪行为提供了重要的线索，这些内容也是以往犯罪研究所普遍提及的内容。

1. 家乡类型与离乡年龄

通过对服刑农民工与务工农民工家乡类型的比较发现，样本中的农民工大多来自村镇一级，其中服刑农民工有83.27%的样本来自于村镇，务工农民工来自村镇的样本比例高达85.3%。通过调查发现，样本中服刑农民工来自城市（包括县城、中小城市、大城市②）的比例高于务工农民工2.9个百分点。具体分布参见表3。

---

① 两个群体在收入方面的比较会存在这样一个问题，那就是务工农民工往往回忆的是最近一次所获得的收入，可能是一个月前，甚至几天前的事情。而服刑农民工往往回忆的是几年前的收入。即使在其他条件不变的情况下，几年前的收入一般而言会低于现在的收入。

② 本次调查中小城市指的是二、三线地区的非省会城市，大城市指的是一线地区及其他地区的省会城市。

表3 调查样本家乡类型分布列联表

家乡类型	犯罪民工		普通民工	
	频数	%	频数	%
村	612	66.1	426	69.6
镇	151	16.3	96	15.7
县城	58	6.3	54	8.8
中小城市	79	8.5	26	4.3
大（省会）城市	26	2.8	10	1.6
总计	926	100.0	612	100.0

值得注意的是从离乡年龄看，服刑农民工的离乡年龄普遍早于务工农民工。在16周岁以前务工农民工基本上没有离开家乡，而服刑农民工往往过早地离开家乡流入异地。务工农民工16周岁以前离开家乡的只占了调查样本的8.2%，而服刑农民工这一比例竟高达27.0%是务工农民工的3.3倍。从图1中我们可以明显地发现，务工农民工大多在成年以后才离开家乡外出流动（18周岁后含18周岁外出流动的比例为72.6%）。而服刑农民工成年以后外出流动的比例只占服刑农民工总样本的37.1%。通过对农民工离乡年龄与是否犯罪的列联表分析并经过卡方检验，表明农民工离乡年龄与是否犯罪之间存在显著相关性。卡方检验结果为：Pearson chi2（29）= 162.6600，Pr = 0.000。可能的解释是，农民工离乡年龄越晚在家乡接受教育的机会、时间就越多；农民工离乡时如果已经成年则误入犯罪歧途的可能性越小；农民工离乡时间越晚在家乡受到的规范、规制越多，内心也越成熟，外出目的也越明显。

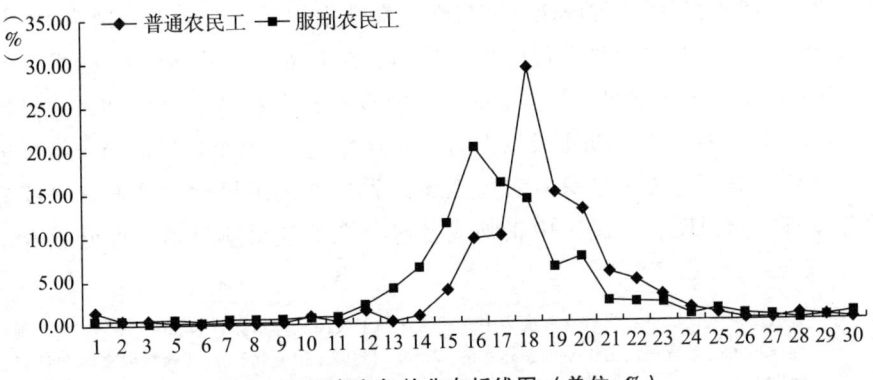

图1 离开家乡年龄分布折线图（单位:%）

2. 受教育水平在性别、犯罪行为之间的差异

根据表4发现，从受教育水平上来看，就服刑农民工群体而言，女性的受教育水平普遍高于男性。女性中拥有初中学历的占女性总样本的56.2%，具有中专以上学历的女性占女性样本的25.5%。而85.3%的男性样本只具有初中及以下学历，其中包括31.7%的文盲。与服刑农民工样本形成鲜明对比的是务工农民工群体样本。务工农民工群体中无论是男性还是女性受教育水平都普遍较高，其中男性具有大专及以上学历的占男性样本的51.0%，女性这一比例也达到了35.2%。此外，务工农民工群体中，男性的受教育水平显著地高于女性，在中专、高中、大专及以上学历的样本分布中，男性所占的比分别为63%①、64%和73%（女性为37.5%、36.3%、26.5%）。这样更突显出服刑农民工群体与务工农民工群体在受教育程度上的整体差异。

表4　调查样本受教育程度的分性别交叉列表

受教育程度		服刑农民工					普通农民工			
		小学及以下	初中	中专/职高	高中	大专及以上	小学及以下	初中	中专/职高	高中	大专及以上
男	频数	188	318	42	35	10	16	43	80	58	205
	%	31.7	53.6	7.1	5.9	1.7	4.0	10.7	20.0	14.4	51.0
女	频数	61	187	33	30	22	0	55	48	33	74
	%	18.3	56.2	9.9	9.0	6.6	0.0	26.1	22.9	15.7	35.2

根据国家统计局人口和就业统计司对2011年全国6岁以上人户分离受教育年限状况的统计结果表明跨省流动的男性、女性平均受教育年限分别为9.85年和9.57年；省内流动的男性、女性平均受教育年限分别为10.86年和10.51年。按照受教育程度划分的话，跨省农民工中83.7%的男性和76.49%的女性接受过初中及以上的正规教育；省内农民工中83.8%的男性和79.7%的女性接受过初中及以上的正规教育②。国家统计局的调查结果进一步表明：第一，无论是跨省农民工还是省内农民工男性的受教育程度都高于女性。这说明，农民工中正常或普遍存在的现象应该是男性受教育水

---

① 该数测算过程如下：受教育程度为中专的男性务工农民工样本频数为80、女性为48。则男性样本占受教育程度为中专的总样本的62.5%［80/（80＋48）］，其他数据来源和计算方法同上。

② 国家统计局人口和就业统计司：《中国人口》，中国统计出版社，2013，第97页。

平和年限"双高"于女性。而在本次我们的调查中却发现，农民工犯罪群体的男性受教育水平和时间"双低"于女性。第二，服刑农民工无论是男性还是女性受教育程度都远低于全国平均水平。第三，如果假定小学及以下受教育年限＝5年；初中＝9年；中专/高中＝12年；大专及以上＝16年。则可以将样本的受教育水平折算为受教育年限，得到服刑农民工男性受教育平均年限为8.2年、女性为9.3年；务工农民工男性平均受教育年限为13.4年、女性为12.6年。与全国跨省农民工平均受教育年限相比可以发现，服刑农民工男女平均受教育时间均低于全国水平，而务工农民工男女平均受教育水平大幅高于全国水平。说明来G省务工的务工农民工可能是外出务工农民工中的"精英"人才。

另外需要强调和说明的是，我们调查发现犯罪行为的发生与从小是否有辍学经历显著相关，务工农民工中只有34%的样本从小有辍学经历，而这一比例在服刑农民工样本中高达79%。而在没有辍学经历的总样本中，务工农民工占了67%，服刑农民工仅占33%。

3. 父辈家庭结构及抚养情况

本次调查的样本中，普通、服刑农民工是独生子女的分别占普通、服刑农民工样本的9.5%（58人）和8.9%（83人）。对于两个群体而言大部分都出生在非独生子女家庭，这与本次样本的家乡类型相关。本次调查样本来自农村的占总样本的83.5%，城镇只占16.5%。受生育政策及生育观念的影响，导致本次调查农民工非独生子女家庭的样本比例较高。

根据调查结果发现，父母离异对子女是否犯罪有显著影响。服刑农民工父母离异的比例为4.4%，高于务工农民工1.8个百分点（具体情况参见表5）。目前国际上针对离婚率采取的通用计算方法是粗离婚率即结婚对数除以当期人口平均数。而我们的调查无法得到粗离婚率与全国统计资料进行比较。为了便于比较我们对调查数据进行适当的调整。我们假设样本中独生子女家庭人口数为人；非独生子女家庭人口数为样本频数乘以兄弟姐妹个数再加上2（父、母）。这样我们得到本次调查涉及的家庭人口总数为7302人。服刑农民工群体的粗离婚率为5.6‰（41/7302）；务工农民工群体粗离婚率为2.2‰（16/7302）。这样根据民政部公布的离婚率显示，80年代我国粗离婚率维持在1‰左右（李荣时主编，1990），2003年之后粗离婚率加速上升，截至2012年全国粗离婚率为2.29‰（中华人民共和国民政部编，2013）。初步推算服刑农民工父辈的粗离婚率是全国粗离婚率的5倍左右①，远高于全国平均水平。

表5　父辈婚姻状况对子女是否犯罪的影响

父母是否离异	服刑农民工		务工农民工	
	频数	%	频数	%
是	41	4.4	16	2.6
否	885	95.6	596	97.4
总计	926	100.0	306	100.0

　　父母离异直接导致了子女的抚养方式由双亲抚养转变为单亲甚至交由其他家庭成员抚养。在父母离异情况下35.3%、26.5%的农民工样本小时候是由单亲抚养长大或父母以外的其他家庭成员抚养长大。而这一比例在父母婚姻状况完整的样本中的比例仅为3.2%和5.8%。通过对抚养对象进一步的调查发现，是否是由父母特别是双亲抚养对农民工犯罪有显著影响。务工农民工与服刑农民工从小的抚养状况有显著差别。91.8%的务工农民工是由双亲抚养长大，而这一比例在服刑农民工群体中只有79.8%，比务工农民工群体低了12个百分点。将近20%的服刑农民工是由单亲或者父母以外的其他家庭成员（爷爷辈、叔伯辈亲戚）抚养长大。值得注意的是，我国现阶段机构抚养的比例较少，某种程度上可以说明目前我国第三方的家庭服务机构或社会服务机构还很弱小。对未成年子女的照料多半还是以传统的家庭为单位。

表6　服刑、务工农民工与抚养长大的人或机构

抚养人或机构的种类	服刑农民工		务工农民工	
	频数	%	频数	%
双亲抚养	739	79.8	562	91.8
单亲抚养	79	8.5	17	2.8
其他家庭成员抚养	96	10.3	24	3.9
社会机构抚养	5	0.5	4	0.7
其他	7	0.8	5	0.8
总计	926	100.0	612	100.0

卡方检验结果 Pearson chi2（4）＝22.0016　　Pr＝0.000

---

① 服刑农民工的父辈结婚时间普遍分布于20世纪80年代前后，所以本文调查的农民工群体父辈粗离婚应该与80、90年代全国水平相比较。当然这种比较并不十分精确只是一个相对的估算值。

4. 收入水平、欠薪经历与犯罪之间的关系

本次调查总样本的月平均收入为2788元（SD＝3192），值得注意的是服刑农民工样本的月均收入均值为2837元（SD＝4048）高于总样本均值，务工农民工月月均收入均值为2714元（SD＝902），而2013年，全国农民工月均收入是2609元（全宗莉，2014），这与我们在G省的调查结果比较吻合。比较以上三组均值的标准差可知，服刑农民工群体之间的收入差异十分明显，而务工农民工群体之间的收入差异较小。服刑农民工群体收入较大的主要原因在于，犯罪类型与犯罪收益不同所导致的巨大差异。服刑农民工样本中高收入群体主要集中在诈骗、制毒贩毒、组织卖淫等高收入犯罪类型中，而低收入群体主要集中在盗窃、故意伤害等犯罪类型中。务工农民工群体的就业岗位、职业地位都相对集中，所以该群体月均收入均值的标准差相对于服刑农民工群体而言较小。

另外一个与农民工群体收入息息相关的问题是欠薪经历。对于是否遭受过欠薪，大部分犯罪（59.0%）和普通（86.3%）农民工都表示薪水基本能按约定的时间领取。但总体上，服刑农民工遭遇欠薪的情况比务工农民工要严重：29.5%的服刑农民工表示偶尔会被欠薪，11.5%的表示经常会被欠薪；务工农民工相对应的比例仅为10.8%和2.9%。

针对被欠薪服刑农民工和务工农民工的反应存在显著差异。服刑农民工倾向于等待（24.6%），而务工农民工更愿意与单位进行交涉（17.2%）、联合工友讨要（16.5%）或通过法律手段、找政府部门维权（26.1%）。服刑农民工通过法律手段、找政府部门维权的比例不到务工农民工的一半仅为12.9%。值得注意的是，与务工农民工相比服刑农民工选择暴力讨要行为的比为6.5：1。

四 农民工犯罪的时空聚集性

本次调查发现，农民工犯罪时间在季节、月份、时段和获罪空间在生活区、工作区、休闲区都有一些独特特征。掌握农民工犯罪时空特征，对分析农民工犯罪行为有着十分重要的意义。

（一）农民工犯罪"密集"区域

如表7所显示，服刑农民工在入狱之前以租房居住为主，居住的社区类

型较为分散。63.4%的服刑农民工的初始犯罪年龄分布在 18～25 周岁之间。另根据服刑人员自评，有 8.2%的服刑农民工在尚未成年之时就已经发生过犯罪行为。从作案方式上看，64.5%的农民工属于团伙作案，单独作案的比例为 35.5%。从犯罪类型上看，将近一半（48.3%）的服刑农民工的犯罪行为属于盗窃、侵占、抢劫等财产犯罪，另有 21.7%的犯罪行为属于赌博、流氓、吸毒、卖淫嫖娼等风俗犯罪。从具体的犯罪行为上看，排在前三名的分别是：抢劫/抢夺（28.2）、偷盗（19.6%）和吸毒贩毒（17.0%）。

调查发现，农民工犯罪的空间场所十分集中。36.0%的犯罪发生在住宅区附件，其中 63.1%的犯罪行为就发生在服刑农民工自身日常生活的住宅场所附近。这样就打破了我们对所谓"兔子不吃窝边草"的传统认知。之所以产生这样的原因在于，传统的社会是一个相对封闭的熟人社会。在熟人社会犯罪分子考虑到周围的熟人关系，往往不会选择在自己的生活场景周围进行犯罪。而在人口流动的过程中，犯罪农民工熟悉自身居住的周边环境，从事犯罪行为时便于下手和逃离现场。这就意味着，由于对周边环境的熟悉，犯罪者更容易发现存在的治安漏洞，同时熟悉的环境对于犯罪者而言更容易逃逸与隐藏自身的犯罪行为。这一假设要成立必须有一个这样的前提：犯罪农民工对周边环境较为熟悉，而那些与他们看似日常生活在一起的人（邻居、房东）却对这些农民工十分陌生。[①] 另一个值得我们注意的犯罪场所是娱乐场所，21.8%的犯罪行为发生与此。娱乐场所一直是各类犯罪行为的高发区域，针对这一区域的犯罪学研究较多。可以说该区是传统研究一直重视的犯罪多发区。

表 7　服刑农民工犯罪的空间特征

变量	服刑农民工（N = 926）	
	频次	百分比（%）
居住社区类型[a]		
商业住宅小区	231	24.9
老街区	209	22.6
城中村	277	29.9
城郊农村（工厂/工地宿舍）	209	22.6

① 这一假设也是笔者在整理数据的过程中思考出来的，所以无法从已有的数据中得到证实。

续表

变量	服刑农民工（N=926）	
	频次	百分比（%）
居住物业类型[a]		
自购房	96	10.4
租房	684	73.9
借宿亲友/单位宿舍	85	9.2
没有固定住所（其他）	61	6.6
初次犯罪年龄		
17周岁及以下	76	8.2
18－21周岁	292	31.5
22－25周岁	295	31.9
26－29周岁	183	19.8
30周岁及以上	80	8.6
作案方式[b]		
单独作案	329	35.5
团伙犯罪	597	64.5
犯罪类型[b]		
财产犯罪	447	48.3
暴力犯罪	167	18.0
智能犯罪	111	12.0
风俗犯罪	201	21.7
破坏犯罪	0	0.0
犯罪行为[b]		
故意伤害	95	10.3
偷盗	181	19.6
抢劫/抢夺	261	28.2
制假售假	88	9.5
吸毒贩毒	157	17.0
强奸	18	1.9
勒索及非法拘禁	28	3.0
故意杀人	24	2.6
流氓（斗殴/淫乱）	8	0.9

续表

变量	服刑农民工（N = 926）	
	频次	百分比（%）
寻衅滋事	7	0.8
诈骗	12	1.3
组织强迫卖淫	40	4.3
其他	7	0.8
犯罪场所[b]		
住宅区（受害者）	123	13.3
住宅区（犯罪人）	210	22.7
娱乐场所附近	202	21.8
商业区附近	135	14.6
工业区附近	153	16.5
其他地方	103	11.1

注：a. 服刑农民工入狱前的居住状况。b. 最近一次入狱的情况。

（二）农民工犯罪"热点"时段

通过表 8 对服刑农民工犯罪时间段的考察可知，在犯罪具体时间段的分布上，服刑农民工犯罪的高发时间段是 18：01 - 24：00。

表 8　服刑农民工犯罪的时间特征

变量	服刑农民工（N = 926）	
	频次	百分比（%）
犯罪具体时间段[a]		
0：01 - 6：00	173	18.7
6：01 - 12：00	185	20.0
12：01 - 14：00	120	13.0
14：01 - 18：00	147	15.9
18：01 - 24：00	301	32.5
作案月份[a]		
1 月	43	4.6
2 月	51	5.5
3 月	92	9.9

变量	服刑农民工（N＝926）	
	频次	百分比（%）
4 月	93	10.0
5 月	80	8.6
6 月	75	8.1
7 月	113	12.2
8 月	79	8.5
9 月	79	8.5
10 月	82	8.9
11 月	64	6.9
12 月	75	8.1

注：* 最近一次入狱的情况。

若以服刑农民工犯罪行为发生的自然月份进行频次统计，按照各月份内所发生的犯罪次数，对各月份进行层次聚类分析，使各类别组间差异显著，组内差异不显著，共可分为三类。如表9所示，7、3、4月归为一类，这三个月是服刑农民工犯罪行为最为集中的月份。11、1、2月则是服刑农民工最少发生犯罪行为的月份。可能的解释是，1～2月往往是农民工回家过年的时间，这段时间农民工一般都在老家，所以犯罪的机会自然减少。

表9　犯罪月份聚类分析

犯罪月份	服刑农民工（N＝926）		
	频次	百分比（%）	类别
7 月	113	12.2	严重月份
4 月	93	10.0	
3 月	92	9.9	
10 月	82	8.9	一般月份
5 月	80	8.6	
8 月	79	8.5	
9 月	79	8.5	
6 月	75	8.1	
12 月	75	8.1	

续表

犯罪月份	服刑农民工 （N = 926）		
	频次	百分比 （%）	类别
11 月	64	6.9	
2 月	51	5.5	轻微月份
1 月	43	4.6	

针对犯罪高峰期的传统解释是，7 月份天气较热，一般夏天人们衣着单薄，易于暴露财物，犯罪目标也较容易被发现（陈谦信，2009）。此外，通过观察农民工的流动方式，笔者认为，3 ~ 4 月份之所以是农民工犯罪的高发期可能与农民工回城就业有关。我们知道，农民工的就业习惯与城市职工不同。城市职工往往有稳定的职业，节假日的安排基本上是按照国家法律所规定的时间进行。而城镇职工的工作岗位也较为稳定，一般不会轻易变换。农民工则不同，虽然近些年有研究表明，农民工在城市就业的稳定性与以往相比有所增长。但是，这些研究中所谓的稳定性多半指的是两类：一是所在城市的相对稳定；二是所做工种（职业）相对稳定。但是，根据笔者的研究发现，其实农民工在选择工作岗位的时候依然具有很大的变动性。正如很多私营企业老板所反映的，每年春季都是"民工荒"的时候。详细这一点在各大媒体的报道中也得到了体现。农民工依然保留着浓厚的乡土情结，很多农民工会在过年前的十天半个月甚至一个月就辞工回乡，这也就造成了 1 ~ 2 月份成为农民工犯罪的低谷。同样，农民工回城时间也相对较晚，一般都在农历正月十五以后才陆续回城。随着农民工大量在 3 ~ 4 月份回城，人数的增加是导致犯罪数量增加的一方面。但是，另一方面，这一时期的农民工正处于找工作的时候，与其他阶段相比他们的流动性更大。也容易因为一时难以找到工作，而误入犯罪道路。

（三）服刑农民工群体特征、犯罪行为与犯罪时空的多重对应

通过前文对农民工犯罪类型及犯罪时空相关因素的描述性分析，本文认为以下几个变量应该纳入农民工犯罪时空分布的考察范围，它们分别是：性别、首犯年龄、居住社区类型、居住物业类型、犯罪形式、犯罪类型、犯罪月份、犯罪时间和犯罪地点。本节希望能够运用所收集的服刑农民工各变量数据进行多重对应分析，以建构服刑农民工犯罪的时空分布图。

对应分析是将各变量类别关联信息用各散点空间位置关系的形式表现出来，以清晰的呈现各变量类别间的联系（卢淑华，2009）。对应分析是一种统计描述方法，以列联表分析为基础，基于 χ^2 检验的原假设而进行。因此 χ^2 检验往往被作为对其适用条件的检查手段。由于 χ^2 检验是一个总体检验，不排除可能有少数类别间的联系被淹没在绝大多数无关类别中的情形出现。因此在对应分析中，χ^2 不是严格的以 0.05 作为判断水准。从经验上讲，如果 P 值小于 0.2，则可以考虑进行对应分析（张文彤，2006：309）。表 10 显示了服刑农民工所被测量变量两两之间联列表的 χ^2 检验。可见，首犯年龄、物业类型与犯罪月份、作案时间、作案地点之间没有任何联系（p > 0.2）。最终，这三个变量可不带入犯罪时空的多重对应分析。

表 10　两变量 χ^2 检验列联表①

	性别	首犯年龄	社区类型	物业类型	犯罪形式	犯罪类型	犯案月份	作案时间	作案地点
性别									
首犯年龄	0.040 **								
社区类型	0.000 ***	0.872							
物业类型	0.015 *	0.000 ***	0.000 ***						
犯罪形式	0.416	0.000 ***	0.033 *	0.014 *					
犯罪类型	0.000 ***	0.000 ***	0.000 ***	0.000 ***	0.000 ***				
犯案月份	0.886	0.273	0.550	0.264	0.694	0.624			
作案时间	0.769	0.644	0.021 *	0.488	0.777	0.206	0.297		
作案地点	0.118 +	0.457	0.369	0.253	0.000 ***	0.000 ***	0.126 +	0.174 +	

注：+ 表示 p < 0.2；* 表示 p < 0.05；** 表示 p < 0.01；*** 表示 p < 0.001。

---

① 在此对该表运行的结果进行简单说明。以"性别"和"首犯年龄"为例。服刑农民工的性别与犯罪的类型和作案的地点之间存在显著影响。而"初次犯罪年龄"（首犯年龄）虽然与犯罪形式和犯罪类型相关，但是和犯罪时空变量之间的相关并不显著。所以，我们在纳入模型分析的时候将"首犯年龄"剔除出去。

在进行多重对应分析时，首先对剩余的变量（性别、社区类型、犯罪形式、犯罪月份、犯罪类型、作案时间和作案地点）在不同维度上的区分度进行检验。由图2可见，犯罪月份在两个维度上区分度较差，与其他变量之间联系非常弱，区分度不高。为改善多重对应分析结果和清晰解释，可将其从对应分析中剔除。

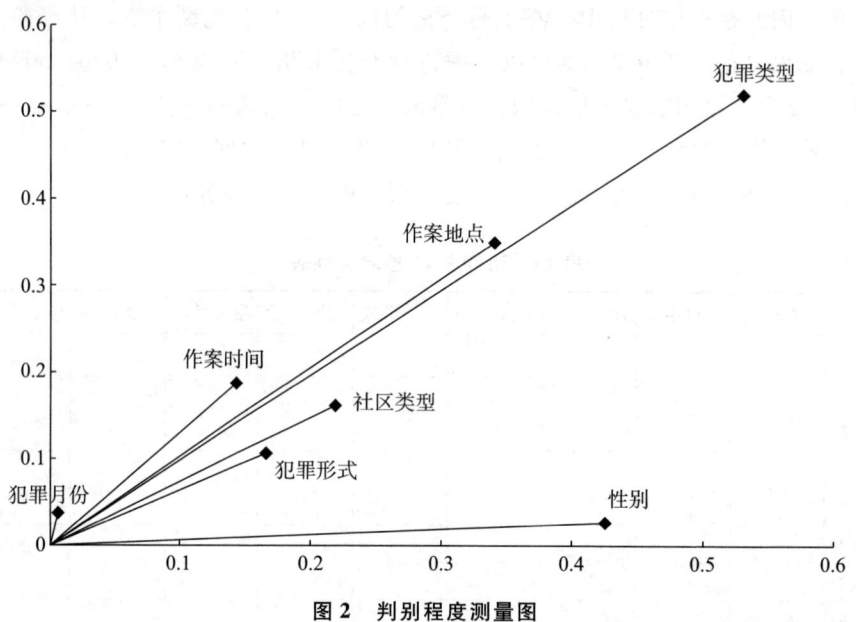

图2　判别程度测量图

接下来对通过检验的六个变量（性别、社区类型、犯罪形式、犯罪类型、作案时间和作案地点）进行多重对应分析，在图3中，落在从图形原点（0，0）处出发接近相同方位上和相同区域内的不同变量的类别彼此有联系；各散点类别距离越近，说明关联倾向越明显。依据上述对应分析原则，对应图3中各变量类别散点分布，可得到如下结论：（1）居住在商业住宅小区的女性服刑农民工与男性服刑农民工相比在上午6：01－12：00和下午14：01－18：00之间更有可能产生智能犯罪。（2）居住在城郊农村的服刑农民工与其他居住地的服刑农民工相比更容易在中午12：01－14：00以团伙作案的方式进行财产型犯罪，且犯罪地点多集中于工业区和商业区附近。（3）居住在城中村的男性服刑农民工与女性服刑农民工相比，更有可能在夜间（18：01－6：00）发生暴力型犯罪，且犯罪的地点多分布于娱乐场所附近及是受害人住所附近。（4）居住在老街区的服刑农民工更容易在自己住所附近以单独作案的形式发生风俗型犯罪。

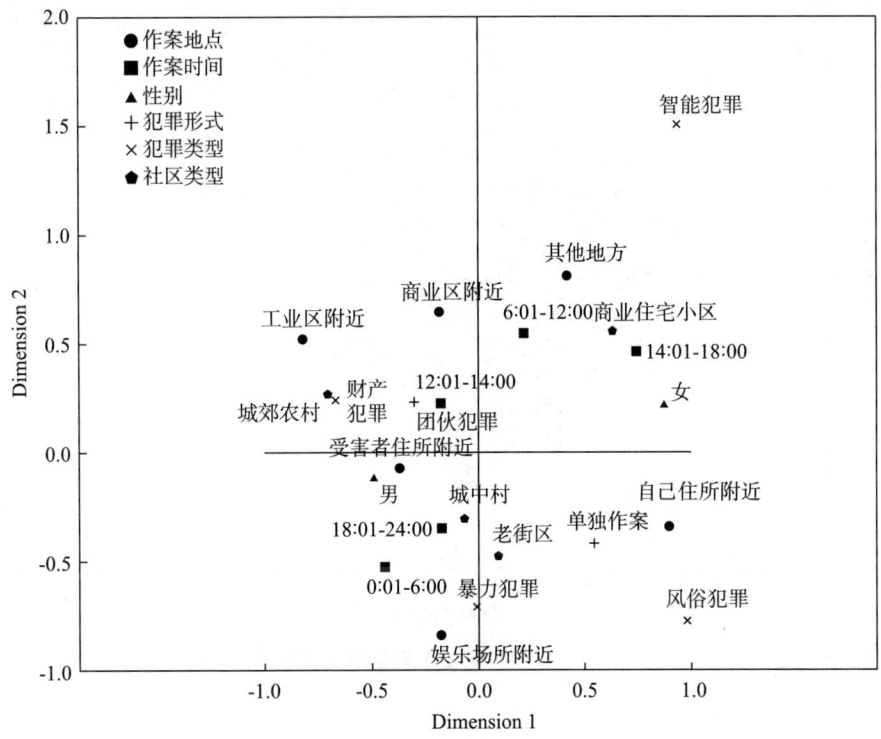

图3 服刑农民工犯罪时空分布的多重对应分析①

图4，依据服刑农民工犯罪时空分析的多重对应图，绘制个体散点葵花图，显示所有观测个体在相应解释空间中的疏密趋势分布情况。在葵花图中，空间密度越高，表明该空间内观测个体例数越多。通过图4可见，观测个体在空间内的分布是不均匀的，在第二象限和第三象限例数密度较大，在第一和第四区间例数则相对稀疏，表明在第二和第三象限内所对应变量类别交叉分类的例数较多。也就是说，中午和夜间，发生在工业区、商业区及娱乐场所附近的财产型犯罪和暴力型犯罪较多，而且犯罪的主体以居住在城中村和城郊农村的男性服刑农民工为主，且具有团伙犯罪的性质。

---

① 图中四个象限按照惯例，将右上角的视为第一象限，左上角的视为第二象限，按照逆时针方向依次类推。

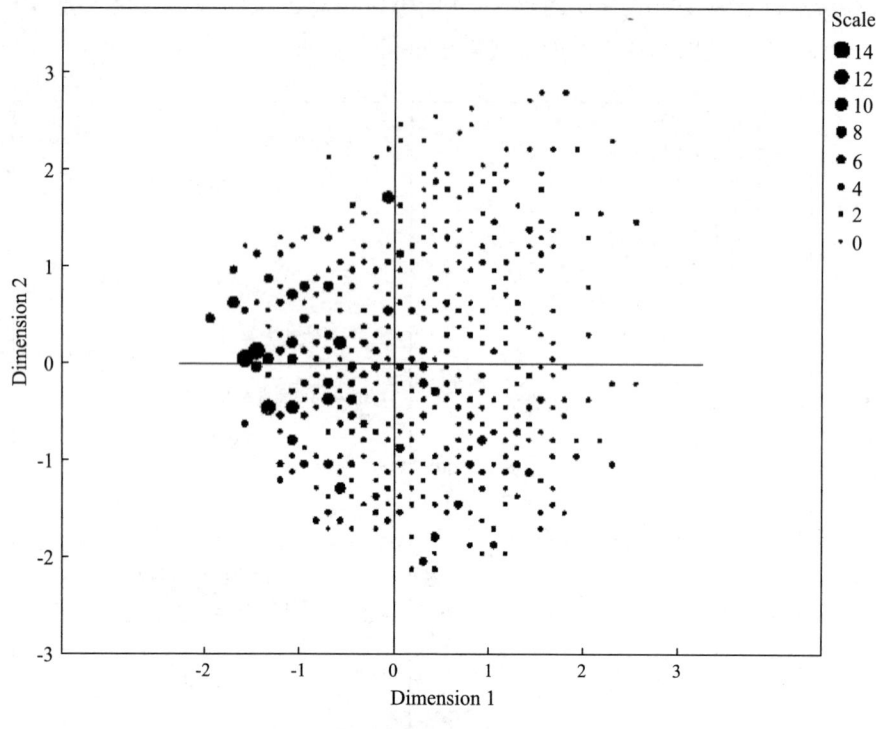

图4　服刑农民工个案散点葵花图

五　结论与讨论

（一）服刑农民工自身及犯罪行为特征

通过对所抽样服刑农民工的犯罪数据进行频次分析可见，服刑农民工群体整体受教育水平较低，且早年失学或辍学的比例高于务工农民工。多数服刑农民工在服刑前长期处于未婚且单身的状态。从就业情况讲，与务工农民工相比，服刑农民工在犯罪前失业的比例较高，而且就业状况也不理想、收入较低。从在城市的居住状况来看，大部分的农民工都没有能力在城市购房，而主要集中在城中村或城郊农村租房居住。

从犯罪特征上看，服刑农民工的初始犯罪年龄主要集中与18－25周岁之间。而且越来越多的农民工趋于以团伙作案的形式从事犯罪行为。就现阶段而言，农民工犯罪类型主要是财产型犯罪和风俗型犯罪。具体而言，依然是以两抢、盗窃为主要的犯罪手段。值得注意的是，农民工易于在自身所熟悉的环境及娱乐场所周边进行犯罪活动。犯罪时间段以夜间居多。3-4月及7月是农民工犯罪的高发期。

（二）农民工犯罪行为与时空关系

服刑农民工的犯罪时间、犯罪空间、犯罪类型和人口社会学因素进行多重对应分析，找到各变量类别之间所存在的显著相互关联。性别、自住社区类型、居住物业类型、犯罪形式、犯罪类型、犯罪地点、作案时间、作案地点，与农民工犯罪时空分布之间存在着一定联系。将多重对应分析图转化为表格以更加清晰、更加直观的形式进行呈现（见表11）。

表 11　服刑农民工犯罪时空分布关联列表

性别	自住社区类型	作案时间	犯罪地点	犯罪类型	犯罪形式
男性	城中村	18：01-24：00	娱乐场所附近	暴力犯罪	团伙/单独
		0：01-6：00	被害人住所附近		
女性	商业住宅小区	6：01-12：00	不定区域	智能犯罪	团伙/单独
		14：01-18：00			
男性/女性	城郊农村	12：01-14：00	工业区附近	财产犯罪	团伙犯罪
			商业区附近		
男性/女性	老街区	不确定时间段	自住地附近	风俗犯罪	单独作案

通过上表，我们可以得出以下判断并尝试予以解释。

（1）居住在城中村的男性农民工在选择作案时间的时候往往选择夜间进行犯罪。而且犯罪行为发生的主要场所集中在娱乐场所和被害人住所附近。犯罪过程以暴力犯罪为主，且团伙作案与单独作案形式都比较普遍。按照对犯罪类型划分的惯例。暴力型犯罪主要指以自身强暴力量或借助器具等手段实施犯罪。主要的类型有：杀人、强奸等。一般而言，男性的体能会强于女性，所以在犯罪过程中更倾向于借助暴力手段来实现犯罪的目的。在夜色的掩护下，使用极端的暴力的犯罪者逃逸现场更为容易，从而导致了夜色下暴力行为的增多。其次，夜间晚归的被害人也为犯罪分子提供了下手的机会。特别是从娱乐场所出来的女性一般都会梳妆打扮，甚至过度饮酒，这样从另一方面增加了被害人受到强奸等暴力犯罪行为的可能。

（2）居住在商住小区的女性农民工的作案时间往往选择中午以外的白天。从事犯罪的类型主要以智能犯罪为主，犯罪区域不定。智能犯罪与暴力犯罪明显不同，智能犯罪主要靠的是犯罪者的智谋和技能。而这一正好符合女性的一些特征。女性与男性相比在体力上不如男性，所以大部分的女性在犯罪时往往不会采取暴力的形式，而是更多地采取智能方式。其中，诈骗、造假就属于典型的智能型犯罪。

（3）居住在城郊的服刑农民工（性别差异不明显），在犯罪时间上更倾向于在中午进行犯罪。主要的犯罪地点是工业区和商业区附近。值得注意的是，在这一区域实现犯罪的农民工倾向于以团体作案的形式进行财产犯罪。工业区往往汇聚了大量的生产设施和设备，偷盗、抢夺生产设备进行倒卖成为最有可能也是该区最常见的一种犯罪行为。同时，城乡接合部这一区域也往往与工业区相吻合。商业区是人流密集区域，长期以来都是盗窃犯罪高发区域。而且以上两种罪行特别是工业区的盗窃、抢夺往往需要多人协作同时进行。

（4）居住在老街区的服刑农民工中多见的犯罪主要是风俗犯罪，且时间不定，主要集中在自住区域附近。而且与其他的犯罪类型相比，风俗犯罪主要的犯罪形式往往是单独作案。在我国，风俗犯罪一般指的是，违背社会良风益俗、违背社会道德的犯罪行为。其中较为多见的有：赌博、流氓、吸毒、卖淫嫖娼等。正是因为风俗犯罪的特性，从而决定了犯此类型罪的农民工往往采取单独作案的形式，也较多的隐藏在一些老街巷里。正如我们看到"站街女"等行为都属于此类犯罪特征。

参考文献

陈谦信：《犯罪的时间特性》，《理论与现代化》，2009（4）。

国家统计局人口和就业统计司：《中国人口》，北京：中国统计出版社，2013。

李荣时主编《1990年中国民政统计年鉴》，北京：中国社会出版社，1990。

刘传江：《中国农民工市民化研究》，《理论月刊》，2006（10）。

卢淑华：《社会统计学（第四版）》，北京：北京大学出版社，2009。

全宗莉：《2013年全国农民工总量2.69亿人月均收入2609元》，人民网：http：//politics. people. com. cn/n/2014/0220/c1001 - 24416101. html，2014 - 02 - 20。

吴鹏森、章友德主编《城市化、犯罪与社会管理》，北京：社会科学文献出版社，2013。

谢建社、刘念、谢宇：《青少年犯罪的时空分析——来自广东省未成年人管教所的调查》，《中国人口科学》，2014（3）。

谢建社：《新产业工人阶层：社会转型中的农民工》，北京：社会科学文献出版社，2012。

杨敏：《三元化利益格局下"身份–权利–待遇"体系的重建——走向包容、公平、共享的新型城市化》,《社会学评论》, 2013 (1)。

张宝义:《城市农民工犯罪的时间规律及分析——以天津市为背景的研究》,《中国人民公安大学学报》(社会科学版), 2006 (1)。

中华人民共和国民政部编《中国民政统计年鉴 (中国社会服务统计资料)》, 北京, 中国统计出版社, 2013, 第 64 页。

Block, R. L., & Block, C. R. 1995, Space, Place and Crime: Hot Spot Areas and Hot Places of Liquor-related Crime. In J. Eck & D. Weisburd (Eds.), *Crime and Place*, Monsey, NY: Willow Tree Press, pp. 145 – 184.

Gottlieb, S., Arenberg, S., & Singh, R., 1994, *Crime Analysis: From First Report to Final Arrest. Montclair*, NJ: Alpha Publishing.

Lersch, K. M. 2007, *Space, Time, and Crime* (2nd ed.). Durham, NC: Carolina Academic Press.

Vellani, K. H., & Nahoun, J. D. 2001, *Applied Crime Analysis.* Boston, BA: Butterworth-Heinemann.

"半熟人社会"中的宗教信仰与
人际信任

——基于 2010 年 CGSS 数据的实证分析*

徐立成**

摘　要：中国社会已走出熟人社会，目前正处于"半熟人社会"的过渡阶段。基于这一社会背景，本文首先完善了社会信任的谱系，在经典的"人格信任"和"系统信任"两类信任之外增加了"社群信任"这一中间维度，之后检验了宗教信仰及其虔诚度对于人际信任水平的影响，得出的主要结论如下：1. 信教徒的一般化信任水平显著高于无神论者；2. 信教与否对人格信任的影响不显著，但对社群信任和系统信任的影响均正向显著；3. 宗教信仰虔诚度对一般化信任水平、社群信任和系统信任的影响均显著。

关键词："半熟人社会"　宗教信仰　虔诚度　人际信任"社群信任"

一　问题的提出

传统中国是一个乡土社会，强调以道德和人际信任形成社会规范，来

---

* 2015 年 7 月，本文作者在中国社会学会 2015 学术年会"当代中国研究"分论坛上汇报本文，得到了来自南京大学社会学院周晓虹教授的诸多有益的修订意见。作者对此表示衷心感谢，文责自负。

** 徐立成，中国人民大学农业与农村发展学院，硕博连读研究生。

规约各种利益主体。但随着现代化、城市化和市场化进程的加速，传统的中国社会正在经历转型。在当代社会，与法律这一硬约束相比，道德正逐渐成为一种缺乏震慑力的软约束。正因如此，社会上人与人之间信任程度也经历了一个显著的降低。中国社会科学院社会学研究所的社会心态蓝皮书《中国社会心态研究报告（2012 - 2013）》指出，"中国社会的总体信任进一步下降，已经跌破 60 分的信任底线。"① 于是，我们陷入了一种尴尬的处境：一方面，我们时刻对陌生人保持着戒备，生怕上当受骗；另一方面，我们却又不断抱怨"世态炎凉、人心不古"。这样的尴尬也在提醒我们：走出"熟人社会"之后，重构社会信任势在必行。

与社会总体信任水平降低相伴而生的是近年来逐渐兴起的"宗教热"，越来越多的人寻求从宗教中获得慰藉。由于宗教和民间信仰在中国定义模糊，关于中国宗教信徒人数的估计，很难有一致答案。但即便是较为粗略的估计数据，也足够引人关注。根据世界价值观调查（World Value Survey）的结果，到 2005 年，中国宗教信仰者的比重已经超过了无神论者的比重，而在 1990 年，无神论者的比重却是宗教信仰者比重的 8 倍。截至 2005 年，明确表示自己有宗教信仰的中国人在全国总人口中所占比重已达 21.79%（阮荣平等，2010）。另据零点公司的调查，中国 16 岁以上人口中，有 1.2 亿人自称不信仰特定宗教，但相信神灵、佛祖或鬼的存在，1.41 亿人相信财神，1.45 亿人相信风水，2.06 亿人承认祖宗神灵存在。② 宗教在中国的兴起与发展已经成为一个不争的事实。而且，相对于城市，宗教在中国广大农村地区的发展势头更加迅速（阮荣平等，2010）。

上述社会现象产生和发展的背后，必然存在一些内在逻辑。直观来看，普遍意义上社会信仰的缺失，可能会助推信教群体的发展壮大。但另一方面，信仰宗教的这部分群体，其一般化信任水平是否与无神论者存在差别；如有，哪类群体的一般化信任水平更高。这一组问题的答案并不那么显而易见，这也正是本文所要研究的主要问题。

后文的结构安排如下：第二部分是宗教信仰与人际信任的相关研究综述；第三部分基于文献回顾，提出本文的三个研究假说；第四部分简要介绍实证检验的数据来源，并对本文使用的变量进行描述性统计分析；第五

---

① 相关报道，可见中新网（http://www.chinanews.com/sh/2013/10 - 28/5431950.shtml），2013 - 10 - 28。

② 相关报道，可见城视网（http://www.chengshiw.com/history/2014/416242.html），2014 - 07 - 03。

部分基于 2010 年度中国综合社会调查（CGSS）的实证数据，通过多元回归分析，考察居民宗教信仰对人际信任的影响，对第三部分提出的三个假说进行检验；第六部分总结本文的研究结论，并指出本研究存在的一些局限。

二 文献综述

无论社会上人际信任关系的变迁，还是居民宗教信仰的转型，都与社会结构的变迁存在着密不可分的联系。下文首先对中国社会结构变迁的相关研究进行综述，然后在社会结构转型的背景下，考察人际信任的变迁以及居民宗教信仰情况的变化趋势。

（一）从"熟人社会"到"半熟人社会"

中国传统的农村是一个典型的熟人社会。乡土中国的差序格局以自我主义为基础，社会关系是每个人以自己为中心影响的社会群体，是私人联系的增加。然而，这种私人联系的增加并不是在一个平面上进行的，而是"像水的波纹一样，一圈圈推出去，愈推愈远，也愈推愈薄"（费孝通，2004）。即便在同一个村庄共同体内，受差序格局下的"差序性伦理"（侯俊霞、朱亚宗，2013）的影响，人际关系表现出一个亲疏远近的关系。相应地，人与人之间的信任关系也会表现出一个"家人—熟人—陌生人"逐层淡化的过程。阮荣平、王兵（2011）从差序格局理论出发，提出家人信任水平要高于熟人信任水平，即差序格局半径越大，信任水平越低。

与"熟人社会"相对，"陌生人社会"是指随社会交往空间的扩大和交往方式的变革，社会成员之间的互动和关系突破了传统的血缘、地缘甚至业缘的限制，人们可以在时空脱域的情况下进行交往和互动。在陌生人社会，绝大多数的社会成员彼此之间是没有全面的了解和认识的，但是人们可以自由选择与陌生的甚至是没有见过面的人交往，互相给予信任（付铁钰，2010）。当然，这种信任关系，自然不如熟人社会的信任关系稳固。

从中国当前的现实来看，熟人社会和陌生人社会两个概念都过于极端，并不符合当前中国社会的实际情形。本文认为，二者之间的中间状态，即有学者提出的"半熟人社会"，更能准确地反映当前中国的社会现实。贺雪峰（2000）最早提出了"半熟人社会"这一概念，用以描述行政村的人际关系。为了选举活动执行的便利性，农村民主选举一般以行政村为单位开展，村民虽然对候选人有些了解，但明显不如对同一自然村的乡邻熟悉，于是也就有了村民们"选来选去还是那些人"的抱怨。简言之，行政村为村民提供了"相互脸熟"的机会，却未能提供"相互了解"的必要公共空间。在此基础上，夏支平（2010）进一步提出，随着城市化、市场化和信息化等现代性因素的进入，村民关系日渐生疏，乡村传统文化日益退潮，传统组织和权威弱化。转型期的中国乡村人际互动关系已经逐步从传统的"熟人社会"演变为"半熟人社会"。

本文认同贺雪峰（2000）和夏支平（2010）对于当前中国社会结构的判断，将本文研究的社会背景定位于"半熟人社会"。后文将在这一社会背景下，讨论居民宗教信仰对于不同类型的人际信任关系的影响。

（二）人际信任及其变迁

信任，是日常生活中最常用的词汇之一。不同学科都对"信任"下了不同定义，本文使用 Rousseau et al.（1998）在综合各领域研究成果的基础上给出的定义：

> 信任是一种在对他人的意图和行为有积极预期的基础上，愿意接受脆弱性的心理状态。[①]

"信任"概念中最重要的元素包括：对他人的积极预期、愿意承担脆弱性。这里脆弱性指对他人不设防并且愿意暴露自己的缺点给他人而承担由此带来的风险（Rousseau et al.，1998）。

"信任"是社会学中广泛使用的概念。吉登斯（2000）指出，社会上存在着两大类信任：人格信任和系统信任。人格信任是对某些熟人的信任，熟人之间通过多次博弈，采取双赢策略的可能性增加，从而形成人格信任的结构。系统信任包括货币系统与专家系统两部分，货币系统是随着货币重复多次使用而形成的从众的信任结构；专家系统是随着社会分工的发展而形成的"科学""文凭""同行专家评议"三位一体的信任结构。郑也夫（2001）提出，两类信任的区别在于，第一类信任产生于传统的人情社会，信任关系相对稳固；第二类信任产生于现代社会，"现代社会的最大特征是走出了熟人的范围，其信任建立在抽象的系统之上"，因而这种信任关系具

---

① 参见 Rousseau et al.（1998），原文表述为："Trust is a psychological state comprising the intention to accept vulnerability based upon positive expectations of the intentions or behavior of another."。

有一定的不稳定性。

与系统信任相比，人格信任关系相对稳固。胡必亮（2004）的研究表明，村庄信任是指"在村庄共同体框架下，村庄里的每一个个体通过一定的与当地文化紧密联系的社会规范与社区规则嵌入①（embedded in）村庄系统之中，并因此互相之间产生对于彼此的积极预期的一种社区秩序"。基于此，王曙光（2007）进一步提出，村庄信任是在传统村庄这样一个相对封闭的关系共同体中孕育和发展起来的，同时也成为维系整个村庄稳定性与和谐运转的重要条件。村庄信任正是吉登斯（2000）提出的"人格信任"的一种表现形式。

事实上，从人际信任与社会结构的特点出发，不难建立二者之间的联系。人格信任产生于熟人社会，反映的是熟人之间的信任；系统信任产生于陌生人社会，反映的是人们对于陌生的专家系统或者货币系统的信任。事实上，在当前中国，吉登斯（2000）提出的上述两类信任并不是信任关系的全部。在完全了解的熟人（例如家人）和完全陌生的专家系统或者货币系统（例如政府、医院、银行及其从业人员），还有一种脸熟但不完全了解的"半熟人"群体（例如老乡、同学、同事）。这类群体的信任，严格意义上既不能将其定义为人格信任，也不能将其视为系统信任。本文将其描述为"社群信任"的表现形式，以呼应当前中国所处的"半熟人社会"状态，并在当前中国的语境下完善社会的信任谱系。事实上，"社群"（community）这一概念由来已久，但直到19世纪末，在《社群与社会》一书中，德国社会学家滕尼斯（Toennis）才首次对社群与社会作了严格区分，强调社群是建立在自然情感基础上的有机体，社会是人们基于共同利益和理性选择的结果，二者的主要区别在于自然生成与后天选择。可见，滕尼斯将社群排除在社会之外，认为它与人们追求公共利益的自觉活动无关（程立涛、曾繁敏，2005）。

基于贺雪峰（2000）对"半熟人社会"的定义，本文定义的"社群信任"即产生于人情社会、相互脸熟但并不是完全相互了解的人们之间的信任。"半熟人社会"是一种特殊的、过渡的社会形态：一方面，"熟人社会"的人际信任运作机制仍发挥着不可忽视的作用；另一方面，向"陌生人社会"的社会转型和与之相适应的新的信任机制不完善、不健全，也导致了

---

① 关于"嵌入"（embeddedness）与"脱嵌"（disembedding）的概念，可参见：卡尔·波兰尼著《大转型：我们时代的政治与经济起源》，冯钢、刘阳译，浙江人民出版社，2007。

人际信任出现了前所未有的矛盾甚至是冲突（付铁钰，2010）。人格信任、社群信任和系统信任，构成了本文研究的人际信任的完整建构。

（三）宗教信仰与人际信任

国内关于宗教信仰与人际信任的研究比较有限，李涛等（2004）较早研究了社会信任的影响因素，基于当年广东省的调查数据，得出了社会信任与宗教信仰之间成正相关关系的结论。

自此以后，关于宗教对人际信任水平影响的实证研究基本都是在差序格局的社会背景下进行的。例如，阮荣平、王兵（2011）基于中国十个城市的调查数据进行实证研究，发现：其一，宗教对社会化信任具有显著的正向影响；其二，宗教对信任的影响随差序格局半径的增加而增加；其三，宗教对信任的作用机制主要是信仰效应而非组织效应，低组织化的宗教对信任的影响比高组织化的宗教更大。

窦方（2012）同样基于2010年度CGSS数据，首先通过因子分析将中国居民的信任水平分为亲缘信任、熟人信任和外人信任。之后通过多元回归分析，得出宗教信仰者的一般化信任水平显著低于无宗教信仰者，这一结论与阮荣平、王兵（2011）的第一点研究结论正好相反。再次，宗教信仰对亲缘信任无显著影响。随着差序格局半径的增加，宗教信仰对信任水平的负影响作用显著增大。这一点可视作对阮荣平、王兵（2011）的第二点研究结论的细化。最后，宗教信仰与信任水平可能存在交互影响。

韩恒（2014）将宗教与信任的关系研究具体到基督教上，其研究表明，与非基督徒相比，基督徒的普遍信任更低。此外，回归分析的结果表明，基督教信仰对于普遍信任有显著性的负向影响，基督教信仰只是增加了基督徒的"教内信任"，并没有提高基督徒对"教外人群"的信任水平。可以说，韩恒（2014）的研究为窦方（2012）的观点提供了一些支持。

上述研究为本文提供了良好的研究基础。本文将在如下方面进行拓展：首先，调整差序格局下"熟人社会"的背景设定，在"半熟人社会"的社会视角下进行宗教与人际信任的关系研究；其次，将所要考察的人际信任划分为三种类型——人格信任、社群信任和系统信任，这也与"半熟人社会"中复杂的社会特征相契合；最后，创新性地考察宗教信仰虔诚度对一般化信任水平以及三类人际信任的不同影响。

三　研究假说

一般而言，人际信任可以被视作一种重要的社会资本形式。Putnam（1993）认为，信任、规范与网络能够通过促进合作行为来提高社会效率。并将社会资本分为搭桥式社会资本（bridging social capital）与内部式社会资本（bonding social capital），搭桥式社会资本具有非排他性，异质性较强，通过扩大关系网络，促进信任与互惠性；而内部式社会资本具有排他性，同质性较强，阻碍不同群体之前的合作，降低群体之间的信任与互惠程度（引自 Welch & Sikkink，2004）。

从普特南的社会资本理论看，宗教信仰一定会影响居民的一般化信任水平。无论是本土宗教、外来宗教还是民间非正规宗教，大都强调"行善"的重要性，教化信众"莫作恶"。所以，宗教本身使信众更容易向善、行善，提高信众的搭桥式社会资本，起到"普度众生"的作用。因此，宗教信仰对一般意义上的人际信任可能存在正向影响，这也就引出了本文提出的假说1：

假说1：信教者的一般化信任水平普遍高于不信教者。

本文将因变量分类为人格信任、社群信任以及系统信任，这种分类是在"半熟人社会"的背景下提出来的。贺雪峰（2000）等学者的研究表明，随着现代化、市场化的加速，当今中国社会的信任格局已经逐渐走出了传统的"熟人社会"，正在向"陌生人社会"转型。但这一转型尚未完成，因而处于过渡性的"半熟人社会"阶段。在这样的社会背景下，处于不同场域的人们，会根据特定的场域调整自己对熟人、半熟人与陌生人的信任水平。举例来说，在宗教场所做祷告的信徒，对于同样的信教者的信任程度可能还超过了不信教的家庭成员。由此可见，宗教信仰对不同类别的信任会产生不同的影响作用。因而，可以提出本文的第2个假说：

假说2：宗教信仰对不同类别的人际信任所产生的影响程度存在差别。

最后，仅考察信教与否对人际信任的影响是不够的。本文认为宗教信仰虔诚度也会对人际信任产生影响。而且，考虑到大部分宗教以向善、行善为主旨的教义，这种影响预期应表现为正向。当然，结合假说2提出过程中的分析，不难推知，这种影响在不同类别的人际信任之间也会存在差别。由此，本文提出第3个待检验的假说：

> 假说3：宗教信仰虔诚度与社会一般化信任水平存在正相关关系，但在不同类别的人际信任之间，这种相关关系的强弱存在差别。

后文将在上述三个假说及相关分析的基础上，确定因变量、自变量，并加入控制变量，通过使用大样本的实证数据，对三个假说进行检验，并得出最终的研究结论。

四 样本与变量

本文所使用的数据来源于中国人民大学"中国调查与数据中心"于2010年组织开展的中国综合社会调查（CGSS）所收集到的实证数据，样本覆盖全国31个省份（不含港澳台地区），有效样本总数为11783个。本文所使用的变量包括三类：因变量、自变量和控制变量，表1列出了本研究所使用的全部变量以及相关的描述性统计结果。

表1　研究变量及描述性统计

变量类型	变量描述	变量名	定义及取值	观测数	均值	标准差
因变量	一般化信任	trust	信任评分均值	10537	3.66	0.482
	人格信任	trust_per	信任评分均值_熟人	11756	4.51	0.506
	社群信任	trust_semi	信任评分均值_半熟人	10848	3.26	0.575
	系统信任	trust_sys	信任评分均值_陌生人/组织	11211	3.80	0.605
自变量	宗教信仰	reli	1 = 是　0 = 否	11778	0.13	0.335
	信仰虔诚度	sinc	1 = 不虔诚　2 = 一般 3 = 比较虔诚　4 = 非常虔诚	9451	1.24	0.692
控制变量	性别	sex	1 = 男　0 = 女	11783	0.48	0.500
	民族	tribe	1 = 汉族　0 = 少数民族	11761	0.91	0.291
	户籍	census	1 = 非农户口　0 = 农业户口	11190	0.46	0.498
	年龄对数	lage	受访者年龄的对数值	11780	3.80	0.358
	收入对数	linc	受访者年收入的对数值	9001	9.26	1.177

续表

变量类型	变量描述	变量名	定义及取值	观测数	均值	标准差
控制变量	受教育水平	edu	0＝文盲　1＝小学及以下 2＝初中　3＝高中　4＝大专 5＝本科及以上	11778	2.09	1.390
	婚姻状况	marr	1＝未婚　2＝已婚　3＝离异 4＝丧偶	11775	2.08	0.650
	工作状况	work	0＝无业　1＝非农工作 2＝农业劳作	11775	0.89	0.772
	生活满意度	happi	1＝非常不满意　5＝非常满意	11767	3.77	0.883

资料来源：根据 2010 年度 CGSS 调查数据整理。

（一）因变量

本文研究选取的因变量共有两组、共四个，均与人际信任相关。第一组因变量是一般意义上的人际信任水平，或称一般化信任水平（Welch & Sikkink，2004；阮荣平、王兵，2011），本文将其定义为受访者对三类不同人群或组织的信任评分（1~5）的平均值。

第二组因变量反映了三类人际信任，包括人格信任（trust_per）、社群信任（trust_semi）和系统信任（trust_sys）。其中，人格信任是对家人和亲戚 2 组人群信任评分的均值，社群信任是对朋友、同学、同事、领导干部、生意人、老乡、信教的人等 7 组人群信任评分的均值，系统信任则是对政府部门、媒体、军队等 12 种组织评分的均值。

（二）自变量

本文研究选取的自变量共两个，均与宗教信仰有关。第一个自变量为受访者是否信仰宗教（reli），是根据原始数据处理所得的 0 - 1 变量，将"无宗教信仰者"作为参照组，供检验假说 1 和 2 使用。第二个自变量是宗教信仰虔诚度（sinc），这是一个分类变量，参考窦方（2012）的研究，将原始数据对虔诚度的分类压缩为四个层次：不虔诚、一般、比较虔诚、非常虔诚（赋值分别为 1~4），并将"不虔诚"作为参照组，供检验假说 3 使用。

（三）控制变量

除了"宗教信仰"自变量以外，外有一类特殊的自变量，即控制变量。在多元回归分析中，控制变量也属于自变量，但为了便于与本项研究主要考察的宗教信仰相关变量相区别，在这里将其与自变量单独列示。本文所选取的控制变量大都是常规的人口统计变量，或者可能对信任水平产生影响的变量，基本是依据以往分析信任水平影响因素的研究而进行选取的。本研究主要参考阮荣平、王兵（2011）和窦方（2012）研究，选取了受访者性别、年龄、受教育水平、收入、户籍、婚姻状况、工作状况、生活幸福感等因素。现有研究表明，这些因素都可能影响人际信任水平。本文第五部分通过进行多元回归分析，控制这些变量对人际信任水平的影响，重点考察宗教信仰的相关变量对因变量的作用。

五　实证检验

本文第三部分提出了三个待检验的假说，第四部分介绍了数据来源，并对本文研究所使用的变量进行了简单的描述性统计分析。在此基础上，这一部分将使用 2010 年度 CGSS 数据，通过应用 STATA 12.0 软件进行回归分析，考察宗教信仰对人际信任水平的影响，对第三部分提出的三个假说逐一进行检验。

（一）宗教信仰与一般化信任

在本文研究所定义的"一般化信任"（trust）是根据受访者对各类人群/组织的信任程度评分，通过计算均值的方法，得出一般化信任评分，相关信息已在第四部分详述。需要说明的是，由于因变量是一个连续的数值型变量，因而本文直接使用 OLS 方法进行多元回归分析。回归结果如下表 2 所示。

表 2　宗教信仰与一般化信任

	（1）	（2）	（3）	（4）
是否信仰宗教	0.0635 ***	0.0808 ***	0.0783 ***	0.0709 ***
性别	0.00368	0.00454	0.00871	0.0147
民族（少数民族为参照组）	− 0.158 ***	− 0.149 ***	− 0.148 ***	− 0.133 ***
户籍（农业户口为参照组）	− 0.0966 ***	− 0.0704 ***	− 0.0610 ***	− 0.0317 *
年龄对数		0.161 ***	0.145 ***	0.147 ***
收入对数		− 0.0275 ***	− 0.0240 ***	− 0.0366 ***

续表

	（1）	（2）	（3）	（4）
受教育水平（文盲为参照组）				
小学及以下			− 0.00257	− 0.00267
初中			− 0.0445 *	− 0.0508 *
高中/中专/技校			− 0.0666 **	− 0.0799 ***
大专			− 0.00293	− 0.0326
本科及以上			− 0.0299	− 0.0585
婚姻状况（未婚为参照组）				
已婚			− 0.00463	− 0.0322
离异			− 0.0802	− 0.0401
丧偶			0.0159	0.0139
工作状况（无业为参照组）				
非农工作				0.0427 **
农业劳作				0.0665 ***
生活满意度（非常不满意为参照组）				
比较不满意				0.0888 *
一般				0.140 ***
比较满意				0.283 ***
非常满意				0.410 ***
_cons	3.850 ***	3.479 ***	3.532 ***	3.347 ***
N	10001	7703	7703	7700

注：（1）篇幅所限，未报告各变量估计系数的标准误；（2）* $p < 0.05$，** $p < 0.01$，*** $p < 0.001$。

表 2 中，模型（1）～（4）所使用的因变量"一般化信任评分"是 21 类人群/组织评分的均值。通过不断加入新的控制变量，检验模型设定的合理性。由表 2 的回归结果可见，本文考察的两个自变量之一"是否信仰宗教"（reli）对于社会一般化信任水平（trust）的影响始终正向显著（1% 水平）。由此可以推断，信教者的一般化信任水平的确高于不信教者。

另外，控制变量方面，性别、婚姻两个因素均不显著，民族、户籍、年龄对数、收入对数、工作状况、生活满意度等影响因素均显著。

（二）宗教信仰与三类人际信任

在完成了宗教信仰对一般化信任水平的影响的检验之后，有必要将一般化信任拓展为三类具体的人际信任，包括：人格信任（trust_per）、社群信任（trust_semi）和系统信任（trust_sys）。仍然选取是否信仰宗教（reli）作为自变量，同时加入控制变量，进行 OLS 回归，回归结果如表 3 中的模型（1）至（3）所示。

表 3　宗教信仰与三类人际信任

	（1）	（2）	（3）
	trust_sys	trust_per	trust_semi
是否信仰宗教	− 0.0332	0.115 ***	0.0707 ***
性别	0.0196	0.0159	0.0111
民族（少数民族为参照组）	− 0.0307	− 0.168 ***	− 0.138 ***
户籍（农业户口为参照组）	0.0211	− 0.0104	− 0.0491 **
年龄对数	0.0589 *	0.135 ***	0.166 ***
收入对数	− 0.0188 **	− 0.00502	− 0.0544 ***
受教育水平（文盲为参照组）			
小学及以下	0.00264	− 0.0187	− 0.00818
初中	− 0.00166	− 0.0295	− 0.0812 **
高中/中专/技校	− 0.0395	− 0.0236	− 0.133 ***
大专	0.00455	0.0742 *	− 0.110 **
本科及以上	− 0.0204	0.0823 *	− 0.166 ***
婚姻状况（未婚为参照组）			
已婚	− 0.0111	− 0.0309	− 0.0287
离异	− 0.0410	− 0.0623	− 0.0244
丧偶	− 0.0297	0.0660	− 0.00180
工作状况（无业为参照组）			
非农工作	0.0534 ***	0.0689 ***	0.0252
农业劳作	0.0587 ***	0.0614 **	0.0808 ***
生活满意度（非常不满意为参照组）			
比较不满意	0.105 *	0.151 **	0.0529
一般	0.161 ***	0.199 ***	0.101 *
比较满意	0.219 ***	0.347 ***	0.249 ***

续表

	(1)	(2)	(3)
	trust_sys	trust_per	trust_semi
非常满意	0.325 ***	0.404 ***	0.420 ***
_cons	4.247 ***	2.594 ***	3.626 ***
N	8540	7919	8158

注：(1) 篇幅所限，未报告各变量估计系数的标准误；(2) * p < 0.05，** p < 0.01，*** p < 0.001。

从表3所示的回归结果来看，自变量是否信仰宗教（reli）对人格信任的影响负向不显著，对社群信任和系统信任的影响均为正向显著（1‰水平），且对社群信任的影响明显大于系统信任。这与前文对当今中国社会结构的判断也是一致的，当前中国正逐渐走出差序格局下的"熟人社会"，向"陌生人社会"转型。但这一转型尚未完成，目前正处于"半熟人社会"的过渡状态。在这样的社会背景下，"社群信任"正发挥着比熟人社会下的"人格信任"和陌生人社会下的"系统信任"更为重要的作用。因而，宗教信仰更易于对"社群信任"施加影响，这种影响自然也就显著大于另两类人际信任。

控制变量方面，性别和婚姻两个因素对三类人际信任均不显著。此外，对于人格信任而言，民族、户籍和受教育水平均不显著。对于社群信任而言，受教育水平的前三个组别（"小学及以下""初中""高中/中专/技校"）以及户籍均不显著。对于系统信任而言，只有"小学及以下"这一受教育水平组别、"非农工作"这一工作状况组别以及"比较不满意"这一生活满意度组别共三个变量不显著。除了上述这些变量之外，其余控制变量对三类人际信任的影响均显著。

（三）宗教信仰虔诚度与人际信任

前文已经检验了是否信仰宗教对三类人际信任的影响，后文在此基础上继续深入，考察宗教信仰虔诚度对一般化信任以及三类具体的人际信任的影响。通过OLS多元回归分析，得到的回归结果如下表4所示。

其中，模型（1）反映了宗教信仰虔诚度对一般化信任的影响，通过计算一般化信任评分，得到第一组因变量"一般化信任"（trust）。模型（2）~（4）分别反映了宗教信仰虔诚度对另一因变量人际信任（包括人格信任、社群信任和系统信任）的影响。

表4 宗教信仰虔诚度与人际信任

	(1)	(2)	(3)	(4)
	trust	trust_per	trust_semi	trust_sys
宗教信仰虔诚度（不虔诚为参照组）				
一般	− 0.0497	− 0.00192	0.000431	− 0.0853 *
较虔诚	0.0111	− 0.0297	0.0249	0.00907
很虔诚	0.114 ***	0.00213	0.113 **	0.124 **
性别	0.0127	0.0169	0.0169	0.00545
民族（少数民族为参照组）	− 0.154 ***	− 0.0147	− 0.206 ***	− 0.156 ***
户籍（农业户口为参照组）	− 0.0359 *	0.0272	− 0.0147	− 0.0525 **
年龄对数	0.139 ***	0.0641 *	0.134 ***	0.149 ***
收入对数	− 0.0366 ***	− 0.0198 **	− 0.00804	− 0.0525 ***
受教育水平（文盲为参照组）				
小学及以下	− 0.00306	0.00234	− 0.0172	− 0.0177
初中	− 0.0663 **	− 0.0194	− 0.0534	− 0.0963 ***
高中/中专/技校	− 0.0984 ***	− 0.0436	− 0.0374	− 0.161 ***
大专	− 0.0467	− 0.00628	0.0610	− 0.131 ***
本科及以上	− 0.0917 **	− 0.0330	0.0573	− 0.216 ***
婚姻状况（未婚为参照组）				
已婚	− 0.0196	− 0.0323	− 0.0170	− 0.0107
离异	− 0.0460	− 0.0914	− 0.0730	− 0.0166
丧偶	0.0324	− 0.0675	0.0986 *	0.0108
工作状况（无业为参照组）				
非农工作	0.0381 *	0.0671 ***	0.0721 ***	0.0130
农业劳作	0.0514 **	0.0708 ***	0.0497 *	0.0565 *
生活满意度（非常不满意为参照组）				
比较不满意	0.143 **	0.137 **	0.238 ***	0.0920
一般	0.162 ***	0.161 ***	0.253 ***	0.111 *
比较满意	0.314 ***	0.227 ***	0.408 ***	0.268 ***
非常满意	0.432 ***	0.323 ***	0.451 ***	0.437 ***

	(1)	(2)	(3)	(4)
	trust	trust_per	trust_semi	trust_sys
_cons	3.382 ***	4.230 ***	2.613 ***	3.695 ***
N	6172	6860	6349	6544

注：(1) 篇幅所限，未报告各变量估计系数的标准误；(2) * $p < 0.05$，** $p < 0.01$，*** $p < 0.001$。

从表 4 中的模型（1）来看，与参照组"不虔诚"相比，仅有"很虔诚"一组对人际信任的影响显著（1‰水平），且方向为正。可见，非常虔诚的信徒会比虔诚度相对较低的信徒在社会上有着更高的一般化信任水平。

从模型（2）来看，任何水平的宗教信仰虔诚度对人格信任的影响都不显著。这可能一方面是由于人格信任的特点，主要依赖于人与人之间的了解和长期积累的信任关系，独立于宗教信仰等其他因素而存在。另一方面，这也可能与中国当前社会结构的转型有关，走出"熟人社会"后，人格信任不再是占社会支配地位的信任形式，因而宗教信仰所能施加的影响也相对较为有限。

模型（3）和模型（4）的回归结果与模型（1）的回归结果有一个共同点，即相对于参照组"不虔诚"，"很虔诚"一组对社群信任和系统信任的影响正向显著（1%水平），这一方面是社会结构转型的体现，一方面也反映了当代中国社会中宗教信仰虔诚度对于社群信任和系统信任的重要性。特别地，虔诚度"一般"对系统信任的影响负向显著（5%水平）。一种可能的解释是，虔诚度一般的教徒对宗教教义的理解存在偏差，很可能因为受宗教的负面影响支配而产生厌世情绪，使其对社会上相对陌生的群体和组织的信任程度反而低于完全不虔诚的信徒。

控制变量方面，性别和婚姻两大因素依旧不显著，这将在本文的结论部分之后给出进一步的讨论。

六　结论与讨论

随着现代化、城镇化和市场化进程的加速，中国社会正逐渐由"熟人社会"向"陌生人社会"转型。但这一转型远未完成，当前中国的社会结构可以被视作一种"半熟人社会"（参见贺雪峰，2000）。本文在"半熟人社会"的背景下，讨论了宗教信仰及其虔诚度对于人际信任水平（包括人格信任、社群信任和系统信任）的影响，得出的主要结论如下：

首先，与无神论者相比，信仰宗教者受宗教向善、行善的教义感化，从而信教者的一般化信任水平更高。

其次，信仰宗教对于人格信任的影响不显著，但对于社群信任和系统信任的影响均正向显著，且对社群信任的影响程度显著强于另两类人际信任，这也与当前"半熟人社会"的社会结构相契合。

最后，只有非常虔诚的信教徒才会展现出更高水平的一般化信任、社群信任和系统信任。此外，宗教信仰虔诚度对于人格信任的影响并不显著，这也从一个侧面印证了社会结构由"熟人社会"向"陌生人社会"的转型，人格信任不再是社会上占据支配地位的信任形式。

在上述研究结论之外，还有一些问题在本文研究中未能得到解决，需要在后续研究中不断进行拓展。具体讨论如下：

第一，本文研究中性别和婚姻两个变量始终不显著，最直观的一种解读是，性别和婚姻状况对于人际信任不会产生显著影响，但这又于生活经验相背离。举例而言，男性普遍比女性更加理性，对于陌生人的警惕性更高，不易给予充分的信任。另外，离异群体一般表现出更低的一般化信任水平。因此，如何对这一现象进行解读，需要继续深入思考。

第二，考虑到简化分析，本文研究仅考察了是否信仰宗教（0-1变量）和宗教信仰虔诚度（1~4分类变量）两个变量对于人际信任水平的影响。实际上，不同宗教因其教义不同，对于社会的教化作用也可能表现出不同的形式，自然也会以不同的方式影响一般化信任水平和三类具体的人际信任水平。不同宗教类别对于人际信任水平的影响，需要在后续研究中进行考察，从而不断深化宗教信仰与人际信任的关系研究。

第三，本文研究使用的回归方法是最为简单的 OLS 回归，线性模型设定的合理性可能存在争议。此外，宗教信仰与人际信任还可能存在互为因果的情况。对于内生性问题的处理，也将成为后续研究的一项重要任务。

参考文献

程立涛、曾繁敏：2005，《社群主义与集体主义之比较》，《河北师范大学学报》（哲学社会科学版）第 9 期。

窦方：2012，《宗教信仰与中国居民的信任水平——基于 2010 年 CGSS 数据》，第六届珞珈国是论坛论文集。

费孝通：2004，《乡土中国》，北京出版社。

付铁钰：2010，《"半熟人社会"中人际信任的困境及其建构机制研究》，东北师范大学硕士学位论文。

韩恒：2014，《教内信任：基督教信仰与人际信任——基于 2010 年度 CGSS 的分析》，《世界宗教文化》第 4 期。

贺雪峰：2000，《论半熟人社会——理解村委会选举的一个视角》，《政治学研究》第 3 期。

胡必亮：2004，《村庄信任与标会》，《经济研究》第 10 期。

侯俊霞、朱亚宗：2013，《中国伦理思想特征新论——兼评梁漱溟、费孝通、张岱年、李泽厚之论》，《伦理学研究》第 3 期。

吉登斯·安东尼：2000，《现代性的后果》，田禾译、黄平译校，译林出版社。

波兰尼·卡尔：2007，《大转型：我们时代的政治与经济起源》，冯钢、刘阳译，浙江人民出版社。

李涛、黄纯纯、何兴强、周开国：2008，《什么影响了居民的社会信任水平？——来自广东省的经验证据》，《经济研究》第 1 期。

阮荣平、郑风田、刘力：2010，《公共文化供给的宗教信仰挤出效应检验——基于河南农村调查数据》，《中国农村观察》第 6 期。

阮荣平、王兵：2011，《差序格局下的宗教信仰和信任——基于中国十城市的经验数据》，《社会》第 4 期。

王曙光：2007，《村庄信任、关系共同体与农村民间金融演进——兼评胡必亮等著〈农村金融与村庄发展〉》，《中国农村观察》第 4 期。

夏支平：2010，《熟人社会还是半熟人社会？——乡村人际关系变迁的思考》，《西北农林科技大学学报（社会科学版）》第 6 期。

郑也夫：2001，《信任论》，中国广播电视出版社。

Putnam R. , 1993, *Making Democracy Work*: *Civic Traditions in Modern Italy*. Princeton, NJ: Princeton University Press.

Rousseau, D. M. , Sitkin, S. B. , Burt, R. S. and Camerer, C. , 1998, "Not So Different After All: A Cross-Discipline Review of Trust", *American Management Review*, 23 (3).

Welch, M. R. , Sikkink D. , 2004, "Trust in God and Trust in Man: The Ambivalent Role of Religion in Shaping Dimensions of Social Trust", *Journal for the Scientific Study of Religion*, 43 (3).

变中有"理"：合作村治与
农民理事会

——基于"赣南模式"的案例研究[*]

许龙飞　郑庆杰[**]

摘　要：在我国社会主义新农村建设初期，广大赣南农村地区通过对传统村治的借用和改造，摸索出了一条适合本地发展的"农民理事会"组织制度，激发了农民村建的积极性，缓解了公共品供给的不足，真正实现了乡村社会的善治，被社会各界美誉为"赣南模式"。而在我国快速市场化与新农村建设深化进程中，农民理事会的发展困境使得其无法发挥应有的角色功能。基于对赣南 B 乡农民理事会的案例研究，解析了制约赣南农民理事会可持续发展的原因，即组织凝聚力减弱，代表性不强和权责分工模糊。为了破解基层乡村民主治理的难题，B 乡政府通过自身管理方式的创新、理事会组织结构的优化和与理事会的良性互动三大措施推动了农民理事会制度的变迁，改善了理事会组织的生存环境，重新激活了村民自治理事的热情。乡政府尝试在地方性知识中寻求村治的平衡点，实现了理事会与村民、政府的双向良性互动，从多元共治中探索乡村治理的新模式和新路径，为农村可持续发展提供组织保证，推动了村民民主自治的进程。

关键词：农民理事会　村治　赣南模式

---

[*] 基金项目：国家社科基金项目："华南农村社会治理中农民合作的公共性重建"（15BSH102）。

[**] 许龙飞硕士研究生，主要从事发展社会学与农村社会学研究；郑庆杰，博士，讲师，主要从事农村发展与治理与质性社会学研究。

一 引言

具体年中央一号文件明确提出的"中国要富，农民必须富""中国要美，农村必须美"，这是中央对农村和农民在中国发展中具有不可动摇的战略地位的肯定。党的十八大报告首次提出在中国共产党成立 100 周年实现全面建成小康社会的宏伟目标。建设社会主义新农村，实现城乡统筹发展，对新时期解决"三农"问题和全面在农村建成小康社会具有重大意义。社会主义新农村建设的目标是"生产发展、生活宽裕、乡风文明、村容整洁、管理民主"，无疑农民自治建设也是管理民主的题中之义。革命老区赣州的新农村建设在全国先行一步，以农民理事会为主导的"赣南模式"在全国是首创，是对中国传统村治的成功借用和改造，其先进经验对于全国特别是欠发达地区的新农村建设具有一定的借鉴作用。

政界、学界基于转型中我国乡村的综合治理对于"赣南模式"已经有较为深入、全面和具体的研究。"赣南模式"主要是指早期赣州在社会主义新农村建设中所总结的一系列先进的经验和政策，而其中新农村建设理事会制度是该模式的关键，也是学界讨论的重点。其中研究主要集中在以下四个方面：第一，从农民理事会的产生来看。作为内生主体范式，李勇华认为赣南乡村农民理事会是当地农村内部的一种诱致性制度变迁，是对中国村治传统的成功借助与根本改造，是中国乡村民主治理的重要制度创新。而作为现代冲击范式，李志强则认为农民理事会既是农村经济制度变迁的产物，也是农民理性选择的结果，是对市场化中国的一个调适反映，能够有效推动基层民主管理进程。第二，从农民理事会所具有的职能和作用来看。理事会这样的一种制度创新是对村庄治理的一种有益补充，其本身具有重要的桥梁作用，对下能够培育村民自治意识，拓展村庄治理的公共空间，促进村民集体行动的能力；对上能够拓宽政府公共物品的供给渠道，降低政府乡村管理的成本，实现服务型政府的职能转型。第三，从农民理事会与政府主体关系来看，温锐、陈胜祥等重点考察了在农民理事会中农民的主体权和政府主导越位的问题，认为村民理事会自治管理需要实现政府主导与农民主体之间的良性互动，防止民意国家被替代。部分学者则站在"国家—社会"分治的视下，认为农民理事会的背后实质反映了"弱国家—弱社会"的国家与社会关系模式，政府与理事会的互动主要依靠自上而下的资源输入来维持，并不能长久。第四，从农民理事会出现的问题与推广效果来看。当地新农村理事会存在"代表性"的不突出，组织结构的松散与影响力的有限等不足。贺雪峰、赵晓峰等则考察了不同区域的理事会，认为嫁接在宗族关系之上的理事会需要进一步建立一种受保护的社会自治权的协商增长机制。从农民理事会的推广来看，早期"赣南模式"在新农村建设中发挥着重要作用，取得了一系列的成绩，对全国新农村建设具有现实的指导意义。现实中该模式在推广全国的过程中，遇到了诸多困境，文化基础的缺失，对国家政权的资源依赖和组织机制的不完善都严重制约了该模式的推广效果，在其他地方成立的理事会效果并不明显，无法长期的持续下去。

从以上对"赣南模式"的经验研究可以看出，政府主导下的新农村建设是农民理事会出现的前提背景，当地干群矛盾尖锐与公共资源不足的双重压力是农民理事会成立的直接原因，借助传统宗族的长老权威是整合乡村民间力量的关键。这些因素都决定了新农村理事会在成立初期就具有地域的独特性，"赣南模式"中农民理事会制度的创新在新农村初期的乡治中是成功的，但在可持续发展与对外推广上则遭遇了一系列的困境。本研究通过对赣南 B 乡新农村理事会的案例调查，发现当地理事会呈现出两阶段演进样式，政府通过改变管理方式，扭转了农民"坐、等、要"的被动格局，重新激活了民间理事会的自治力量。群众在由初期政府主导性理事会的规训中培育中了权利与规则意识，积极筹备参与村级建社，与政府呈现出良性的互动。这样一种变化克服了地域宗族文化的局限性，纠正了以往学界对赣南理事会此类型模式运转中所出现的地域宗族性和时令性的偏执，市场化的加深和宗族的变迁并没有必然导致农民理事会的瓦解，而是"倒逼"出一条更加现代化、科学化和健康化的理事会发展路径。城乡环境已经发生变化，在市场化加深的情境下，赣南农村理事会也发生了新变化，出现了新情况。建立在静态主观意愿抉择基础上的分析视角会对理事会发展的持续性产生误判。

本研究选取了江西省 B 乡作为调查点，该乡是赣南地区较早落实农民理事会制度的村落。全乡总面积 76.4 平方公里，辖 13 个行政村 90 个村民小组，总人口 17334 人 4314 户。该乡保存了较为完整的宗族组织和民俗传统，是典型的宗族客家型乡村。市场化与城镇化进程中的赣南 B 乡正经历着人口结构、生活结构及产业结构的深刻变化，处于乡镇转型的关键期，外部制度环境的影响也是全国千万乡村的一个典型代表。本文尝试采用田野深度访谈的质性研究方法，对赣南 B 乡理事会的发展问题及演进状况进行跟踪调查，考察嵌入赣南地域性文化与传统中的农民理事会是怎样在制度环境的变化中进行自我调适和完善的。访谈对象包括 6 名理事会长，7 名乡村干部，18 名理事会成员和若干村民。

二　赣州农民理事会建设的概况

江西赣州是全国著名的历史文化古城，也是红色的革命老区所在。全市共有 18 个县（市、区），2012 年末总人口 926.7 万人，其中农业人口 737.6 万，占总人口的 79.6%，是典型的以农业为主的地级市。2004 年 9 月以来，赣州在全国率先开展了社会主义新农村建设，并结合自身的特殊条件及传统优势，创造了全国独一无二的"赣南模式"或"赣州经验"。"新农村建设理事会"是成为实际承担、运作村庄新农村建设的重要组织载体，该组织的成立是在农村税费改革的"倒逼"下，作为税费改革配套措施的乡村体制改革的一个缩影。以农村改革为起点，中国政府实现了从资源汲取向资源输出的转变，以新农村建设为契机，政府实行多方支农惠农政策，在公共财政上对"三农"的重点倾斜。赣州抓住机遇，在全市加快以"三清三改"①为核心的新农村建设，但在建设的过程中遇到了资金与信任危机，不能很好地激发群众的积极性，就如同所说"农村文件一大框，基层干部喊破嗓，农民兄弟懒洋洋"，阻碍了新农村建设的开展。在此情况下，部分县市试点农民理事会制度，通过发动有热心、有威望、有能力的党员干部、村庄能人及农村"五老"来组建农民自治理事会组织，主要在排除纠纷、筹集资金和自治管理中协助村两委建设社会主义新农村。村民理事会的建立打破了赣州新农村建设面临的僵局，促进了工作开展，取得了巨大成效。

赣南 B 乡自 2005 年开始新农村建设，也是县级重要的新农村示范点。当地主要以"三清三改"为建设基础，围绕农村新民居建设、农村经济产业建设和新村风民风建设三大核心内容展开工作。由于 B 乡落后的经济发展条件和早期紧张的干群关系致使乡政府在落实任务时一度遇到很大的障碍，无法顺利开展下去。乡干部通过引进周边兴国、赣县等工作经验，大力在全乡建设新农村理事会，把任务安排到新农村建设试点村，乡镇各级

---

① 2004 年以来，按照江西省赣州市市委、市政府建设社会主义新农村的统一部署，施行"三清三改"政策，具体指：清垃圾、清淤泥、清路障、改水、改厕、改路。

干部亲自上阵，统一领导。理事会主要是由村内具有一定威望和素质，能够服众的老年人组成。这些老人有的是当地宗族辈分较高的老者、有的是退休的教师和卸任的村干部。他们热情度高、生活负担轻、拥有较多的闲暇时间来为村庄新农村建设服务。理事会在组织建设中主要是以所在村级空间为组建范围，以规章制度为组建基础，积极配合村两委及乡政府落实相关项目。理事会的功能主要包括以下几个方面。第一，协助村两委组织村民参与建设。在新农村建设中涉及动员村民出资、出力等。第二，协助村两委协调征地、拆迁和补偿等工作。这既是村民理事会在工作开展中重要的一环，也是最难的一环，直接和村民及乡村干部打交道。第三，组织村民监督施工方的工程质量和进度，保证新农村所建项目按质按量完成。第四，及时公布善款使用状况，核对款项的支出明细。随着国家和政府对新农村扶持的力度加大，赣南 B 乡通过把握村民理事会在新农村建设中的角色定位，积极向上争取到了更多的试点项目，出色又及时地完成了许多工作，在全市起到了示范和榜样的作用。

三　赣南 B 乡农民理事会的发展及困境

　　早期赣南 B 乡农民理事会的兴起及发展是有其特定的历史文化条件，第一、对于组织兴起的外部环境来说，国家改革开放后的政策红利及新农村建设的契机是当地农民理事会建设的直接动力，政府积极将国家—农民的关系由"汲取型"转变为"服务型"。赣州市委市政府结合当地实际，科学纵深地推动新农村建设，完成对广大农村地区服务型的"输血"工程。第二、农民理事会组织之所以能够发挥如此强大的动员作用，主要在于它背后的具有较强认同和行动能力载体的宗族组织和乡村规范。农民理事会通过利用传统宗族资源，把"宗族资本"转化为"组织资本"，利用能人治村，在乡村治理的过程中践行了多元化的民主自主创新机制。近些年，随着各村新农村建设的重大试点项目的完成，政府转向了更小区域和领域的专项建设，所涉及的受惠的人群更广，项目分工也更细。B 乡各村新农村理事会的任务也减少许多，发挥作用在减小，有的甚至已经名存实亡，组织机构已经解散。这样一种新的组织事物在当地普遍遇到了"来得快、散得快"的时令性困境，持续性不强。究其原因，主要有以下问题。

（一）农民理事会的凝聚力减弱

1. 对国家政权和资源的依赖

早期新农村建设作为税费改革后政府的一项国家惠农政策，在对乡村资源的输送上具有重要意义。2004 年后，我国确定了"公共财政覆盖农村"的基本政策，在面对大量公共资金向农村的转移的同时，当地政府积极结合本地实际制定相关的惠农政策，这点农民是非常欢迎的，也都愿意改善乡村生活环境。由于 B 乡地区人地矛盾，除了已有的干群矛盾和资金短缺等传统问题外，"财权上移，事权下移"所造成的"悬浮型"政府的执行力也减弱不少，乡村干部在推广新农村的过程中遇到了很大的压力，公共服务出现了缺位。从而政府尝试通过建立农民理事会，把工作中的困难化解在基层，如果当地矛盾无法化解，工作无法顺利开展，那么示范点或相关项目就会停工，上级会重新评估在当地村的可行性，甚至会撤销示范点。当地村民不愿原本属于本村的"蛋糕"被分，在乡政府和村两委的建议下，积极筹备理事会，其中大部分理事会成员都是当地有威望和信义的老者，他们深知其中的利益关系，希望把更多的国家扶持资源留在本村，积极宣传政府的新村政策，所以在这样一种把国家资源留下的心态成了他们说服当地钉子户的动力。迫于乡村舆论压力，村里面很多人也都开了绿灯。而随着新农村建设有关大型项目在当地的完工，当地政府"输血"的减少，村民认为乡政府所争取的一些零散的项目并不能惠及自己或在短期内看到利益，所以新农村理事会在下面做工作时，则不能以整体性受惠的明显利益优势打动理性化的村民，农民"坐、等、要"的心态强烈，逐渐的新农村理事会就慢慢失灵，无法长期持续下去。

2. 宗族文化基础的减弱

如果说外界政策的变化是具有弹性的因素，那么 B 乡宗族文化的减弱则是一个趋向性常态，间接导致村庄公共性和伦理性的日趋衰竭，村社共同体处于解体之中。B 乡村民理事会的建立和其他赣南各村的理事会一样得益于当地的历史文化的基础，赣南作为全国最大的客家人聚集地，一直保留和传承着中华民族怀国爱乡、精诚团结和孝顺父母的优良传统。B 乡大部分村落依旧保存着维系家族、宗族关系的宗祠，保存着以理事会的形式处理村务的乡土传统。改革开放后，农村宗族呈现出复兴的态势，建祠缮谱大兴盛行，并恢复了许多仪式化的传统习俗。肖唐镖、戴利朝认为宗族在村治过程中发挥着重要的作用，他们提供了较好的服务与帮助，填补了若干管理真空，避免了更严重的失范和无序，并且强族组织与宗族集体意识成了抗拒行政力不法侵害与剥夺的工具。B乡钟氏宗族在早期新农村理事会建设时期，通过长老权威的号召力凝聚了人心和信任，理事会在一定程度上是宗族结构力量的翻版，很好地继承了宗族的传统和"遗风"，发挥了重要的组织作用。在当地新农村旧房改造和新村建设的过程中，很多钟氏老者既是原先祠堂理事会的成员，也是新农村建设农民理事会的成员，他们以"德"生"威"，以"德"服众，在为村民干公事时分文不取，积极利用自己的关系化解矛盾，更通过自己以身作则，为项目捐款出力，用率先垂范来推动工作，赢得了大家的认可。但在我国民主化与市场化进程中，宗族的复兴并不是全面的复兴，也不是对传统绝对的继承，就如同应星所说"20世纪80年代以来中国的家族就同时受到强化因素与削弱因素的拉力"。祠堂、寺庙、族谱等民间实物和习俗虽然可以重建，但基于传统文化中农民之间出入相友、守望相助、疾病相扶的公共精神则一去不再。宗族传统伦理的约束力在不断减弱，印证了王沪宁所认为宗族复兴是历史发展中的特定现象，消解将是其必然的历史发展方向一说。在消费主义观念的主导下，农民在日渐功利化的同时，也日益原子化、疏离化，使得传统的宗族关系日益功利化与复杂化。在商品生产的合作中，重感情越来越成为一种形式，经济利益成为调节亲属关系远近的标杆，传统社区的公共生活走向瓦解。以宗族的血缘和亲缘关系为基础的村民理事会也在市场化的浪潮中无法持续下去，村民的自治发展遇到"公共意识"缺乏、"公共文化"衰败的困境。

（二）农民理事会"代表性"的不足

1. 宗族利益"绑架"民意

从B乡新农村建设的村民理事会的构成来看，理事会的理事是由村民通过直接推选的，村落的人口结构直接影响着理事会组织的人员结构，每个理事都可能代表一方的利益。在市场化的冲击下，个人主义兴起，农民思想观念正在发生深刻变化。每个村民都有自身的行为逻辑，单纯的"道义经济"已经无法很好的解释村民的理性行动，个人突破宗族伦理的束缚，寻求自身的利益均衡，在B乡一些本族的钉子户越来越多，无论是对村干部苦口婆心的劝说，还是对族内长老陈明利害关系，都无动于衷。其中很多人认为属于"自己的利益为什么要奉献出来，为什么要宗族代理，以前很多情况下就是由于自己不争取，造成属于自己的利益被理事会和族内带办了，他们没有资格"（村民调查对象 A，男，35 岁），B 村社会使人们以家族聚居，以乡土为纽带，日常生活的问题一向通过家族的血缘群体的系统来解决，这使得公共生活关系始终未能脱离家族的纽带而形成，使得公共生活的理事会自治机构也未能摆脱家族的网络，宗族在一定程度上"绑架"了个人的民意，村民的话语权被代表了。

2. 民意的结构性矛盾

基于传统文化社会中乡村精英的"保护型"经纪人的角色，具有权威的族中老者在很大程度上会为所在宗族族人说话，争取族人利益。在调查中，B 乡 M 村是典型的单姓钟氏宗族村落，理事会的成员主要来自 M 村钟氏的各房支，六甲房支中各产生其中的代表，协调房支内部关系。在涉及钟氏统一利益的房屋改造时，各房支推举的理事会成员会达成很好的共识，促进此项目的发展。但在涉及公共利益的主导与分配时，会导致因内部利益不均而出现的房支矛盾，进而使村民理事会走向分裂。例如修路占田、渠道修建、山林保护等涉及好几家房支的公共项目。"我们世昌堂门下的族人都还是很团结，前几年我们重修了这个祠堂，大家捐款挺积极，也方便争取一些水渠的费用"（村民调查对象 B，男，64 岁），在宗族内部是有利益分歧的。除了 M 村的单姓村外，B 乡还有多姓宗族村落。这些选举出来的理事会成员很大程度上是各个家族的代表，导致理事会在民主决策时各自带着私利性和家族意识，各抒己见，矛盾纷杂冲突、难以形成公正公平的意见，不利于理事会的发展与稳定。村民的民意被传统乡村超稳定的宗族结构所分割，无法在公共沟通上达成一致。

（三）农民理事会"权责性"的模糊

理事会的"权责性"主要是体现在理事会组织的执行权力上，其本身担负的责任有多大。农民理事会到底能在多大程度上把"代表权"转换成可见的成果，很大程度上取决于自身的"权力"；这样的权力不仅取决于基层的民意，也取决于和外部国家政权的关系。具有普遍民意基础的村民理事会是大家达成契约的产物，具有代表本村村民的非法定权力。村两委是国家权力末端的延伸，是具有代表国家法定权力的自治群众组织，在实际中两者之间存在一定的矛盾。

1. 农民理事会权力的架空

20 世纪 90 年代，在由国家倡导的村落自己建设运动中，《中华人民共和国村民委员会组织法》明确的确定了一些重要的法律规定，奠定了村委会法定权力的基础。新农村建设村民理事会建设始初就是在乡政府与村两委的领导与指导下开展的，理事会的资源主要来自政府的拨付，村民理事会只是在政府的"代理人"即"村两委"的领导下承担具体工作的开展，当理事会执行力不强，遇到相关难以解决的纠纷时，当地村两委和乡政府会从"幕后"走向"前台"，直接指挥新农村建设，就会发生村委顶替理事会的事件，理事会名存实亡。在调查过程中，B乡新农村理事会出现过这样的事件，理事会成员由于碍于亲情，无法说服自家嫂子的搬迁工作，工作无法顺利进行，直接被乡政府提议换掉。这事说明，村民理事会的成员虽然起初是群众直接选出的，具有代表权，但需要在政府认可的活动范围内，一旦与上级命令产生冲突，会被换掉。其次，农民理事会中具有一定的党员，在工作的具体开展中，会直接倾向于依仗基层政府，执行政府的意志，村民理事会在外界看来只是起到"代理人"的作用，"并没有很大的权力帮助老百姓说话，他们都和当官的是一路人，还是要看他们的脸色"（理事会成员调查对象C，54岁，男）。

2. 组织规范和责任不明

B乡新农村建设理事会的成功建立与运作，离不开一系列的制度设计与规章制度，其中最重要的是人事组织与资金运作规范的两大内容，是关系到项目运转中"人"和"钱"的关键。哪些人能够被推选成代表村民利益的候选人，村中"五老"众望所归；资金和物资怎么花费和运作，资金运作透明理所当然。新农村理事会通过公布通过理事会成员考核和公示资金运转状况赢得了村民的信任，扫清了工作困难。而随着时间推移，制度规范层面的变动无法很好的对接现实的需求，主要体现在激励制度不完善上。早期理事会成员的资历较高，年龄也大，是村中德高望重的"五老"，他们中很多人是出于对家乡公益的热心，并没有回报。但长久以来，理事会在处理事务的过程中，由于经费的严格控制和公开透明，电话费自己垫付，外出办事只能报销来回的车费，吃饭自己掏腰包，有时甚至连纸张、笔也得自己垫上，"我们去深圳化缘，用于交通、接待就花费了2万多元，都是有发票的，很多都是自己预先垫付的"（理事会成员D，男，51岁）。在工作中理事会成员面临时间无偿占用，经济收入减少、亲戚朋友不理解等各方压力。"遇到最大的难题就是那些本族的钉子户，工作无法展开，再怎么劝说都是张口要钱，不顾亲戚脸面"（理事会成员E，男，64岁），当下无论是在生产上还是生活中，农民之间的亲缘互助关系都变成了即时性的金钱交易。老人们再也很难通过地方性知识讲面子人情，规"劝"村民顾全大局，继而很多老者觉得这是门苦差事，很容易得罪人，所以理事会缺乏长期的激励制度，留不住人。

四　B 乡农民理事会的困境突围

B 乡在经历了社会主义新农村浪潮初期的大规模改造后，各新农村示范点的基础施舍有了很大改善，村民的生活质量有了明显的提高。截至 2008 年，全乡完成 3 个示范新村建设，新增圩镇 1 万多平方米，拆除"空心房" 210 间，空心房改造面积达 3465 平方米。完成改水村庄 5 个，改厕 259 座，完成通村公路 117 公里。街道硬化、绿化等配套建设进一步完善。在 B 乡全面深入推进社会主义新农村建设时期，工作任务和目标发生了变化，在继续加强前期"路、桥、渠、房"等基础项目之上，从生产领域的扶持重点转向生活领域的帮扶，把"输血"变为"造血"；从重视乡村物质文明的基础上转向精神文明，努力打造乡村客家文化和公益项目。这些项目的实施更加需要村民理事会发挥重要作用，但理事会本身问题突出，功能确实，B 乡政府果断对农民理事会进行改造。

（一）B 乡政府管理方式的创新

B 乡政府尝试在以政策为导向的前提下改变以往扶持经费的审批与拨付方式，在对口援建的资金链上进行结构优化重组，以改平时村民与理事会"等、要、靠"的被动心态，重新激活村民理事会的主动性和公益心，有效地发挥了农民的主体作用。第一、在扶持经费的审批上，B 乡由以前直接重点考察基础项目转为当地自行申报待建基础项目，并加大宣传力度，让群众自己申报。这样政府服务的面更广，也更科学，这就做到了让村民真正做主，先做老百姓急于想完成的项目，极大地提高了村民的积极性。第二、在扶持建设的拨付上，B 乡由以前向上争取资金进行全面补偿转为间接补偿，部分拨款。具体是由村民理事会对所申请项目，尤其是路、桥、渠、房等基础设施，先让他们自行解决路坯的基建筹资问题，自行解决施工纠纷的问题，再后续按相关的比例进行资金扶持，进行补助。"这样既能发动群众的筹资力量，又能让有限的资金用到刀刃上，完成更多的基础建设，惠及更多的村民"（B 乡乡长 F，男，48 岁）。当地通过资金链的把关，激活了群众和理事会的积极性。第三、建立农民理事会考评监督机制和激励机制。赣州市政府创建工作领导小组要求市县各部门按各自业务职能范围，划出部分经费来对口帮扶各村理事会的建设工作，不定期对村民理事会进行业务考核，对有贡献的理事成员进行有薪奖励，从而调动了村落理事会成员和村落群众参与创建的积极性。总之，乡政府积极探索一条能够激活村民"自享、自办"的可持续发展途径，通过改进资金的分配方式和完善激励制度，扭转了村民被动组织村建的问题，促进了理事会长效有序的发展。

（二）农民理事会组织结构的优化

"权变理论"的基本思路是：组织的最佳结构取决于一个组织的具体的环境条件、技术、目标和规模，如果环境条件变了，组织结构也应该相应变化。从 B 乡农民理事会的组织结构来说，早期新农村建设主要以整个村庄基础改造而设立的理事会，在乡政府与村两委的指导下，都制定了相关的理事会章程，各个环节具有严格的要求，是典型的"空间型理事会"① 的特点。而随着新农村建设的重点方向的转变，很大部分公共项目不再是对村落宏观政策性的整体改造，而是以村民生活相关、各村级小组相关的领域的转变。这样农民理事会承担的任务更多，聚焦的问题更小，并且直接和村民打交道的次数增多。B 乡撤销了以前大村的新农村理事会，建立规模更小的事务型理事会（图 1）。在突破集体困境中，奥尔森认为小群体的相互监督和了解容易克服搭便车的投机行为，道格拉斯则认为小群体的成功归结于一个共享的思维或共享的观念。大型的新农村空间理事会转变为小型的事务型理事会，让以前所承担的任务重担有所缓解，也减少了理事会成员"搭便车"的情况。凸显了以下特点，第一、优化理事会组织制度结构。这些事务型理事会除了继承了以前新农村理事会的规章制度，严格按制度办事外，自身还制定了激励制度，例如红榜公示，资金奖励等。第二、坚持谁收益，谁组建的原则，让申报事务所在方按照规则组建理事会，这样理事会中的成员基本都是动员方，也是收益方。"他们在工作监督中特别认真，轮流着监督施工方和工程质量"（B 乡政府主任 G，男，45 岁）。第三、在理事会人员结构上吸引了更多青壮年和村外精英，防止老者的更替形成"权威"的真空。当公益事业建设任务完成时，理事会也就随之解散，下次再有工程或任务，会重新按区域按人数启动，这样一种"一事一议，

---

① 田先红在《国家与社会分治》一文中，把理事会按功能分成"空间型"与"事务型"，前者指每一个新农村建设点所设立的理事会，后者指根据某一具体的事务而成立的。

因事社会"的做法在 B 乡全面开展，有效解决了纠纷大、跨区域、多任务的工作，整体效果不错，村民们在理事会这种自治平台的实践中，锻炼了自治的能力，提高了自治的水平。农村非政府组织的创新，关键在于培养农民的组织意识与组织能力，理事会的组织结构优化能够在民主自治的实践中培育农村的公民社会。

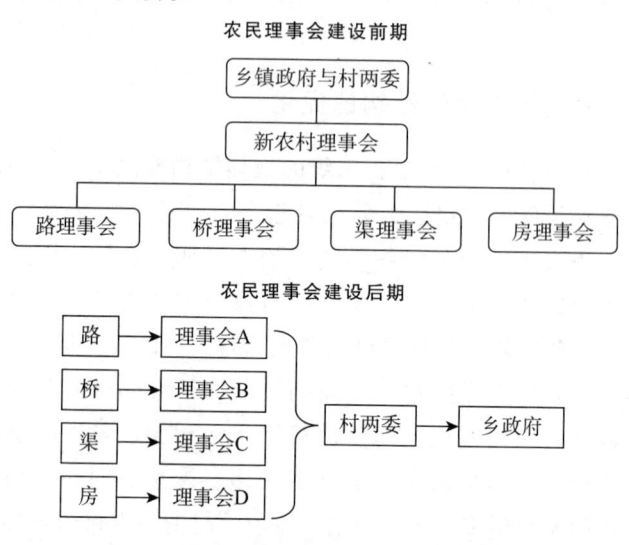

图 1　村庄理事会组织前后对比结构图

（三）农民理事会与政府的良性互动

伴随着农村社会市场经济的发展，农民民主权力意识的增强极大地促进了理事会的发展，但这样的一种发展不是单向度的，不会脱离与政府的联系，它需要得到国家政府的积极回应，摆脱基层政府的"悬浮型"状态，而政府需要在尊重农民的民主要求的同时，转变政府职能，构建村民理事会与政府的良性互动，促进理事会发展的有序运作。在实际中，B 乡政府通过减少对村民理事会自我管理和服务的干预，改进了监督机制，明确了村委会和理事会在新农村建设中的角色和职责，防止理事会权力的架空，工作职责的行政化。在具体工作中，政府方面：为了防止事务型理事会的随意性，B 乡政府只安排一名乡级或村级干部直接进驻相关组建的理事会，负责所有理事会与政府的任务接洽，理事会成员不用再隔三岔五地往乡政府跑，反映建设情况，也便于政府更好地了解项目建设的动态。一方面，村民理事会通过进驻的干部反映问题和困难，希望乡政府能给予政策的支持；另一方面，乡或村干部同理事会协力工作，可以对下派干部起到监督的作用，防止公款的挪用。在以前的乡政府对理事会是直接行政命令，拨付资金无须理事会，现在则是理事会与特派员共同管理资金，监督资金的运转。理事会方面：农民理事会会主动通过相关程序向政府申请资金和政策支持，如遇到一些民间难缠的纠纷，会向当地政府寻求法律的支持，政府也非常愿意。此外，当地农民理事会借助庙会、祭祀、戏班等一系列的民间平台，积极宣传党和政府的关于新农村建设的惠农政策和相关规章制度，"我们每年春季庙会时，他们钟氏祠堂的理事会会组织东河戏表演，宣传政府的政策，我写了好多首自编的台词"（东河戏民间艺人 H，男，72 岁）这样村民理事会和乡政府之间的关系呈现出良性的互动。

五　结语

西奥多·威廉·舒尔茨将"一种制度定义为一种行为规则，这些规则涉及社会、政治及经济行为"，是一种社会秩序。农民理事会在作为这样一种社会秩序为基层乡村提供公共物品和服务方面的作用是无可替代的，赣南农村在挖掘扎根乡间的村规民约、互助传统等乡村伦理文化中激发了组织活力，彰显了村民自治的优越性。农民理事会自治制度的变迁，是一种规则的变化，规则变迁在不同时期因参与者和条件不同，规则成本也很不相同。奥斯特罗姆认为"每一种变迁都要以先前的规则为基础，一些只需要较低转换成本就能完成的规则变迁，使参与者在接触到成本较高的替代方案之前就能从集体行动中收益，所有的制度转换成本受政治制度环境的影响"。理事会这种体制外的力量受制于乡村政治环境，在赣南这块具有乡村伦理文化的社会土壤里，当地通过把传统的文化资源转换成组织资源，很好地解决了资金紧缺和干群矛盾等问题，为乡政府与个体村民建立起了沟通的桥梁，突破了"搭便车"的公共困境，很好地完成了新农村建设的任务。但对这样一种新的农民自治组织形式来说，一方面，我们不仅应该把其嵌入到地域文化传统中来看待，通过当地的农民理事会把传统的社会资本转化成了现代的社会资本，达到了帕特南所说的具有高社会效率的社会资本载体；另一方面，应该在法律层面给予其规范与指导，积极地把这样一种制度改革写入《村委会组织法》，将农村基层有益的民主实践升华为法律，在促进政府转型的同时，把政府更多的权力下放到社会组织和基层民众。总之，以农民理事会形式为主的社会建设的根本在于社会主体性的培育，尤其是自组织的社会生活的培育，不应是权力和市场的过程，而是充分发挥村民自身的主体性，这才是自治的意义所在。基层制度创新本身需要动态的时间检验，B 乡通过改进理事会管理方式、组织方式和互动方式，很好的突破了理事会发展中的困境，走出了一条适合本地的农民自治管理的道路，这样一种集乡村传统伦理、"两委"民主决策管理、村民小组自治、社会组织参与的多元协商公治的新"赣南模式"才会长盛不衰。

参考文献

R. 科斯等：1991，《财产权利与制度变迁》，上海三联书店。

埃莉诺·奥斯特罗姆：2012，《公共事务的治理之道》，上海译文出版社。

陈宇航：2008，《赣州模式：欠发达地区新农村建设的成功模式》，《农业考古》第 3 期。

贺雪峰：2001，《论村级权力结构的模式化》，《社会科学战线》第 2 期。

李勇华：2007，《"新农村建设理事会"：中国传统村治的成功借用与改造》，《学习与探索》第 3 期。

李勇华：2007，《新农村建设理事会：我国村庄治理的制度创新——新农村建设"赣州经验"解析》，《探索》第 2 期。

李志强：2010，《农民理事会：村庄治理的制度创新》，《江西行政学院学报》第 4 期。

廖申白：2014，《交往生活的公共性转变》，北京师范大学出版社。

罗晓蓉：2007，《新农村建设理事会刍议——以江西新农村建设示范为例》，《求实》第 10 期。

毛丽平、张联社：2014，《新农村建设理事会的推广困境与发展研究》，《长春理工大学学报》第 3 期。

沈原：2007，《社会的生产》，《社会》第 2 期。

田先红：2012，《国家与社会的分治——赣南新农村建设中的理事会与乡村组织关系研究》，《求实》第 9 期。

王沪宁：1991，《当代中国村落家族文化—对中国社会现代化的一项探索》，上海人民出版社。

王思斌：1987，《经济体制改革对农村社会关系的影响》，《北京大学学报（哲学社会科学版）》第 3 期。

魏程琳：2012，《集体行动困境突围：新农村建设中的理事会——基于赣南 C 村个案调查》，《中共宁波市委党校学报》第 6 期。

温锐、陈胜祥：2007，《政府主导与农民主体的互动——以江西新农村建设调查分析为例》，《中国农村经济》第 1 期。

吴理财：2014，《公共性的消解与重建》，知识产权出版社。

肖唐镖、戴利朝：2003，《村治过程中的宗族——对赣、皖 10 个村治理状况的一项综合分析》，《福建师范大学学报》第 5 期。

应星：2015，《中国社会》，中国人民大学出版社。

张艺、陈洪生：2008，《村民理事会：以社会资本理论为分析视角——以江西省幸福社
　　区为例》，《甘肃行政学院学报》第 3 期。

赵晓峰：2012，《农村宗族研究：亟待实现范式转换——基于赣州、岳平两地农村社区
　　发展理事会建设实践的分析》，《甘肃行政学院学报》第 1 期。

周飞舟：2012，《以利为利：财政关系与地方政府行为》，上海三联书店。

周雪光：2003，《组织社会学十讲》，社会科学文献出版社。

韦伯"中国命题"与儒家传统文化研究

——杜维明与黄宗智思想理路辨析[*]

杨国庆　郑　莉[**]

摘　要：儒家传统的现代化问题是清末以来知识人的共同问题。基于韦伯对中国传统文化的直接研究和重要影响，本文把韦伯"中国命题"作为儒家传统文化研究的切入点，比较了杜维明和黄宗智在回应韦伯"中国命题"时所彰显的哲学与历史学"各自相异"的儒家传统研究进路；揭示了这些不同研究进路在中西文化比较研究视域下所具有的文化传播阶段相同、所共享的诠释学理论资源相同的"异中之同"特征；并在此基础上，进一步以"中国理想图景"建构问题为分析主线，批判了杜维明对"西方理想图景"的实际认同，肯定了黄宗智对"中国理想图景"的理论关注，并最终确立了据以总体评价两位学者思想理路的"同中之异"，从而引发了我们对儒家传统现代身份重建问题的进一步思考。

关键词：韦伯"中国命题"　儒家传统文化　中国理想图景

从历史上看，儒家传统文化不断突破历史困境并完成身份重建，为传

---

*　本文系国家社会科学基金青年项目（11CSH002），哈尔滨工程大学中央高校自由探索项目（HEUCF20151306）的阶段性成果。

**　杨国庆博士，哈尔滨工程大学人文社会科学学院副教授；郑莉博士，哈尔滨工程大学人文社会科学学院教授。

统中国提供了长期稳定的政治和社会秩序。晚清末年伊始,在中西方文化相遇与角逐的过程中,儒家传统文化却逐渐衰落了。长期以来,国内外学者关注、思考、探索儒家传统生命力的研究不绝如缕。儒家传统如何重建现代身份,也就是,如何在保持优秀传统文化资源的前提下有效回应现代社会的各种问题,既是儒家传统文化重现生机的基本要求,也是中国文化走向世界的迫切要求。

儒家传统现代身份重建问题是一个涉及中西文化比较研究视域下的宏大课题,寻找并以一个西方文化具体研究成果为参照,是介入这一宏大课题的可行性路径。在西方学术史上,众多西方思想家都对中国历史和文化进行过相关论述,但在这些思想家之中,韦伯处于一个与众不同的特殊地位。一方面,这种特殊性体现在韦伯对中国文化研究的深度和广度上。韦伯在生命的最后十年致力于东方宗教研究,写作和修订了《中国宗教:儒教与道教》一书,并把它置于"世界诸宗教的经济伦理"比较研究系列的首要位置;在学术史上,与韦伯同时代的欧洲思想家相比较,这种专门以中国文化和社会为对象的专门论著是极为罕见的。另一方面,这种特殊性也体现为韦伯有关中国文化研究的巨大影响力上,韦伯的主要观点和结论迄今仍对西方的中国研究发挥着极为深远的影响。韦伯在《中国宗教:儒教与道教》中指出:"儒教的理性主义意指理性地适应世界;清教的理性主义意指理性地支配世界。"(马克斯·韦伯,2010b:325)这一论断在西方学术界受到了普遍认可。直至20世纪60年代东亚经济出现腾飞,情况才开始改变,美国、亚洲等许多学者仍试图用韦伯的宗教观念影响经济行为的思想去解释东亚经济崛起和现代化问题。

基于上述原因,本文以韦伯的"中国命题"研究为中心,比较分析两位著名美籍华裔学者杜维明和黄宗智的思想,也就是,围绕着杜维明有关韦伯"中国命题"的哲学研究进路和黄宗智有关韦伯"中国命题"的历史学研究进路,论述这些研究进路在中西文化比较研究视域下所具有的共性特点及其所共享的理论资源,并最后呈现出杜维明和黄宗智在"中国理想图景"建构这一基本问题上的重大不同之处,从而引发我们对儒家传统现代身份重建问题研究的深入思考。

一 韦伯"中国命题"与中国的"他者"形象

马克斯·韦伯是20世纪最杰出的社会学家,他在宗教社会学、政治社会学和法律社会学领域都做出了重大的学术贡献。"韦伯毕生的工作，似乎正如他自己认为的那样，既是对西方文明的分析，又是对西方文明的辩护。"（莱因哈特·本迪克斯，2007：402）正是出于对西方文明的分析和辩护，韦伯提出了著名的"韦伯命题"和韦伯"中国命题"，并据此对西方以外的国家进行了"他者"形象的建构。

（一）"韦伯命题"与韦伯"中国命题"

从对西方文明分析的角度来看，韦伯从发生学视角讨论了清教伦理与资本主义精神之间的亲和性关系，这也就是我们通常所说的"韦伯命题"。《新教伦理与资本主义精神》是韦伯毕生关注这一命题的导论，韦伯追溯了宗教观念对人类行为的影响，对马克思主义关于人的意识取决于人的社会阶级地位的论点提出了挑战；在该书中，"韦伯基本上是在分析神学教义和布道作品，他力图证明，这些教义及其派生的告诫有着内在的逻辑，这种逻辑直接和间接地鼓励人们在追求经济利益时既要有计划又要自我克制"（莱因哈特·本迪克斯，2007：51）。

从对西方文明辩护的角度来看，韦伯对世界各大宗教的比较研究，其根本目的则在于勾画出与西方截然相反的宗教取向，从而对西方宗教特点乃至于西方资本主义的特殊性进行论证与辩护。用韦伯的话来说：世界宗教的经济伦理"这些论文并不是想要做成广泛的文化分析——虽然时而不得不如此。毋宁反倒是故意要强调，种种文化领域里无论过去或现在，那些与西方文化发展相对照的成分。换言之，就是彻底着眼于呈现西方发展的景象时那些显得重要的部分。"（马克斯·韦伯，2010a：13）具体到对中国宗教的分析，韦伯认为，无论是儒教还是道教都不仅不能成为资本主义发展的推动力量，反而成为阻碍力量；这也就是一般意义上的韦伯"中国命题"。这在韦伯《中国的宗教：儒教与道教》一书的最后结论中得到明显体现："几乎不容质疑的是：（中国人的）'心态'——在这里意指面对世界的实际态度——的各种基本特征，在其发展过程中的确是深受政治与经济的命运所共同影响的；但是，只要看看此一心态的固有法则性，也就不难指出这是强烈阻碍资本主义之发展的一个有力因素了。"（马克斯·韦伯，2010b：327）

从上述分析可以看出，韦伯对西方文明的分析与对西方文明的辩护之间，或者说，"韦伯命题"与韦伯"中国命题"之间具有紧密的逻辑相关性；韦伯"中国命题"仅仅是韦伯为证明"韦伯命题"的独特性而提出的一系列反命题之一，而其最终目的也只是通过对其他文化的分析而对西方文化进行辩护。考虑到韦伯对中国文化分析的目的在于对西方文化独特性进行辩护，同时，考虑到韦伯对中国文化所做分析的广泛程度，本文在极为宽泛的意义，而不仅仅是在一般意义上使用韦伯"中国命题"的含义，这种韦伯"中国命题"的含义，不仅包括韦伯对中国宗教的分析，也包括韦伯对中国法律等其他文化要素的分析。

（二）中国"他者"形象

毋庸置疑，"韦伯命题"和韦伯"中国命题"的开拓性和深刻性是显而易见的事实。认真研究"韦伯命题"，尤其是韦伯"中国命题"，无论是对于中国传统文化本质特征的深入了解，还是对于中国传统文化现代转化的具体研究，都具有重要的理论和现实意义。作为学术研究者，我们应当对韦伯具有开拓性和深刻性的研究工作表示最充分的敬意，而我们表达敬意的最好方式则是审慎而认真地对待其研究成果。苏国勋对韦伯的评论正是体现了这种审慎而认真的态度："同任何一种思想一样，韦伯的许多论述也有其具体时空的限制，因此借鉴韦伯对中国文化问题的研究更需在方法论上小心谨慎，警惕他那时代欧洲学者普遍具有的'欧洲中心论'情结。"（苏国勋，2013）根据苏国勋的论述，正视韦伯思想背后的西方中心论观点并对其时刻保持警惕态度，是我们开展有关"韦伯命题"和韦伯"中国命题"研究的必要前提。

2006年，周宁出版了专著《天朝遥远——西方中国形象研究》，对西方中心论的观点进行了系统研究。在周宁看来，中西方文化都有着悠久的起源和长期的发展过程。但是，直到1250年前后，随着西方使者出使蒙古，中国形象在西方才变得形象而具体；在此之后长达500年的时间内，中国形象在西方分别呈现为"大汉的大陆""大中华帝国""孔夫子的中国"等三种乌托邦的美好想象。但是，到了1750年前后，随着启蒙运动的高涨，西方现代性的确立，中国形象在西方转而成为"停滞衰败的帝国"，"东方专制的帝国"和"半野蛮的帝国"等三种意识形态的恶劣想象。从表面上看，这是西方想象中国的态度变了，从美化中国到丑化中国，从爱慕中国到憎恶中国；究其实质则在于，西方现代精神在启蒙运动后已经正式确立了，不再需要自我否定、自我超越的乌托邦，而需要自我肯定、自我巩固的意识形态"他者"。西方现代文化史上否定的、意识形态性的中国形象的文化功能，是整合、巩固西方现代文化权力，维护西方中心主义的现代世界秩序。（周宁，2006：前言7-9）同样，黄宗智认为，萨伊德的东方学研究也证明了这种"他者"形象的存在，即，"西方人关于东方的研究不可避免地与帝国主义的历史联系在一起。将东方建构为落后的它者预示着帝国主义的殖民支配，并且将这种支配合理化了。现代社会理论，尤其是现代化理论，就是这种传统的继承者，它保留了努力服务于西方的以西方为中心的主导叙述"（黄宗智，2007a：188）。

韦伯所生活的时代是19世纪末20世纪初，此时的欧洲早已经完成了中国形象的大转折。身处于西方中心主义的大时代背景下，作为杰出社会学家的韦伯也无法摆脱以西方为中心的研究视角，在对儒教和道教进行研究的过程中，屡屡无视中国宗教文化史上的重要事件，对中国文化表现出极端冷漠，甚至不屑一顾的态度。在苏国勋看来，"韦伯认为东方宗教仅凭其浓厚的泛神性就可证明是巫术，表现出他用西方一神论救赎宗教看待世界其他地域的宗教，凸显了他那时代西方学者视欧洲地方性为普世性的立场。……至于他对道教全盘否定为'十足的巫术''完全非理性'的误读，不仅为当代科学史研究（如李约瑟）所驳难，说明他对中国文化的吸纳能力和包容性认知的不足，而且也表明他对道教的认识上没能借鉴他那时代欧洲汉学研究的成果，明显地落后于欧洲两个世纪之交当时学术界的认知水准"（苏国勋，2013）。基于此，从研究"韦伯命题"和韦伯"中国命题"出发，严肃对待韦伯思想中的西方中心主义观点，澄清被韦伯无意忽视或有意歪曲的中国传统文化，尤其是作为主流的儒家传统文化的原貌，应该成为海内外关心中国文化的有识之士的重要使命。

二 韦伯"中国命题"的两个版本与儒家传统文化研究的两种进路

在儒家传统文化研究中，哲学和历史学是两种不可或缺的研究视角，其原因正如杜维明所言，"儒家传统是一种历史现象，又是一种生命形态，其中有其哲学意义、宗教意义、人文学意义、人类学意义。因此，从哲学和历史两个角度交叉互补，对这一传统进行反思，很有必要。"（杜维明，2002b：278）本文所关注的两位学者恰好是儒家传统文化不同研究视角的典型代表人物，具体而言就是，本文围绕着对韦伯"中国命题"的不同回应，具体考察杜维明的哲学研究进路和黄宗智的历史学研究进路。

（一）韦伯"中国命题"的现代东亚版本与杜维明的哲学研究进路

20世纪70年代以来，对于"韦伯命题"和韦伯"中国命题"的关注与研究，是杜维明学术研究领域中的一个重要课题，其主要代表作包括《现代精神和儒家传统》和《东亚价值与多元现代性》等。在杜维明看来，韦伯是从发生学的角度来了解资本主义兴起的，"韦伯命题"是一个历史的回顾与分析；但是，我们目前讨论这个问题和韦伯最大的不同之处在于，东亚现代性还正在发展中，我们必须在他形成过程中来了解它，我们是"身在此山中"。（杜维明，2002b：539）基于此，作为新儒家重要代表人物的杜维明尽管也特别重视历史分析的重要作用，但主要还是把受儒家文化影响的东亚社会当作一个生命形态，以哲学反思的方式对其进行了相关研究。

杜维明重点研究"韦伯命题"和韦伯"中国命题"是与20世纪下半叶工业东亚兴起的历史现实紧密相关。在杜维明看来，工业东亚之前，只有一种西方式的资本主义发展道路，没有任何经验事实可用来作为对"韦伯命题"和韦伯"中国命题"的驳斥，"韦伯命题"已经形成了一个坚固的现代化典范；直到工业东亚的兴起，随着迥异于西化模式的东亚现代性的出现，突破韦伯的现代化典范才成为一种可能，由此，研究韦伯"中国命题"的现代东亚版本"儒家命题"，也就是儒家伦理和东亚现代性之间有选择的亲和性关系问题，才具有了更为重要的现实意义。"儒家命题"虽然没有反证新教伦理和资本主义精神兴起之间的亲和性关系，但却迫使这种亲和性关系只通用于现代西方。（杜维明，2002b：248，319，533）在杜维明看来，"儒家命题"的真实性在工业东亚社会无须给予过多地证明，因为儒家传统在塑造东亚现代性中所起的作用，已经是显而易见的事实。东亚的市场经济、民主政治、民间社会和价值体系都和儒家结下了不解之缘。相反，杜维明一再加以强调的是，东亚精神资源非常之多，我们不能武断地认为只有儒家文化对工业东亚产生了作用；进而言之，就算是儒家传统对工业东亚产生了重要影响，这种传统也不那么简单地只是社会上层的一套伦理，如忠孝节义、勤劳节俭，而是渗透到社会各个阶层的做人之道，是一套发挥实际影响作用的文化心理结构。（杜维明，2002b：546－547，565）

虽然杜维明严肃而认真地讨论了韦伯"中国命题"的现代东亚版本——"儒家命题"的许多问题，但是，杜维明的研究却并不仅仅停留于此。一方面，杜维明对一种研究韦伯命题的观点进行了批判，即，"如果把韦伯的命题提出来，最简单的，也可以说是最肤浅的观点，就是说儒家伦理影响了工业东亚的经济发展，或说儒家伦理和工业东亚的经济发展之间有'选择的亲和性'"（杜维明，2002b：534）。另一方面，杜维明明确指出了自己的研究重点。"如果认为儒家的精神资源只是为了促进东亚的现代化和资本主义，这不是我们的重点所在。我们的重点在于，面对人类社群出现的困难，如何调动儒家资源进行长期的批判？如果我们不这样做，就是失职。这与韦伯完全不相同。"（杜维明，2001：87）而杜维明之所以做出如此判断的原因则在于，面对现代西方文明的挑战，儒家传统若不能做出创建性的回应，为人类当下的困境提出解决之道，那么儒家发展的前景必然暗淡。进而言之，儒家传统能对现代西方文明做出创建性回应的先决条件，是其自身必须通过以现代西方文明为助缘的现代转化。这是一种良性的循环论证。也就是说，儒家传统因受现代西方文明的影响而进行创造性的转化和扎根现代新儒学而对人类社群的困境做出创建性的回应，正是相辅相成的良性互动的循环逻辑。（杜维明，2002b：644）

那么，儒家传统又如何对西方文明做出创建性的回应？如何促进儒家传统的现代性转化呢？或者说，如何实现杜维明所说的儒学第三期发展呢？对此，杜维明认为，至少有四个极其重大的并且具有内在逻辑性的问题必须同时解决。简而言之，这四个问题也就是，如何扬弃"封建"意识形态的问题，如何继承优秀传统文化的问题，如何系统引进西方传统文化和现代文明的问题，以及如何抗拒西方文化的浮面现象问题。"能够对西方文化深厚的价值加以引进，对其浮面现象有所抗拒，也就意味着对西方的适应能力达到了比较高的水平。这个适应一定意味着对传统文化做批判的继承，对封建意识形态作全面而深入的扬弃。如果这个工作能做得比较周全，这四个题目一定要同时解决。"（杜维明，2002a：366）

这四个问题的同时解决也就是中西古今之争困境的最终解决，其困难可想而知。杜维明显然已经意识到这一困难，他所引用的格力夫·吉尔兹（Clifford Geertz）教授的观点最好地说明了这一困难所在。吉尔兹认为，杜维明在处理传统问题时至少要涉及四个相互影响的网络。一是现代人的立场，也就是以现代人的观点来了解传统；二是双语并用的问题，也就是把英语译成中文有极大的困难度；三是哲学和史学的专业角度问题，有些既非哲学又非史学的问题很难处理；四是如何面对西方文化挑战的问题，如何超越个人价值观的取向对客观事实加以认识和分析。（杜维明，2002b：

337）对于如何解决这四大困境的问题，杜维明很清楚地意识到这不是个别人所能解决的问题，而是有赖于知识分子的群体批判的自我意识的出现，这个自我意识的主体不但超出从事儒学研究的知识分子，而且超出学术界本身，一直扩大到文化界、企业界、大众传媒甚至政界。这涉及知识分子的自我定位问题。（杜维明，2001：47）

（二）韦伯"中国命题"的法律文化面相与黄宗智的历史学研究进路

黄宗智自认为是一个经验的历史学家，其主要的研究领域为明清以来社会史、经济史和法律史。黄宗智对于自己的经验式研究方式做出过明确地描述，"我研究的起点总是一开始鉴别一大堆迄今尚未发掘或发掘不够的材料，然后从中找出新的经验信息。我转向学术理论的主要目的是通过与理论的联系和对话来构造我自己的一些基于经验发现的概念。从认识方法上讲，我有意识地努力从经验研究出发到理论，然后返回到经验发现，而不是从相反的路径着手"（黄宗智，2007b：178）。如果说杜维明是直接围绕着"韦伯命题"和韦伯"中国命题"，在儒家传统与西方文化宏观比较分析的视域下进行理论研究的话，那么，与之相反，黄宗智基于其经验式的研究方式，坚持从经验到理论的研究过程，在清代法律史的微观研究视域下，对韦伯"中国命题"的法律文化面相进行了具体而微的探讨。黄宗智有关韦伯"中国命题"的法律文化问题研究，主要体现在《清代的法律、社会与文化：民法的实践与表达》、《经验与理论：中国社会、经济与法律的实践历史研究》等著作中。

在《清代的法律、社会与文化：民法的实践与表达》这一著作中，黄宗智主要使用了四川巴县、顺天府宝坻县和台湾淡水分府和新竹县等地方诉讼档案，一些民国时期的诉讼档案，以及满铁的调查资料。黄宗智通过对这些档案资料的研究所得出的一个主要结论是："法律制度的实际运作与清代政府的官方表述之间有很大的差距。我这本书称之为'实践'与'表达'之间的'背离'。"（黄宗智，2007b，重版代序9）对这一结论进一步加以解释就是，"清代的法律制度是由背离和矛盾的表达和实践组成的。官方的表达和法律制度的实际运作，既矛盾又统一。清代法律制度，一方面具有高度道德化的理想和话语，另一方面它在操作之中比较实际，能够适应社会实际和民间习俗。这是这个制度之所以能够长期延续的秘诀。我们既不能只凭它自己的表达和意识形态来理解它，也不能只凭它的实际行为来理解它，而是要看到它表达与实践双方面的互相依赖和互相矛盾。"（黄宗智，2007b，重版代序9）为了能够更好地理解清代法律制度的这种矛盾性质，黄宗智以韦伯的观点为出发点对清代法律进行了理论上的探讨。一方面，黄宗智认为，韦伯"在构造抽象类型那部分写作中，企图把中国作为西方的'他者'，把西方近代等同于'理性'的'形式主义'法制，中国等同于非理性的'实体性''卡地'法。他这个二元对立的构造是不符合实际的。"（黄宗智，2007b，重版代序11）另一方面，黄宗智也认为，韦伯本人在讨论中国的历史实际时，便已初步考虑到他自己抽象类型构造的不足；为了弥补韦伯本人也认为存在的不足，黄宗智指出，"本书正是从他自己提出的'实体理性'常识性命题出发，加以新的解释和延伸，说明中国的法律制度乃是一个由矛盾的表达和实践共同组成的，是一个包含既背离而又抱合因素的统一体。它的正式制度和非正式制度，以及它的君主集权世袭主义意识形态和它的官僚制实践，一如它的道德化表达和实际性运用，乃是一个制度之中的两方面。正是两者的既对立而又统一，组成了清代法律制度的根本性质。"（黄宗智，2007b，重版代序11）

在上面的论述中，我们可以看出黄宗智为了解释清代法律制度中道德主义的表达和实用主义的实践方面的矛盾，参照韦伯的理论并结合中国的法律现实与韦伯理论展开对话，进而对中国的社会实际进行解释。这一研究思路实际上开启了黄宗智有关中国近代社会史、经济史和法律史的一种极为重要的注重实践逻辑的研究路径，这也是一种如何借鉴西方理论研究中国传统社会与传统文化的重要研究路径。在《经验与理论：中国社会、经济与法律的实践历史研究》一书中，黄宗智把这种研究路径归结为，"从悖论现象出发，对其中的实践做深入的质性调查（当然不排除量性研究，但是要在掌握质性认识之上来进行量化分析），了解其逻辑，同时通过与现存理论的对话和相互作用，来推进自己的理论概念建构。……在这个过程之中我们不妨借助于有用的西方理论，尤其是针对西方现代形式主义主流的理论性批评。我们真正需要的是从实践出发的一系列新鲜的中、高层概念，在那样的基础上建立符合实际以及可以和西方理论并驾齐驱的学术理论。"（黄宗智，2007a：454）具体而言，这种研究路径是黄宗智所独创的"实践历史"的经验式研究，具体包括从悖论现象、实践逻辑、理论对话到理论建构的四个研究步骤。

三 中西文化比较研究与儒家传统的现代身份重建

通过对韦伯"中国命题"的不同回答，杜维明和黄宗智两位著名的美籍华裔学者分别为我们展示了哲学视角、历史学视角下的儒家传统文化研究进路。毋庸置疑，两者之间的差别显而易见。尽管如此，如果在中西文化比较研究的视域下思考两位学人的思想理路，我们却能够明显地发现彼此之间研究阶段的共同性，以及在这种共同性背后共享的哲学诠释学资源。正是这种发现"同中之异"的共同发展阶段，以及开展"传统诠释"的共同研究资源，为我们阐发了中西文化比较研究所应当遵循的基本规律，指明了儒家传统现代身份重建问题的基本路径。

（一）发现"同中之异"：中西文化传播的第三发展阶段

对于中西文化比较研究问题，邓晓芒提出了有关文化传播的"各自相异"、"异中之同"和"同中之异"的三阶段发展论。第一阶段，是两种文化的格格不入和互相拒斥，人们只看到二者之间的相异之处，或满足于"各有各的长处"而故步自封；第二阶段，人们惊讶地看到两种文化也有可以相同的地方，于是热衷于在两种文化间进行互释和比附，但通常满足于"新瓶装旧酒"式的猎奇，层次不高；第三阶段，人们再一次发现文化间的同中之异，以一种"陌生化"的眼光去深入到曾被忽略了的、异文化之为异文化的根本内核，正是在这种理解到两种文化本质区别的同时，两种文化的真正融合已经开始了。19世纪末以前，我们大致处在上述第一阶段，整个20世纪则是在第二阶段和从第二阶段向第三阶段的艰难过渡之中，而目前则是刚刚跨入了第三阶段。（邓晓芒，2001）可以肯定的是，尽管杜维明和黄宗智基于其各自的思想理路所呈现的理论面貌仍然存在着很大的差别，但是，经过分析之后，我们却能够发现两位学者恰恰都属于邓晓芒所说的文化传播第三阶段的重要代表人物。

在杜维明的研究中，发现中西文化的"同中之异"，是一种表现极为明显的有意识行为。一方面，这种中西文化的"同中之异"表现为东亚现代性与西方现代性的"同中之异"，也就是，在现代性之"同"中存在着东西方表现形式之"异"。这也就是杜维明所说的："西方的现代性虽在历史上引发了东亚的现代化，但没有在结构上规定东亚现代性的内容。因此，东亚现代性是西化和包括儒家在内的东亚传统互动的结果。……现代化的多元倾向，乃至非西方的现代文化的创生，皆可不言而喻。"（杜维明，2002b：249）另一方面，这种中西文化的"同中之异"也表现为在创建全球伦理过程中东西方文化的不同作用上，也就是，在创建全球伦理之"同"中的东西方文化作用之"异"。杜维明认为，全球化和根源性之间的紧张，使得西方现代主义面临危机；若想从根源着手来探讨解决核战威胁、生态破坏、贫富不均、人口爆炸和社会解体种种问题的人类长久共生之道，就必须改变人类社会以"启蒙心态"为基础的游戏规则，建立全球伦理。"如以韦伯、帕森斯及哈贝马斯一脉相承所构建的理性化过程为现代性的本质特征，使我深深地感到发掘儒家传统的人文资源，不仅有助于中国现代精神的发展，也可构建全球伦理这个设想。"（杜维明，2002b：247）

在黄宗智的研究中，中西文化比较的"同中之异"呈现出了一种截然不同的实践面貌。如果说，在杜维明那里主要是在理论层面讨论中西文化的异同问题，那么，在黄宗智那里更多的是在经验与理论相互连接的层面来探讨中西文化的异同问题。根据黄宗智的研究，在中国研究领域中存在着两种受制于西方中心主义话语结构影响的研究，一种是遵从西方思想家的思路，将中国看作不同于西方的"他者"；另一种是反对西方思想家的观点，认为中国与西方一样。在黄宗智看来，认为中国与西方完全相同的西方中心主义观点尤其应当加以警惕，黄宗智对这种观点的疑问是一种源于经验实证的疑问。黄宗智认为，"从西方的理论观点出发，我们看到在中华帝国晚期许多相互矛盾的经验现象结合在一起，这一事实意味着把中国化约为'与西方相同'，与化约为西方的'它者'同样不符合史实。在中华帝国晚期，出现了资本主义的生产关系、商业化和法治，这些与近代西方早期一样。但是，不同于西方，这些东西并没有带来生产力的突破、资本主义的发展和形式主义理性化。如同认为中国是西方的它者一样，坚持认为中国与西方一模一样也是错误的。"（黄宗智，2007a：186）具体到有关韦伯法治问题的研究，对黄宗智而言，韦伯的问题是一个经验实证的问题。韦伯认为法治将是形式主义理性的产物，否则就只能是专断的"卡地法"，但是，从经验实证角度来看，中国具有发达的法治传统却没有形式主义的理性化，中国与西方是不同的。从这段论述中，我们能够很清晰地看出，根据黄宗智的观点，认为中西文化完全相同是受制于西方中心主义观点的错误判断，只有时刻警惕西方中心主义的影响，从经验实证出发研究中国问题，才能够更清晰地看到中西方文化之间表面相同背后的不同之处。

（二）坚持"传统诠释"：中西文化比较的必要研究方式

杜维明和黄宗智等两位海外华裔学者在各自的研究领域中，从不同层面分别发现了中西文化之间的"同中之异"，这对于加深中西文化比较研究的深度和广度，促进儒家传统文化的现代身份重建，无疑会具有重要的理论和现实意义。时至今日，不论某些人承不承认，起源于西方的某些价值已成为现代价值，不论某些人愿不愿意，"现代化是历史的潮流，我们不能逆流而泳，现代化也是世界的趋势，我们不能违势而行。"（金耀基，2010：3）据此，传统文化的复兴只有在不妨害现代化发展的前提下才能得到赞成，只有在它可以丰富与端正现代化内涵的前提下才能得到发展。从这个视角来看，杜维明和黄宗智由于长期生活在西方，所无可避免地受到的西方理论和思想的影响，不仅不是一种缺憾，反而是在深切体味西方现代性的大背景下，亲身实践了一种有关中国研究的诠释学路径，开启了中国传统文化如何走向现代的有益探索。

诠释学从其起源开始就是一门关于理解，解释（翻译）和应用的技艺学。它的主要任务有两方面：一是确立语词、语句和文本的精确意义内容，二是找出这些符号形式里所包含的教导性的真理和指示，并把这种真理和知识应用于当前具体情况。前者我们可以称之为探究型诠释学，它是研讨任何文本设定的天然的和真正的诠释学，而后者我们则可以称之为独断型诠释学，它是把卓越文献中早已存在众所周知的固定的意义应用于我们自身的现实问题上。（洪汉鼎，2001：编者引言14-15）探究型诠释学理论的主要代表人物是伽达默尔，他认为"理解和解释的方法是过去与现在的中介，或者说，作者视域与解释者视域的融合，理解的本质不是更好理解，而是'不同理解'"（洪汉鼎，2001：编者引言19）。探究诠释学代表了一种认为作品的意义只是构成物的所谓历史主义的诠释学态度，按照这种态度，作品的意义并不是作者的意图，而是作品所说的事情本身，即它的真理内容，而这种真理内容随着不同时代和不同人的理解而不断改变。作品的真正意义并不存在于作品本身之中，而是存在于它的不断再现和解释中。我们理解作品的意义，仅发现作品的意义是不够的，还需要发明。对作品意义的理解，或者说，作品的意义构成物，永远具有一种不断向未来开放的结构。（洪汉鼎，2001：编者引言18-19）用伽达默尔的话来说就是，"文本的意义超越它的作者，这并不是暂时的，而是永远的。因此，理解就不只是一种复制的行为，而始终是一种创造性的行为。把理解中存在的这种创造性的环节称之为更好的理解，这未必是正确的。因为正如我们已经指明的，这个用语乃是启蒙运动时代的一项批判原则转用在天才说美学基础上的产物。实际上，理解并不是更好理解，既不是由于有更清楚的概念因而对事物有更完善的知识这种意思，也不是由于有意识的东西对于创造的无意识性所具有的基本优越性这个方面。我们只消说，如果我们一般有所理解，那么，我们总是以不同的方式在理解，这就够了"（伽达默尔，1992：389）。

根据伽达默尔的上述观点，我们可以发现杜维明的理论研究带有一种非常明显的探究性诠释学特征。在杜维明看来，宋明儒学以来的价值"都受到西方文化的洗礼，要对人权、民主、市场经济、法治等最基本的现代文明的价值，做出创建性回应，使之成为自己的资源。否则，儒家传统是无法生存的"（杜维明，2001：84）。这也就是说，"儒家的真消息要经过纽约、巴黎和东京才能更有生命力和说服力"（杜维明，2002b：644）。在杜维明的上述观点中，所谓儒家传统需要创建性地回应现代西方文明的价值，实际上也就是儒家传统需要在西方文化的挑战下重新做出诠释和理解。显而易见，杜维明对诠释学的观点持有一种支持的态度，认为这是儒家传统回应现代西方挑战的必然选择，只有作者视域与解释者视域相互融合，传统视域与现代视域相互融合时，儒家传统才能产生新的理论创造，才能重新获得现代生命力，也才能最终实现儒家传统的现代身份重建。

尽管如此，正如我们所周知的那样，儒学不仅具有理论性，而且具有实践性。杜维明的理论研究虽然能够从理论层面为儒学创新指明新的研究方向，甚至产生新的理论创造，但是对于儒学来说，仅有理论创造是不够的，儒学的实践性问题必须加以考虑。就此而言，新儒家重要代表人物牟宗三的"良知坎陷说"所存在的理论创造问题是最有代表性的。"牟宗三的'良知坎陷说'又叫'良知自我坎陷说'，此说除受阳明良知学说影响外，还受到黑格尔异化学说、佛教《大乘起信论》'一心开二门'思想以及康德批判哲学的影响。此四种思想有机地糅合在一起，通过牟先生富于哲学智慧的疏解阐释，就形成了'良知坎陷说'。"（蒋庆，2003：58-59）这种良知自我坎陷的理论，意在让良知之心暂时自觉下降为认知之心，并从事科学活动，从而实现内圣开出新外王的理论设想。毫无疑问，牟宗三的"良知自我坎陷说"理论在诠释学的视域下对儒家重新加以诠释，创造了一个庞大的现代新儒学的道德形而上学体系，较为成功地建构了现代新儒学的理论体系。但是，在刘笑敢看来，"从纯理论的角度来说，从理论自洽性的角度来说,牟先生的处理是成功的。但是,从儒学的实践性来说,这一理论是不需要的,也是无法实践的,因为人们本来就既有良知也有认知能力。"(刘笑敢,2013)

面对这一问题,刘笑敢认为"尽管经典诠释也是儒学创新的重要途径之一,但对儒学的创新工作的关键主要不在于此,而在于建构者对现实和未来需要的把握,在于儒学概念、理论、教义的创新如何既能适应今天的需要,又能起到提升百姓道德精神的作用"。(刘笑敢,2013)刘笑敢称这种研究路径为诠释学的创构,也就是诠释学视域下的"因应于现实和未来需要而对原有理论批判和改造之后的重构,即客观性取向的重新建构"(刘笑敢,2013)。显而易见,面对原有诠释学理论的不足,刘笑敢在这里提出了一种面向实践的诠释学设想。但是,当这种观点在刘笑敢那里还只是设想时,黄宗智却已经在"认知中国:走向从实践出发的社会科学"的视域下付诸研究实践。在黄宗智看来,以韦伯、亚当·斯密等人的结构性理想模型建构来解释传统中国社会是远远不足的,在这方面,布迪厄所试图建立的实践理论,所探索的"实践的逻辑"是一个有用的方向和尝试。这也就是说,"只有着眼于实践过程,我们才能避免理论化了的建构的误导,尤其是意识形态化了的建构的误导。同时,着眼于实践中未经表达的逻辑,正是我们用以把握不同于现有理论框架的新的概念的一条可能的道路"(黄宗智,2007a:447)。黄宗智从实践中悖论现象研究着手,通过与现有西方理论的对话,进而进行自己理论创造的研究思路,正是对这种面向实践的诠释学设想的一种实践,而且,也正是受到这样一种研究思路的影响,黄宗智有关近代中国法律、经济和社会的研究呈现出一种崭新的实践面貌。

四 "中国理想图景"的问题意识与理论建构

在中西文化比较研究与思考儒家传统现代身份重建问题的过程中,无论是发现彼此的"同中之异",还是坚持面向现代的"传统诠释",都不可避免地涉及,而且也必须要涉及在不同程度上利用西方理论资源的问题。但是,正如开篇所言,18世纪以来西方大多数理论文献都表现出一种西方中心主义的观点,他们的研究主题从来都是西方本身,对他们而言西方以外的世界仅仅是一个"他者",一个陪衬。因此,我们虽然可以在中西文化比较的视域下利用西方理论资源诠释儒家传统文化,但是,对于西方理论文献背后的西方中心主义观点，我们仍然必须保持极高的警惕。如果放松了对西方中心主义观点的警惕，那么，一方面，我们可能会不自觉地利用西方的各种理论切割甚或歪曲中国社会现实，使中国社会成为西方各种理论的试验场，而无助于研究并发现中国社会现实；另一方面，我们更可能会不觉地把从表面上看起来客观、科学、中立的理论体系背后的意识形态背景和"理想图景"① 预设设定为中国自己的意识形态与理想图景，从而使中国人乃至中国丧失了独具自身主体性和个性的有关社会秩序正当性的要求。

对于西方理论背后的意识形态问题，应该说随着萨义德《东方学》的出版，早已引起广大学者的认真关注；而对于西方理论所预设的"理想图景"问题，可以说在相当一部分学者那里并没有得到应有的重视。金耀基就曾经认为，"不少人都警告或感叹中国的文化图形，已将失去中国的特殊性格，且已越来越成为西方，特别是美国文化的一个副系统。我个人以为这种感觉是有相当经验的基础的，但却也是夸大的。……工业化的规律与性格是'世界性'的，任何一个工业化的社会都不能不在某种程度上像美国。"（金耀基，2010：79）不过，值得关注的是，2005 年以来，随着邓正来《中国法学向何处去——建构〈中国法律理想图景〉时代的论纲》长文的发表，有关"中国理想图景"问题的讨论引起了更多学者的重视。② 根据邓正来的观点，对于隐藏在西方理论背后的西方理想图景的忽视，其最终结果只能是忽略"中国人究竟应当生活在何种性质的社会秩序之中"的根本性问题，从而使诸多学者通过辛苦研究得来的研究成果根本就不是在关注中国问题，甚至于遮蔽了对中国问题的应有关注而毫不自觉。为此，中国学术的当代使命，绝不是借助西方的各种后现代理论去参与一种解构的"狂欢"，而是要对当下世界结构中为人们视而不见的极其隐蔽的推行某种社会秩序或政治秩序的过程进行揭示和批判，进而根据我们对中国现实情势所做的"问题化"理论处理而去建构中国自己的一种有关中国未来之命

---

① 根据邓正来的解释，"理想图景"意味着一种对社会秩序之性质的关注，一种对有关何种性质的社会秩序更可欲和更正当的问题的追究；"中国理想图景"则意味着一种我们就自己应当生活在什么性质之社会秩序之中这个当下问题的拷问。（邓正来，2006：262）

② 截至 2009 年底，《中国法学向何处去》出版后仅仅发表在 CSSCI 刊物上的评论性文章就有近百篇，郭道晖、张文显、季卫东、苏力、陈弘毅、张千帆、葛洪义、周国平、高全喜、张曙光、何家弘等数十位知名学者均发文对该著作所提出的理论问题展开了评论；根据"南京大学中文社会科学引文索引"提供的数据，截至 2008 年底，仅仅发表在 CSSCI 刊物上的文章直接引证《中国法学向何处去》的"他引"次数即达到 299 次。（邓正来，2011）

运的"理想图景"。(邓正来，2006：22-23)

基于上述"中国理想图景"建构的问题意识和理论意义，我们可以对杜维明和黄宗智的思想理路做出最后的检视，而正是这最后一项检视标准，最终能够使我们在前期研究两位学者儒家传统文化不同研究进路、相同研究阶段与资源的基础上，再次发现两位学者之间的不同之处，从而使本文的研究呈现出一种颇为类似邓晓芒所说的"各自相异"、"异中之同"和"同中之异"的三个研究阶段。也许正是这"同中之异"的最后一个阶段才能让我们更为深刻地分辨出两位学者儒家传统文化研究的更为本真的面目，从而为中西文化比较研究和儒家传统身份重建探寻到一个更为扎实的理论基础。

（一）杜维明的"中国理想图景"缺失

在杜维明那里，基于他敏锐的哲学智慧，他显然已经意识到了一个国家缺乏其自身理想图景的严重性，但令人遗憾的是，有关"中国理想图景"的建构问题却始终没有进入到杜维明的实际理论研究中，他为中国传统文化设定的发展目标仍然仅仅是一种"西方理想图景"。

在杜维明看来，"整个西化的模式，它的创建者、评论者、预言者都是西方的学者；而日本在经过几十年的奋斗后，不仅已争取到一些主动权，而且在很多行业方面都获得青出于蓝而胜于蓝的成绩。但是下一步将如何走？在许多学者看来，日本目前正面临一种意义和认同的危机"（杜维明，2002b：337）。显而易见，杜维明在此所指出的日本认同危机问题，就是有关日本在现代化过程中简单认同"西方理想图景"，缺乏自身理想图景意识所导致的危机。如果杜维明顺着这条研究路线走下去，他一定会确立"中国理想图景"的问题意识，并对"中国理想图景"建构问题做出更加深入的思索。但是，非常可惜的是，杜维明却轻轻地放过了这一问题，他给儒家传统文化所指出的未来发展之路，仍然指向了"西方理想图景"，认为儒家的真消息要经过纽约、巴黎和东京才能更有生命力和说服力；而其原因则只在于，如果儒家不能解决当代西方文明的困境，自身也无法获得发展。（杜维明，2002b：644）

显而易见，这种思考方式不仅完全回避掉了借助儒家文化资源建构"中国理想图景"的问题，甚而认为儒家文化必须参与到"西方理想图景"的建构之中才能获得生命力。这或许是为了获得西方认同而不得已为之的现实考虑，也许杜维明为发展儒家文化的苦心，可以得到我们的理解；但是，这种完全以西方为中心来思考问题的方式却又无法获得我们内心的真正认同。

（二） 黄宗智的"中国理想图景"意识

与杜维明不同，黄宗智不仅率先关注到了理想图景问题的存在，明确肯定了建构"中国理想图景"的重要意义，而且思考了"中国理想图景"建构的可能性问题。

一方面，黄宗智不仅有着明确的理想图景问题意识，而且明确肯定了建构"中国理想图景"的重要意义。黄宗智认为，"大多数理论都带有一个关于未来的理想图景，比如亚当·斯密的资本主义的无限发展，马克思的无阶级的社会，韦伯的理性统治和社会。他们的理论甚至可能从属于他们对未来图景的设想，并且是对这些未来图景的理性化的阐释。无论如何，他们的理论与他们对未来的设想是不可分割的。"（黄宗智，2007a：197）在黄宗智看来，如果我们在接受这些西方理论的同时，也接受了这些理论背后的西方理想图景，如果事物的结局最终与西方没有什么不同，那么，我们就完全没有必要花费精力为不同模式进行经验证明和理论的概念化；如果我们还要在学术研究中为中国寻求理论自主性，我们必然会面临着为中国建构未来理性图景的更为根本性问题（黄宗智，2007a：197）。

另一方面，黄宗智也思考了"中国理想图景"建构的可能性问题。基于上述判断，黄宗智进而认为，寻求中国理想图景的使命应该表现在研究者的实际研究行动中，一种适当的凭据历史的方式，是能够有助于通向这一问题的。我们可以提出这样的问题：在有关中国历史变迁动力和型式的诸多图画中，哪一种可能与中国未来的另一种图景相关联？我们也可以转向中国的思想家们来寻找指南。在20世纪中国有关未来的各种图景中，哪一种图景更符合可验证的历史模型。我们的目标可能就是要回答下列的问题：一个从历史眼光来看既现代而又独特的，并从西方的角度看来是矛盾的中国，他将是什么样子呢（黄宗智，2007a：198）？

如何在西方文化的挑战之下重建对中国社会具有解释力的理论体系和知识传统，这是清末以来中国知识人所面临的一个共同问题。作为著名的美籍华裔历史学家，黄宗智所长期从事的中国近代社会史、经济史和法律史研究，正是对这个问题的一种长期积极探索，并提供了一种初步解决方案。这不仅表现为黄宗智所一贯坚持的研究主题，即"回顾自己最近25年的学术生涯，可以说虽然在题目和方法上多有变化，但前后贯穿着同一个主题，即怎样通过与（西方）现代主要学术理论的对话来建立符合历史实际和实践的概念和理论。"（黄宗智，2007a：前言 10）也表现在黄宗智意图建立"历史社会法学"新学科的初步设想，"我近几年来一直在提倡建立一种新型的、更符合中国实际需要的研究进路和理论。简言之，这是一种既带有历史视野也带有社会关怀的'历史社会法学'进路。"（黄宗智，2014：导论 3）"思考是脱出困境的始点"，黄宗智和杜维明等学者有关儒家传统文化现代身份重建问题的思考，正是千千万万关注儒家传统文化境遇的研究者可资凭借的重要资源，关注、思考并梳理这些理论资源，并从中获得有益的启示，正是我们思考儒家传统如何重建现代身份的最佳起点，这也是本文研究的最终目的。

参考文献

邓晓芒，2001，《中国百年西方哲学研究中的八大文化错位》，《福建论坛·人文社会科学版》第 5 期。

邓正来，2006，《中国法学向何处去——建构"中国法律理想图景"时代的论纲》，商务印书馆。

——，2011，《"世界结构"与中国法学的时代使命——〈中国法学向何处去〉第二版序》，《开放时代》第 1 期。

杜维明，2001，《东亚价值与多元现代性》，中国社会科学出版社。

——，2002a，《杜维明文集（第 1 卷）》，武汉出版社。

——，2002b，《杜维明文集（第 2 卷）》，武汉出版社。

汉斯-格奥尔格·伽达默尔，1992，《真理与方法》，洪汉鼎译，上海译文出版社。

洪汉鼎，2001，《理解与解释——诠释学经典文选》，东方出版社。

黄宗智，2007a，《经验与理论：中国社会、经济与法律的实践历史研究》，中国人民大学出版社。

——，2007b，《清代的法律、社会与文化：民法的表达与实践》，上海书店出版社。

黄宗智、尤陈俊，2014，《历史社会法学：中国的实践法史与法理》，法律出版社。

蒋庆，2003，《政治儒学：当代儒学的转向、特质与发展》，生活·读书·新知三联书店。

金耀基，2010，《从传统到现代（补篇）》，法律出版社。

莱因哈特·本迪克斯，2005，《马克斯·韦伯思想肖像》，刘北城等译，上海世纪出版集团。

刘笑敢，2013，《关于当代儒学创构的初步思考》，《孔子研究》第 2 期。

马克斯·韦伯，2010a，《新教伦理与资本主义精神》，康乐、简惠美译，广西师范大学出版社。

——，2010b，《中国的宗教：儒教与道教》，康乐、简惠美译，广西师范大学出版社。

苏国勋，2013，《韦伯与中国文化》，《文景》第 1 - 2 期合刊。

周宁，2006，《天朝遥远：西方的中国形象研究》，北京大学出版社。

二孩对城镇青年平衡工作家庭的影响

——基于中国妇女社会地位调查数据的实证分析*

杨　慧　吕云婷　任兰兰**

摘　要：运用中国妇女社会地位调查数据和二元 Logistic 回归分析方法，对"二孩"给城镇青年平衡工作家庭带来的影响进行研究发现，孩子数量和孩子年龄对城镇青年平衡工作家庭具有显著影响。在公共托幼服务短缺情况下，生育二孩和有 3 岁以下孩子的城镇青年女性，家庭冲击工作的比例更高，性别差距更大，部分女性被迫中断工作。该发现对全面两孩政策的启示在于，增加公共托幼服务对于促进符合政策的城镇青年生育二孩、平衡工作家庭具有重要现实意义。

关键词：城镇青年　生育二孩　家庭冲击工作

引　言

工作家庭冲突不仅影响员工的工作情绪和精力分配，甚至还会对劳动

* 基金项目：国家社科基金项目"调整完善生育政策对城镇女性就业的影响机理研究"（15BRK035）、国务院妇儿工委办公室委托项目"单独两孩政策与妇女就业实证研究"、2014 年全国妇联妇女研究所一般项目、全国妇女/性别研究与培训基地（山东女子学院）开放基金重点项目（2014SDJDA04）研究成果之一，本文获得中国社会学会 2015 年学术年会优秀论文二等奖。作者感谢北京大学陆杰华教授及评审专家对本文提出的修改建议。本文已在《人口与经济》2016 年第 2 期发表，并已被中国知网遴选为适合在国际上传播的优秀中文文章，将全文翻译为英文后面向全球在线出版。

** 杨慧，社会学（老年学）博士，全国妇联妇女研究所政策法规研究室副研究员；吕云婷，贵州大学公共管理学院硕士研究生；任兰兰，社会学（老年学）博士，华北理工大学人文法律学院讲师。

参与率产生影响。近年来，社会支持不足增加了女性家庭负担，有婴幼儿的职业女性容易产生家庭冲击工作的矛盾。全面两孩政策的实施，是否会给符合二孩政策的城镇青年女性平衡工作家庭带来更多挑战？究竟哪些因素会影响有两个孩子的城镇青年工作家庭平衡？按照《北京行动纲领》和《中国妇女发展纲要（2011－2020年）》的目标要求，为了给职业女性创造良好的发展环境，政府需要采取哪些积极措施？如何才能促进男女平衡工作与家庭？对以上问题进行深入研究，无论对于促进女性职业发展，还是对于推动全面两孩政策顺利实施，都将具有重要的现实意义。

一 文献回顾

女性既是生育的主体，又是重要的人力资源。全面两孩政策的实施，将会对女性就业产生重要影响。本文分别从二孩政策对女性就业影响和平衡工作家庭两个方面进行文献回顾。

（一）有关二孩政策对女性就业影响的文献回顾

有学者认为，单独二孩政策必将给女性带来更大的生育压力，使女性发展机会受限和劳动权益受损[①]。很多用人单位对女性生育二孩增加用人成本的担心，使女性在入职、升迁和终身发展中雪上加霜[②]。实证分析表明，生育二孩会显著降低城镇妇女的就业可能性，已婚已育、有工作经验的职业女性，在单独二孩政策实施前，曾经是企业招聘中的强势群体，目前在重返劳动市场时，因存在再生育可能而面临更加严峻的就业挑战和性别歧视。不仅如此，单独二孩政策还增加了用人单位对应届女大学生的就业性别歧视，2014年针对招聘性别歧视行为的平等就业监管机制研究课题组调查发现，有58.48%的女大学生"被问及是否独生子女或生育二孩事宜"，被问及次数平均达到2.88次。

对于如何消除二孩政策给职业女性带来的不利影响，有学者建议提高生育成本社会化程度，减轻二孩政策给用人单位带来的生育负担，加强对劳动力市场和用人单位招人用人的监管力度。同时，政府应将托儿服务纳

---

① 林建军：《从性别和家庭视角看"单独两孩"政策对女性就业的影响》，《妇女研究论丛》2014年第4期，51－52页。

② 耿兴敏：《陈秀榕代表和甄砚委员建议：加强劳动力市场监管 消除就业性别歧视》，《中国妇女报》2015年3月5日，第A1版。

入公共服务范畴，减轻二孩政策给职业女性带来的育儿负担，推动男女两性共同发展。

（二）有关平衡工作家庭的文献回顾

20世纪60年代以来，国内外已经围绕工作家庭冲突开展了很多研究。凯恩（Kahn）等学者认为工作与家庭领域的需求在客观上互不相容，导致相互冲突。格林豪斯（Greenhaus）等认为，个体在同时扮演不同角色时，一种角色的责任可能会影响其他角色，来自工作和家庭的压力，会使工作、家庭角色难以协调；同时他们基于压力的来源不同，分别提出了工作冲击家庭（work-family conflict）和家庭冲击工作（family-work conflict）两种具有指向性的冲突方式。

国内调查发现，家电行业销售人员的工作安排和家庭支持，对工作家庭平衡具有显著影响。在工作家庭冲突的性别差异方面，陆佳芳等学者对北京部分需要照料孩子的员工调查发现，男性员工的工作冲击家庭比例和家庭冲击工作比例均大于女性。而格瑞兹瓦兹（Grzywacz）等研究则发现，女性的工作冲击家庭比例高于男性。佛斯曼（Fursman）认为虽然美国女性在工作领域取得了诸多成就，但其社会文化仍然要求女性首先应扮演好母亲角色，女性照料孩子并承担家务劳动比职业发展更为重要。正是基于这种文化要求，美国职业女性经常被塑造成既能出色工作又能很好地平衡工作家庭的超级妈妈。实际上，女性参与社会劳动后，其配偶并没有相应地加入到家务劳动的大军。与配偶相比，女性除了承担有酬劳动外，还要承担更多家务劳动；与家庭妇女相比，职业女性照料孩子的时间并未因工作而减少，为此她们只能通过压缩睡眠时间来应对工作和家庭的双重负担。

实际上单纯依赖个人或家庭力量，难以解决工作家庭冲突问题。虽然美国中产阶级可以把孩子送到日托机构或日托中心，通过购买孩子照料服务来缓解工作家庭冲突。但是在美国低收入家庭中，单身妈妈比例较高，她们不但没有经济条件购买照料服务，而且还因其工作缺乏灵活性和稳定性而加剧工作家庭冲突的矛盾。在中国现阶段托儿所短缺、社会支持不足的情况下，部分无法协调工作家庭冲突的职业女性，只能中断工作、回归家庭。在2010年城镇18～29岁女性中，有0～6岁孩子的女性就业率比未婚或已婚未育女性低8.4个百分点。八成未就业女性不是不想工作，而是由于需要照料3岁以下孩子而不得不放弃工作。

近年来，国外很多雇主已经认识到雇员在较好平衡工作家庭后，能够为雇主带来更多利益，工作场所的育儿辅助设施有助于改善员工情绪、减少生产事故和缺勤情况。在职场或职场附近提供婴幼儿照料服务，也能减少工作家庭冲突。此外，带薪休假、在家工作或提供灵活的工作时间，以及上司和同事提供的支持，不但有助于平衡工作家庭，而且有助于提高工作效率，减少误工风险。

以上研究对于本文具有很好的借鉴意义。然而，有关二孩政策对女性就业的影响，因缺乏相关实证调查数据，已有研究多为理论性探讨。有关平衡工作家庭的研究，以往多使用区域性调查数据，缺乏对全国的代表性。此外，以往研究对象的年龄从 18 岁到 60 岁不等，实际上生命周期和职业生涯不同，在平衡工作家庭时面临的问题各异，特别是对于 40 岁以下、已生育一孩或二孩的城镇青年女性，其工作家庭平衡状况如何？哪些因素影响了她们的工作家庭平衡？政府需要采取什么措施促进城镇青年女性平衡工作家庭？研究这些问题对于顺利实施全面两孩政策，解决职业女性“生”与“升”的纠结，具有参考价值。

二 研究设计

（一）研究假设

角色冲突理论认为，职业女性在工作和家庭领域扮演不同角色，个人时间精力的有限与人们对不同角色的期待，致使不同角色间发生冲突。同时受“男主外，女主内”传统性别角色分工的影响，男性作为主要养家者，更多在外边打拼而很少管家里的事情；而女性即使就业，也要承担大部分或全部子女照料责任。据此本文提出研究假设 1：二孩对女性平衡工作家庭的冲击大于男性。

时间是稀缺资源，职业女性照料孩子的时间越长，越有可能产生家庭角色对职业角色的冲突。“别让孩子输在起跑线上”等商业宣传，进一步加重了父母对子女的照料与养育负担。据此本文提出研究假设 2a：城镇青年家庭冲击工作的风险与孩子的数量相关，与只有一个孩子的城镇青年相比，生育两个孩子需要的照料和养育时间更长，家庭冲击工作的风险越大。特别是随着中国市场化程度不断提高，托幼机构福利性质淡化，0 - 2 岁孩子的照料责任几乎全部由家庭承担。据此本文提出研究假设 2b：城镇青年家庭冲击工作的风险与孩子的年龄相关，孩子的年龄越小，需要的照料和养育时间越长，城镇青年的家庭冲击工作风险越大。

（二）数据来源

中国妇女社会地位调查是全国妇联和国家统计局联合开展的重要的国情、妇情调查，最新一期中国妇女社会地位调查以 2010 年 12 月 1 日为调查时点，在全国范围内采用省、县、村/居委会三阶段 PPS 抽样方法，通过调查员和被访者面对面的问卷调查，共获得来自 31 个省区市的 29696 份有效问卷。此次调查的个人主问卷被访者年龄在 18~64 岁，调查内容除了样本群体的人口、经济、社会等信息外，还提供了样本群体的生育数量、最小孩子年龄、最小孩子 3 岁前白天的主要照料者、家务劳动时间、平衡工作家庭、"男主外，女主内"传统性别分工观念等信息。调查内容丰富，数据质量高、代表性强，能够较好满足本研究的需要。

本文的研究对象需要同时满足以下三个条件：一是年龄在 18~39 岁，二是孩子数量为 1~2 个，三是调查地点在城镇。据此共筛选出符合条件的城镇青年 3815 人，其中，有两个孩子的被访者 583 人，占符合筛选条件的 15.28%，低于宋健和周宇香（2015）的最新研究发现，即在 18~49 岁城镇女性中，有两个孩子的比例为 19.51%。样本基本特征见表 1。

表 1　样本基本特征（%）

	样本群体		二孩样本群体	
	男	女	男	女
平均年龄（岁）	34.00	33.51	35.21	34.48
受教育程度				
初中及以下	33.61	39.97	63.98	70.89
高中/中专	30.20	29.88	22.03	19.02
大专及以上	36.19	30.15	13.98	10.09
生育状况				
有 1 个孩子	85.12	84.43	——	——
有 2 个孩子	14.88	15.57	100.00	100.00
就业状况				
目前在业	95.46	73.76	94.49	60.52
曾经在业	3.53	18.48	5.08	25.65
从未在业	1.01	7.76	0.42	13.83

续表

	样本群体		二孩样本群体	
	男	女	男	女
单位类型				
机关事业单位	25.73	20.86	9.75	11.82
企业及其他	74.27	79.14	90.25	88.18
单位所有制				
国有（含国有控股）	33.86	28.22	16.53	16.43
其他所有制	66.14	71.78	83.47	83.57
户口性质				
非农业户口	79.24	79.23	52.54	55.91
农业户口	20.76	20.77	47.46	44.09
乡城流动经历①				
有	5.55	5.20	13.56	10.66
无	94.45	94.80	86.44	89.34
样本量（人）	1586	2229	236	347

由表1可见，与样本群体相比，二孩样本群体同时具有"三高三低"的特征："三高"表现在平均年龄较高、农业户口比例偏高、乡城流动人口比例较高；"三低"特征表现在受教育程度偏低、国有单位比例偏低、机关事业单位比例偏低。此外，在二孩样本群体中，既有非独生子女被访者生育双胞胎情况②，也有双独被访者生育第二胎情况，同时也可能存在违反计划生育政策的超生现象。

（三）研究方法

在测量工作家庭平衡方面，最新一期中国妇女社会地位调查包含了工作冲击家庭和家庭冲击工作两个方面的内容，调查问题如下：

近年来，下列情况在您身上发生过吗？

---

① 在最新一期中国妇女社会地位调查中，乡城流动人口需要同时满足以下两个条件：一是户口性质为农业户口，二是从农村流动到城镇时间达到或超过6个月。
② 在583位有两个孩子的城镇被访者中，两个孩子年龄相同、子女属于双胞胎的被访者共38位，占6.52%。

	从不	偶尔	有时	经常
A 因为工作太忙，很少管家里的事	0	1	2	3
B 为了家庭而放弃个人的发展机会	0	1	2	3

结合本文研究主题，本文将工作家庭冲突进一步聚焦在为了家庭而放弃个人发展机会方面。同时，考虑到"有时、经常"为了家庭而放弃个人的发展机会，容易给个人和职业发展带来较大不利影响，本文将"有时、经常"选项进行合并，赋值为 1。将"偶尔"和"从不"进行合并，赋值为 0。

在研究方法中，首先使用分性别比较分析方法，展示城镇青年男女在不同生育状况下家庭冲击工作的现状；其次，使用二元 Logistic 回归分析方法，研究城镇青年的性别、孩子数量、孩子年龄对平衡工作家庭的影响。同时，为了考察个人因素、经济因素和家庭因素对工作家庭平衡的影响，本文构建了如下回归分析模型：

$$FWC = \alpha_1 + \beta_1 PF_i + \gamma_1 EF_i + \delta_1 FF_i + \varepsilon$$

模型中的因变量 FWC 为虚拟变量家庭冲击工作。PF_i 为个人因素，包括性别、年龄、受教育程度、户口性质 4 个子变量。EF_i 为经济因素，包括单位类型、所有制 2 个子变量，FF_i 为家庭因素，包括孩子数量、孩子年龄、家务劳动时间和孩子在 3 岁前的主要照料者 4 个子变量。模型的自变量为性别、孩子数量、孩子年龄，控制变量为年龄、受教育程度、孩子数量与户口交互项等 8 个变量。

相关分析表明，因变量家庭冲击工作既与性别、孩子数量、孩子年龄这 3 个自变量显著相关，也与其他 8 个控制变量显著相关。表明上述自变量和控制变量适合纳入模型并进行回归分析。

三　主要研究结果

（一）描述性研究发现

超过 1/4 的城镇青年男女因为家庭而影响工作，女性比例高于男性。在城镇青年中，有 26.67% 的人有时或经常"为了家庭而放弃个人的发展机会"，城镇男女青年因为家庭冲击工作的比例分别为 13.37% 和 36.20%，女性"为了家庭而放弃个人的发展机会"的比例是同类男性的 2.71 倍，男女

具有显著性差异 [Pearson χ^2 = 226.255，渐进 Sig.（双侧） = 0.000]。

二孩女性家庭冲击工作的比例超过半数，性别差距悬殊。图1显示，有2个孩子的城镇青年女性"为了家庭而放弃个人的发展机会"的比例高达50.98%，比只有1个孩子的城镇青年女性家庭冲击工作比例高17个百分点以上。与有2个孩子的同类男性相比，城镇青年女性"为了家庭而放弃个人的发展机会"的比例是同类男性的3.35倍，性别差距非常悬殊。从家庭冲击工作带来的就业影响看，在有2个孩子的城镇青年女性中，有过工作中断经历[①]的比例超过半数以上，达到50.33%，其中非农业户口和农业户口城镇青年女性，有过工作中断经历的比例分别为53.09%和47.18%。从工作中断原因看，因结婚生育/照顾孩子而中断工作的占73.86%，非农业户口和农业户口的二孩女性分别为70.93%和77.61%。二孩对城镇青年女性的平衡工作家庭的影响之大可见一斑[②]。

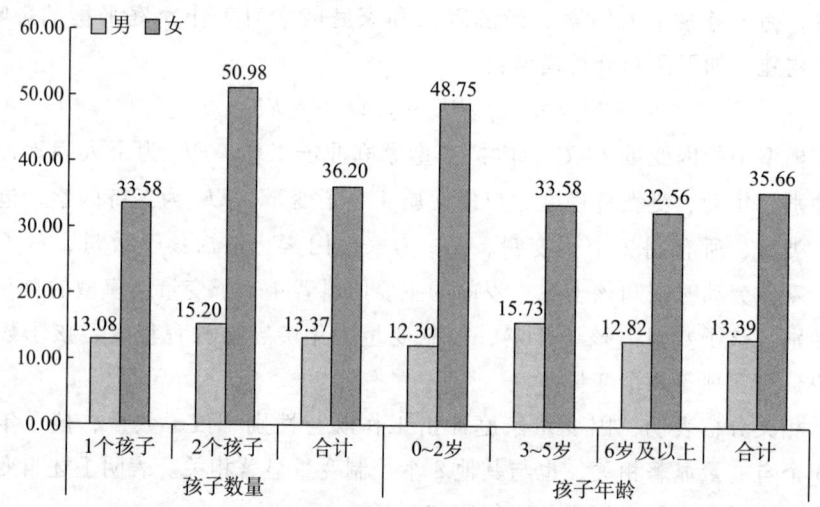

图1 分性别"为了家庭而放弃个人的发展机会"的比例（%）

城镇青年女性在孩子3岁以前家庭冲击工作的比例最高，性别差距最大。在公共托幼服务短缺的情况下，孩子年龄越小，需要的家庭照料越多，

---

① 在最新一期中国妇女社会地位调查中，工作中断经历是指半年及以上既不工作也没有劳动收入的情况，带薪产假不属于工作中断。

② 从有2个孩子并且具有工作中断经历的城镇青年女性单位类型和所有制看，在企业、民办非企业、社会团体和个体工商户等单位就业的比例达到92.81%，在机关事业单位就业的比例占7.19%；在国有含国有控股单位就业的比例为11.76%，在其他所有制单位就业的女性占88.24%。

城镇青年女性"为了家庭而放弃个人的发展机会"的风险越大。由于我国缺乏公办托儿所，0~2岁孩子无法获得公共照料服务，高达48.75%的年轻妈妈在孩子3岁以前，不得不"为了家庭而放弃个人的发展机会"，比同类男性高36个百分点以上。特别值得注意的是，城镇青年女性在孩子3岁以前，曾经有过半年以上工作中断经历的比例达到42.93%，其中由于结婚生育/照顾孩子导致的工作中断比例高达80.86%。随着孩子年龄增加，需要家庭照料的时间减少，城镇青年女性"为了家庭而放弃个人的发展机会"的比例明显减少。但对于有6岁以上孩子的城镇青年女性，其家庭冲击工作的比例有所提高的原因，主要与孩子放学时间较早、部分城镇青年女性因接送和照顾孩子而放弃个人发展机会有关。

（二）回归分析结果

本文通过二元 Logistic 回归分析方法，在控制其他因素的影响后，研究了城镇青年男女、孩子数量、孩子年龄等因素对平衡工作家庭带来的净影响。

城镇青年女性家庭冲击工作的风险是男性的2倍左右。表2显示，在控制其他因素的情况下，模型中城镇青年女性家庭冲击工作的风险是男性的2.07倍。表明在其他条件都相同的情况下，仅由于性别差异，城镇青年女性家庭冲击工作的风险比同类男性高1.07倍，验证了本文提出的第一个研究假设。之所以存在城镇青年女性家庭冲击工作的风险显著高于同类男性现象，主要与"男主外，女主内"的传统性别分工有关。其中，越是认同"男主外，女主内"传统性别分工的城镇青年女性，其家庭冲击工作的比例越高，反之，其家庭冲击工作的比例越小；而同类男性则无论是否认同"男主外，女主内"的传统性别分工，其家务劳动时间都较少，反映了家务劳动女性化、女性因照料孩子而影响工作的现实情况。

二孩带来的家庭冲击工作的风险大于一孩。在 $p < 0.05$ 水平下，孩子数量会显著影响家庭冲击工作的风险。与只有1个孩子者相比，有2个孩子的城镇青年家庭冲击工作风险比只有1个孩子的高37.89%。有2个孩子的城镇青年家庭冲击工作的风险更大，验证了本文提出的研究假设2a。该发现同时表明，伴随全面两孩政策的实施，可以生育2个孩子的夫妇将会面临更大的家庭冲击工作风险。同时，结合性别对家庭冲击工作的影响可见，全面两孩政策、特别是生育二孩对城镇青年女性职业发展带来的冲击更大。

孩子年龄越小家庭冲击工作的风险越大。在 $p < 0.1$ 水平下，与有6岁

及以上孩子的城镇青年相比，有 0~2 岁孩子的家庭冲击工作风险可显著提高 30.57 个百分点。即家中有 3 岁以下孩子的城镇青年，其家庭冲击工作的风险会增加三成以上，验证了本文提出的研究假设 2b。虽然有 3~5 岁孩子的城镇青年家庭冲击工作的风险也会增加，但是由于这个年龄的孩子可以送幼儿园，因此家庭冲击工作的风险不具有显著性。该发现表明，与独生子女政策相比，伴随全面两孩政策的实施，0~2 岁、3~5 岁孩子的数量将会不断增加，对公共托幼服务的需求也会与日俱增。在公共托幼服务得不到满足的情况下，符合二孩政策的城镇青年要么选择放弃生育二孩，要么再次承担家庭冲击工作的风险。由此可见，只有增加公共托幼服务，才能化解夫妇、特别是符合二孩政策职业女性"生"与"升"的纠结，才能提升全面两孩政策的实施效果。

表 2　工作家庭平衡的影响因素回归结果

	B	S. E,	Sig.	Exp（B）
性别（男）				
女	0.7257	0.1032	0.000	2.0662
孩子数量（1 个孩子）				
2 个孩子	0.3213	0.1600	0.045	1.3789
孩子年龄（6 岁及以上）				
孩子 0~2 岁	0.2668	0.1436	0.063	1.3057
孩子 3~5 岁	0.0964	0.1245	0.439	1.1012
年龄	-0.0049	0.0139	0.724	0.9951
受教育程度（初中及以下）				
高中/中专	-0.0951	0.1105	0.389	0.9092
大专及以上	0.0269	0.1316	0.838	1.0273
单位类型（企业及其他）				
机关事业单位	-0.6123	0.1343	0.000	0.5421
所有制（非国有）				
国有	-0.1284	0.1135	0.258	0.8795
孩子 3 岁前的照料者（不是孩子的妈妈）				
女性被访者本人或男性被访者的妻子	0.5347	0.0920	0.000	1.7069
家务劳动时间	0.0051	0.0004	0.000	1.0052
常量	-2.108	0.520	0.000	0.1214

续表

	B	S. E,	Sig.	Exp（B）
Nagelkerke $R^2 * 100$		22.25		
N		3416		

注：括号内为参照组。

在控制变量中，个人因素对家庭冲击工作没有显著影响，经济因素对家庭冲击工作具有显著影响。所有制层次越高、单位类型越好，家庭冲击工作的风险越小。与在私营、个体或外商投资企业就业者相比，在国有（含国有控股）单位就业的城镇青年，家庭冲击工作的风险可降低 12 个百分点以上（但统计上不显著）；与在企业或其他单位类型就业者相比，在机关事业单位就业的城镇青年，家庭冲击工作的风险可显著降低 45.79 个百分点。

家庭因素对家庭冲击工作具有显著影响。家务劳动时间越长，家庭冲击工作的风险越大。家务劳动时间每增加 100 分钟，家庭冲击工作的风险可显著增加近 1 个百分点。此外，孩子在 3 岁以前由谁来照顾，也会对城镇青年的家庭冲击工作产生显著影响。孩子 3 岁以前由城镇青年女性或同类男性的妻子照料者，城镇青年产生家庭冲击工作的风险可显著增加 70.69 个百分点，即在公共托儿所缺位的情况下，3 岁以下孩子不仅对城镇青年女性职业发展产生影响，也会对城镇青年男性职业发展产生影响（见表 2）。

四 研究结论与政策启示

（一）研究结论

对最新一期中国妇女社会地位调查数据分析发现，在城镇青年中，"为了家庭而放弃个人的发展机会"者超过 1/4，城镇青年女性家庭冲击工作的风险是同类男性的 2 倍以上，二孩对城镇青年女性平衡工作家庭带来的冲击更大。

孩子的数量和年龄与平衡工作家庭密切相关。生育二孩以及有 3 岁以下孩子的城镇青年女性，家庭冲击工作的比例更高，性别差距更大。在控制了其他变量后，孩子数量、孩子年龄对城镇青年平衡工作家庭具有显著性影响。孩子数量越多、年龄越小，家庭冲击工作的风险越大，部分城镇青年女性因此而被迫中断工作。此外，单位类型、所有制、家务劳动时间、孩子 3 岁以前由谁照顾等控制变量，也对城镇青年平衡工作家庭具有显著性影响。

（二）政策启示

全面两孩政策实施后，将会有越来越的家庭生育二孩，孩子数量和年龄对家庭冲击工作的影响，将会减少夫妇、特别是符合二孩政策的城镇青年女性的工作投入。在劳动力市场竞争激烈，公共托幼服务紧缺的情况下，部分城镇青年女性可能因此而中断工作。根据《北京行动纲领》和《中国妇女发展纲要（2011－2020 年)》的目标要求，政府应该从支持女性平衡工作家庭层面，重新审视公共托幼服务政策及其实施效果。在制定公共托幼政策时纳入性别视角，既要考虑儿童的发展，又要考虑母亲的发展，为减轻青年女性育儿负担、促进女性职业发展、增进家庭和谐提供社会支持。

为了满足全面两孩政策带来的公共照料需求，政府应首先通过新建扩建公办托儿所、幼儿园，增强托儿所、幼儿园的服务与福利功能，解决二孩家庭特别是生育二孩的城镇青年女性在平衡工作家庭中面临的突出问题。其次，政府应增强用人单位履行社会责任的意识和能力，倡导用人单位善待有家庭照料责任的男女员工；鼓励用人单位实施家庭友好型人力资源战略，在可能条件下推行弹性工作制度，为城镇青年特别是为生育二孩的城镇青年提供照料孩子的缓冲时间。最后，提倡有家庭责任的男女共同承担孩子照料责任，为城镇青年女性平衡工作家庭创造有利条件，降低城镇青年女性因生育而中断工作的风险，促进城镇青年男女共同发展。

研究的不足。受调查数据可得性影响，本文在无法获得城镇青年因生育照顾孩子而放弃个人发展机会这一指标的情况下，只好使用"为了家庭而放弃个人的发展机会"指标进行替代。虽然在有工作中断经历者中，结婚生育/照顾孩子的比例占照顾老人/病人、支持配偶发展等"为了家庭而放弃个人的发展机会"的 95.43%，但是由于这两个问题并非完全对应，同时本文无法对结婚生育进行拆分，可能造成结果的偏差。

参考文献

房祥翠，2012，《家电行业营销人员工作家庭平衡研究》，扬州大学学位论文。

耿兴敏，2015，《陈秀榕代表和甄砚委员建议：加强劳动力市场监管　消除就业性别歧视》,《中国妇女报》3 月 5 日第 A1 版。

蒋永萍、杨慧,2013,《第四章 妇女的经济地位》,载宋秀岩《新时期中国妇女社会地位调查研究（上卷)》(第一版),中国妇女出版社。

林建军,2014,《从性别和家庭视角看"单独两孩"政策对女性就业的影响》,《妇女研究论丛》第 4 期。

陆佳芳、时勘、John. J, L.,2002,《工作家庭冲突的初步研究》,《应用心理学》第 2 期。

阮班红,2013,《员工工作与家庭冲突的管理方式探究》,《中国科技投资》第 17 期。

宋健、周宇香,2015,《中国已婚妇女生育状况对就业的影响——兼论经济支持和照料支持的调节作用》,《妇女研究论丛》第 4 期。

唐汉瑛,2008,《企业员工的工作与家庭平衡》,华中师范大学学位论文。

杨慧、林丹燕,2015,《如何化解二孩政策带来的"生"与"升"的纠结》,《中国妇女报》8 月 24 日,第 A3 版。

杨慧,2015,《大学生招聘性别歧视及其社会影响研究》,《妇女研究论丛》第 4 期。

杨菊华,2014,《"单独两孩"政策对女性就业的潜在影响及应对思考》,《妇女研究论丛》第 4 期。

叶文振,2014,《消除"单独二孩"政策对女性就业的负面影响》,《福建日报》6 月 30 日,第 11 版。

Bloom, N., Kretschmer, T., Reenen, J. V. 2011, "Are Family-friendly Workplace Practices a Valuable Firm Resource." *Strategic Management Journal*, 32 (4).

Craig, L., Mullan, K. 2010, "Parenthood, Gender and Work-family Time in the United States, Australia, Italy, France, and Denmark." *Journal of Marriage and Family*. 72 (5).

Erica O., Gail R. 2007, "Difficult Children and Difficult Parents: Constructions by Child Care." *Journal of Family Issues*, 28 (6).

Fursman, L. 2002, *Ideologies of Motherhood and Experiences of Work: Pregnant Women in Management and Professional Careers.* Berkeley Collection of Working and Occasional Papers.

Greenhaus, J. H., Beutell, N. J. 1985, "Sources of Conflict Between Work and Family Roles." *Academy of Management Review*, (10).

Grzywacz, J. G., Almeida, D. M., Mcdonald, D. A. 2002, "Work Family Spillover and Daily Reports of Work and Family Stress in the Adult Labor Force." *Family Relations*, 51 (1).

Hammer, L. B., Bauer, T. N., Grandey, A. A. 2003, "Work-family Conflict and Work-related Withdrawal Behaviors". *Journal of Business and Psychology*, 17 (3).

Heather, D., Elizabeth, P. 2008, "Locating Mothers how Cultural Debates about Stay-at-home Versus Working Mothers Define Women and Home." *Journal of Family Issues*, 29 (4).

Hill, E. J., Erickson, J. J. Holmes, E. K., Ferris M. 2010, "Workplace Flexibility, Work

Hours, and Work-life Conflict: Finding an Extra Day or Two." *Journal of Family Psychology*, 24 (3).

Hochschild, A., Machung, A. 1989, *The Second Shift: Working Parents and the Revolution at home.* New York: Penguin. 转引自刘爱玉、佟新、付伟, 2015,《双薪家庭的家务性别分工: 经济依赖、性别观念或情感表达》,《社会》第 2 期。

Johnston, D. D., Swanson, D. H. Invisible Mothers, 2003, "A Content Analysis of Motherhood Ideologies and Myths in Magazines." *Sex Roles*, 49 (1/2).

Kahn, R. L., Wolfe, D. M., Quinn, R. P., et al. 1964, *Organizational Stress: Studies in Role Conflict and Ambiguity.* New York: Wiley. 转引自邱林, 2012,《国外工作家庭冲突研究综述》,《华南理工大学学报 (社会科学版)》第 3 期。

Kathryn, B. M., Airey, L., Mckie, L., et al. 2008, "Family Comes First or Open all Hours? How Low Paid Women Working in Food Retailing Manage Webs of Obligation at Home and Work." *The Sociological Review*, 6 (3).

Lieras, C. 2008, "Employment, Work Conditions, and the Home Environment in Single-Mother Families." *Journal of Family Issues*, 29 (10).

Maume, D. J., Sebastian, R. A., Bardo A. R. 2010, "Gender, work-family Responsibilities, and Sleep." *Gender and Society*, 24 (6).

Payne S. C., Cook A., Diaz I. 2012, "Understanding Childcare Satisfaction and Its Effect on Workplace Outcomes: The Convenience Factor and the Mediating Role of Work-family Conflict." *Journal of Occupational and Organizational Psychology*, 85 (2).

Sahibzada, K., Hammer, L. B., Neal, M. B., et al. 2005, "The Moderating Effects of Work-family Role Combinations and Work-family Organizational Culture on the Relationship Between Family-friendly Workplace Supports and Job Satisfaction." *Journal of Family Issues*, 26 (6).

Sharon, H. 2003, *The Mommy Wars: Ambivalence, Ideological Work, and the Cultural Contradictions of Motherhood.* In: Family in Transition, edited by Skolnick A. S., Skolnick J. H. Boston: Allyn and Bacon.

Singley, S. G., Hynes, K. 2005, "Transitions to Parenthood: Work-family Policies, Gender, and the Couple Context." *Gender and Society*, 19 (3).

乡村社会中社会记忆的传承

——基于江北刁村的研究*

姚德薇　章姗霞**

摘　要： 社会记忆是乡村存在与流变的历程记载，构成其文化的精神脉络和灵魂核心，是乡村在历史嬗变过程中，从村民的共同生活体验中逐渐形成的价值观念与思想形态，由此形塑了支配村民行动的思维方式与价值取向，是乡村共同体的粘合剂与文化遗产。民间仪式是乡村社会记忆的主要承载方式之一，本文基于对江北刁村节庆礼仪习俗的研究，从纪念空间、纪念仪式、乡规民约等几个方面对承载在其中的社会记忆进行解读，并分析了社会记忆对乡村社会秩序的维持作用。

关键词： 社会记忆　乡村社会　社会秩序

社会记忆既是一种认识活动，也是一种情感体验过程，物质文化遗产和非物质文化遗产是唤起社会记忆的主要载体，民间仪式作为非物质文化遗产必然承载了所在地区历史传承的社会记忆。在传统乡村社会渐行渐变的历史时期，以节庆礼俗仪式为主的乡村公共活动，表达和延续了传统文化的社会记忆。历来社会学者对社会记忆的研究颇有成就，为后来对社会记忆的研究提供了重要的参考价值。

* ［基金项目］：本文系国家社科基金项目"网络化时代的社会认同分化与整合机制研究"（项目编号：13BSH036）的阶段性成果。

** 姚德薇，安徽大学社会与政治学院社会学系副教授；章姗霞，安徽大学社会与政治学院硕士研究生。

一　社会记忆研究回顾

在社会记忆研究方面，法国学者莫里斯·哈布瓦赫和美国学者保罗·康纳顿，被公认为有突出贡献的两个代表人物。他们对集体记忆、社会记忆的拓展，使之成为社会学研究的重要概念和工具。

（一）莫里斯·哈布瓦赫的集体记忆论

哈布瓦赫被公认为是集体记忆的开创者。基于涂尔干"集体意识"的讨论，哈布瓦赫提出了"集体记忆"的概念，并将其定义为"一个特定社会群体之成员共享往事的过程和结果，保证集体记忆传承的条件是社会交往及群体意识需要提取该记忆的延续性"。（高萍，2011）他认为，记忆是一种集体社会行为，在一个社会中有多少个群体，就有多少个集体记忆。家庭、宗教、社会阶级、公司企业等各种各样的现实社会的组织或群体都拥有其对应的集体记忆，这些不同的记忆控制着其各自的成员，既形塑着他们的过去，又影响着他们的未来。"集体记忆具有双重性质，既是一种物质客体、物质现实，比如一尊塑像、一座纪念碑、空间中的一个地点，又是一种象征符号或某种具有精神含义的东西、某种附着于并被强加在这种物质现实之上的为群体共享的东西"（哈布瓦赫，2002），从他的两部重要著作《记忆的社会环境》和《论集体记忆》中就可以看出他深受其导师涂尔干"社会事实"与"集体意识"的概念和分析框架的影响，但具有突破性的是他提出了"集体记忆"的概念。

哈布瓦赫（2002）在《论集体记忆》中也明确指出"集体记忆不是一个既定的概念，而是一个社会建构的过程"，他认为这种社会建构如果不是全部，那么也是主要由现在的关注所形塑的。可以看出，哈布瓦赫所理解的集体记忆是对过去的一种重构，使过去的形象适合于现在的信仰与精神需求。显而易见"当下性"与"社会建构性"是集体记忆的两个重要特征（高萍，2011）。总之，哈布瓦赫认为记忆不仅是个人的，更源于集体，集体记忆定格过去，却由当下所限定，且规约未来。

（二）保罗·康纳顿的社会记忆论

保罗·康纳顿是社会记忆理论研究中的又一重要人物，他提出了在人类社会中，记忆不仅属于人的个体官能，而且还存在叫作社会记忆的现象。

在保罗·康纳顿的《社会如何记忆》一书中提出，记忆是一种极其普通的个体官能，但相对于个体记忆，还存在着另一种记忆，即社会记忆。保罗·康纳顿用社会记忆的概念替代了集体记忆的概念，他着重强调了个人记忆的社会性特质，即社会记忆是如何产生、如何传递的。和哈布瓦赫相比，康纳顿更多地关注了社会记忆的传递性与连续性。

康纳顿在《社会如何记忆》一书中也阐述了人类社会作为整体是如何进行记忆的，以及记忆形态如何实现从个体向群体转换等关键性的问题。他提出了两种社会记忆的传播方式：纪念仪式和身体实践。这两种传播方式都要涉及对记忆的操演与语言的表达，所以康纳顿将其称之为特殊的"体化实践"，康纳顿认为，这两种传播方式要比社会刻写体系更直接，也更保险，是较少受到话语实践的积累与影响的，所以，对社会记忆的保持与传播则更为有效（赵静蓉，2009）。

康纳顿的理论在社会记忆研究中占据着极其重要的地位，他的理论与哈布瓦赫的集体记忆理论相比，更为关注的是记忆与身体实践之间的关系。他强调了规则与运用之间的差距，人们不但需要记住这些规则，并且需要有关操演这些规则的记忆。同时，不同于哈布瓦赫所关注的社会记忆的断裂性，他所关注的是社会记忆的连续性。他认为，我们对于现在的体验很大程度上取决于我们有关过去的知识，文化的连续性使得我们在一个与过去的事件和事物有因果关系的脉络中体验到了现存的世界。

（三）社会记忆的概念

关于"社会记忆"概念的界定，虽然学术界尚未给出一个明确的概念，但很多学者对这一概念也做出了探讨。比如，哈拉尔德·韦尔策将社会记忆定义为"一个大我群体的全体成员的社会经验的总和"（高萍，2011）。彼得·伯克认为社会记忆属于回忆社会史的范畴，有"口头流传实践、常规历史文献（如回忆录、日记等）、绘制或摄制图片、集体纪念仪式以及地理和社会空间"等内容。还有一些学者从马克思主义哲学实践唯物主义的角度将社会记忆定义为"人们将在生产实践和社会生活中所创造的一切物质财富和精神成果以信息的方式加以编码、储存和重新提取的过程的总称"（孙德忠，2007）。台湾学者王明珂认为社会记忆是指所有在一个社会中借各种媒介保存、流传的"记忆"，是由人群当中的经验与过去的历史、神话、传说构成，借由文献、口述、行为仪式（各种庆典、纪念仪式与讨论会）与形象化物体（如名人画像、塑像，以及与某些记忆相关的地形、地貌等等）为媒介，这些社会记忆在一个社会中保存、流传（高萍，2011）。

尽管社会记忆概念未获得一个确定的内涵，但这并不影响人们的研究，其未定型的特征反而更富有启发性。基于以往学者对社会记忆的理论研究和探讨，本文具体从乡村社会的礼仪习俗中来研究社会记忆的传承。

二　刁村的地理与人文概况

本文研究对象是位于长江北岸的一个典型自然村落，按照学术惯例将其简称为"江北刁村"。与当下大量农村出现的村庄凋敝、文化衰败的现象不同，该村以一种近乎完整的方式保留了传统乡村社会的基本礼仪习俗，为我们提供了一幅农村记忆实践的动态图景。

（一）　自然地理状况

笔者所调查的村落叫江北刁村，是个自然村落，属于安徽省太湖县。该县位于安徽省西南部，大别山南麓，长江北岸，东与天柱山相望，南与庐山呼应，居长江中下游旅游热线之上，合九铁路、105 国道、沪蓉高速都穿境而过，交通便利。刁村位于县城以北约 10 千米处，054 县道正是刁村到县城的必经之路，而该村距 054 县道大概只有 500 米的距离，所以出行方便。

借助于发达的科技，从卫星地图上看刁村的地貌更是清楚直观。从整个村庄的外形来看就是一个南北向的长方形，周围环绕着农田和葱葱郁郁的山麓。西南方从 054 县道分支出的一条大概 500 米长的水泥村道直通到村北。刁村三面环山，属地地道道的山区地貌，一条小河环绕村的外围由北向南流去，架在这条小河上沟通村庄的有三座桥。村南的石桥历史最悠久，村北的那座桥是国家实行道路村村通政策时所修建，也是车辆进村的必经之路，介于这两座桥的中间还有一座宽约 1.5 米、长约 10 米的水泥桥，这座桥是村里一位有名望的老人自己出钱修建的。刁村就是一个三面环山在山谷中生存的小村落。

（二）　人文与经济状况

从行政区划上来看，刁村属于安徽省太湖县晋熙镇天台村，天台村是晋熙镇最大的山区村，赤百公路、赵朴初陵园旅游通道穿境而过。全村有 27 个村民小组，665 户，总人口 2600 人。刁村是典型的自然小村落，全村有 42 户，一共 170 人，分为两个村民小组，分别是云净组和新桥组。该村居住集中，农户之间墙瓦相接，两个村民小组也无明显界限。同时刁村也是典型的单姓村，村口醒目的章氏宗祠更是有 200 年的历史。

刁村虽则都是章氏子孙，但亲疏关系却不同，用村民的话来说，就是该村一共分为六大房（房：家族的一支），或者说是有六大家族。只是每个家族有大有小，最小的家族只有 2 户，而最大的家族有 10 户。

改革开放之前，刁村是一个十分落后的小山村，家家户户以务农为生，过着自给自足的生活。随着改革开放的实施和经济的发展，村落也呈现一派繁荣景象，村民的收入来源也多样化，例如，村口有两家养猪专业户，饲养的生猪销往全县，收入可观。如今务农收入只占家庭收入很少的比例。

刁村现在虽然仍是山区的一个小村落，但经济却不困难，家家户户的小洋楼透露出一派殷实富足的景象。也有不少村民不满足于家里的小洋楼，在县城也买有房子。据村民说近年村里更是添了好几辆私家车。那么村民的主要经济来源是什么呢？据调查，该村的每户几乎都有一到两个人在外打工，而且大多都是在浙江湖州打工，每年挣十几万元钱是不成问题的。

刁村特有的地理与人文环境，使得她能够及时地接受外部世界的新鲜信息，加入现代社会建设的潮流中；同时，其便利的交通和相对稳定的村落环境，使得村庄文化传统的载体保留完整，客观上形成了物质条件发展与习俗礼仪传承和谐相处的局面。

三 刁村春节期间的礼仪习俗

在一般的农村社会，礼仪习俗主要通过个别性的婚丧嫁娶、集体性的节庆活动表现出来。农村礼仪习俗集中表现在春节期间。春节对于刁村的人来说是最重要的节日，意味着辞旧迎新，意味着新的开始，农村人对于重大的事件或节日都会伴随相应的仪式，刁村的村民对于春节要举行的仪式也丝毫不敢怠慢。

俗语说"过了腊八就是年"，春节的气氛早在腊八节的时候就开始越来越浓了，从这个时候开始人们也都开始忙前忙后的准备过年了。

（一）腊八节

在刁村，过去的腊八节，除了自家会煮腊八粥之外，村里的妇女，特别是信奉佛教的妇女，还会约好一起去附近的庙宇吃腊八粥，人们说吃了寺庙里的腊八粥对身体好。现在的腊八节是一个逐渐被人们淡忘的节日，去寺庙里的人少了，自家煮腊八粥的也是寥寥无几，人们似乎是对这些传统节日失去了兴趣。村民的解释是，现在迷信的少了，以前热衷于去寺庙吃腊八粥的妇女现在年龄也大了，也没有那个好体力走上一两个小时去吃腊八粥。

（二）小年

对于"小年"的日期，有句古话叫"官三民四船五"，意思就是官家小年在腊月二十三，百姓家在腊月二十四，而水上人家则在腊月二十五。刁村的小年在腊月二十四，村民说小年这天的重要任务是"接祖宗"，就是说这一天要把仙去的祖先接回家过年，但是并不是每家每户都要接，这接祖先的任务是交给"管年"人家，对于"管年"笔者在这有必要做一个详细的解释。

"管年"就是管理过年的意思，每年过年都会有全村人必须参与的传统礼仪形式，相应的会有很多公共事务，而这些事务性工作只需很少的人力就能完成。为了使每年的礼仪形式顺利有序的完成，村里秉承公平公正的原则实行"轮流管年"制度。上文已经说到该村一共有六大房，"管年"的职责就是由这六大房来轮流担任。六大房内部又按轮流原则让每家每户来担任"管年"任务，这样每年都会有一户来"管年"。村民说到也可以用"交易"的形式来免除"管年"，也就是说当轮到一户管年的时候，户主如果觉得自家太忙或是离宗祠太远不方便管理，可以私下商量由另一户来代替管年，但前提是一般要给后者一定的好处，比如现金或其他物质。而且这种交易一般都发生在"房"内，村民也解释到同一房的更能让人信任，而且就算稍稍有点不公平，同是同宗子孙也不会计较，更重要的一点是，轮到管年的那一大房是要集体凑钱供村里公共事务开支的，这些事务都在房内商量和交易能免去不少麻烦，而且更能避免意见不合。

在"小年"的这天，"管年"的人家就要担起"接祖宗"的重任了。管年的人家会准备需要的"福礼"，"福礼"主要包括鱼、猪肉、鸡，然后在宗祠门口燃放鞭炮，下跪磕头迎接祖先，自此，刁村的列祖列宗就被接到了宗祠，接下来的每天，管年的人家要一日三顿都去宗祠给祖先送饭，直到正月十五这天才结束，把祖先送走。

（三）春节

农村最隆重的节日就是春节了。在刁村，除夕这天算是真正的过年。大年三十的早上有个重要的仪式等着全村人去参与，这就是"还（huán）年"。字面意思就是一年过完了要把年给还了，这时管年的人家就发挥了不容忽视的作用。在前一天，管年的会每家每户去通知还年的具体时间，一般是在凌晨四五点，具体时间由管年的人家规定，地点在宗祠。等到了时间，管年的人家得喊村里人家起床还年，参加还年仪式得都是每家每户的户主，以前户主可以带儿子和女婿去参加，女儿是不可以参加还年的，但是自 2011 年翻修了新宗祠后，就修正了这种只允许男孩参加还年的规矩，如今未出嫁的女儿也是可以参加还年仪式的。去参加还年之前是要洗漱干净、穿戴整齐的，以示尊重和重视，户主端了"福礼"，这时的福礼会包括鱼，代表年年有余的意思，还有猪头和猪尾，寓意有头有尾。"管年"的人家会由安排专门的人在门口迎接，给去参加还年的人发糖发烟，等到人都到齐还年仪式才正式开始，主要是跪拜祖先之类，要听管年的口号集体下跪祭拜。结束后，人们回到自家还要各自在家门口燃放鞭炮和烟花，以示庆贺。结束后就可以睡个回笼觉，大年三十早上就是吃还年饭了，吃饭席间，会燃放鞭炮，长辈给晚辈发压岁钱，晚辈给长辈敬酒祝贺。上午还得去上坟祭祖，吃过午饭就可以张贴对联了。

大年初一的午夜零点是全村人给祖先拜年的时间，地点还是在宗祠，同样是由管年的人家提醒各家各户准时参加，参加的人照例要洗漱干净、穿戴整齐，与还年不同的是不用端福礼，只需拿纸钱去上香拜祭，算是给祖先拜年。初一的早饭算是"团圆饭"，开饭时同样燃放鞭炮，相互敬酒祝贺。初二开始可以去亲戚家串门拜年了。

刁村人在一年一度的春节庆祝活动中，继承各种礼仪习俗，有条不紊地举行各种仪式，有效实现了村庄社会秩序的巩固。在这一过程中，社会记忆发挥了不可替代的作用。特定的空间、时间、人物、程序及仪式用品，成为社会记忆传承的主要载体。

四 社会记忆的传承

康纳顿在《社会如何记忆》中提出了社会记忆的两种传播方式，即纪念仪式和身体实践。物质文化遗产和非物质文化遗产被认为是唤起社会记忆的两类基本载体。社会记忆的保存形式多种多样，美国史学家爱德华·希尔斯（Edward Shils）指出，物质器物、宗教知识、科学著作、文学作品等都渗透着传统社会记忆的踪迹（2009）。

（一）纪念空间与社会记忆的静态展现

纪念空间有多种分类方法，从社会学的角度分类，可以分为个人与社会两大类。个人纪念空间主要是与家族、地缘、血缘相关联的纪念空间，如祠堂、墓地、家庙等。而公共纪念空间，则包括由国家统一修建或由社会捐助修建的纪念场所，用于公共纪念活动。在中国传统社会中，国家政权对社会的控制与渗透较弱，国家无力在地方修建大量公共设施，除孔庙等外，多数纪念空间属于个人性的或社区性的。但是，近代以来，情况发生变化，公共纪念空间随着国家力量的强大而迅速扩展（陈蕴茜，2012）。

纪念空间最重要的特性是纪念性，所谓纪念性，是"由人们为了其外在需求而拥有可显现其内在生命、其行动、社会性概念象征符号所延伸而来的"。纪念空间具有塑造记忆和传承记忆的功能。美国学者本尼迪克特·安德森（2003）认为，近代国家是"想象的共同体"，这个共同体之所以能够建立，就是因为人们拥有共享的记忆，而提供这些记忆资源的载体之一就是纪念空间，如国家设立的纪念碑、纪念馆、博物馆等场所。这些纪念空间以不同的形式叙述着民族的历史或者革命的历史，成为全民共享、保存、展示记忆的装置，为民族和国家提供认同的资源。

根据安德森的观点，村落共同体之所以能够建立，也是因为村民拥有共享的记忆，而乡村自己的纪念空间就是承载这些共同的记忆的载体之一。刁村的村民每年春节都要上坟山祭祖，要集体去宗祠给祖先拜年、纪念祖先，这里的坟山和宗祠就是一种纪念空间。坟山、宗祠这类纪念空间形塑和传承着村民对历史、对自己宗族的记忆，加强了村民的归属感和宗族意识。

（二）纪念仪式与社会记忆的动态再生

纪念仪式和身体实践是社会记忆传播的两种方式。纪念仪式的举行可以强化纪念空间的纪念性，也是社会记忆的承载和传播的重要方式之一。仪式激发群体成员的内化集体性与认同感，这样能够把不同社会主体凝聚起来，支配他们的社会行为。文化人类学研究表明，仪式和仪式化对于集体的建构、维系及变迁非常重要。仪式弥散在社会空间的各个角落，根据参与主体的差异，可以分为不同类别，具体包括过渡型、周期型、交际型、庆祝型等等（郑杭生、张亚鹏，2015）。

民间仪式对于社会记忆的传承和保存具有特殊的价值，因为通过仪式可以够培育并激发个体潜伏的集体意识，这种仪式可能是在场或缺场的，但本质在于通过符号将个体内生性的群性意识爆发出来，法国学者让－鲍德里亚称之为"符号世界"。这种符号仪式具有集体意志再生产能力，是传播正向能量的积极信号，具有极强的控制力与影响力。仪式是具有操演性的，操演又是身体性的，需要人们的身体实践。纪念仪式和身体实践共同促进了社会记忆的刻写与传播。仪式的效用不限于仪式场合，对于非仪式性行动及整个社群的生活都是有意义的，并能把价值和意义赋予那些操演者的全部生活。仪式具有重复性，重复性意味着延续过去。即用重复仪式来暗示对过去的延续，并明确宣称对过去的延续（罗彩娟，2011）。

每年春节，刁村都要集体举行"还年"仪式和祭祖仪式，这类仪式是要求全村每家每户都要参与，形式也较隆重。这种年复一年的纪念仪式正显示了人们对过去的延续，承载着全村人共同的社会记忆，每一次仪式的举行都强化了人们的记忆，加强了村民的集体意识和宗族意识。

（三）乡规民约与社会记忆的传承变迁

乡规民约是中国传统法律文化的组成部分，长期以来，在教化乡民，协调、化解民间纠纷，弥补国家法律不足，维护基层社会秩序方面发挥着重要作用。从概念上来讲，乡规民约是我国基层社会中在某一特定地域、特定人群、特定时间内社会成员共同制订、共同遵守的自治性行为规范、制度的总称。乡规民约作为乡村社会非物质文化也是社会记忆承载和传播的重要方式，特别是延续已久的乡规民约更是社会记忆的传承方式，当然乡规民约的淡化或是改变也说明了社会记忆的转型。

刁村春节期间的节庆礼俗规矩，并不是具有法律效力的硬性规定，主要以约定成俗的形式在村民中被认可。乡规民约随社会发展而做出适度的调整或变通，也是以约定俗成的方式起作用。如前文所述，允许轮流"管年"的家户在"房"内替换，就是适应了当代社会家庭规模逐渐缩小和家庭经济活动占据主导地位的趋势。另一个例子是，该村 2011 年以前是不允许女性参与春节的"还年"仪式和"拜祖先年"仪式，这种约定继承的是乡村社会重男轻女、以父系家族为主的集体记忆，而翻新宗祠后修改了这条规定，允许未出嫁的女儿参加仪式，则是体现了计划生育、男女平等国策长期施行后对村民传统价值观的影响，同时表明了社会记忆随着时代发展也在发生悄悄转型。

（四）社会记忆与乡村秩序

"任何社会秩序下的参与者必须有一个共同的记忆。"（康纳顿，2000）社会记忆从意识层面形塑乡村秩序，其中认同维度是重要的内容。"集体记忆是活跃的过去，能够形成我们的认同。"（郑杭生、张亚鹏，2015）社会记忆是历史积淀的产物，通过一系列的共享的意义框架，使不同个体的身份与地位在乡村社会关系结构中得到评价与认可。在刁村，村民外出打工，从事非农工作，在某种程度上缺席了日常田间劳作和邻里相处的时空，而主体的缺席将直接削弱乡村的社会记忆。现在一些地方普遍出现的"空心村"现象，就是缺少村民的村庄。对刁村而言，周期性举行的春节礼俗，不断以民间公共活动的形式"抵抗"或弥补村民交往的不足。这种乡村文化凭借传统的巨大力量，以自发的形式顽强维持着村庄的共同记忆，不仅加强了一代又一代村民的集体意识、宗族意识，同时也加强了村民的归属感，促进了乡村社会秩序的稳定和协调发展。

结　语

乡村社会的发展与和谐在我国社会发展中占有重要地位，社会记忆作为乡村社会存在和流变的历史记载，不能被忽视，值得去研究。一个人，如果丧失社会记忆就会失去自我；一个社会，如果丧失社会记忆就没有发展与进步。社会记忆是研究乡村社会的重要线索。社会记忆的保存形式多种多样，纪念仪式和身体实践作为社会记忆的主要传播方式在乡村社会中也占有重要内容。乡村社会中的纪念空间不仅是研究社会记忆的重要方面，对于如何建设美好乡村、如何真正留住乡愁，也具有重要的启发意义。另外，社会记忆作为维持乡村社会秩序的重要力量，其存在形式、价值及发展趋势值得我们去研究与探讨。

参考文献

高萍，2011，《社会记忆理论研究综述》，《西北民族大学学报》第 3 期。

〔法〕莫里斯·哈布瓦赫，2002，《论集体记忆》，毕然、郭金华译，上海人民出版社。

赵静蓉，2009，《作为一种集体记忆的浪漫主义》，《南京师大学报》第 5 期。

孙德忠，2007，《社会记忆论》，湖北人民出版社。

〔美〕爱德华·希尔斯，2009，《论传统》，上海人民出版社。

陈蕴茜，2012，《纪念空间与社会记忆》，《学术月刊》第 7 期。

〔美〕本尼迪克特·安德森，2003，《想象的共同体——民族主义的起源与散布》，吴叡
　　人译，上海人民出版社。

郑杭生、张亚鹏，2015，《社会记忆与乡村的再发现——华北侯村的调查》，《社会学评
　　论》第 1 期。

罗彩娟，2011，《社会记忆散论》，《广西民族师范学院学报》第 6 期。

〔美〕保罗·康纳顿，2000，《社会如何记忆》，上海人民出版社。

Halbwachs, Maurice. 1992, *On Collective Memory*. University of Chicago Press.

Connerton, Paul. 1989, *How Societies Remember*. Cambridge University Press.

图书在版编目（CIP）数据

经济新常态下的社会改革与社会治理/李斌，潘泽
泉主编. -- 北京：社会科学文献出版社，2016.6
（中国社会学会学术年会获奖论文集）
ISBN 978 - 7 - 5097 - 9362 - 6

Ⅰ.①经…　Ⅱ.①李…②潘…　Ⅲ.①体制改革 - 研
究 - 中国 ②社会管理 - 研究 - 中国　Ⅳ.①D61 ②D63

中国版本图书馆 CIP 数据核字（2016）第 143960 号

·中国社会学会学术年会获奖论文集·

经济新常态下的社会改革与社会治理

主　　编 / 李　斌　潘泽泉

出 版 人 / 谢寿光
项目统筹 / 谢蕊芬
责任编辑 / 孙　瑜　隋嘉滨　刘德顺

出　　版 / 社会科学文献出版社·社会学编辑部（010）59367159
　　　　　　地址：北京市北三环中路甲 29 号院华龙大厦　邮编：100029
　　　　　　网址：www. ssap. com. cn
发　　行 / 市场营销中心（010）59367081　59367018
印　　装 / 三河市尚艺印装有限公司

规　　格 / 开 本：787mm × 1092mm　1/16
　　　　　　印 张：23.5　字 数：417 千字
版　　次 / 2016 年 6 月第 1 版　2016 年 6 月第 1 次印刷
书　　号 / ISBN 978 - 7 - 5097 - 9362 - 6
定　　价 / 118.00 元